脱口秀

公众演讲必备

Public Speaking for College and Career

8th edition

Hamilton Gregory
汉密尔顿·格雷戈里（著）
白爱宏（译）

山西出版传媒集团
山西教育出版社

简明目录

目 录

第四部分 组织演讲稿

第六部分 演讲类别

前 言

“教育的首要目的，”美国散文家诺曼·卡津斯（Norman Cousins）曾说，“是让人能够清楚而自信地讲话。”

在课堂、工作和社区生活中，学生常常必须进行一些演讲，这本书的主要目的就是让他们学会如何清楚而自信地演讲。

为了达到这一目的，本书以当代研究成果与两千多年来积累的修辞理论为基础，探讨了演讲交流的基本原则。同时，本书选录了大量学生演讲与专业演讲实例以展示这些原则在现实中的实用性。

主要内容

和前几次修订一样，新版也强调演讲技巧，这些技巧对于成功演讲至关重要。

聚焦听众

全书强调以听众为中心的演讲交流：如何对听众进行心理分析；如何敏锐察知听众的需要与兴趣；如何与听众交流，而不是不理会他们的反应，滔滔不绝地对他们说。鼓励学生真正和人们交流思想，而不只是站起来操练“进行演讲”的过程。

计划与组织

在美国的神学院里，一般而言，牧师每演讲一分钟都要预做一小时的准备。这种时间分配比例适合所有演讲者，所以该书用十一章的篇幅来阐述如何系统地准备演讲的前期步骤——分析听众，选定话题和具体目的，设计中心思想，选择措辞与准备直观辅助材料，将材料组织为条理清晰的提纲，以及效果良好的练习等等。

树立信心

很多人开始学习演讲时都很关注这样一个问题，即怎样才能对自己和自己的观点树立信心。第二章（《控制紧张情绪》）展开了对演讲中紧张情绪的讨论，并且向学生们讲解如何利用积极的力量把演讲焦虑转变为优势。

真实演讲

书中的示例、故事和照片都源于真实演讲。每章的“诀窍小贴士”是一些有助于学生事业发展的建议。“特别技巧”部分则详细讲解一些问题，诸如“如何利用幽默”等。

培养道德观念

道德行为与个人价值观念是所有交流者都关心的问题。本书没有将这些问题集中放在一章里来讨论，而是将有关内容分布在全书的相关各处。

利用技术

学生常常会得到有关查找资料与使用直观辅助工具的新技术方面的最新信息。鉴于PowerPoint颇受欢迎，第九章（《直观辅助工具》）末尾新增了附录《PowerPoint简明指南》，在本书网站的网上学习中心则有PowerPoint软件使用指南。同时，第九章也提醒大家注意在使用PowerPoint时易犯的一些错误。

进行评估研究

第六章（《搜集资料》）进行了大幅度修订，旨在强调对于某些研究而言，图书馆资料优于网络资料；同时教会学生如何高效地利用网络。本章末尾新增一篇附录《搜集资料的几点建议》。书中每章末均设有“互联网使用技巧”练习。

培养批判性思维

在最近的调查中，很多教师与雇主都感叹学生与雇员在评估资料，尤其是由互联网获取的资料时，不会进行批判性思考。针对这一问题，第七章（《评估资料　杜绝剽窃》）着重讲解了如何鉴别资料的可信与不可信，以及如何才能养成合理的怀疑主义态度。另外，每章最后都附有“批判性思维技巧”练习。在讨论前期准备与演讲的各个阶段，本书都鼓励学生对演讲题目、听众与材料进行批判性分析。

探索多样性与团队协作

雇主明显感兴趣的毕业生常具有两种相关能力：（1）与来自各种背景的人进行交流；（2）参加团队工作。针对这种新机遇，本书强调要理解与珍视多样性。书中除示例、诀窍小贴士与照片外，每章末附有“团队协作技巧”练习。第一章探讨了老套人物类型划分及无端指责问题。第四章详细讨论了来自其他国家和不同族群的听众问题，也讨论了与残障、不同性别、年龄、文化程度、职业、宗教信仰、经济及社会地位的听众进行交流的方法。

使用直观形象

直观形象的使用可以强化学习效果，本版含有130多幅各种图片，包括照片、图画、图表及陈述辅助示例等。其中大部分是新增内容。

第八版的亮点

本版提供了大量的示例、故事、照片及学习辅助材料，其中很多是本版新增内容或是对旧版的改进与完善。本版的精彩之处有：

每章开篇特点

每章均以含有四部分内容的教学计划开始。读者首先看到的是一幅照片及与本章内容直接相关的照片介绍。与照片相对的次页则是本章纲要与学习目标。翻过此页，读者会看到一篇介绍性短文，并配有照片或插图。这样的安排特点旨在提高读者对每章内容的学习兴趣，帮助读者学习每章内容，形象生动地说明演讲者在实际演讲中如何遵循重要的章节原则。

演讲示例

大部分演讲示例为本版新增内容，均是如何高效选择、组织和展开材料的范例。其中大部分演讲配有提纲和评点，以帮助学生将注意力集中在最重要的方面。

主要演讲如下：

- 第一章（《演讲入门》）：《小丑来了》是一篇自我介绍性演讲，《米斯蒂·莫宁》是一篇一位学生介绍同班同学的演讲。
- 第八章（《证明你的观点》）：《职场侵害》是一篇说服性演讲（遵循的是问题—解决模式），说明如何使用事例与数据等辅证材料。这篇演讲配有评点。
- 第十章（《演讲正文》）：一篇题为《熟人诈骗》的演讲一分为二，出现在两章里。第十章中的部分是正文，配有评点，旨在说明内容要点与辅证性要点的使用方法。
- 第十一章（《导入和结尾》）：该章中出现的是《熟人诈骗》这篇演讲的剩余部分，配有评点，旨在让学习者体会其怎样导入与结尾。
- 第十二章（《撰写提纲》）：新增的说服性演讲《婚宴自来客》遵循的是主题分解模式。配有评点的提纲之后是演讲实录，两帧PowerPoint幻灯片以及演讲者的演讲要点提示也收录在内。
- 第十五章（《信息类演讲》）：《如何辨别有毒的常春藤》是一篇过程类演讲，配有一帧PowerPoint幻灯片。
- 第十五章（《信息类演讲》）：《类人机器人》是一篇新增信息类演讲，遵循时间顺序模式。配有提纲（有评点）和演讲稿，其五帧PowerPoint幻灯片也收录在这里。
- 第十六章（《说服类演讲》）：《多收你的钱了吗？》是新增说服类演讲，遵循的是激发行动模式。在配有评点的提纲之后是演讲实录稿，演讲人使用的PowerPoint幻灯片也收录在内。
- 第十七章（《说服策略》）：《多多未必善》是新增说服类演讲，遵循问题—解决模式。演讲人使用的直观辅助工具——两帧海报也收录在内。
- 第十八章（《特别演讲》）： 示例包括一篇新增娱乐演讲、一篇新增致意演讲及其他特殊场合的演讲等。

主要修订

本书内容作了若干修改，主要修改如下：

- 第六章（《搜集资料》）进行了大幅修改与内容更新，以使学生了解掌握与使用图书馆、网络、实地调研等相关的最新技术。本章末尾新增了一篇颇有益处的附录《搜集资料的几点建议》。
- 第七章标题改为《评估资料　杜绝剽窃》，本章进一步充实了有关剽窃与怎样说明资料来源的内容。
- 第九章（《直观辅助工具》）更新了有关电子设备的使用内容，增加了11幅图片与图表。新增章末附录《PowerPoint简明指南》旨在说明如何更好地利用PowerPoint而不致让听众厌烦。如何制作PowerPoint幻灯片的具体操作方法见本书网站的网上学习中心。

·新增四个重要演讲示例，两个为信息类，两个为说服类，分别在第十二、十五、十六和十七章，并附有详细的提纲。此外，第十八章增加了一个娱乐演讲和一个致意演讲。

·第三章（《倾听》）更新了其中一部分“防止电子设备的干扰”，提醒学生听演讲时关掉电子设备，专心听讲。诀窍小贴士“抵制电子干扰”介绍了演讲者如何应对使用手机或便携式电脑的无礼听众。

·第十三章（《演讲措辞》）新增了一个部分“使用修辞手法”，着重介绍了四种修辞方法：头韵、对偶、平行结构和重复。

·第十四章（《演讲》）扩充了即席演讲的相关内容，其中包括三个常用结构模式。

·新增若干《诀窍小贴士》，就非课堂演讲常会出现的问题提出一些建议。第十四章中新增的一个小贴士就是有关进行感情强烈的演讲时的一些建议，如“流泪也无妨”等。

·全书新增70余幅照片与图表，与世界各地各种背景下——如校园、工作场所、社团等——演讲者发生的故事一起，共同阐释演讲方法。这些新增内容增加了本书的趣味性。

致谢

170多位老师对本书的各版进行了评介，他们的建议不仅使我明白该如何完善本书，也帮助我不断改进课堂教学。非常感谢他们的宝贵建议、热情鼓励及不吝帮助同事的热诚。

虽然有限的篇幅难以让我一一列出对各版进行评介的每一位老师，但我还是把对新版进行反馈的老师们写出来以表谢意。他们的名字在本书第11页。

从编写本书最初的日子到现在，在旧金山城市学院广受欢迎、常给人以鼓舞与启发的贝蒂·德沃森老师（Betty Dvorson），为本书的编写提供了大量宝贵建议与热情帮助。全国知名的网络课程教学开拓者、费耶特维尔技术社区学院的山姆·扎黑朗（Sam Zahran），为本书的教师资源光盘撰写了演讲网络教学指南。特别感谢西卡罗来纳大学的贝蒂·法默（Betty Farmer）和吉姆·曼宁（Jim Manning）；华盛顿特区三一学院的汤姆·W. 格雷戈里（Tom W. Gregory）；堪萨斯圣玛丽学院的格雷格·奇克（Greg Cheek）；美国海军海上高等教育工程驻舰演讲教师吉姆·麦克迪尔米德（Jim McDiarmid）；梅萨社区学院演讲交流教学会成员吉姆·曼库索（Jim Mancuso）、克里斯蒂娜·贝克曼（Christine Beckman）、洛雷塔·基赛尔（Loretta Kissell）、琳达·拉里森（Linda Larson）、斯泰西·诺德修（Stacey Nordhues）、特蕾西·鲍尔斯（Tracey Powers）、埃琳·罗森（Erin Rawson）、加里·斯蒂芬斯（Gary Stephens）。还有巴特勒社区学院的老师们，尤其是帕特·劳伦斯（Pat Lowrance）和亚历克西斯·霍普金斯（Alexis Hopkins），感谢他们的建议和鼓励。

颇为幸运的是，连续四版得以与罗娜·罗宾（Rhona Robbin）合作。她是一位富有智慧、眼光独到的编辑，她的灵活、耐心与驾轻就熟使我们的合作很愉快。她对本书的关注不比我少——这是作者们喜欢的编辑品质。同样热情支持该书的还有：传播学高级责任编辑苏珊娜·厄尔斯（Suzanne Earth）；资深营销经理莱斯利·奥博互伯（Leslie Oberhuber），她负责出版本书并搜集教师们的反馈意见；媒体制作人南希·加西亚·贺南德兹（Nancy Garcia Hernandez），媒体项目经理斯泰西·本茨（Stacy Bentz），她们为协调、开发演讲伴侣光盘、网上学习中心、教师资源光盘三者的诸多组成部分付出了巨大的努力；项目经理黛安娜·弗里耶（Diane Folliard），她以她的细致与耐心，指导本书走过了连续两版的艰难的出版历程。

非常感谢McGraw-Hill出版社三位主管的鼎力支持：人文社会科学部出版人菲尔·布切尔（Phil

Butcher）、副主席兼主编埃米莉·巴洛斯（Emily Barrosse）和主席史蒂夫·德鲍（Steve Debow）。本书的精美装帧要感谢设计经理劳里·J. 恩特林杰（Laurie J. Entringer）与封面及内部设计师帕姆·崴罗斯（Pam Verros）的创造性工作。我也要感谢McGraw-Hill出版社其他员工与自由撰稿人的支持：亚历山德拉·安布罗斯（Alexandra Ambrose）、艾莱特·阿贝尔（Ayelet Arbel）、贝特西·布卢门撒尔（Betsy Blumenthal）、爱德温·德宾（Edwin Durbin）、埃里卡·莱克（Erika Lake）、卡克里森·D. 莱法佛（Kristen D. LeFevre）、布赖恩·派克欧（Brian Pecko）、卡罗尔·匡特（Carole Quandt）、杰西卡·博迪·理查兹（Jessica Bodie Richards）、玛丽亚·罗马诺（Maria Romano）、路易斯·斯威姆（Louis Swaim）、詹妮恩·厄特利（Janean Utley）和格里·威廉斯（Gerry Williams）。

衷心感谢下面的同事们给予我的建议、启发与支持：凯尼特·亚当森（Kenet Adamson）、简·考德威尔（Jan Caldwell）、洛雷塔·卡尔顿（Loretta Carlton）、吉姆·凯文纳（Jim Cavener）、丽贝卡·戴维斯（Rebecca Davis）、里恩·迪凯特（Ren Decatur）、琳妮·卡巴伊（Lynne Gabai）、桑迪·古德里奇（Sandi Goodridge）、德博拉· L. 哈蒙（Deborah L. Harmon）、托尼·霍奇（Tony Hodge）、大卫·霍尔库姆（David Holcombe）、拉斯蒂·赫尔莫斯（Rusty Holmes）、丽莎·约翰逊（Lisa Johnson）、德博拉·隆农（Deborah Lonon）、黛布·玛多克斯（Deb Maddox）、玛丽·麦克勒金（Mary McClurkin）、罗尔夫·奥尔森（Rolfe Olsen）、苏珊·帕特森（Susan Paterson）、埃伦·佩里（Ellen Perry）、玛丽塔·品森（Maretta Pinson）、李·施雷宁（Lee Schleining）、罗恩·特里（Ron Terry）、克里斯·蒂贝茨（Chris Tibbetts）和劳埃德·温伯格（Lloyd Weinberg）。

感谢这些年来所有参加我的演讲课程班学习的学生们，他们使我的教学工作充满快乐，使我受益匪浅。本书的大部分课堂演讲示例源自于他们。

特别感谢我的妻子梅里尔（Merrell）和我们的孩子杰斯（Jess）、吉姆（Jim）和琼（June），感谢他们的支持与耐心。

汉密尔顿·格雷戈里

了解更新与其他内容，请访问本书网站（www.mhhe.com/gregory8）。

本版评审者和核心组成员：

海伊迪·阿诺德（Heidi Arnold），罗金厄姆社区学院（Rockingham Community College）

卡罗尔·贝内特（Carole Bennett），奥克兰社区学院（Oakland Community College）

罗西·布兰喜福特（Rosie Branciforte），国际设计和技术学院（International Academy of Design and Technnology）

丽莎·西斯克·布赖恩特（Lisa Hischke Bryant），金伍德学院（Kingwood College）

安妮塔·齐尔科（Anita Chirco），库克大学（Keuka College）

詹妮弗·克哈特·西扎（Jennifer Cohart Cisar），匹兹堡技术学院（Pittsburgh Technical Institute）

李克·杜埃特（Rick Duet），尼科尔斯州立大学（Nicholls State University）

贝蒂·德沃森（Betty Dvorson），旧金山城市学院（City College of San Francisco）

迈克尔·A. 费尔利（Michael A. Fairley），里奇蒙社区学院（Richmond Community College）

凯蒂·弗雷姆（Katie Frame），斯库克拉夫特学院（Schoolcraft College）

巴巴拉·乔治（Barbara George），东北俄克拉荷马州农机学院（Northeastern Oklahoma A&M College）

克莱尔·戈登（Claire Gordon），林肯兰德社区学院（Lincoln Land Community College）

杰米·格林（Jamie Green），北爱达荷学院（North Idaho College）

巴巴拉·D. 格斯（Barbara D. Guess），佛塞斯技术社区学院（Forsyth Technical Community College）

理查德·哈里森（Richard Harrison），吉尔高社区学院（Kilgore Community College）

贝思·霍夫曼（Beth Hoffmann），林肯兰德社区学院（Lincoln Land Community College）

亚历克西斯·霍普金斯（Alexis Hopkins），巴特勒社区学院（Butler Community College）

萨曼莎·金斯利（Samantha Kinsley），德福瑞大学（长岛）（DeVry University <Long Island>）

莫娜·克林格（Mona Klinger），北爱达荷学院（North Idaho College）

詹妮弗·克哈特（Jennifer Kohart），匹兹堡技术学院（Pittsburgh Technical Institute）

劳拉林·克劳贝茨（LoraLynn Krobetzky），米尔德雷德·艾黎商业学院（Mildred Elley Business College）

谢利·B. 拉尔森（Shelley B. Larson），奥克兰社区学院（Oakland Community College）

贾森·林德（Jason Lind），史盖吉谷社区大学（Skagit Valley Community College）

黛布·马多克斯（Deb Maddox），阿什维尔·班康技术社区学院（Asheville-Buncombe Technical Community College）

克里斯蒂娜·米楚拉（Christina Michura），德州中部大学（Central Texas College）

科利尔·巴顿（Collier Patton），德州中部大学（Central Texas College）

特蕾西·鲍尔斯（Tracey Powers），梅萨社区学院（Mesa Community College）

玛丽安娜·布兰南·理查森（Maryanna Brannan Richardson），佛塞斯技术社区学院（Forsyth Technical Community College）

詹尼尔·斯科贝尔（Jennell Scherbel），奥斯汀社区学院（Austin Community College）

亚历克斯·西富利特（Alex Shifflet），东北技术学院（Northeastern Technical College）

沙恩·西蒙（Shane Simon），德州中部大学（Central Texas College）

克里斯蒂娜·托伊（Christina Toy），考德威尔社区学院和技术学院（Caldwell Community and Technical College）

直观总览

大量与学习、工作有关的实例将演讲与日常生活、工作联系在一起

每章开篇

每章均以生动有趣的实例或故事开篇，旨在生动形象地展示演讲的主要规则，展示演讲者在现实中——在课堂、社团及工作中——是如何实际运用这些规则的。

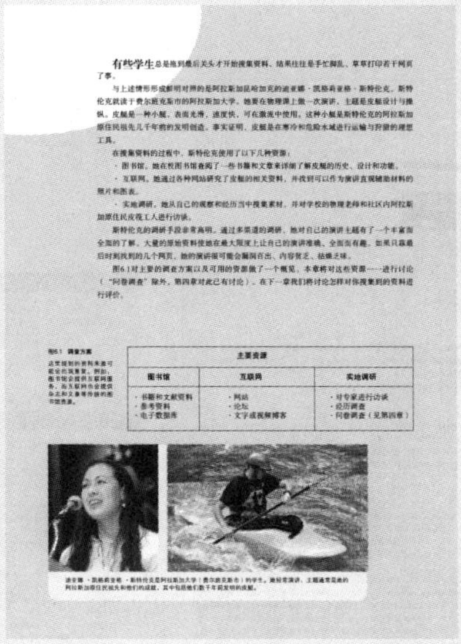

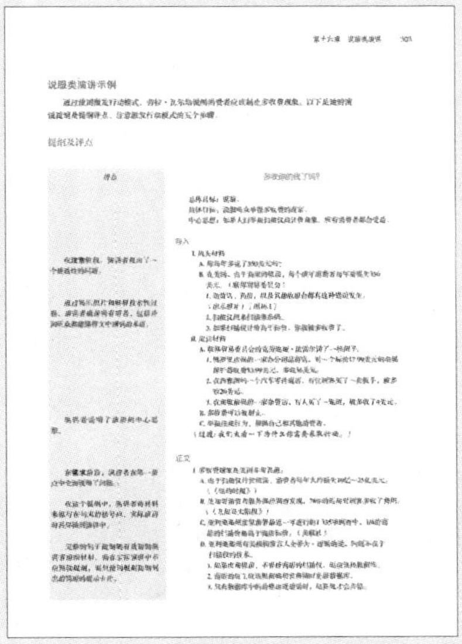

演讲示例

演讲示例，其中有六例为本版新增内容提供了有效选择、组织、发展演讲内容的样板。多篇演讲配有评点，以便让学生关注其主要构成要素、技巧和策略。

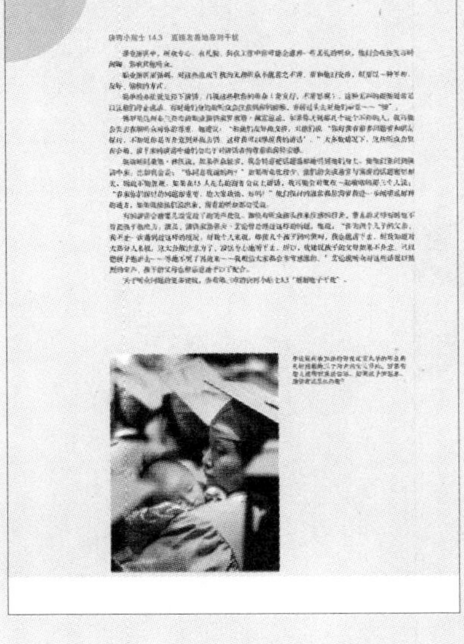

诀窍小贴士

这一部分受到了评论界的高度好评，也是本版特色。小贴士揭示演讲与工作的关系，指导学生如何应对一些具体问题，如引用网络资源、避免常见的PowerPoint使用错误及做好应对遗忘的准备、应对使用电子产品类的失礼行为等。

与研究相关的内容旨在培养学生以道德与批判性思维为基础的能力

探索研究策略

第六章《搜集资料》旨在让学生熟悉各类搜集资料的途径。章末增加了很实用的附录《搜集资料的几点建议》。

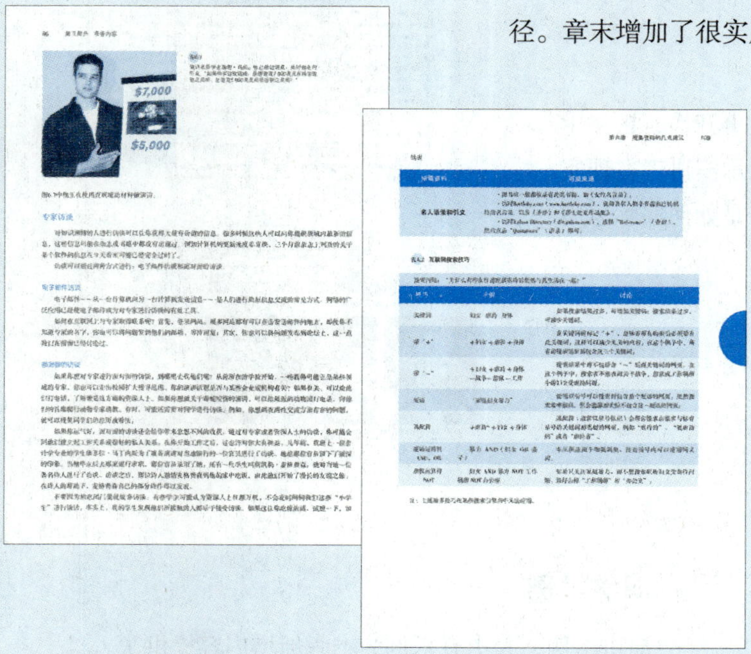

评估资料 杜绝剽窃

第七章《评估资料 杜绝剽窃》对剽窃进行了解释与说明，介绍了如何正确说明资料的来源。

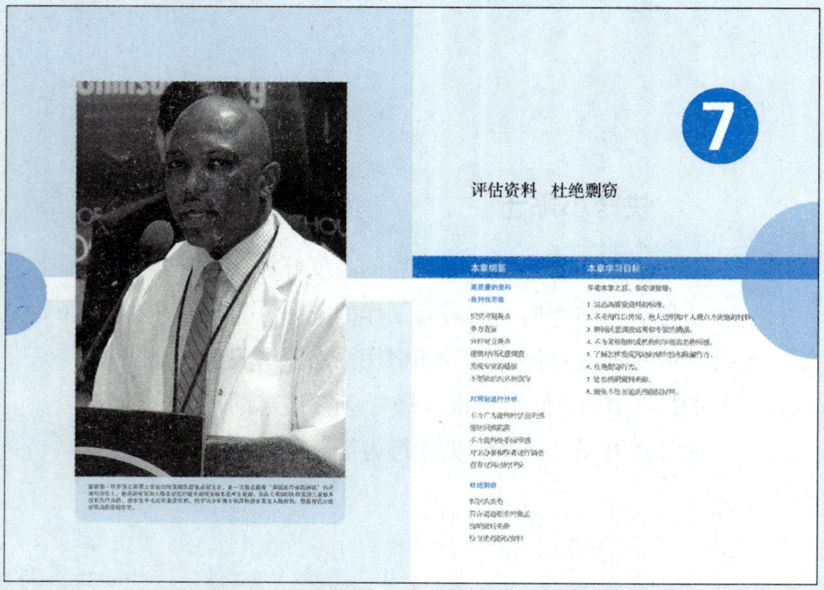

直观辅助工具的相关内容揭示了充分利用直观辅助工具的原则

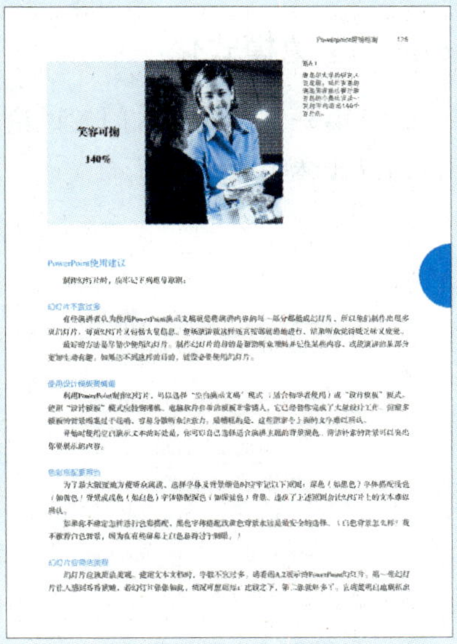

制作直观辅助工具

第九章《直观辅助工具》旨在教会学生如何制作并在演讲中使用各种直观辅助工具。

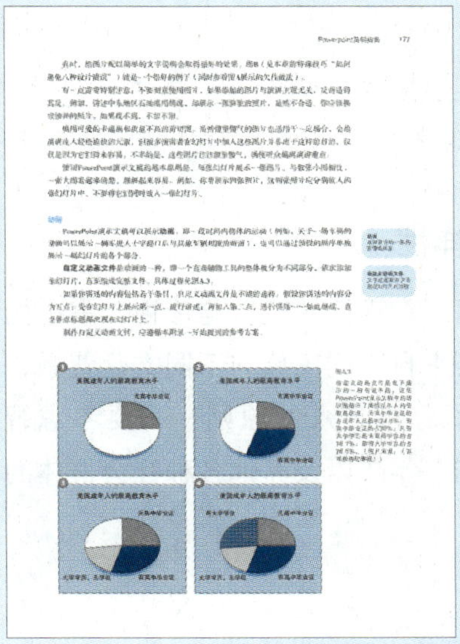

新增《PowerPoint简明指南》

第九章《直观辅助工具》章末新增附录《PowerPoint简明指南》，介绍了如何充分利用PowerPoint而又不招致听众厌烦的方法。

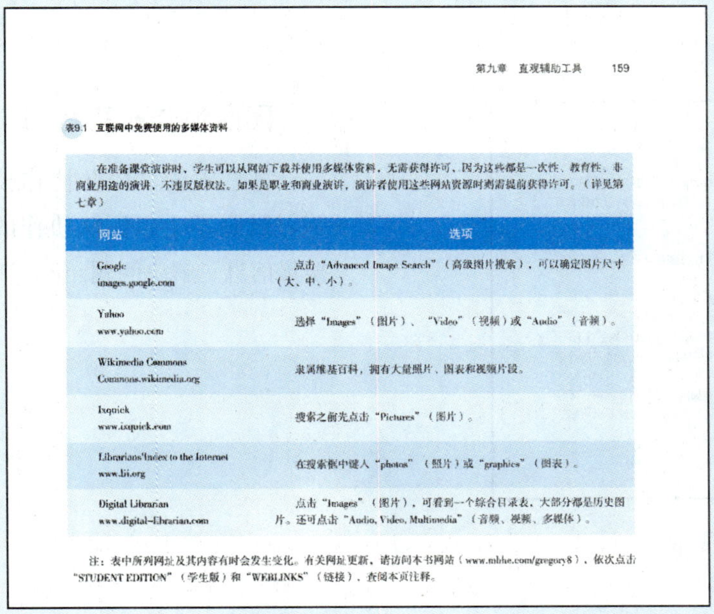

第九章 直观辅助工具 159

表9.1 互联网中免费使用的多媒体资料

在准备课堂演讲时，学生可以从网站下载并使用多媒体资料，无需获得许可，因为这些都是一次性、教育性、非商业用途的演讲，不违反版权法。如果是职业和商业演讲，演讲者使用这些网站资源时则需提前获得许可。（详见第七章）

网站	选项
Google images.google.com	点击“Advanced Image Search”（高级图片搜索），可以确定图片尺寸（大、中、小）。
Yahoo www.yahoo.com	选择“Images”（图片）、“Video”（视频）或“Audio”（音频）。
Wikimedia Commons Commons.wikimedia.org	隶属维基百科，拥有大量照片、图表和视频片段。
Ixquick www.ixquick.com	搜索之前先点击“Pictures”（图片）。
Librarians'Index to the Internet www.lii.org	在搜索框中键入“photos”（照片）或“graphics”（图表）。
Digital Librarian www.digital-librarian.com	点击“Images”（图片），可看到一个综合目录表，大部分都是历史图片。还可点击“Audio, Video, Multimedia”（音频、视频、多媒体）。

注：表中所列网址及其内容有时会发生变化。有关网址更新，请访问本书网站（www.mhhe.com/gregory8），依次点击“STUDENT EDITION”（学生版）和“WEBLINKS”（链接），查阅本页注释。

搜集多媒体资源

表9.1提供了如何在互联网上搜集到图表、影像、声音等资料的有关信息。

多样性与团队协作是课堂学习、日常生活及工作的关键构成要素

珍视多样性

本书强调对多样性的理解与珍视。书中的演讲者与听众来自不同民族与不同文化背景，书中也指出了分析听众的原则——要考虑智障、不同性别、年龄以及其他各种社会群体的需求。

避免模式化

第一章《演讲入门》讨论了老套分类与寻找替罪羊的问题。

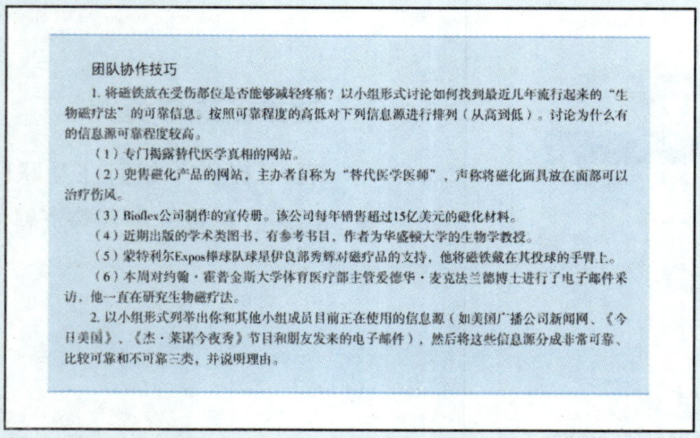

团队协作技巧

1. 将磁铁放在受伤部位是否能够减轻疼痛？以小组形式讨论如何找到最近几年流行起来的“生物磁疗法”的可靠信息。按照可靠程度的高低对下列信息源进行排列（从高到低）。讨论为什么有的信息源可靠程度较高。

（1）专门揭露替代医学真相的网站。

（2）兜售磁化产品的网站，主办者自称为“替代医学医师”，声称将磁化面具放在面部可以治疗伤风。

（3）Bioflex公司制作的宣传册。该公司每年销售超过15亿美元的磁化材料。

（4）近期出版的学术类图书，有参考书目，作者为华盛顿大学的生物学教授。

（5）蒙特利尔Expos棒球队球星伊良部秀辉对磁疗品的支持，他将磁铁戴在其投球的手臂上。

（6）本周对约翰·霍普金斯大学体育医疗部主管爱德华·麦克法兰德博士进行了电子邮件采访，他一直在研究生物磁疗法。

2. 以小组形式列举出你和其他小组成员目前正在使用的信息源（如美国广播公司新闻网、《今日美国》、《杰·莱诺今夜秀》节目和朋友发来的电子邮件），然后将这些信息源分成非常可靠、比较可靠和不可靠三类，并说明理由。

团队协作技巧练习

每章末的“团队协作技巧”练习鼓励学生以团队协作的方式搜集信息、解决问题。

多种多样的学习辅助工具支持特别主题、技术与技巧

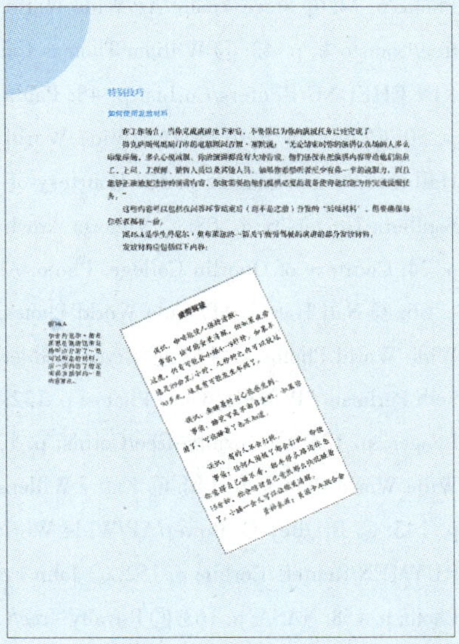

“特殊技巧”各部分

这些部分详细解释了：如何避免直观辅助工具的设计错误，如何将问题留待以后处理，如何在演讲中使用幽默等。

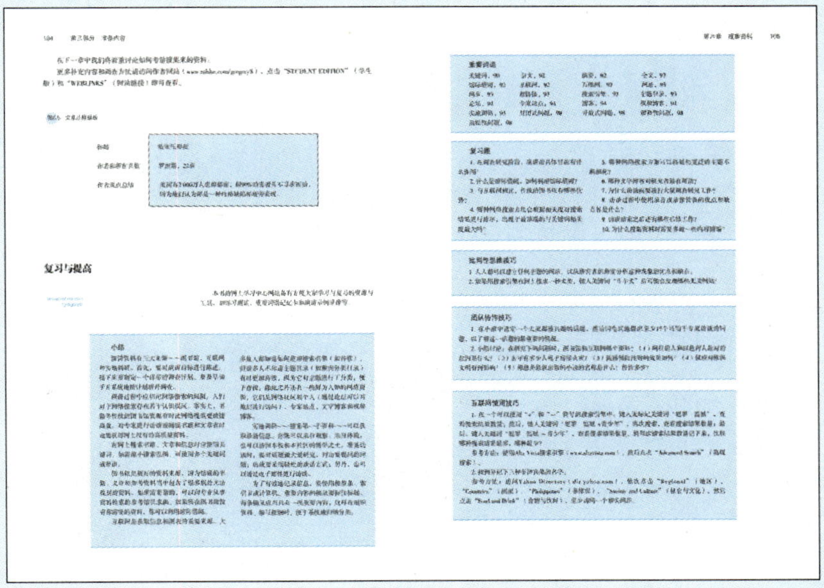

复习与提高

位于每章末尾，包括小结、重要词语表、复习题，以及一系列有关“批判性思维技巧”、“团队协作技巧”、“互联网使用技巧”的练习题。

Photo Credits

Public Speaking for College and Career

现实生活中的牛仔做演讲吗？与人们的想法相反，演讲并不只是律师、牧师、教育工作者、商业人员的专利。几乎各行各业都需要公开交流。图中比尔·布拉德正在全国牛仔大会（丹佛）上发言，他是一位牛仔，一直在南达科他州和蒙大拿州工作。

1

演讲入门

本章纲要

演讲课程的益处

演讲交流过程

过程要素

过程概览

演讲者的责任

坚守高道德标准

丰富听众生活

认真对待每一次演讲

介绍自己或同学的演讲

演讲示例

演讲简明指南

准备

演讲

本章学习目标

学习本章之后，你应该能够：

1. 解释至少三种演讲课程的益处。
2. 识别及解释演讲交流过程的七种要素。
3. 描述演讲者对听众的主要责任。
4. 准备一次介绍自己或同学的演讲。

为什么一些女性依然与虐待她们的男性在一起？

旧金山城市大学的学生玛丽·伊格内舍斯说，要理解为什么，你就得了解什么是“暴力周期”。这一周期由三个阶段组成：（1）紧张积累期（压力与威胁逐渐累积）；（2）暴力实施期（身体、情感或性虐待）；（3）蜜月期（男性满怀爱意与悔恨）。正是蜜月期使女性依然维持着这一虐待性关系，因为她们希望有一个真正而长久性的改变。但蜜月期过后紧张又开始累积，可怕的周期依然轮回。不过，女性一旦了解了这一周期，伊格内舍斯说，就可以设法将其打破。

为对男女两性都进行有关家庭暴力方面的教育，作为有关女性所受暴力课程的一部分，伊格内舍斯给他们学校的不同班级举行了20多次演讲。演讲受到了师生好评，她也很快跨出校门走向更多听众，不经意间她已积极投身于旧金山反强奸妇女协会所进行的工作。

伊格内舍斯把自己的演讲成功归功于过去在旧金山大学修读的演讲课程。这一课程还给她带来了其他好处：

- “这一课程使我在课堂上更具有前瞻性——提出问题、挑战已有观念、促进讨论等。”
- “我一直在各种不同班级进行演讲，生物班、社会工作班等，什么班都有，所以我有信心表达自己的思想。”
- “晚上，我当招待挣一些学费。信不信由你，要卖出一种产品确实需要演讲技巧。对我而言，卖产品就是推销当晚的特色菜。我得和顾客进行眼光交流，对食品的介绍要能够引起顾客的强烈食欲。”

演讲技巧不仅有助于学习与工作，而且可以使你有机会帮助别人。你能够对别人的生活发挥积极影响，无论是培训新员工、展示产品，还是倡导有价值的行动均如此。

通过帮助听众了解女性所遭受暴力的动态周期，玛丽·伊格内舍斯为校园、为社会贡献了自己的力量。

演讲课程的益处

很多人大学毕业后回顾大学所学课程时，都说演讲课是最有价值的课程之一。这一课程之所以被认为很重要，有如下原因：

1. 学习如何在一群听众面前讲话。知道如何起身向一批听众讲话是让人受益终生的能力。设想一下这样的演讲场合：

· 在你的学院课上，需要向老师和同学进行30分钟的研究项目陈述。

· 需要面对50位同事进行简短演讲，呼吁慈善捐赠。

· 在法庭上向陪审团解释交通事故不是你的责任。

· 向邻居们解释说明怎样减少社区犯罪的看法。

生活中你将会遇到很多这样需要演讲能力的场合。

2. 学习一对一交流技巧。尽管这一课程的重点是面对人群进行演讲，但所学原则也同样适用于个体交流。一生中，总要在这样的场合说话：

· 应聘面试时，人力资源部经理会问："我们有50位应聘者，为什么要聘用你呢？"如果你知道怎样做出简短、有趣而有说服力的回答，显然，得到这份工作的机会就会增加。在演讲课程中，你会学习如何组织、陈述说服性信息。

· 你和银行职员坐在一起向其申请一笔购车贷款。演讲课程中所学的非言语交流（如眼神与表情）会有助于你向对方传达这样的信息：此人可靠、可以信赖，会偿还贷款。

很多学生修读演讲课程后反馈的信息是：学到的方法在个体交流与对众演讲中一样有用。

3. 培养就业市场看重的口头表达技巧。在求职面试时，哪一项很可能会影响雇主是否雇用你的决定？

· 毕业学校的声誉

· 各科平均成绩

· 推荐信

· 专业技术知识

· 口头交流技巧——说与听

· 书面交流技巧——读与写

研究显示正确的答案是"口头交流技巧"，这是一个使众多学生吃惊的答案。"专业技术知识"对于科学技术工作当然是最重要的因素，对吧？但在雇主看来却不是。一个公司经理说，即使你在专业领域做得很好，但如果你无法与同事及公众成功交流，你的才智就没有价值。

一旦你有了工作，良好的交流能力有助你获得晋升。"如果有十多位技术相当的技术人员竞争经理职位，胜出者很可能是交流能力最佳的那位。"洛杉矶一家工厂的人力资源部经理克里斯蒂娜·斯尔瓦如是说。

4. 在理想的实验室积累经验。课堂是练习演讲的理想实验室，因为其不具威胁性（你不会因为演讲而被拒绝职位或加薪）。你的听众友好且有认同感——因为你的所有同学，他们也要进行同样的练习。

尤其要注意老师的评点（有时候，同学的评点也要注意）。例如，经常性的"嗯""啊"会分散听众的注意力，而自己可能没注意到这一下意识的习惯。被指出问题，是改正问题的第一步。

5. 培养自信。演讲具有挑战性，如果演讲得好，就会极大地增强自信。

6. 培养使自己和别人快乐与满足的能力。参加亲人姑妈的葬礼时，凯伦·沃克听到牧师在简短悼词之后说："有人要讲话吗？"几个人先后走到麦克风前回忆了姑妈生前的一些往事，但大部分人都没说话。"我想表达对姑妈的怀念，但我不敢，"沃克说，"大部分亲人都和我一样。我心里很难受，因为关于姑妈以及她的一生的很多重要东西都没人讲。"几年后，沃克参加了一个演讲班学习演讲，此后一年她又参加了一场葬礼——这次是她祖父去世了。"这次我发誓不能错过机会，我要向一个好人表达我的敬意。我要求参加葬礼，我讲述了我对祖父的童年记忆。"

沃克说她的家人都很赞赏她的悼词。他们说，我很好地表达了他们想说但又不敢和不知该怎么说的话。"知道了自己还可以用这样的方式代表家人，我很欣慰。"她说。

能够在公众面前讲话（致祝酒词、分享信息、提供鼓励、尝试说服）能给自己和他人带来快乐。沃克说她对祖父的悼词之所以做得好，就是得益于她在演讲班上学到的知识。

演讲交流过程

有些演讲者误认为，只要说了话，交流就必然发生。当然，交流确实常常发生，但有时也不会，原因是：讲话和交流不是一回事。你可以对一位听者讲话，但如果他没有像你所希望的那样理解你的意思，你就没有成功地进行交流。下面就是一个例子：

一位大学生物教师告诉她的学生们说，在考试结束24小时内，她会把成绩贴出来。考试后的那几天，她的电话被忐忑不安的学生们打爆了，学生们搞不清她为什么没有将成绩贴出来。他们以为她会将成绩单贴在她的课程网站上，她却将一份打印成绩单贴在了办公室门外的公告栏里。她使用的"贴出"（英文为post，既指传统的"贴出"，也指在网站上"贴出"——译者注）一词是传统的含义——在公开场所展示，学生们却把这个词理解为其新含义——在网站上展示。

这一故事说明说话与交流并不同义。讲话者发出了信息，但如果听者没有正确领会其含义，真正有效的交流就没有发生。日本日立公司认为："交流不只是发出信息，而是达成真正的理解——迅速、清楚而准确。"

过程要素

演讲交流可以被看作是一个过程，其包含七项不同构成要素。我们以图1.1为展示图，详细考察一下这些成分。

演讲者

演讲者
传递给听者的信息之源

如果你是**演讲者**，你就是传递给听者的信息之源或发出者。无论听众只有十几人还是500人，你都肩负着成功进行交流的重大责任。你需要不断自问的重要问题，不是"我讲的内容好吗？"或"我的表现好吗？"而是"我让听众们听懂了吗？"

听众

听众
演讲者所发信息的接受者

听众是演讲者所发信息的接受者。对交流的考验不是信息是否被演讲者发出，而是是否被听众准确理解。"演讲，"康涅狄格州西港管理顾问大卫·W. 理查森说，"是在听众的大脑中进行。"

如果交流失败，谁该承担责任，演讲者还是听众？结论要依据具体情况而定，也许是演讲者，也许是听众，也许是双方。一方面，演讲者负有部分达成交流的责任；另一方面，听众也一样。听众要聚精会神倾听演讲，要控制胡思乱想或想私事；听众的思想要开放，不能不听演讲者说什么就对演讲者下定论或拒斥其观点。

信息

信息指演讲者传达给听众的一切。信息以符号形式（言语的或非言语的）传递。

信息
演讲者传达给听众的一切，包括言语的和非言语的

言语符号是文字。重要的是，要认识到文字不是事物本身，而是事物的象征符号。假如你给我一个苹果，你是将一实实在在的物体从你手里递到我的手里。但假如你在演讲时提到“苹果”一词，你并不是在传递一个切实的事物，而是在传递一个符号。

非言语符号指你的音调、眼神、表情、手势、姿势和外表所传达的东西。

这一过程听起来简单而明显，但我们现在实际已置身于危险区域。当演讲者传递言语或非言语符号时，听众得阐释这些符号。而听众常常会有各种各样的阐释，其中有些甚至会与演讲者的原意大相径庭。我们用简单的“苹果”一词为例。某位听众想到的可能是青色小

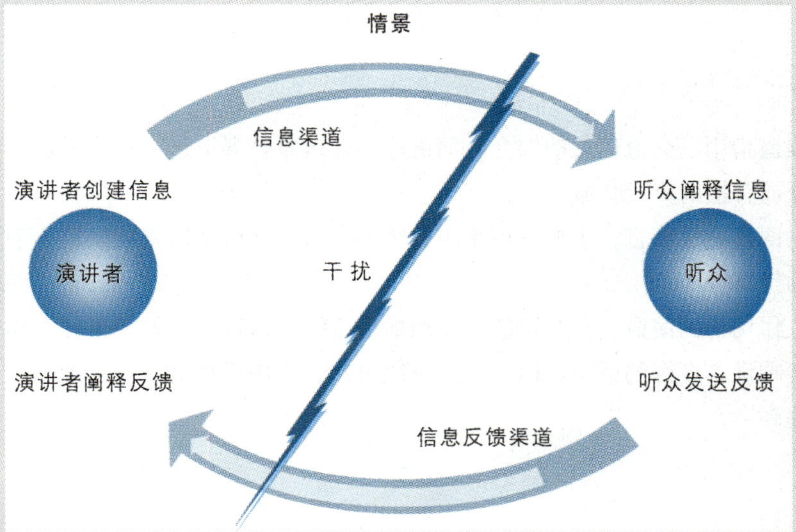

图1.1

演讲交流过程

在下面这一演讲交流过程模式中，演讲者创建信息并通过渠道将其发送给听众，听众阐释信息，通过渠道将反馈发送给演讲者。干扰是阻碍准确交流的因素。情景指交流发生的时间与空间。

演讲交流常常是动态过程，交流双方快速交替甚至同时收发信息。在图中的非正式商务演讲中，演讲人在发送信息的同时也接收听众的反馈（言语的与非言语的）。演讲过程中，演讲人与听众可能会因具体情况而随时转换角色。

苹果，另一位则可能想到一个硕大鲜红的苹果；某位听众可能想到酸脆的苹果，另一位可能想到果汁甜美的苹果。一个简单的词可以引发各种不同的形象，那么抽象的词语，如帝国主义、爱国主义、审查等这些词，又会触发什么样的混乱与误解？“审查”这一词语对于某些听众可能意味着“剔除糟粕”，对于另外一些听众则可能意味着“政府对新闻媒体的完全控制”。

作为演讲者，你应该努力使用那些听众的理解最接近于你的本意的符号。不要说：“抽烟会给你带来很多问题。”句尾含义模糊的言语性符号“很多问题”，可能被一些听众理解为“咳嗽”，也可能被理解为“被烟熏黑的牙齿”，也有人可能会理解为“癌症”。要具体说明：“抽烟会导致肺癌。”

有时，演讲者的言语性符号和非言语性符号会相互冲突。假设你对听众说“很高兴今晚来到这里”，而你的面部表情却很痛苦，声音很后悔，听众收到的就是混乱的信息。他们该相信你的话还是你的非言语性的行为？通常，听众相信的是非言语性的行为。上述例子中，他们会相信你并不是真的愿意到那里去。

解决这类问题的办法就是确保你的非言语性符号是对你的言语性符号的加强，而不是与之相抵触。换言之，当你说“很高兴今晚有机会和大家谈话”时，要微笑，要用友好的语调。

渠道

渠道
传递信息的途径

渠道指用以交流信息的媒介。演讲可以通过各种渠道进行：收音机、电视、因特网、播音系统或直接的声音交流。

对课堂演讲而言，主要渠道是声音（嗓音），然后辅以直观渠道（手势、面部表情、直观辅助工具等）。

工作场合的演讲，有时可能会使用播音系统。这种渠道效果很好（如果系统正常，房间里的音响设备良好的话），因为这一系统可以让你用平易的、日常谈话的方式进行演讲，而不必提高声音。

反馈

反馈
听众对演讲者所做出的言语性和非言语性回应

反馈是听众对演讲者所做出的反应。反馈有时是言语性的，如听众在演讲期间提问或进行评论。大部分演讲及课堂演讲，听众在结尾问答时间之前不会进行言语性反馈。

听众也进行非言语性反馈。如果他们微笑和点头，很明显，是赞同你的话；如果他们皱眉头或双臂交叠坐在那里，很有可能是不同意；如果他们打哈欠，神情呆滞地看着你，可能是感到厌倦或不耐烦了。（“哈欠，”一位英文作家G. K. 彻斯特顿曾写道，“是无声的呐喊。”）

如果得到了负面反馈，要努力帮助听众。举个例子，如果你在解释某一概念时，而一些听众摇头，看着你的神态似乎在说“不明白”，那么，要用不同的话再解释一次，要讲得清楚明了。

干扰

干扰
阻碍准确交流的任何因素

干扰指任何阻碍信息准确交流的因素，分三类：

- 外部干扰源于听众之外：有人咳嗽、幼儿啼哭、大厅里的大声喧哗、空调出现故障致使听众感到闷热不适等。
- 内部干扰源于听众本身：有些听众可能在胡思乱想或忧心个人问题；有些则可能过于

诀窍小贴士1.1 获取反馈

一位大学教授在讲课时，也许是没有意识到自己在做什么，总是将领带卷到领口再放下来，然后再卷上去，再放下来。学生的注意力常被他这一习惯干扰与分散。一天，学生们就打赌看教授在课堂上会卷放多少次领带。

这样的行为会妨碍演讲，而你自己却可能根本没有意识到。例如，你可能形成了讲话时整理衣服、捋头发的习惯。要发现并戒绝这样的习惯行为，最好的办法就是获取听众的反馈（以评价的形式进行）。

反馈对确定演讲行为存在的问题很有价值，不过其在评估演讲内容存在的问题方面更具价值：你的话对于听众而言是具有启发意义，还是让人难以理解呢？

没必要对每次演讲都进行评价，但间或了解听众的反馈还是必要的。要努力去了解自己的优点与缺点，扬长避短。这里有四种好的方法：

1. 征求朋友与同事的意见。

不要笼统地问："我做得怎样？"对方听完演讲后，顾及你的感受，无论实际怎样想，都会对你说："讲得很好，很精彩的演讲。"要把问题具体化："关于我演讲的内容与过程，请写出至少三个你觉得做得不错的地方，以及至少三个需要改进的地方。"这样，听众知道可以实话相告，而不必担心你受到伤害，由此得到的反馈可能会对你有帮助。

2. 给所有听众分发反馈表。

让听众在表上匿名填写看法，然后放到出口处的收集箱里。表上可以是上面谈到的问题，也可以另设问题。

3. 演讲后邀请少量听众谈感受。

这种方法对于了解听众是否理解和同意你的观点尤其有效。努力去听、去了解，不要争辩。

4. 对演讲过程录像。

邀请同事和你一起观看录像，帮助你进行评价。很多人会对录像上的自己或演讲不满意，同事则常常较为客观。比如，一次介绍性演讲，你可能会觉得很沉闷，但同事却可能觉得趣味盎然、引人入胜。

乏累而无法集中精力听演讲。作为演讲者，可以帮助听众克服这些困难，演讲要生动有趣些，吸引他们听演讲。

· 演讲者所致干扰往往发生在演讲者所用词语听众不熟悉或听众对词语的理解与演讲者本意相违背的时候。如果演讲者装束怪异，会使一些听众分神而难于集中精力听演讲。

有时听众自己会努力克服干扰，如在窗外街道上卡车驶过的轰响中努力倾听演讲；不过有时则不会努力，如果这样，交流就不会发生。

演讲时要注意干扰出现的迹象，尽可能采取措施解决问题。如果飞机轰鸣着飞过头顶，致使听众身体前倾，这时你就要提高声音或暂停一下，等飞机飞过再继续演讲。

情景

情景指背景（时间与地点），交流在这一背景下进行。情景不同，演讲者和听众双方的行为方式也要不同。在庄严肃穆的教堂里致悼词，演讲者就不会开玩笑，但在餐后娱情致辞时则不妨笑一笑、乐一乐。有时，听众可以欢呼、鼓掌，但有时只能保持静默。

情景
交流发生的背景

听众反应如何，时间也是一个因素。很多听众在下午3—5点期间往往困倦慵懒。如果这一时间段内进行演讲，要生动活泼。可以使用直观辅助工具和进行一些听众参与的活动，激发他们，让他们保持清醒。如果演讲比较长，中间要稍事休息，让听众驱除困倦。

准备演讲时，要尽可能地了解相关情况：在什么地方演讲，室内还是室外？什么样的场合？多少人出席？提前考虑、估量这些不同因素，演讲就能做到合适而恰当。

过程概览

再看一下图1.1。页面上部的图表是对交流过程的精心凝缩，以帮助说明其不同构成要素。图表并不是说演讲者与听众之间的交流是依次交替进行，而是像页面底端的照片所表明的，交流者发、收信息常常是同时进行的。所以，交流并不是一只球在演讲者与听众之间抛来抛去，而是两只球（甚至更多）在同时抛掷。举个例子，你走进老板办公室要求加薪，你说的时候，她友好而善意地微笑着，信息（非言语信息）似乎是说她很高兴见到你。但你讲完后，她的笑不见了，取而代之的是严肃而遗憾的神情——这是负面反馈。“我倒想给你多加一点，”她说，“可一点也加不了。”说后半句时，她判断你的面部表情，认为你不相信，所以很快补充说，“我们的部门预算不允许，我真的是有心无力”。诸如此类……这是一个生动的言语和非言语交流的予取过程。

演讲者的责任

站在听众面前的演讲者有若干责任，讲道德、有良知者都应该接受。下面是若干原则：

坚守高道德标准

在我们社会中，有一些广为诚实的人们所接受的行为道德判断标准，这些道德判断标准被称为道德准则。对于演讲而言，道德准则主要涉及的是演讲者怎样处理材料以及怎样对待听众。演讲者对听众应该坦诚相待，方法与目的要公正，不能不择手段，不能欺骗。下面我们谈一下演讲者要承担的三项重要责任：

不要歪曲资料

作为一名遵守道德准则的演讲者，对于事实与数据你应该始终坚守诚实。歪曲资料不仅是不诚实，而且是愚蠢。我们设想一下，在工作中，你说服一些同事进行某项行动，但后来他们却发现你是通过歪曲相关事实与数据而使大家相信你的。自此之后，无论你提议什么，同事们都不会再相信你了——即使你拥有完全符合逻辑、毫无瑕疵的证据。“人们不会相信骗子，”古希腊寓言家伊索说，“即使他/她说的是真话。”

设想一下这样的情景：你在为一项崇高事业而努力，而你认为要赢得听众的支持只有一个办法，即改动一些数据来支持你的观点。而且，你肯定听众不会知道你对他们的瞒骗。可否略微改动一下事实呢？不行。即使攸关崇高事业的存亡，讲道德的演讲者也决不会牺牲诚实。

尊重听众

有些演讲者对听众明显不尊重，他们居高临下地讲话，似乎听众不是无知就是傻瓜。有位演讲者以训斥、屈尊俯就的口气对年轻父母们说：“我知道你们不信我，不过你们去买如何做父母的指导录像，纯粹是浪费时间与钱财。”

态度傲慢、对听众不屑一顾的演讲者，如果注意到美国幽默大师维尔·罗杰斯的两句话，其中蕴含的智慧可能会使他们改变态度而尊重别人：“每个人都是无知的，只是无知的方面有别而已。”以及“如果撇开所受教育的领域，受过教育的人是最愚蠢的。”当你是某一方面的专家时，请谨记“无知的”听众在其他方面是可以和你互换位置的。

拒绝老套分类与无端指责

你同意下面的说法吗？

精神病医生是约一周内即可治疗好精神疾病的医疗师。他们使用的主要方法是对病人进行催眠，由此探析他们童年时期被压抑的记忆。

上述形象是被歪曲、夸张了的形象，但千百万美国人却信以为真，因为精神病医生在好莱坞电影中就是这样子的。

精神分析师常是老套类型划分的受害者。所谓**老套类型**是指人们对不同人群所拥有的简单化的、夸张的形象。如“律师狡猾而不诚实”就是一种颇为流行的老套类型。

老套类型
过分简化或夸张的形象

老套分类在演讲课上经常发生。选择演讲题目时，有些男性认为女性对修理汽车不感兴趣，而有些女性则认为男性对创造性的爱好如编织与针绣没兴趣。

要摈弃老套类型，因为这些类型是“想象饼干切割器”，将一个群体中的所有人硬性塞入一个模式，不考虑个体差异，不考虑任何群体成员之间都有的各种特点。有些律师不诚实，这没错，但很多律师并非如此；有些女性对修理汽车不感兴趣，这话说得对，但也有些女性却酷爱从事机械方面的工作。

即使是正面而无害的老套类型也要摈弃。由于亚裔美国人在科学技术方面的成就，一种老套观念流传甚广：“所有亚裔美国人都具有数学与科学方面的天赋。”和所有正面的老套类型一样，这一类型似乎颇具善意，但也要摈弃，因为这种分类没有考虑每个人所具有的独特品质。我的一位学生是日裔美国人，他说他的高中数学老师讥笑、训斥他，因为他喜欢诗歌而讨厌数学。他们不应该将他硬塞入一个族裔模式，而是应该尊重他的个人品质。

避免老套分类的最好办法是将每位听众看作个体，而不是将其看作每个成员都基本相同的群体的代表。

在避免老套分类的同时，也要摈弃另一种做法，即寻找**替罪羊**——为某种真实或想象的过错无端责怪某个人或某群体。老套分类常常与寻找替罪羊纠结在一起：将黑皮肤的人看作具有犯罪倾向的老套分类，一直使某些警官无端责怪黑皮肤车手，指责他们贩运毒品。近年来，成千上万的非洲裔美国人和拉丁裔车手被警方拦截搜查，只是因为他们的肤色符合毒品贩运者的“种族特征”。一项研究发现，在佛罗里达，80%的被拦截检查者是非洲裔美国人或拉丁裔美国人，而与此相对照的是，他们只占司机总数的5%。这些检查让人备感屈辱，受害者常常讥讽说，他们被发现犯有黑开车罪——仅仅因为自己的肤色而被认定有罪。

替罪羊
被无端责怪的个人或群体

在演讲领域，近来有些无德演讲者将近期到美国和加拿大的移民作为替罪羊，将所有可以想象的社会问题都怪罪到他们头上。有些政客甚至用无端指责移民的手法来赢得选举。

注：上述建议并不意味着可以无视听众间的差异。就像第四章中我们看到的一样，对于不同年龄、不同文化及不同背景的听众的需要与兴趣，应该敏锐而积极地予以回应。这里所批评的是，对于个体或群体使用不公正的、夸张的或简单的概念化做法。

丰富听众生活

演讲前，有些演讲者会对朋友这样说：

- “希望听众不要很多。”
- “我征求问题时，希望没人提问。”
- “真想快点结束。”

之所以说这样的话，是因为演讲者很紧张。在第二章会看到，我同情那些心情紧张的演讲者。不过，我不大喜欢听这样的话，因为很明显，演讲者关注的是他/她自己的情感，而不是听众。

不要把演讲看作是磨难，而要看作是能为听众的生活作出贡献的机会。我的一位学生玛丽·克罗斯毕在教室做了一次关于毒蜘蛛的演讲——毒蜘蛛是什么样子、如何躲避它们、被咬后怎么办等等。准备这次演讲她用了6个小时。如果我们的17个听众都像她那样去了解毒蜘蛛，每人6小时，总共就需要102小时。因此，玛丽·克罗斯毕为我们节省了大量时间与精力。更重要的是，她丰富了我们的生活。（我们中的大部分人可能根本不会用那么多时间去了解毒蜘蛛，因此她的演讲更有价值。）

所谓作贡献，不一定必须要告诉听众救命的诀窍。可以劝说听众采取行动解决一项困难；可以宣讲引人入胜的知识，满足人们的求知欲；可以讲些趣闻逸事开心一下，让听众暂时忘却日常生活的劳累——所有这些对听众而言都是珍贵的礼物。

演讲者可以做的一件最大的好事，就是不要浪费听众的时间。大部分人都很忙。如果演讲值得他们花费时间——演讲有意义、与他们的生活相关——他们就会感激你的努力。

认真对待每一次演讲

有些演讲者往往认为有两种场合不需要认真对待：课堂演讲和听众很少时。

课堂演讲。与这些同学的想法相反，课堂演讲和在工作、社团中要进行的演讲一样重要，同样需要认真对待。它们探讨的都是人类面临的问题，同样是由现实中的人进行。作为老师，我盼望课堂演讲，因为我从中学到了很多。近年来，我学会了如何抢救噎食者的生命、如何在园艺中不使用杀虫剂、如何为孩子设立免税储蓄账户等等。

听众少。有些演讲者错误地认为，如果听众很少，或比他们预计的少很多，演讲就没必要太认真。实际上，正确的态度是：和五位听众交流要和与五百位听众交流一样努力。德克萨斯州的詹姆斯·多克·布雷克里讲过他的一位同事的故事。他的这位同事到加拿大萨斯喀彻温省的一个小镇演讲，结果来听演讲的只有一人。他给予这位孤单的听众以最高礼遇。后来，这位听众竟以他的观念为基础发起了一场全国性运动。

介绍自己或同学的演讲

介绍自己或同学的演讲往往安排在演讲课初期。这类演讲让你用简单话题积累演讲经验，也让你和班里的其他同学互相了解——这样，未来课堂演讲就可以根据听众需要与兴趣加以准备。

要努力向听众介绍你或你同学的与众不同和让人感兴趣的一面。如果你的老师没有其他建议，你不妨参考下表。你可依据时间要求，对下面内容进行适当取舍：

背景信息

- 姓名
- 婚姻状况
- 家乡
- 家庭情况
- 工作经历
- 学习计划
- 毕业后目标

独特之处

- 特有兴趣（爱好、体育、俱乐部等）
- 一件你自己或你同学的趣事或奇事
- 一次有趣或非同寻常的经历

后三项尤其重要，因为这三项让听众了解你或你同学不同于其他人的品质、兴趣与经历。

演讲示例

下面第一篇演讲中，约翰·扎恰里向演讲班同学介绍他自己。

小丑来了

导入

你小时候想长大后做什么？很多孩子对这样的问题都回答说：想去马戏团当小丑。我小时候，这个梦想就已经实现了：我已经做了小丑。

正文

我叫约翰·扎恰里，过去我是大家在学校里都很熟悉的那种小丑：我们班里的小丑。大家一定不会忘记这样的人物：总是惹麻烦，总不肯安静地坐一会儿，总是扰乱课堂秩序。我就是那种小丑。好动，感情冲动，总是挨罚，长时间站在墙角或坐在校长办公室里。

作这样的小丑没什么乐趣，内心深处是深深的痛苦。大家都不喜欢我，我没有朋友，成年人甚至都不愿看到我。九年级时我退学了。我学不进去，我无法将注意力集中到重要的事情上去。我不断地被琐屑小事吸引着，旁边的同学掉了铅笔，我就会注意那支铅笔，而对老师说什么则一无所知。即使坐在座位上，我的思绪也像醉酒的猴子，乱蹦乱跳，四处游荡。

直到几年前，我才真正明白为什么我的学生岁月充满了失败与痛苦。我得的是一种病，叫ADHD，即注意缺陷多动症。谁也不清楚这种病的病因，不过已经有了一些治疗方法。几年前，我开始治疗，效果很不错。现在我已经不再像过去那样冲动和心不在焉了。

由于治疗，我得以进入大学学习。尽管我高中退学，但录取时并没造成多大困难，招生的老师们说我智商高。我的病仅靠治疗是不够的，还需要我严格自律。可能大家已经注意到，我坐在前排，不停地记笔记。这样做就是为了集中注意力。我也得简化我的生活。如去年，是我上大学的第一年，我住在宿舍里，但这却给我带来了很多困难。分散注意力的事太多了，像电话铃声、电视节目、人们来来往往等等。今年，我住进了一套校外私人公寓，很安静。我有生以来第一次可以真正学习了。

我说了很多关于ADHD的情况，不过那并不是我全部的生活。我隔天进行8公里跑步和举重锻炼。锻炼使我不再紧张，使我感觉良好。我有生以来第一次有了真正的朋友。我的专业是教育，我想将来教中学生。我觉得我和那些有困难的学生有特别的相通之处。

结尾

实际上，我的经历使我对世界上的每一个人更加具有同情心。我们大家都有缺点，都不完美。就像某位哲人所说："仅有的正常人是那些你不熟悉的人。"

下面这篇演讲是一位同学介绍另一位同学的演讲实例。在这篇演讲中，奥斯卡·考尔代罗将向大家介绍他的同班同学米斯蒂·琼斯。

米斯蒂·莫宁

导入

我要向大家介绍的这位同学叫米斯蒂。听到这个名字，你可能会觉得她的父母给她选了一个美丽的名字，其实，在这个名字的背后有一个故事。

正文

她的全名叫米斯蒂·莫宁·琼斯。她的父母之所以选择这个名字，是因为她出生在——大家猜对了——一个薄雾蒙蒙的早晨。（米斯蒂·莫宁即"Misty Morning"，意为"薄雾蒙蒙的早晨"——译者注。）

米斯蒂的爱好和兴趣很广泛，不过现在她最喜欢的还是打快速垒球。她不是偶尔玩几下，她过去是高中垒球明星，现在则是大学垒球明星。

她是球队的多面手，能胜任多个位置，不过通常作投球手。她投球的速度高达每小时97公里。在短短的运动生涯中，她已经赢得了三场无安打球赛。只要看过电视转播的职业棒球赛就知道，大部分投球手在其他位置都很糟糕，而米斯蒂却是多面手。她是优秀投球手，平均得370分，还是优秀跑垒员——她可以成功地触击球、投垒。

此外，米斯蒂还参加了急救医疗课程的学习。在家乡，她是志愿消防与救援人员。她的目标是做一位直升机伞降急救人员。

结尾

米斯蒂·莫宁出生于薄雾蒙蒙的早晨，不过她的生活现在可是阳光普照，风华正茂、才华横溢的她正沐浴在灿烂的阳光下。

演讲简明指南

学完此书之前，你可能要进行一些重要演讲，为帮助你做好准备，现将准备及进行演讲的基本原则简要概述如下。

下面这一指南预设你演讲时会选择最常见的演讲方式——脱稿方式，这意味着你精心准备了演讲，但演讲时不是朗读或背诵演讲底稿。你目视听众，语调自然随和，只是偶尔扫一眼码放在那里的演讲要点提示。

脱稿方式和其他三种方式——读稿方式（朗读演讲稿）、背诵方式（凭借记忆演讲）、即席演讲（几乎很少或没有时间进行提前准备的演讲），会在第十四章进行充分讨论。

准备

听众　演讲的目的是得到听众的回应——使他们用某种方式去思考、感受与行动。为了取得更好的效果，要尽量了解听众：他们的年龄、性别、种族、宗教及受教育程度；他们对你及演讲主题的态度；他们对演讲主题知道多少等。要对听众进行全面分析，然后根据他们的需要与兴趣来准备演讲。

话题　选一个感兴趣且很熟悉的话题（可以是本身就熟悉，也可以是经过研究后非常熟悉的）。选择的话题听众也要感兴趣，即应该是他们认为及时而有价值的话题。要缩小话题范围，以便在规定时间内轻松而充分地进行阐述。

目的与中心思想　选择一个总体目标（介绍、说服等）、一个具体目标（明确说明要和听众达成什么目标），以及一个中心思想（要将演讲内容凝缩为一句话）。例如，如果你想向听众介绍美国政府在帮助学生项目中的欺诈与滥权行为，就可以像下面这样设定目标：

总体目标：介绍

具体目标：向听众介绍有些学校肆无忌惮地滥用联邦政府帮助学生计划的丑恶现象。

接下来要问自己这样的问题："主要内容是什么？要在听众心里留下什么印象？"对这些问题的回答就是中心思想。接下来就可以是：

中心思想：通过操作帮助学生计划，有些学校欺骗纳税人和学生。

这一中心思想就是你想让听众长久记在心里的东西，即使他们忘记了其他的一切。

查找资料　搜集资料可以通过阅读书刊（如杂志和学术期刊）、利用网络、采访相关人士、利用自己的经历等方法来进行。要搜集一些有趣的相关资料，诸如实例、数据、故事和引语。要考虑使用直观辅助工具来帮助听众理解、记忆演讲要点。

组织　组织演讲的主要部分要设计两三个要点来支持或证明中心思想。比如上面的那个例子，你就可以继续问自己："怎样才能使听众理解并接受我的中心思想？"不妨安排如下两个要点：

Ⅰ. 有些学校通过在资助学生计划中的欺诈与滥权行为，骗取联邦政府数百万美元巨款。

Ⅱ. 尽管投入大量时间与资金，很多学生几乎没有或根本没有受到有用的培训，反而欠了一身债。

下一步就是用支持性资料，如例子、数据、专家引语等，将每一要点展开。第一要点下面，可以用如下两点来阐述税金的误用：

- 为多报注册学生人数，有些学校搜寻无家可归者，将他们注册登入他们从不学习的课程——美国教育部总巡查员詹姆斯·托马斯这样说。
- 三所得克萨斯州学校获得7 400 000美元帮助学生款项以培训保安，但安全专家却证实，训练时间被夸大了，并说根据《美国新闻与世界报道》的一项调查，合理的费用应该是260 000美元。

过渡　为使听众自然顺畅地从一部分过渡到另一部分，要使用一些过渡性语句，如"现在开始，首先看一下这一问题""那么第二个原因"以及"我来总结一下我们谈过的内容"等等。

诀窍小贴士1.2　避免演讲者易犯的五大错误

在笔者进行的一项调查中，要求64位商务及专业演讲人士指出当前美国演讲者最易犯的错误。下面是常被提到的错误：

1. 没有根据听众的需要与兴趣对演讲进行调整。

不称职的演讲者给听众带来的是陈旧而无用的信息，使听众倍感厌倦；优秀的演讲者预先评估听众情况，所用资料具有趣味性与实用性。

2. 准备不足。

优秀的演讲并非自然而然地发生。演讲者必须要在话题研究、组织资料、演练演讲等各方面投入大量时间进行准备，然后才正式登台演讲。夸特代克办公系统负责人特雷西·迈耶说："我已懂得前一天在飞机上用一小时拼凑一篇演讲是不可行的。现在，每次演讲我都会用至少两周的时间进行准备。"

3. 内容过多。

有些演讲者很热情，对于所谈话题了解颇多，因此常常力图在一篇演讲中塞入太多的东西。正如芝加哥的一位公司执行官阿诺德·尼克·卡尔特所说："他们想在不足0.5千克容量的包内塞入5千克信息。"

信息量太多会使听众承受"信息超载"之苦。他们无法一口气接收太多的信息。

4. 没有与听众保持眼神交流。

听众往往不信任那些不与他们进行目光接触的演讲者。然而有些演讲者却把大量的时间花在看演讲要点提示、地板或后墙上。

迈耶提出如下建议："不要对墙壁演讲，要和某位听众谈一会儿，然后另一位，然后第三位、第四位……"这样不仅帮助你与听众保持眼神交流，而且会使你感觉更为轻松自如，"因为这样就像在一对一地进行交谈"。

5. 枯燥。

一篇演讲之所以枯燥，既可能是因为内容拙劣也可能是因为演讲技巧糟糕。要避免枯燥，就要：（a）选择你有热情的话题；（b）准备趣味性强的资料；（c）有将有关内容告知听众的强烈愿望；（d）让你的热情在演讲过程中流露出来。

导入　在导入的第一部分，就要紧紧抓住听众的注意力，激发他们继续听下去的兴趣。能够吸引注意力的开头，可以是讲述引人的故事、提出有趣问题、陈述有趣的事实与数据等。下一步，则是要使听众为演讲的主要部分做准备（通过陈述中心思想或综述要点等方法）。要提供听众理解演讲所需的背景信息和定义。要通过陈述自己对话题的了解或引述可靠资源来建立可信性。

结尾　总结演讲要点，然后用简明有力的结尾（诸如引述或故事等）来进一步强化、突出演讲的中心思想。

演讲要点提示　以提纲为基础，准备简短演讲要点提示。上台演讲时，应该只带这些提示。

练习　要在正式演讲前演练若干次。不要死记硬背演讲词，要努力演练演讲内容（可以按照演讲要点提示来进行）。如果有可能超出时间要求，要对演讲进行缩减。

演讲

自信 对自己、自己的演讲及自己的听众的态度要积极。不要让害怕情绪妨碍演讲：紧张对于大部分演讲者来说都属于正常反应。不要竭力排斥紧张情绪，要化紧张为力量——实际上，紧张情绪可以使你的演讲热情洋溢、充满活力。

登台及演讲开始 轮到你演讲时，起身离座，不要叹息，不要喃喃自语，要自信地走向讲坛，静立稍许（这是理清演讲要点、准备好开篇演讲词的好时机），然后直视听众，开始演讲。

眼神交流 演讲过程中，要目视各部分听众，偶尔扫视演讲要点提示，不要总盯着墙壁或地板，也不要总看着窗外。

语速 一定的语速有助于听众理解你所讲的内容——语速不要太慢，也不要过快。

表达力 声音要富于活力，要像你和朋友在交谈。

清晰与音量 吐字发音要清楚，声音要足以让所有听众都听到；要避免“嗯”“啊”“好”等没有实际意义的口头禅。

手势与动作 演讲可以配合适当的手势。手势要自然、优雅，要有助于对演讲内容的表达而不是分散听众的注意力。演讲时，可以有动作，但动作要有目的、有自信，不能任意地或神经质般地乱动。不要摆弄钥匙、硬币或记忆卡片，不要做其他任何会分散听众注意力的动作。

姿势与平衡 要挺身、直立，力求舒适，但要平衡、机警。不要斜靠在讲稿架或倚伏在讲桌上。

演讲要点提示的使用 偶尔扫视一下演讲要点提示，了解下一步演讲内容。不要照本宣科地读演讲要点，也不要心不在焉地盯视演讲要点。

热情 不要只是按部就班地做一遍“演讲”的动作。整个行为方式——目光、神情、姿势、声音——都要体现你对所谈话题的热情，都要真诚地体现出你对表达你的思想的兴趣。

结尾与离开 结尾部分结束后，稍待片刻，然后再问（语调要诚恳）：“大家有问题吗？”不要表现出一副急于回到座位上的表情（揣起演讲要点提示或拔腿欲走）。

复习与提高

www.mhhe.com/gregory8

本书的网上学习中心网站备有方便大家学习与复习的资源与工具，如练习测试、重要词语记忆卡和演讲示例录像等。

小结

演讲课程帮助你掌握重要的口头交流技巧，这些技巧在商务、技术及专业工作中都备受重视。在这门课程中，你既可以增加信心，也可以积累经验，因为练习场所是理想的演讲实验室——教室，这里的听众友好并支持你。

演讲交流过程包含七项要素：演讲者、听众、信息、渠道、反馈、干扰及情景。交流并不因为演讲者发出信息就必然发生，信息必须被听众准确接收到。演讲者发出信息后，必须确保信息的两个组成要素——言语性和非言语性——不会相互矛盾。

交流者同时发出和接收信息，这是一个生动的言语性与非言语性交流的予取过程。

在道德上，演讲者要以高标准严格要求自己，即使是为正当目的，也决不歪曲资料。演讲者要尊重听众，不能是一幅屈尊俯就或鄙夷不屑的态度。演讲者要承认现今听众的多样性，要摈弃老套分类的做法。

优秀的交流者不会将演讲看作是需要忍受的折磨，而是将其看作丰富听众生活的机会。因此，即使听众很少，他们也认真对待每一次演讲。

重要词语

演讲者，6	听众，6	信息，7
渠道，8	反馈，8	干扰，8
情景，9	老套类型，11	替罪羊，11

复习题

1. 为什么说交流技巧对你的事业很重要？
2. 说出演讲课程对你个人的五项好处。
3. 演讲交流过程的七项要素是什么？
4. 为什么说演讲未必就是交流？
5. 如果演讲者发出信息的言语性和非言语性两个构成要素之间发生冲突，听众可能将哪个要素看作是真正的信息？
6. 如果交流失败，责任在演讲者还是听众？
7. 课堂演讲最常用的两种渠道是什么？
8. 三类干扰是指哪三类？
9. 老套类型指什么？试举例说明。
10. 根据调查，演讲者最易犯的错误是什么？

批判性思维技巧

1. 描述你与别人（朋友、亲戚、销售人员等）之间产生的交流误会。讨论造成问题的原因，以及怎样交流原本会好一些。

2. 演讲交流过程要素之一——反馈，它对商业界的成功是很重要的。设想你在旅行社工作，得向赴海外旅游的客户介绍防犯罪情况。你应该怎样搜集、使用反馈信息？

团队协作技巧

1. 和团组成员一起，将一房间（你的房间或大家都熟悉的其他地方）作为演讲地点，对其作出分析（考虑其大小、座位安排、设备及可能会分散听众注意力的各种因素等），列出演讲者可以用来最大限度克服干扰、增进交流的办法。

2. 团队成员轮流说出自己选定的或可能的职业，然后共同设想在那一职业中口头交流具有重要作用的场合。

互联网使用技巧

1. 在因特网上查找资料，一个好方法是从主题分类入手。（如果你对因特网不熟悉，请参看第六章。）利用主题分类，查找并打印亚伯拉罕·林肯的《葛底斯堡演说》。

参考方法：登录Yahoo Directory（dir.yahoo.com），点击“Arts & Humanities”（艺术与人文），你可以看到很多下一级分类。点击“Humanities”（人文），然后选择“History”（历史），再选“Archives”（档案），查看列出的若干网页（诸如Douglass-Archives of American Public Address），直到找到《葛底斯堡演说》。

2. 无论你是新手还是经验丰富的老手，都可以从网上的搜索指南得益。至少阅读一份包含你可以使用的搜索技巧的搜索指南，打印备用。

参考方法：尝试下列网址查看指南：

- 加州大学伯克利分校图书馆（www.lib.berkeley.edu/TeachingLib/Guides/Internet）
- 因特网公共图书馆（www.ipl.org）

尽管语言功能障碍使贾菲斯·麦金尼斯常常口吃，但他的演讲却在美国海湾海岸地区广受欢迎。麦金尼斯是图格鲁学院的学生，图中他正在密西西比州参议院进行演讲（荣获州优秀学生称号后）。他控制紧张、最大限度减少口吃的诀窍是，演讲前用大量时间进行准备与练习。“如果准备不好，我就会口吃，”他说，“但是如果准备很充分，我几乎不口吃，内心的紧张也就不那么严重。”

2

控制紧张情绪

本章纲要

紧张的原因

恐惧的价值

控制紧张情绪的指导方针

准备阶段

演讲前

演讲期间

本章学习目标

学完本章之后，你应该能够：

1. 描述引发演讲紧张情绪的四类恐惧。
2. 解释为什么说得到控制的紧张情绪对演讲者有好处。
3. 运用演讲前及演讲期间可以使用的一些方法来控制紧张情绪。

电影明星莱昂纳多·迪卡普里奥对于他最严重的两次怯场经历至今记忆犹新。第一次是八年级的时候，那是他第一次约会。“她是一位西班牙女孩子，很漂亮，名叫塞西，”他回忆说，“见到她时，我都僵住了。我甚至不敢直视她的眼睛，不敢和她说话。”看电影没什么问题，因为看电影不需要说话，但随后的就餐却糟糕透了，因为迪卡普里奥羞涩得要死，舌头根本不听话。他为自己的表现感到很羞愧，有一年没敢见她，尽管他爱得发狂。

第二次怯场是他19岁的时候。当时他在参加奥斯卡金像奖颁奖典礼，当意识到自己可能会获奖，得向现场4 000名观众及3 500万电视观众发表获奖感言时，他吓坏了。“我坐在座位上，浑身发抖，”他说，“我的手心汗津津的，肚子里翻江倒海般地难受，担心自己发言会语无伦次、狼狈不堪。”当获奖的是另外一位演员时，他如释重负。随后的几年里，每当有人邀请他给各种组织演讲时，他都婉言谢绝，因为他不敢在人多的场合讲话。

25岁时，他变了，与过去截然不同。在2000年华盛顿特区举行的地球日集会上，他面对50万名听众进行了演讲，演讲顺畅、富于文采，充满自信。从那以后，他已经向全世界众多听众进行了数十场成功的演讲。

是什么使迪卡普里奥从口不能言到出口成章？他解释说：“我意识到了一点：出错又怎样？出错没什么大不了的，没必要自找压力。”

演讲时你会感到紧张，其实紧张的并非只有你一人。大部分人——甚至像迪卡普里奥这样的演员——在公众面前演讲时都会怯场。实际上，当研究人员要美国人说出他们最害怕什么时，“演讲”是最常见的回答，美国人对演讲的惧怕超过了对蛇、昆虫、闪电、深水、高空与乘坐飞机等的惧怕。

学习本章描述的方法后，你就能够控制你的紧张情绪，可以像迪卡普里奥那样成为自信的演讲者。

莱昂纳多·迪卡普里奥在加利福尼亚的比佛利山进行演讲。曾经极度惧怕演讲的迪卡普里奥，现在经常面对人数不等的听众进行演讲，其中一次听众人数高达50万人。

紧张的原因

惧怕演讲是不是很蠢？这种对演讲的恐惧是否和孩子们对鬼怪的恐惧一样毫无根据？在我刚开始演讲的时候，对这两个问题的回答常常是肯定的。那时，我常受紧张的困扰，常这样责备自己：“好了，不要紧张了，这只是一次小小的演讲。没必要怕成这样。”但是，我错了。这种害怕是有道理的，事实上，至少有四个理由很正当：

1. 害怕被盯视。在动物世界，盯视是一种敌意行为。狗、狒狒及其他一些动物有时就是通过盯视来保卫自己的领地。它们敌意的凝视足以吓退侵入者。我们人类也常有类似反应，对盯视感到不安是我们的生理组成部分。设想你乘坐的电梯很拥挤，而周围全是陌生人。你突然发现其他人全在看着你，不是瞥一眼，是盯视。你可能会很紧张，感到惧怕，因为盯视和攥着的拳头一样，是一种威胁——尤其是当盯视你的是陌生人的时候。这就是演讲之所以如此吓人的原因。你身边有一群完全陌生的人，他们在用无情的盯视“攻击”你，而你只能独自承受，无所遮挡，脆弱异常——就像鱼缸中的金鱼，任由别人审视。

2. 害怕失败。“我们都怕自己出洋相，”计算机杂志专栏作家吉姆·塞默说，“我每年演讲40次……每次走到听众面前，都一如既往地惴惴不安：要是出了洋相怎么办？我想，这种反应深植于我们的心理，就像DNA链条深植于我们的细胞一样。在别人面前出了丑却处之泰然，这种人我没见过。”

3. 害怕被拒斥。如果我们尽了最大努力，演讲很不错，但听众仍然不喜欢，怎么办？如果这样，这对我们是不小的打击，因为我们希望被人喜欢，甚至被人爱。我们希望被人崇敬，被人认为明智、聪明，希望别人接受我们的思想与观点，不希望别人不喜欢或拒斥我们。

4. 害怕未知。在生活中，我们对于没做过的事都感到惴惴不安，如第一次上学、没有父母陪伴独自乘坐公共汽车、第一次约会等等。我们无法明确指出我们怕什么，因为害怕是模糊而分散性的。我们真正害怕的是未知之物，我们担心预测不到的灾难会发生。当我们起身进行演讲时，我们有时也会有这种对未知的恐惧，因为我们无法预测演讲的结果。幸运的是，这种恐惧在我们积累一定演讲经验后通常都会消失。我们培养信心，以使自己相信可怕的事情不会发生，就像孩提时代我们对乘坐公共汽车的恐惧在乘坐几次之后就烟消云散一样。

上述四种恐惧和对闪电的恐惧一样，是可以理解的，并无可耻之处。

恐惧的价值

在我演讲课的第一堂课上，很多学生告诉我说，他们的目标之一是彻底消除紧张情绪。我的回答让他们吃惊不小，你们也同样会吃惊：不应该完全消除恐惧与紧张情绪，你需要一定的恐惧来促使你做好演讲。

你需要恐惧吗？是的，需要。恐惧能给你带来力量；它能使你思维更敏捷；使你的演讲充满活力与热情。原因是：当你起身演讲，恐惧来袭时，你的身体会“紧急报警”——这是一种生理机制，这一生理机制曾救过我们的穴居祖先：他们在面对饥饿的狮子或人类的敌人时，为了生存，必须予以反击或逃离，他们靠的就是这一机制。尽管这一机制对我们而言不再像对我们祖先那样重要，但在应付紧急情况时仍然具有积极作用。如果你夜间走在一条僻静无人的街道上突然遇到袭击，你的身体会紧急向血液释放**肾上腺素**，促生新鲜血液和氧，紧急输送至肌肉，以便你勇猛还击，或以最快的速度迅速逃离。肾上腺素的好处在竞争性的体育运动中体现得很明显：运动员必须在赛前就启动肾上腺素。优秀的本垒打强击手瑞吉·杰克逊在他的运动生涯巅峰时曾说，

肾上腺素
紧张与压力触发的一种荷尔蒙，刺激心肺和肌肉，使身体为“恐惧，逃离或还击”做好准备

“几乎每次走向本垒板，我都紧张得发抖。如果没有这种感觉，我就很担心，因为这意味着我可能击不出好球”。

很多演讲者都有相同的看法。弗吉尼亚州诺顿市刑事辩护律师约翰·法默，曾在弗吉尼亚州最高法院和地方法院的一些知名度很高的案件中为犯罪嫌疑人进行过辩护。当有人问他在法庭上是否感到紧张时，“紧张啊，”他回答说，“什么时候我不紧张了，也就是我无法再为我的客户提供优质服务的时候了。”

演讲时，肾上腺素使你充满力量：它不仅将额外的血液和氧紧急输送至你的肌肉，还输送至你的大脑，使你思维更清晰、更敏捷。它使你在听众面前生机勃勃、充满活力。伊莲·斯奈达是一位演讲教师，她将这种具有正面意义的紧张称为**积极性紧张**：“这是一种兴致勃勃、热情洋溢、充满活力的感觉，它有自身的优势。积极性紧张是你可以将焦虑转化为力量的一种状态……它仍然属于紧张，但你不再是受害者，而是因为有了它而充满活力。”

积极性紧张
有用的力量

如果想证明紧张有益，你可以观察一下那些没有丝毫紧张感的演讲者。因为百分之百地放松、冷静，他们的演讲枯燥乏味、平淡无奇，没有力量，没有热情。有句老话说：“自称很紧张，演讲棒又棒。”大部分优秀演讲者都说，如果在公众面前不紧张，他们的演讲就会很糟糕。演讲者、小说家I. A. R. 威利说：“我每次起身演讲时，都紧张得喉咙发紧、心跳不止。当由于某种原因而冷静自信的时候，演讲总是很失败。我需要恐惧促使我前进。”

不紧张会带来的另一个问题是：恐慌会不期而至。一位医院的官员跟我说，几年来每周她都向新员工进行迎新介绍性演讲，“已经习以为常了，一点也不紧张。”她说。可有一天，讲话期间，突然莫名其妙地被吓瘫了。“我怎么也说不出话来，只好中间休息，使自己恢复一下。”

很多其他演讲者都有过类似的恐慌不期而至的经历，这种现象总是发生在演讲人太放松的时候。我也这样恐慌过，这种经历使我明白了一个道理：每次演讲都要做好心理准备。我常提醒自己，我需要紧张赋予的力量来使听众聚精会神于演讲。我寻求内心的那一丝惴惴不安的感觉，它能使我镇定而警醒。

控制紧张情绪的指导方针

我们上面讨论了完全放松不可取，那么另一种极端会怎样？过度紧张是否有害？当然有，尤其是当你的呼吸变得很困难连话都说不出的时候。你的目标应该是控制紧张情绪，有一定程度的紧张足以提供力量，但又不足以造成妨碍。怎样才能做到这一点？演讲可以分为三阶段：准备阶段、演讲之前以及演讲期间，相应的方法如下：

准备阶段

将时间与精力投入到演讲的准备上，你可以省却诸多焦虑与不安。

选择一个你非常熟悉的话题

最使你窘迫不安的莫过于谈论一个知之甚少的话题。如果有人邀请你就陌生话题演讲，谢绝这种邀请（除非是老师布置的作业或老板给你布置的任务）。要选择你非常熟悉的话题或你可以做大量研究的话题，这会使你极大地增强自信。如果不巧出了差错（如演讲笔记丢失），你还可以即兴发挥，因为你已熟悉掌握了关于这个话题的大量材料。同时，对话题的

熟悉也会使你在演讲后的问答阶段挥洒自如。

做好充分准备

很多经验丰富的演讲者都提出这样的建议：预防怯场最好的办法就是充分而精心的准备。你常会听到这样的说法："我心烦意乱，要散架了。"在演讲中，扎扎实实的准备就是使你散不了架的"粘合剂"。亚利桑那州斯科茨代尔市的乔尔·威尔顿（他曾戏谑地说，他过去常被听众吓得连"静静的祷告都不敢带领教徒们做"），道出了他控制紧张的方法："我准备准备再准备，在我认为已准备好后，还要准备。"威尔顿建议每小时的演讲要准备5—8小时。

要在实际演讲日期前及早开始着手准备，这样你可以有充裕的时间来搜集资料、撰写提纲、准备演讲要点提示。然后练习、练习、再练习。不要只是粗略地翻看演讲要点提示——要站起来，用适合你的方式演练演讲：在镜子前、摄像机前，或家人、朋友面前。不要只练习一次，整个演讲要练习至少四次。如果在家里演讲过四次，你就会发现第五次，即在实际听众面前的演讲，会比你根本不做演练要顺畅自如得多。

不要死记硬背演讲稿

背诵演讲稿演讲往往会导致极为糟糕的结果。温斯顿·丘吉尔是二战时期的英国首相，也是世人公认的现代最杰出的演讲家之一，他在年轻时就因背诵讲稿而有过深刻的教训。刚开始工作时，他总是把讲稿写出来，然后再背诵下来。一天，在议会演讲时，他突然讲不下去了，大脑一片空白。他重复了一遍刚讲过的那句话，大脑仍是一片空白。在尴尬与羞愧中，他坐了下来。自此以后，丘吉尔再也没用背诵的方式来演讲。很多靠背诵来演讲的人都有过类似的经历。开始一切似乎都很顺利，然后突然偏离轨道，接着就是彻底脱轨，一点挽回的希望都没有。

即使没有上述问题，我们也反对用背诵的方式演讲：你的话听起来机械而刻板，像一台嘴里放了录音机的机器人。听众除了感到你的演讲枯燥乏味之外，还会觉得你的演讲是背诵出来的，不是发自内心的声音，他们会怀疑你的真诚。

想象自己演讲效果很好

让自己做做白日梦：想象自己登上讲坛，有些紧张但可以控制，然后向赞赏性的听众进行精彩的演讲。这种想象技巧听起来很蠢，但对很多演讲者有效，对你可能也会有帮助。无论做什么，不要想象相反的一面——讲稿拙劣，演讲丢人现眼。负面想象会给你的生活添加不必要的忧惧，剥夺你的创造力——这种创造力正是你准备及练习演讲所必需的。正如女演员艾丽·麦克格罗所说："我们的精力是有限的，投入工作的精力越多，剩下担心'我会不会失败？'的精力就越少。"

注意我所说的想象内容包括紧张。你的想象要切合实际情况：想象自己紧张，但可以掌控局面，可以进行有力而效果良好的演讲。

这一技巧叫做**积极想象**，已被运动员使用多年。看过电视转播的职业高尔夫球赛吧？在打出每一杆球之前，球手都会仔细估量球与球洞之间的距离、坡升坡降等等。很多球员都说，在挥杆击球之前，他们想象自己用恰当的力量击球，看着球径直飞向球洞，然后再努力按照想象的那样去击球。很多职业球员说，这种想象使他们更好地发挥了球技。

> **积极想象**
> 想象行动取得成功

效果最好的是，在积极想象的同时，相信你的演讲会很成功。这样的想法似乎有点可笑，如果没有准备，当然可笑；但如果你做了扎实的准备并进行过练习，就完全有理由相信演讲会成功。

要知道害羞不是障碍

有些害羞的人常认为害羞使他们无法成为优秀的演讲者，这种观点是错误的。很多害羞、性格内向的人，却在演艺界取得了成功，如：格温妮斯・帕特洛、米克・汤普森、哈利・贝瑞、达那・卡维、玛丽亚・凯莉、伊莉莎白・赫莉和大卫・莱特曼等。很多人没有他们那么著名，也取得了成功。“我过去常口吃，”华盛顿州贝林翰市的乔・W. 布伊德说，“一想到要在人前演讲我就吓瘫了。”尽管害羞，布伊德还参加了演说俱乐部学习演讲技巧。两年后，他在两千多名听众面前的精彩演讲，使他在国际演讲俱乐部演讲比赛中脱颖而出，获得了优胜。

将焦点从自己转向听众

演讲前，有些人由于担心听众会不喜欢他们而愈发焦躁不安。约翰尼・李认为这是非常错误的。约翰尼・李是防治工作场所暴力方面的专家，他控制紧张的方法是关注听众而不是关注自己。他说，“担心自己及自己的形象是一种虚荣——你把自己看得比听众和演讲内容还重要”。

卡洛斯・吉姆内兹是北加州某演讲俱乐部会员，他说以自己为中心是不可原谅的自私行为。“我有何资格担心听众是否将我看作是一位杰出的、雄辩的专家？我有何资格认为我的外表与谈吐要比坐在下面的听众还重要？我把演讲看作是助人的一种方式。如果满脑子都是‘我、我、我’而不是‘你、你、你’，我就无法做到帮助别人。”

将关注焦点从自己转向听众的一个好办法，是改变以自己为中心的考虑内容。每当你以自己为中心地想“我要丢人现眼了”时，换之以听众为中心的想法，如“我要给听众提供对他们的生活极为有用的信息”。这种方法不仅能使你摆脱焦虑，而且能使你与听众融为一体。

准备直观辅助工具

研究显示，使用直观辅助工具有助于减少焦虑。直观辅助工具可以从两方面帮助你：（1）将听众视线从你身上转到你的展示上；（2）你可以走动一下，活动活动手臂，由此消除一些紧张。无论用什么作展示，展示物一定要易于理解，要恰当，要能够使房间里的每一位听众都看清楚。

安排

演讲前，要及早去察看演讲地点，预计可能会出现的问题：是否有投影仪使用的带插座的延长电线？是否有窗帘，以便放幻灯时遮挡光线？是否有黑板？有些演讲者功亏一篑，有些演讲者紧张得一塌糊涂，因为在最后他们才发现整栋楼都找不到投影仪需要的延长电线。

加练导入部分

因为演讲开始时最可能紧张，所以应该多花点儿时间来演练演讲的导入部分。

大部分演讲者、演员、音乐人都说，在演讲开始一二分钟之后，紧张就会消退，然后就相对容易了。德国歌剧演员欧内斯廷・舒曼・海因克说：“演出之前，我很紧张，紧张得受不了。我都想回家去。但在台上几分钟后，我就非常开心，别人拉都拉不走我。”用开心这个词来形容你的感觉也许夸张了些，但如果你是一位普通的演讲者，一旦渡过了开始几分钟的激流浊浪，剩下的旅程就一帆风顺了。

演讲前

下面是演讲前需要注意的一些事项：

确认设备与材料

演讲的当天，要提前到达演讲地点，仔细检查提前所做安排的每一环节。所需设备是否就位及正常？如果有演讲设备，在听众到场之前试一下声音，以适应设备。要学会调整麦克风。

适应听众与环境

最后一刻抵达演讲地点，一下子面对黑压压一片等待你演讲的陌生面孔，是有些吓人。如果至少提前一小时到场，你就可以逐渐适应那里的环境，听众进场后，你可以和他们聊几句。这样，就不会将听众看作是一个充满敌意的群体，而将他们看作是对你满怀善意的常人。

亨利·海姆利奇是闻名遐迩的抢救窒息患者的海姆利奇治疗法创始人。尽管常在世界各地进行演讲，海姆利奇博士还是这样说：“我总是有点紧张，不知听众会怎样看待我和我的观点。演讲前和听众有所交流是有好处的，这样可以了解他们的文化及知识背景，你也就和他们成了朋友。”

爱达荷州太阳谷的丹尼尔·肯尼迪说，刚开始演讲时，她很紧张，总是在休息室躲到演讲开始时才出来。现在，她说，听众到达时，她就和他们交往谈话。“这提醒我听众是善良的，他们希望的是得到知识。我也常往好处想，诸如：‘你能想到吗？这些人可是驱车160公里来听我演讲的。我的运气不错，这些人很好。’到我站到演讲台上时，我的心里是暖暖的。”

用动作缓解紧张

我们已经知道肾上腺素是有益的，它赋予运动员和演讲者以力量，但其也有不好的一面。当身体进入戒备状态时，你被调动起来，准备行动，但你的手和膝盖却也因此紧张得发抖。如果你是运动员，这不是问题，因为很快你就会进行身体活动，消耗掉过度的紧张能量。作为演讲者，你没有这样轻而易举的排解渠道，下面是一些你能用到的缓解紧张的办法：

- 深呼吸若干次。要缓慢吸气，缓慢呼气。
- 悄悄做些不为人注意的练习。下面是一些例子：（1）使腿部肌肉用力，然后放松；（2）用手或臂挤推硬物（如桌面或椅子）片刻，然后放松；（3）两只手掌用同样的方式相互挤压：用力，放松……用力，放松……

演讲期间

演讲时要记住以下几点：

开始前稍停片刻

所有优秀的演讲者在开始演讲之前都会稍停片刻。这片刻的安静会有很好的效果，因为:（1）具有戏剧性，能够激发听众的兴趣和好奇；（2）使你看起来镇定、胸有成竹；（3）使你平静下来；（4）你可以看看演讲要点提示及更好地熟悉演讲的开篇言辞。

很多紧张而没有经验的演讲者往往冲上讲坛就开始演讲，结果慌乱不堪。他们内心有一种想法，即安静就是糟糕，是令人羞愧的空当，需要赶快填补。实际情况正好相反，安静是承上启下的良好呼吸空间，它帮助听众将注意力集中到演讲者身上，使他们不再心猿意马、胡思乱想。

理性对待身体反应

如果你是普通的初学者，开始演讲时，你会出现下面这些或其中某些身体反应：

- 心跳
- 手抖

- 腿抖
- 喉咙发干、发紧
- 呼吸困难
- 声音颤抖
- 脸部涨红

通常演讲开始后的前几分钟，你会感到最不舒服，随后会逐渐好起来。但是，如果这些反应越来越严重，那你可能就是心理出了问题。看图2.1中的两个心理路径示意图。如果你走的是路径A，那么你便陷入了恶性循环。你的心理告知你的身体：出大问题了，你的身体则回应以越来越强烈的反应。反过来，这种身体反应又强化了你对所面临问题的感知。

你可以不走这条崎岖路，改走第二条。这样，你的思想就能帮助你掌控身体。方法是提醒自己：紧张是盟友，它可以为你提供力量。告诉自己，所有紧张症状都并非是通向败局的前奏；而是说明你身心已调动起来，足以保证进行一次成功的演讲。

要看作是交流，不要看作是表演

要把你的任务看作是交流，不要看作是表演。加州大学戴维斯分校的迈克・T. 莫特里博士说，过度焦虑的演讲者错误地认为自己是在为听众进行表演，错误地认为听众是敌对的评判者。他们说，“如果我出了错，听

图2.1

紧张的演讲者的两条心理路径

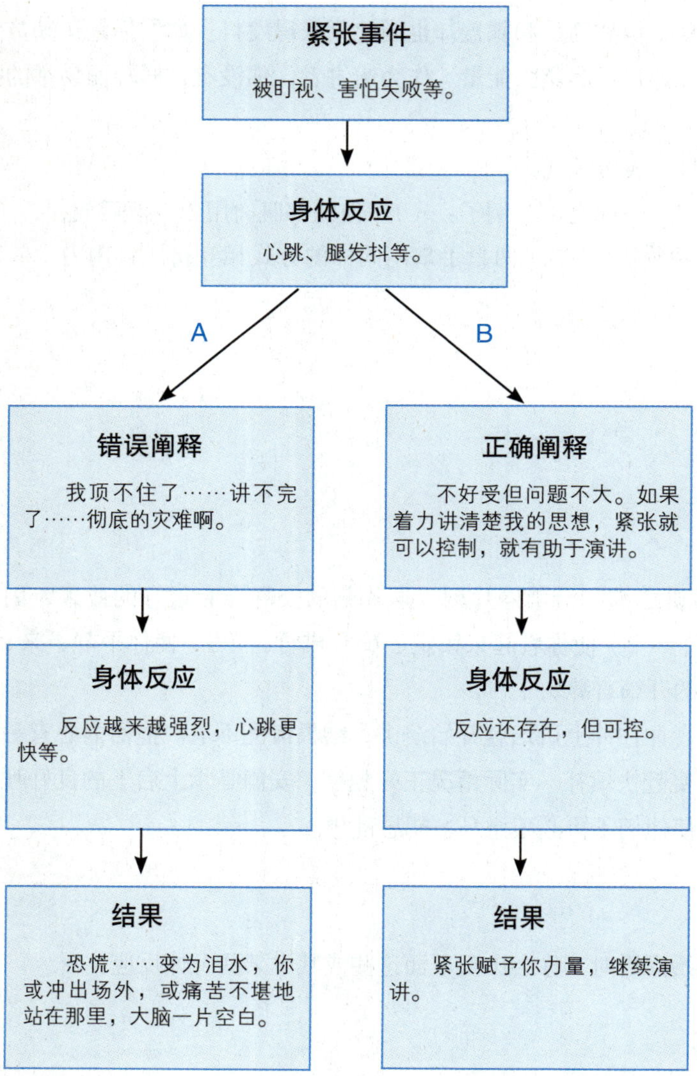

特罗伊·柯林斯是弗吉尼亚州人，现在洛杉矶警察局工作。图中的他正在华盛顿特区举办的一场相扑比赛中等候上场，神色颇为紧张。赛前，很多运动员会很紧张，但比赛开始后，他们则会全神贯注地进行比赛，紧张则退至幕后某个角落，在那里继续提供能量。同样，如果演讲者聚精会神地与听众进行交流，他们的焦虑也会退至幕后，成为力量之源。

图中这位听众对演讲不满意？怒气冲冲？感到厌烦？不要匆忙下结论。也许眉头紧锁是他聚精会神倾听感兴趣内容时的习惯表情。演讲者不要被这样的听众表情所干扰。有些听众的表情看上去不满意，但实际正好相反。

众会嘲笑我。那我就丢死人了”。事实上，莫特里博士说，听众更感兴趣的是演讲内容，“不是分析或批评演讲方式”，听众“只要能从演讲中受益，通常不计较演讲中的差错与别扭”。

当演讲者不再担心“我表现如何”，而开始考虑“怎样和听众分享我的思想”时，通常就会出现两个结果：（1）焦虑降低到可控水平；（2）演讲表现得到极大改善。将演讲看作一对一的交流而不是舞台表演，演讲者就会和听众交谈而不是向听众演讲。演讲者的演讲就会像交谈，而不是一副生硬、做作的腔调。

我的学生马克西恩·琼斯，在她首次课堂演讲刚开始的时候，声音做作而冰冷；但片刻之后，她的声音就充满了活力，给人以温暖，就像在进行生动的交谈。这使她的演讲更引人、更易懂。后来，她这样解释她的变化：“开始，我非常紧张，但后来看到教室里大家都看着我，眼里充满期盼，我意识到大家是真的想听我要说什么。我对自己说：‘大家确实在意我要讲的内容——我不能让大家失望。’于是，我平静下来，感觉大家就像我的朋友一样。我全力投入演讲内容之中，也就不再担心紧张不紧张了。”

琼斯的经验也得到了运动员的证实。很多网球运动员在赛前都非常紧张，但如果一心扑在击球上，他们的紧张就会消退。与此相似，演讲者在演讲前也会非常焦虑，但如果一心扑在与听众的交流上，他们的焦虑就会转向次要地位，从而成为推动演讲的力量。

要知道大部分身体反应别人是看不到的

有些演讲者紧张、慌乱，因为他们觉得，听众知道他们的心在跳、手在抖。当然，你很清楚这些身体反应很难受，但实际上，听众通常不在意你身体的反应。需要记住的是，人们坐在这里的目的是要听你说什么。他们并不总在想：“咱们看看这位会紧张到什么程度。”有学生在演讲后告诉我说，他们为自己的慌乱感到难堪，不过我和课堂上的其他听众却都没有看出他们有什么紧张迹象。我们专注于他们表达的思想，没有注意他们的紧张与不安。各种研究都发现相同的一点：听众并不注意演讲者自己觉得很明显、感觉很难堪的身体反应。换句话说，你可能是唯一一个知道自己紧张得心在跳、腿在抖的人。

迪克·卡维特做了多年电视谈话节目主持人，他注意到电视从业人员的怯场程度：“每晚都不一样。最好的办法就是告诉自己：别人能看出的紧张，还不到你所感受到的1/8。如果有点紧张，根本看不出来。如果很紧张，只是显得有那么一点点。如果完全难以自制，只是看起来遇到了点麻烦。在屏幕上，紧张是降级呈现的。”卡维特说，参加谈话节目的人应该提醒自己：一切表现都比自己的感觉要好。“神经系统可能对你冲击了1 000次，但观众能够看出的也就寥寥几次。”演讲也是一样，你看上去比你感觉的要好。

不要提及紧张或道歉

尽管如此，有时听众会注意到你的紧张（如你的呼吸很响很重）。如果是这样，要克制自己谈论紧张或为紧张道歉的想法。谁都知道，在公众面前讲话大部分人都会紧张，所以没必要让别人注意你的紧张或为此道歉。

谈论自己的紧张可能会导致两个问题。一是你可能会使自己比开始时更慌乱。记得有天晚上听一位老师在家长教师联谊会的一次会议上发言。发言中间，她突然脱口而出：“天啊，我都要崩溃了。”此前，我一直没有看出她有什么不适和紧张。她努力想接着往下讲，但是太慌乱了，无法再讲下去了。最后只好放弃，涨红着脸坐下了。当然，我不知道她当时心里有多么紧张，但可以肯定的是，如果她不提及她的紧张，原本是可以坚持到发言结束的。她坐下时，我感到难受和失望，因为我对她的发言很感兴趣。我觉得她太自私了，只是因为紧张就剥夺了我听她发言的后半部分的机会。我知道我的反应不够敏锐，但这也说明了重要的一点：听众不在乎你的紧张，他们只想听你的演讲。

二是听众原本可能没有注意到你的紧张，但你谈及之后，会分散他们的注意力，他们会注意你不愿让他们关注的东西——你的身体反应。如果你说：“对不起，我的手在发抖。”你觉得听众至少在接下来的几分钟之内会关注什么？ 当然是你的手，不会是你的演讲。使听众集中注意于你的演讲内容，他们就很少或不会关注你的紧张与紧张反应。

别被听众干扰

有些经验不足的演讲者看到听众面无表情或没有笑意，就感到惴惴不安。这是否意味着他们对你的演讲感到不满？不是。他们的严肃表情与你的表现没有关系。这只是人的本性的特点之一：谈话时，笑容可掬，点头鼓励你；但坐在听众中间听演讲时，则大多数时候板起面孔。应对这些冷面孔的办法是，提醒自己听众期盼你演讲成功，他们希望你的演讲会带给他们有价值的内容。如果运气好，你会注意到有那么两三个听众明显喜欢你的演讲，他们点头赞同你的演讲或欣赏地看着你。常看看他们，他们会给你鼓励和信心。

如果没有经验，看到听众中间有人交头接耳，你可能会不安。你可能会想：“这些人是不是不满意我的演讲？”如果那些人面带笑意，更糟糕，你会问自己：“我是否说了不当的话？我的衣服穿错了？”如果出现这种情况，要记住，这些不礼貌的听众可能是在谈论别的什么事，与你的演讲或穿着没有关系。很可能他们是在聊闲话。如果凑巧他们在小声谈论演讲内容，评价也未必就是负面的。他们可能是在耳语对你的100%的赞同。

看到生气或不满的面孔怎么办？不要想得太坏。有些人聚精会神听演讲时，表情会很吓人。米歇尔·罗伯茨是华盛顿特区的一位辩护律师，她仔细研究过她做辩护时每位陪审员的面部表情，她得出的结论是：表情不好未必意味着不同意。“有时，陪审员好像怒容满面，实际上他同意你的观点。”

有听众起身走了怎么办？对于一些没有经验的演讲者来说，这是重大的挫折与警告。在匆忙下结论之前，要记住，听众的行为不一定与你的演讲有关：他/她可能有其他会议或要到休息室，或者突然身体不适。但如果真的有人拂袖而去，明显是反对你的演讲怎么办？如果这样，演讲经验丰富的厄尔·南丁格尔的建议是：“不用担心。谈论争议话题，肯定会有听众不同意你的看法，除非你的演讲是纯粹无关痛痒的消遣娱乐。要让每一位听众都同意你的看法，不可能，也出力不落好。要记住，即使智慧、善良的苏格拉底，也有人不同意他的观点。”

从容镇定

要培养面对听众时的自信，演讲者的举动看上去要有自信。为什么？因为扮演自信的演讲者常常能把自己

诀窍小贴士 2.1 做好忘词准备

一位心理学家讲了他主持一次会议时发生的一件事。会上他要赞扬一位工作人员为会议所付出的艰苦劳动，这位工作人员就坐在他身旁。“当我开口后，”他说，“我的脑子突然一片空白，我想不起她叫什么名字。糟透了。这是一位我们共事多年的女性，就像姐妹一样。”

幸运的是，他说，每位与会人员都佩戴姓名卡，他斜过身去，看到了她的名字，才得以渡过了难关，听众没有怀疑他的记忆出了问题。

这样的遗忘常会发生，尤其是在一些仪式上，不过不用担心。有一种很简单的解决办法：准备一张卡片，记录所有与会人员的基本情况——姓名、日期、电话号码等，和其他提示一起放在便于取用的地方。

很多牧师、政治家和其他演讲人都常常使用这种卡片法。“主持婚礼时，即使新婚夫妇是我的老朋友，”一位牧师说，“我也将他们的名字用醒目的大字印在一张卡片上，放在我面前。”

熟悉的段落，如你应该背诵或者需带领大家一起背诵的主祷文，效忠誓约等，也要使用卡片。你可能根本不需要看卡片，但有备无患。

不要将这个方法看作是你应该把全篇讲稿都写下来。简短提示——只言片语——是最好的方式。卡片法只用来帮助记忆那些需要完整准确地使用的资料，如姓名、数字和用语等。

图中汤姆·库克牧师正在田纳西州的弗兰克林市主持两位国民卫队队员——莱纳塔和布兰顿·米德欧的婚礼。他们刚从伊拉克前线返回家乡进行为期两周的休假。很多牧师和库克一样，常在公众仪式上使用卡片法。

改变成一个真正自信而从容镇定的演讲者。各种战争中，士兵的反应是，开战之前非常恐惧，但在战友面前却非常勇敢。战斗中，让他们感到吃惊的是，开始时的假戏结果却成了真唱。英勇果敢名副其实，而不再是开始时的假装。对演讲者而言，道理也一样。

直视听众

如果你惧怕听众，就常想看要点提示、后墙或窗户，但这种躲避只会使你更紧张。

要强迫自己和听众进行目光接触，尤其是在演讲开始的时候。良好的目光接触不是迅速扫一眼你面前的每张面孔，而是要将你的目光和某个听众的目光锁定片刻。锁定目光听起来吓人，但实际上能够帮你镇定下来。在一篇关于麦吉·帕莉参加的演讲课程的文章里，她说：“当你和另一双眼睛接触时，这是一种联系。你可以放松下来，集中演讲。第一次和听众眼神交流时，我镇定了90%，然后演讲……很顺畅。”

语速不要太快

因为紧张，想赶快结束，很多演讲者像跑步一样进行演讲。“要慢一些，要放松，”加州大学戴维斯分校的迈克尔·T. 默特利博士说，“听众需要消化你的演讲。他们需要你的帮助。语速要放慢，稍停片刻，悉心概述大小要点，引导他们理解你的演讲。要记住，你的目标是帮助听众理解演讲内容，不是创造演讲速度新纪录。”

为帮你把速度慢下来，你要在朋友或家人面前预讲，让他们在你语速过快时举手示意。实际演讲时，要用大写字母在要点提示上标上提示语（如“放慢速度”）。演讲时，要看着听众，就像向朋友解释问题一样，用平静、耐心、周密的方式，直接和他们谈。

演讲期间让听众动起来

前面说过，看到面前的听众面无表情有些让人不安。有些演讲，你可以通过提问让这些木然的面孔活跃起来（提问的诀窍将在第十一章讨论）。当听众回应问题或举手时，那是友好合作的表示，这会减少你的忧虑。听众放松的时候，你也就放松了。

防止过度亢奋

为防止演讲过程中过度亢奋，你可以使用直观辅助工具（如前面所谈到的）和下面两种方法：

- 做手势。如果双手空闲，做手势不会有什么问题。不要攥着要点提示卡片不放，不要将手揣到衣服口袋里，也不要死抓讲桌不放。让手自然下垂或放在讲桌上，这样双手自然会做手势，不用着意去考虑。
- 走动。很明显，你不能像困在笼子里的野兽那样团团转，但你可以一次略走几步。如可以迈几步到讲桌左侧讲几句，然后回到讲桌前看一眼笔记，再到讲桌右侧接着讲。

适当的手势与走动不仅可以减少你的紧张，而且可以使你更具感染力和吸引力，远比僵硬地站在一处一动不动的好。

接受不完美

如果认为演讲必须完美无瑕，你就给自己施加了巨大而毫无必要的压力。听众不在意你的演讲是否完美，他们只希望演讲能给他们启发或快乐。设想自己就是一个递包裹的人，听众更关心的是包裹，而不是你传递的技巧如何熟练高超。

差错并不意味着世界末日的来临。即使是经验丰富的演讲者，也常常犯大大小小的错误。如果一句话说错了，或一个观念搞错了，你可以这样说："错了，稍等一下，这不是我的原意，我再讲一下。"如果一时记不起你要讲的内容，不要气馁。稍待片刻，镇定一下，借助演讲要点提示看看讲到了哪里。如果找不到，不妨问一下听众："我搞乱了，刚才我讲到哪里了？"没必要为此道歉。谈话时，你常常停顿、改正自己的话，演讲中也这样会使你显得自然而正常。

如果你出错使听众窃笑或大笑，那么也试着加入其中。如果你能够笑自己，听众就会喜欢你，他们不会把你看作是自命不凡的讨厌鬼。有些喜剧演员精心设计错误，并将其看作是取得与听众密切联系的一种方法。

拥抱经验

如果你是一名没有经验的演讲者，要知道的是，随着课堂及实际演讲的经验积累，你会学会控制紧张情绪。你应该拥抱这样的经验，将其看作是促进个人及事业发展的一种方法。

一位学员在演讲课程开始时曾告诉她的老师说，她所知道的就是在她第一次演讲之前她就会退出这门课程。不过，她坚持了下来，后来演讲得很好。此后，她在公司得到了晋升，部分原因就是她的演讲才能。"我从来没想过要这样讲，"她坦诚地说，"但演讲经验，加上学习了怎样应对紧张情绪，给了我很大帮助。学这门课程之前，无论什么时候开口讲话都很恐慌。喉咙里感觉堵了一大块，我都觉得讲得糟糕透顶。我总是急急忙忙地讲，想赶快结束。"但学了这门课程之后，她说："我学会了控制紧张情绪，学会了利用它。现在演讲时还和过去一样紧张，但我把紧张变成了帮手而不是障碍。"

在生活工作中，不要躲避讲话的机会，要主动寻找这样的机会。有句老话说得好：经验是最好的老师。

复习与提高

www.mhhe.com
/gregory8

本书的网上学习中心网站备有方便大家学习与复习的资源与工具，如练习测试、重要词语记忆卡和演讲示例录像等。

小结

演讲怯场引起的紧张是一种正常的、可以理解的情感，很多演讲者都会有。紧张的主要原因有：（1）害怕被注视；（2）害怕失败；（3）害怕被拒斥；（4）害怕未知事物。

避免紧张过度而导致负面影响的最好方法，就是投入时间与精力进行准备与练习。起身演讲时，要理性对待你的紧张表现；提醒自己紧张反应不是失败的前奏，而是表明你已被调动起来，可以演讲得很好。不要让人注意你的紧张，不要为紧张道歉；听众并不在意你紧张与否——他们只是想听你的演讲内容。专心致志让听众明白你的思想；这样你会把注意力集中到该注意的地方——关注听众，而不是关注自己——你的紧张就会转入隐蔽状态，仍然在活动，为你提供能量，但却不妨碍你演讲。

重要词语

肾上腺素，24　　积极性紧张，24　　积极想象，25

复习题

1. 演讲者紧张的四个主要原因是什么？
2. 为什么说恐惧与紧张对演讲者有益？
3. 为什么说背稿子是糟糕的演讲方法？
4. 害羞是缺点吗？谈谈你的看法。
5. 演讲者怎样做才能减少演讲前的过度紧张？
6. 听众能够察觉演讲者的大部分紧张表现吗？谈谈你的看法。
7. 为什么说不要让听众关注你的紧张？
8. “考虑交流，不要考虑表现。”试解释一下这一观点。
9. 为什么说演讲者看到听众绷着面孔时不需要担心？
10. 为什么说演讲者的举动看上去要自信？

批判性思维技巧

1. 在一次实验中，心理学家罗兰·米勒让一些学生做一件会让自己尴尬的事，其他同学则在旁边观看。那些觉得自己非常尴尬的学生认为，同学们不会再像过去那样喜欢他们，但米勒却发现正好相反：同学们对那些更易尴尬的学生比过去更加尊重了。演讲者从这一研究中可以得到什么启示？

2. 设想你在演讲时注意到：（1）听众非常安静；（2）前面一位听众在揉脖子；（3）一位女士在看钱包。请你在一张纸上分出两栏，在一栏中陈述上述现象的负面意义，在另一栏中陈述一下积极意义。

团队协作技巧

1. 加入一团组，用表列出团组成员演讲前及演讲期间（包括课堂讨论时被要求陈述自己的观点）的紧张表现。然后讨论控制紧张的方法。

2. “为未来事件担心，”心理健康医生说，“某些时候有益，有些时候则有害。”以团组形式，以日常生活为例，讨论忧虑的积极与消极影响。然后判断演讲准备及进行演讲的哪些担心是对的，哪些是没必要的。

互联网使用技巧

1. 在世界各地城镇均有分支机构的国际演讲俱乐部认为，怯场对于大部分演讲者而言都是大问题。在网上搜索国际演讲俱乐部应对紧张的方法并打印出来。

参考方法：访问 www.toastmasters.org，搜索“public speaking tips”（演讲方法）。

2. 很多音乐人和演员常会怯场。在网上搜索讨论演员怯场的文章并打印出来。

参考方法：利用搜索引擎，如Google（www.google.com），键入关键词“performer”（演员）和“nervous”（紧张）。

魏安吉在加州健康与安全委员会工作，她在强忍泪水聆听一位工人的讲述。这位工人因制止校车上发生的斗殴事件而身受重伤。魏安吉是典型的理想听众，她完全沉浸在说话人的讲述当中。当这样的听众全情投入、专心致志时，不仅自己受益，演讲者也颇受鼓舞。

3

倾听

本章纲要

缺乏倾听技巧

怎样听效果好

做好准备工作
愿意花费精力
边听边分析
做好笔记
防止注意力不集中
避免假听
给每一位演讲者以均等机会
控制情绪

听者责任

避免不礼貌行为
给演讲者以鼓励
发掘每次演讲的价值

演讲评价

如何进行评价
如何接受评价

本章学习目标

学完本章之后，你应该能够：

1. 解释“听到”与“听”的区别。
2. 说出有效倾听的八个要点。
3. 说出听众对演讲者的三种主要责任。
4. 学会如何对别人的演讲进行评价以及如何接受别人对自己演讲的评价。

亚特兰大的乔纳·梅尔在她过去任急诊室医生时，曾接诊过一名上肢二度烧伤的儿童。治疗结束要出院时，梅尔医生就如何在家里护理孩子的问题特意叮嘱了孩子的父母亲，当时在场的还有孩子的祖父母、叔叔阿姨等家人。数小时后，当梅尔来向他们道别时，他们却要她帮忙解决分歧，原来他们对梅尔的说法有不同反应。

梅尔医生说："和他们一谈，吓了我一跳。仅仅几个小时前，他们都听到了我非常简单的话，但现在他们却有三四种不同的说法。就连最基本的东西都和我说的不同。我很惊讶，因为他们都是正常人，都不笨。"

这个小插曲让梅尔医生第一次意识到"每位医生迟早都会明白的一点：很多人听人说话都会误解"。她说她现在常常重复说过的话，对有些病人嘱咐之后还要进行再核对：她会要求他们复述一遍该做的事情。她还备有书面医嘱，以备病人带回家用，这些医嘱都是根据病人的具体情况写好，再由电脑打印而成的。

梅尔医生的听众和常人没什么不同。当谈话涉及没有接触过且难懂的内容时，几乎所有人听起来都会有困难，因为口头言辞和书面文字不一样，不会那么稳定持久，而且速度快、存留时间短，就像风中之语一样，转瞬即逝。

本章的目的是帮你提高听讲效率。当你对倾听过程中的困难有了更全面的了解，你就能够在表达过程中做出相应调整，保证听众都能清晰而准确地听懂你要表达的内容。这也正是梅尔医生从自身的经历当中悟出的道理。

由于大部分人听的效果不好，对重点内容，有些医生会反复强调，并要病人说出他们对内容的理解。

缺乏倾听技巧

一位家长问孩子："你在听我说吗？"

孩子答道："听到了，听到了。"

在谈话中，我们常将"听"和"听到"两词混用，其实，它们并不是同义词。耳朵捕捉到说话者传递来的声波，为**"听到"**；而**"听"**则包含一个从声波中析取意义的过程。正如凯斯·戴维斯所说："'听到'靠的是耳朵，而'听'则需要大脑。"

听到
人耳接收声波的过程

听
对言者所传递的信息进行解读和评价的行为

"听"是日常生活的重要组成部分。在交际活动中，人们大约要花50%~70%的时间来倾听。在各行各业中，人们花在听上的时间远远超过他们花在读写上的时间。

奇怪的是，虽然在听上花费时间很多，却有研究表明，我们大部分人都听效不佳。明尼苏达州立大学圣保罗分校的雷曼·K. 斯蒂尔博士的实验，就显示了普通听众听完一段10分钟的口头陈述之后的实际效果：

- 10分钟后：听众听到、理解、做出恰当评价并记住的内容，大约只占全部内容的50%。
- 两天后：上述指标下降到25%。

也许，你会认为是记忆出了问题，其实最大的问题是对内容的误解。误解的后果可能相当严重。在世界各地，指令或说明被误解、设备使用不当而损毁、生产率降低、利润减少、销售额下降、感情受挫、士气低落、流言四起、健康状况恶化，这样的事情常常发生。据斯蒂尔博士估算，在美国每周的商业活动中，由于听的失误而造成的经济损失高达10亿美元。

怎样听效果好

很多公司发现，让员工学会有效倾听可以提高公司的生产效率和销售额。下面是其中一些倾听技巧。

做好准备工作

倾听难懂的内容是一项艰苦的工作，所以要像运动员备战比赛那样进行充分准备。

要做好身体上的准备。前一晚要睡好。如果有必要，演讲开始前可适当做些活动。如果是在午后坐在暖洋洋的会场里听演讲，你很可能会感到困倦。因此，入会场前，不妨振作精神散散步，这样可以使大脑保持清醒。

要做好知识上的准备。如果演讲内容陌生且有难度，你就要事先进行调研或阅读相关背景资料。这样，演讲内容理解起来就会容易很多。美国哲学家亨利·戴维·梭罗曾说过，"我们只能听到并理解那些我们已经有所了解的东西"。

愿意花费精力

听笑星在电视上讲笑话的时候，你需要努力集中注意力吗？当然不必。你只需轻松惬意地倚坐在舒适的椅子里，享受幽默带来的快乐。这是自在的、不费力的、放松的。

如果你和其他许多听众一样，那么你会认为，当你走进会场去听一场艰深的演讲时，你仍然可以轻松地靠着椅背消化吸收你听到的全部内容，就像听电视里的笑话一样。这种想法是错误的，因为艰深的演讲与笑话完全不同。听轻松易懂的东西稍加留意即可，而艰涩难懂的内容则需要大脑的密切配合。你需要头脑清醒、精力充沛、全神贯注，你的双眼要注视演讲者，双耳要倾听他的每字每句，你的大脑则要随时准备接收信息。

明尼苏达州立大学的拉尔夫· G. 尼克斯博士是倾听技巧研究领域的先行者。按照他的理论，倾听以“心跳加速、血液循环加快和体温的小幅升高”为特征。

如果每次演讲者一开始讲述陌生、难懂的材料你就走神，那么一定要改掉这个习惯。无论需要付出多大努力，一定要让自己做到全神贯注。

边听边分析

听演讲时，要一边听一边进行分析。分析不是为了吹毛求疵，而是为了帮助理解和记住演讲内容，帮助确定哪些部分有价值，哪些无用。对于演讲主旨和辅证性材料这两个要素，要加以分析并区别对待。

聚焦主旨。 有些听众往往眉毛胡子一把抓，对演讲内容不分轻重主次等同对待，结果是只见树木不见森林：由于过于关注单个句子，他们没有注意到演讲的全局，忽视了整体的意义。

要尽量将演讲者的主要观点同次要材料，如事实、人物、故事情节等区别开来。次要材料只是用来阐释或证明主要观点的。如果演讲者讲了一个有趣的故事，你要问问自己：“为什么他要讲这个故事？他讲这个故事想要告诉我们什么？”

正如你在图3.1中所看到的，演讲要点要比辅证性材料更重要。

对辅证性材料进行判断。 优秀演讲者常用辅证性材料（如故事、数据、引语）阐释或证明主要观点。作为听众，你则需要评价这些辅证性材料，你要向自己提出下面这些问题：

- 是否每个要点都因这些材料的支撑而更具说服力？
- 这些辅证性材料是准确还是过时？是有可靠的来源还是道听途说？
- 这些材料真正阐释或证明某个观点了吗？

学会边听边分析，不仅能够帮助你成为一名优秀的听众，也能够帮你提高自己的演讲质量。你会发现你将避免你在别人演讲中发现的错误。

做好笔记

每次听演讲都要做笔记，原因如下：

1. 做笔记可以记录演讲者最重要的观点。除非你有超凡的记忆力，不然，不做笔记你无法记住演讲的全部要点。

2. 做笔记可以提高、强化你边听边分析的能力。在你做笔记时，你会强迫大脑像雷达一样对演讲进行扫描，寻找要点及根据。与不做笔记相比，你会成为更优秀的听众。

3. 做笔记是使你集中注意于演讲者、防止胡思乱想的好方法。因此，听任何演讲（不仅仅是学校里的重要课程）都做笔记是个好方法。一位同事每次参加会议都做笔记，即使会后会很快扔掉那些笔记也是如此。他在解释原因时这样说：

> 我开会一定会做笔记。会议结束后我重读这些笔记，巩固我对会议要点的记忆。之后，我也许会将这些笔记存档，或留下来以后备用，但通常会将它们扔掉。这并不意味着我做笔记是浪费时间。做笔记帮我积极地倾听与分析，而且，我必须承认，做笔记使我避免了胡思乱想。

做笔记有很多不同的方法，你也许已经形成了适合自己的做笔记方法。有些听众使用各种各样的方法因为演讲者组织材料与演讲风格不同，适合于一位演讲者的方法，可能并不适合于另一位演讲者。

无论采用哪种方法，你的笔记都应包括演讲要点及相关数据和辅证性材料。你也可以为自己的评论或要问

图3.1 方法一与方法二分别表示了两种记录方法

演讲词

"很多人不愿意保证死后捐献器官，因为他们认为可用的器官足以满足需要。这种状况很让人惋惜。根据《洛杉矶时报》的报道，事实上，全国各地可用器官都非常紧缺。由于等不到急需的器官，很多病人过早地离开了人世。这种紧缺状况对于需要进行肝脏和心脏移植的病人来说，尤其严重。根据美国器官共享联合网统计，去年全国注册需要肝脏移植的病人共7 467名，其中954人即13%的患者在等待器官期间死亡；注册需要心脏移植的病人共3 698名，其中746人即20%的患者在等待器官期间死亡。据《泰晤士报》报道，实际情况要比数据显示的更严重：成千上万急需器官移植的患者（如车祸中的伤者），来不及登记注册就已死去。"

方法一

对演讲者所传达的信息进行分析并分类。

主要观点	辅证性材料	听者的反馈
器官紧缺 很多患者在等待过程中死亡 实际情况更严重	全美各地 肝脏——去年13%的患者死亡 心脏——20%的患者死亡 成千上万的患者来不及注册已经死亡	为什么需要心脏移植的患者死亡率更高？

方法二

在听演讲过程中，有时很难区分主要观点和辅证性材料，因此，有些听众选择一条占一行的记录方法。

器官紧缺
全美各地
很多人在等待中死去
肝脏——去年13%的患者死亡
心脏——20%的患者死亡——为什么死亡率更高？
实际情况更严重
成千上万的患者来不及注册已经死亡

↓

之后，听者可对记录进行分析，用记号笔标出要点，用红笔标出有待解决的问题。

器官紧缺
全美各地
很多人在等待中死去
肝脏——去年13%的患者死亡
心脏——20%的患者死亡——为什么死亡率更高？
实际情况更严重
成千上万的患者来不及注册已经死亡

诀窍小贴士3.1　对重要谈话与小组会议要做笔记

上司或同事和你谈工作的时候，要做好笔记，不管是一对一的交流还是小组会议。这不仅能让你获得一份重要讨论的书面记录，同时也是对对方的无声赞赏，这等于在说："你的观点对我来说很重要，我必须正确地记录下来。"与有些人的想法相反，做记录并不是告诉别人你的记忆力不好。

很多雇员常常抱怨说："老板从来不听我们的话。"当你跻身管理层的时候，无论下属什么时候向你提意见或建议，都要做记录。这样说明你非常重视他们的意见，并且会在必要的时候采取措施。即使你无力采取措施，雇员也会备受鼓舞，因为你已清楚地表明你在认真倾听并深切关注他们的意见。

在职业生涯中，当你身居高位时，是否就不需要再做笔记了呢？即使你是通用汽车公司的前董事长罗伯特·斯坦佩尔先生，你也仍然需要。尽管斯坦佩尔先生领导着世界上最大的企业之一，可以雇用大批秘书为他做笔记，但在管理层会议上他一直是自己动手。

的问题预留空间。

图3.1介绍了两种做笔记的方法。在方法一中，第一栏用来记录演讲要点，第二栏记录辅证性材料。最后一栏记录听者自己的反应，即听演讲过程中产生的疑问或特别关注。在提问环节开始后，你可以浏览反应栏，提出问题。（如果你匆匆写下的问题在随后的演讲中得到了解答，你的努力并没有白费。提出问题会使你带着极大兴趣去倾听演讲者的相关解释。）反应栏还可以用来安排进一步的调研工作（比如，你可以在这里提醒自己："去图书馆查阅更多相关资料。"）。反应栏并不意味着听者要记录对演讲者的每一观点的反应，需要记则记，不需要则可不记。

如果演讲者语速较快，讲稿材料组织复杂，听者难以区分主要观点与辅证性材料，则可以选用方法二。每行只记一项内容，之后用记号笔标出要点，用红笔标出有待解决的问题。

不管采用哪种方法，都没必要耗心费力地逐句记录演讲者所说的一切。要进行概括，即用自己的话表达演讲者的观点。这样可以帮你确定你真正理解了演讲者所讲的内容。如果你要像法庭速记员那样记录全部演讲内容，你不仅手会很累，还会养成只抄不想的习惯。

演讲结束后，要尽快将记录重看一遍，如果有必要，可根据记忆对其加以整理。若有模糊不清之处，可请其他听众帮忙（如果条件允许，亦可直接求助于演讲者本人）。

防止注意力不集中

四类常见干扰使听众很难将注意力完全集中在演讲上：（1）听觉干扰——如周围的咳嗽声和耳语声，空调的噪音以及周围房间传来的嘈杂乐声；（2）视觉干扰——如上次会议留在黑板上的令人费解的词句，周围醒目惹眼的某位听众，桌上颇为诱人的杂志；（3）生理干扰——如头痛、鼻塞，座位太硬，房间太热或太冷；（4）心理干扰——如心不在焉，烦恼焦虑或魂不守舍等。

心理干扰通常是由于你的思维速度快于演讲者的语速。作为听众，你每分钟可以在头脑中处理500个词，而大部分演讲者的语速为每分钟125—150个词。因此，在听演讲的过程中，你大脑的运转速度比实际需要快三四倍。这种速度差给大脑带来了大量的闲暇时间，而这段时间常常被我们用来做了白日梦。

怎样才能防止注意力分散呢？严格自律。你可以提前进入会场就座，为积极倾听做好准备。找一个远离干

诀窍小贴士3.2　了解不同文化背景下的听众如何表示尊重

美国画家盖尔·欧普·肯普在做一次关于日本毛笔画艺术的演讲时，注意到很多日本听众都闭着眼睛，这让她感到手足无措。他们感到兴味索然是因为一个美国人竟然厚着脸皮在他们面前班门弄斧么？他们是不是故意用这种方式来拒斥她呢？

欧普·肯普后来发现，她的听众并不是不尊重她。日本听众时不时地闭上眼睛，是为了集中注意力。这些听众正在用自己对演讲内容的思考，来表达对演讲者的赞赏。也许有一天你会成为一名演讲者或者一位听众，而听众当中又有很多人来自国外或北美的少数民族。了解不同文化背景下的听众如何表示尊重可以帮助你避免产生误会。下面是几个例子：

· 在北美，很多聋哑听众喝彩时不是鼓掌，而是挥动手臂。

· 在有些文化（异域文化或北美少数民族文化）当中，听众直视演讲者是对他/她的不尊重，而表示尊重是朝演讲者的方向看过去，但目光不接触。

· 在有些文化当中，打口哨是对演讲者的赞赏，但在有些国家，却是一种嘲讽。

想了解更多相关内容，请登录笔者网站（www.mhhe.com/gregory8），选择“STUDENT EDITION”（学生版），点击“WEBLINKS”（网页链接），登录相关链接。

扰的座位，如躲开刺眼的阳光和可能会与你窃窃私语的朋友。舒适地坐下来，拿出做笔记用的纸笔，然后摒除杂念。演讲开始后，要全神贯注于演讲内容。

避免假听

很多听众眼睛直勾勾地盯着演讲者，似乎是在倾听，其实是在假装。他们的思绪早就飞到了九霄云外。

假听不仅会让你漏掉很多重要内容，更糟糕的是，你很可能因此陷入尴尬，被人嘲笑。设想你在会议上假听，上司突然就讨论内容征询你的意见。你将毫无头绪，哑口无言，像个呆瓜。

如果你有假听的习惯，强迫你集中注意力最好的方法就是做笔记。

给每一位演讲者以均等机会

你可能不喜欢某些演讲者的容貌、衣着或者他们所代表的组织，但千万不要因此而拒绝倾听。相反，你应该注意他们的演讲内容，也许演讲会很有意思、很有价值。

如果某些演讲者演讲方式不好，或声音颤抖、缺乏自信，不要因此急于否定他们的发言内容。

股票经纪人瓦特·兰吉尔讲述了这样一件事：

在我的投资俱乐部的一次餐会上，一位来自泰国的女士作了发言。她来美国居住只有一年左右的时间，因此带着浓重的口音。我费了九牛二虎之力才弄明白她在说什么。说实话，我觉得一个新来的移民不可能给我带来什么有价值的信息。我不想再听她的发言，但还是坚持了下来。我颇感庆幸，因为她对亚洲企业的看法很有见地。没出几个月我便将她的建议转化成了利润。

给每个发言人以均等机会，你从他们身上学到的东西会让你格外惊喜。

控制情绪

有些听众不能很好地倾听，是因为演讲主题或演讲者的评论让他们情绪激动。这种情绪过于强烈，以致无法理智地听完后面的内容。他们不关心发言人的演讲，而是在心里与之辩论或在接下来的提问环节里发难。他们总是草草得出结论，认为发言人言不及义。

我在很多演讲的提问环节都曾亲眼目睹听众因演讲者拥护某一观点而对其大加攻击，而细心的听众都知道他们批评的观点根本不是演讲人的观点。

当演讲者与你的某些观点或信条相悖时，要确定你对演讲内容的理解是准确的。要听他们讲完，然后再准备你的反驳。

听者责任

我们在第一章已经讨论过，一个正直公正的演讲者对听众负有道德责任。反过来也一样，一个正直公正的听众对演讲者也负有同样的责任。接下来，我们就将讨论听者的三大责任。

避免不礼貌行为

你是一个有礼貌的听众吗？为了切实避免不礼貌行为，请认真考虑下面两部分内容所提出的建议。

己所不欲，勿施于人

设想你正在和一位朋友交谈，而这位朋友或昏昏欲睡哈欠连天，或边看书边和你交谈，或边打手机边和你交谈。对此你有何感觉？你应该会对朋友的无礼感到不快吧？

很多人在与朋友交谈时从来不会这样失礼，但当他们置身于听众中间时，对演讲者却极为粗鲁。他们或睡觉，或复习迎考，或和朋友窃窃私语。让人欣慰的是，演讲课程使一些人改掉了这样的坏习惯。一位学生这样说：

> 我在教室里坐了整整12年，现在才知道演讲者居然能看得那么清楚。我一直以为，一位听众坐在那里，周围是无数张面孔，演讲人根本看不见。如今自己成了演讲者，才发现当你放眼望去，台下的一举一动都看得非常清楚。我为曾经坐在教室的最后一排与朋友窃窃私语而感到羞愧。那时的我无礼至极，却还浑然不知。

要遵守倾听过程的金科玉律：“己所不欲，勿施于人。”如果你在演讲，你一定希望听众聚精会神、彬彬有礼。那么，当你听别人演讲时，也应报以同样的态度。

防止电子设备的干扰

记者朱莉·希尔说，近年来，不礼貌的行为以一种新的形式在社会上肆意横行。“会议、讲座、电影甚至教堂礼拜，无不被电话的铃声所干扰。更让人无法忍受的是，有些人居然在上述场合接听电话，那自言自语的模样活像个傻瓜。”

这些不礼貌的行为往往来自于那些本来更应该明白事理的人。希尔写道：“密尔沃基一名商务专业的学生在结结巴巴地完成了他的课堂发言之后，却发现他的老师几乎一直在煲电话，而这次课堂发言的分数将占到最终成绩的20%。对此他感到非常痛苦。”

手机只是时下众多干扰演讲的元凶之一。有些听众利用手提电脑发送信息和电子邮件，浏览网页或打游戏。2003年，挪威一名国会议员在就挪威是否出兵伊拉克的重要讨论中，竟然在手提电脑上打起了游戏。这一画面不幸被电视镜头捕捉到，引起挪威民众的强烈不满。

如果不是出于记录的需要，最好不要在演讲过程中使用手提电脑。假如确实需要，应事先征得演讲者的允许。在演讲过程中，要经常凝视演讲者（而不是盯着电脑），以此来显示你对他/她的关注。

下面是文明听众应该注意的几点原则：

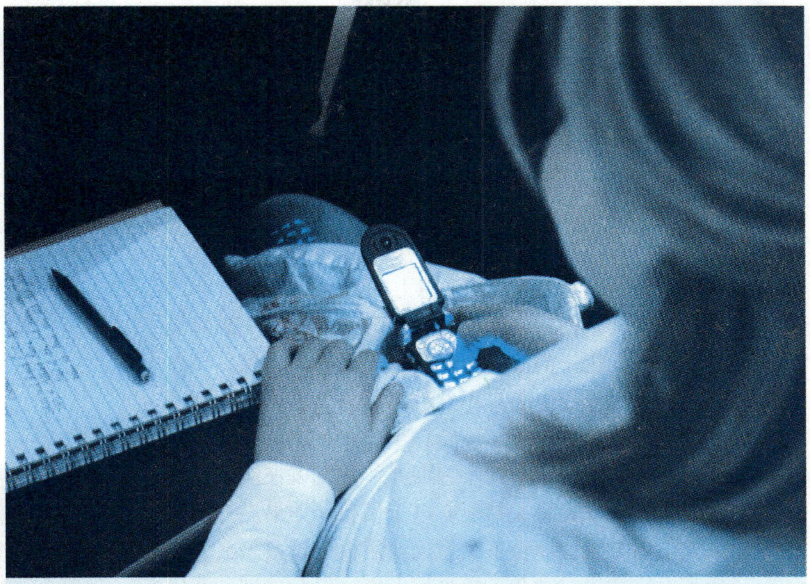

在费城天普大学的一场演讲中，一位听众正在使用联网手机。她可以上网以及收发信息和邮件。作为演讲者，你想尽办法和他们交流，这时如果你的听众有此举动，你将作何感想？

- 不要在演讲过程中用手机或无线耳机打电话，即便是窃窃私语也会影响别人听讲。
- 会议开始之前，关掉一切可能发出声响的电子设备。
- 摘掉与iPod播放器等设备相连的耳机。
- 如果你随时可能接到紧急呼叫（例如你是消防员或医务人员），可以把手机或寻呼机调到振动模式。如果收到信息，应先悄然离场再接电话。不要站在门口冲着电话大喊大叫。
- 使用振动功能要适可而止，因为起身离开去接听电话，也会对别人造成不必要的干扰。
- 如果允许使用笔记本电脑或其他电子设备，也要仅限于做记录。保存游戏、收发信息和邮件，应等到演讲或会议结束之后。

有人对上述原则提出异议，声称自己可以一心多用，使用电子设备和听演讲两不误，但是他们忽略了两个重要的问题：

1. 对演讲者来说，听众目光的游移以及与听讲无关的举动，意味着无礼和抗拒。

2. 这些一心多用的听众自以为可以做到事事完美，但研究表明，他们对演讲内容的理解会大打折扣。例如，康奈尔大学的研究人员安排两组学生听同样的演讲，随后立即进行测试。其中，实验组的学生可以在演讲过程中使用手提电脑浏览网页，而对照组的学生则必须关闭电脑。测试结果显示，实验组的学生记住的内容远远少于对照组。

给演讲者以鼓励

要尽可能地给演讲者以鼓励。你全神贯注，摘录笔记，身体微微前倾而不是懒洋洋地瘫坐在座位上，双眼凝视发言人而不是盯着地板，一脸的兴致勃勃，这些都是对发言人的鼓励。当发言人讲到你特别感兴趣的内容时，要点头或微笑表示你的赞同。（如果发言人的某些言论让你反感或困惑，你当然不必做出这样的反应。我并不提倡虚伪。）

发言人得到的鼓励越多，他/她的表现就越出色。很多艺人和专业演讲者都表示，如果他们的听众精神饱满、热情洋溢，他们的表现就会更精彩。如果听众脸色阴沉、无动于衷，他们的表现就会糟糕许多。我的经验告诉我，演讲时得到的鼓励越多，我的表现就越出色。或许只有为数不多的几个听众对我的演讲显示出浓厚的

诀窍小贴士3.3　抵制电子干扰

如果你和大部分演讲者一样，当你看到听众完全沉浸在电子设备当中，你一定感到怒不可遏甚至不知所措。与那些拒绝倾听的人进行有效的交流非常困难。

怎样才能吸引他们的注意力呢？

可以禁止使用电子设备。易趣总裁梅格·惠特曼禁止员工在周一的晨会上使用电子设备。她说，“在会上打手机或用电脑是不礼貌的行为”。很多军官、中学教师和大学教授也颁布了类似的禁令。

如果你无权颁布禁令怎么办？你可以在演讲前，请负责人要求大家关掉所有电子设备。如果没有条件采取上述方法，而台下又有人使用电子设备怎么办？你可以这样说，“我不想打扰大家，但我遇到一个难题。只要我看到有人玩电脑或打电话，我就无法专注于我的演讲。如果大家在我演讲时能帮忙关掉这些设备，我非常感激”。强调自己的难处，而不是谴责对方的无礼，你将更容易达到目的。

最后一个方法，很多演讲者已有过成功的尝试：在演讲的导入部分，使用能够有效吸引听众注意力的演讲材料。这样的材料引人注目，听众将被完全吸引。（有效吸引听众注意力的演讲材料的范例请参看第十一章。）

通过禁止员工在会议上使用电子设备，易趣总裁梅格·惠特曼成功制止了不礼貌行为。更多内容请参看教材。

兴趣，但他们时而点头、时而微笑，眼神中充满了渴望，这常使我备受鼓舞。

当我们在帮助演讲者做好演讲时，我们所做的不仅仅是对演讲者的一种善良之举，我们自己也从中得到了回报：演讲者的表现越出色，我们听得就越轻松；听得越轻松，我们就越能更好地理解、记忆和掌握知识。

发掘每次演讲的价值

有时，你不得不去听一些你自认为既枯燥又没价值的演讲。即使这样，你也要努力从中发现有价值的东西，而不要拒绝倾听或躲在自己的小天地里想入非非。把听演讲看成一种游戏吧——看看你能从泥巴里淘到多少钻石。在这些枯燥的演讲中，是否有些新的信息能在将来助你一臂之力？演讲者的演讲技巧是否有值得注意和学习的地方？

如果演讲确实一无是处，那么就从中学会怎样才能不重蹈覆辙吧。问问你自己，从这个演讲者的失败中能学到什么。下面的例子，讲述了某公司主管是如何从一次失败的演讲中受益的经历：

有一次，我参加了一个非常烦人的研讨会（具有讽刺意味的是，这个研讨会的主题是倾听的技巧）。前半个小时，我一直在后悔自己居然来参加这样的会议，但后来，我决定要挖掘、吸收其优点。原来我觉得演讲者根本不是在教我怎样组织关于倾听技巧的研讨会，后来我把这种想法转化成了一个问题——关于怎样失败地组织研讨会，他教会了我什么？虽然提供一个反面教材并不是演讲者的初衷，但是我的确从中吸取了教训。

一位智者曾说：“如果生活给了你一颗柠檬，就把它变成柠檬汁吧。”如果每一次遇到糟糕的演讲，你都

诀窍小贴士3.4　向演讲者表示感谢

无论何时，如果你觉得你听到的演讲令人愉快或很有价值，一定要让演讲者知道。这对他/她来说是莫大的鼓舞。

然而，很多时候，即便演讲非常成功，很多演讲者坐下时还是忐忑不安：演讲说得过去吗？在做完一场重要的演讲之后，演讲者必定身心俱疲。一杯清冽的水能使脱水的奔跑者精神焕发，此时听众的一句感谢或一声赞扬，也会使演讲者感到神清气爽。（如果你无法演讲一结束就当面表示感谢，那么就请写张便条给演讲者吧。）

听完演讲之后，一定要对其内容表达一些正面的看法。一位公司总裁给我讲述了他几年前在某大学毕业典礼上的演讲经历。他说："我费尽心血，花了整整一个月的时间，撰写了演讲稿，甚至还预讲了好多遍——这毕竟是我第一次在毕业典礼上演讲。我演讲的时候力求做到发自肺腑。我自认为表现得不错，而且我的演讲里还有一些至理名言。可是，演讲结束后，却只有两个人走过来向我道谢。你能想到吗？他俩对我的赞扬竟如出一辙，他们说他们对我充满感激，因为我的演讲非常简短！而对于我的观点或他们是否喜欢我的演讲，却只字未提。我的演讲最值得称道的地方，居然是简短！想到这个我就难受。"

让人难过的是，当时有很多听众被演讲者的才智所深深打动——但却没人告诉他。

能试着从中寻找价值或从此学会如何不重蹈覆辙，你会发现再酸的演讲柠檬也可以做成演讲柠檬汁。希腊作家普鲁塔克两千年前就曾说过，只要你懂得如何倾听，再糟糕的谈话也能让你有所收获。

演讲评价

评价者和演讲者双方都能从演讲评价中受益。评价者能够了解在演讲中什么可行什么不可行；演讲者则能得到建议，借以不断完善自己的演讲技巧。

如何进行评价

演讲评价不应该只是在演讲课上进行。你可以使用下面这些技巧，去评价你在生活中听到的所有演讲。

设立标准。听演讲之前，要选定一套评价标准。这样可以使你避免忽略演讲中的重要因素。对于课堂演讲，老师可能会给你评价标准表或是让你分析演讲的某些方面。如果没有这些，你可以将第一章中的"演讲简明指南"，作为自己的评价标准。

客观地倾听。要开明宽容。不要因演讲者的演讲风格或外貌而左右你的感情。如，演讲者的声音听起来紧张、犹豫不决，但这并不一定说明她的论点经不起推敲。不要让你个人的好恶影响你的评价。如，你强烈反对枪械管制，而演讲者却非常支持，这时你要尤其注意，对演讲者的观点要做出客观而公正的评价。

做记录。快速记下你在听演讲的过程中所观察到的情况，否则你会忘掉很多重要方面。

一次关注一项标准。如果你想一次性对演讲的各个方面都做出评价，你的注意力会过于分散。一次只集中关注一个方面：评价演讲者的眼神交流，然后再评价演讲者的手势等等。如果时间允许，你还可以使用录像，这样可以对演讲进行反复观看。

既要寻找缺点也要发现优点。要指出演讲的缺点，也要强调演讲的优点。指出缺点可以使演讲者改进，强调优点则可以使演讲者继续发扬。

先讲正面评价。说到演讲，恐怕大多数人都有脆弱的一面。如果你一上来就对演讲者进行批评，很可能会伤及对方的自尊，让他/她丧失信心。所以应该先进行正面评价，首先肯定演讲者的优点，指出那些在你眼里显而易见而他/她自己却没有注意的良好品质。如，你看起来镇定自若、充满信心。

负面评价与正面评价相结合。当你指出某个缺点的时候，要同时提出建设性的改进建议。比如，你可以指出演讲者演讲时总是习惯性地把手揣在口袋里把硬币弄得叮当作响，然后，你可以这样建议：“演讲时不要把手揣在口袋里，放在讲桌上是否好一些？”

一般情况下，不要批评演讲者的紧张。紧张是难以避免的，所以除非你能够提出有效的解决办法，一般不要对紧张提出批评。换句话说，“你看起来既紧张又害怕”这样的话没有什么用处。但你可以这样说：“把讲稿放到讲台上，这样，即使手颤抖也不会使讲稿沙沙作响。”这才是好建议。

评价要具体。笼统的评价（如“你太棒了”或“你表现不好”）对演讲者来说没有什么帮助。评价要尽量具体。不要说“你应该多和听众进行眼神交流”，而要说“你总是盯着地板看”。

如何接受评价

要最大限度地发挥评价的效果，应遵循下面这些原则：

不要有辩驳心理。你应该正确看待别人对你的评价并思考它的价值，不要争论和反驳。

力求彻底理解。如果评价人员的评价你不明白，请他们解释一下，力求彻底理解。

争取不断进步。下一次演讲时，要尽力改正存在的问题，但不要指望一次就能改掉所有的缺点和不好的习惯。

复习与提高

www.mhhe.com/gregory8

本书的网上学习中心网站备有方便大家学习与复习的资源与工具，如练习测试、重要词语记忆卡和演讲示例录像等。

小结

做到有效地倾听不容易，但愿意为之付出努力的人会受益，方法包括以下几点：

1. 做好准备工作。要阅读相关背景资料，做好调研，最大限度地理解演讲内容。

2. 愿意付出努力。倾听是一项艰苦的工作，演讲内容陌生、有难度时尤其如此。这就要求你必须要有强烈的倾听愿望。

3. 边倾听边分析，抓住主题，对辅证性材料进行评价。

4. 做笔记。这不仅是为了记录演讲要点，也是防止走神的好方法。

5. 避免内外干扰。严格约束自己，集中注意听演讲。

6. 避免假听。如果走神了，不要假装还在倾听，假装会让你形成难以戒除的习惯。

7. 平等对待每位演讲者。不要因为演讲者的外表或他/她所代表的组织而拒绝倾听。

8. 控制情绪。不要在心里与演讲者辩论，你也许误解了他/她的话。

作为一名听众，你对演讲者负有三大责任：避免任何形式的不礼貌行为；给演讲者以鼓励；发掘每一次演讲的价值。你给予演讲者的支持越多，演讲也将越精彩，你从中受益也越大。

对演讲进行评价，能帮助你自己完善演讲技巧。对于一篇演讲，要看优缺点两方面，要提出具体而建设性的建议。当别人评价你的演讲时，不要辩驳；要努力理解批评，然后完善、提高自己。

重要词语

听到，37 听，37

复习题

1. “听到”与“听”有何区别?
2. 说出至少四个无效倾听导致的商业问题。
3. 为什么听众要避免假听?
4. 听复杂材料与简单材料有何区别?
5. 听演讲要做好身体和知识两方面的准备。请列举至少两种准备方法。
6. 教材中列举了四类干扰：听觉干扰、视觉干扰、生理干扰与心理干扰。请为每种干扰各举两例。
7. 听众应该分析演讲的哪两项要素?
8. 请列举三项边听演讲边做笔记的好处。
9. 如果你是听众，你会怎样鼓励演讲者?
10. 当你评价演讲时，你怎样处理它的优缺点两方面?

批判性思维技巧

1. 有心理学家将倾听描述为“爱的行为”。请用两人（如夫妻、密友、医患等）之间的一段真实或虚构的对话（他们都在真正倾听对方）来解释上述观点。

2. 《科学》杂志撰稿人朱蒂斯·斯通写道：“对于使我们感到恐惧、愚蠢的话题，有两种应对方法：谦虚、开明地欢迎，或无情地嘲笑。”请结合这句话，给听众提一些建议。

团队协作技巧

1. 以小组形式进行角色扮演：一位学生扮演演讲者，做一个重要演讲，讲述他/她本学期的上课情况。小组其他成员扮演听众，做出很多不礼貌行为（如聊天、看杂志、趴在桌子上、用计算器做数学题等）。然后让演讲者描述他/她对这些无礼行为的感受。（如果时间允许，可让小组其他成员轮流扮演演讲者的角色。）

2. 以小组形式，列出演讲的“理想听众”具有的品质，然后再列出谈话的“理想听者”具有的品质，试比较两者品质之间的异同。

互联网使用技巧

1. 在互联网上查找与倾听有关的引文，并将最喜欢的两则打印出来。

参考方法：访问国际听力协会网站的相关页面（www.listen.org/quotations/quotes.html）。

2. 手机导致的无礼行为在社会上滋生蔓延，有些人正设法对手机的使用进行限制。列举至少两条人们为了消除手机导致的无礼行为而采用的技术。

参考方法：使用Yahoo（www.yahoo.com）等搜索引擎，输入关键词“cell phone”（手机）、“manners”（礼貌）、“rudeness”（不礼貌）进行搜索。

阿富汗学生在专心致志地听讲。老师在讲解阿富汗首次民主选举的投票程序。全世界的听众都希望演讲者能够充实他们的头脑，滋养他们的心灵，而不要浪费他们的时间。

4

达于听众

本章纲要

以听众为中心的演讲者

分析与调整

了解听众情况

听众的多样性

外国听众

美国文化的多样性

残障听众

性别

年龄

教育背景

职业

宗教信仰

经济社会地位

听众知识水平

听众心理

演讲活动的具体安排

演讲过程中的调整

本章学习目标

学完本章之后，你应该能够：

1. 阐述什么是以听众为中心的演讲者，什么是不以听众为中心的演讲者。
2. 阐述“分析”和“调整”，并说明这两点为什么很重要。
3. 通过面谈和问卷调查的方式，提前了解听众情况。
4. 阐述演讲者如何应对不同的听众群。
5. 阐述演讲者怎样适应听众的知识水平、态度、兴趣度、需要和愿望？
6. 阐述演讲者如何应对具体情况（时间要求、目的、听众人数）。
7. 阐述演讲者是如何在演讲过程中适应听众的。

演讲是大学生埃里森·菲利克斯生活的重要内容。作为2004年雅典奥运会200米径赛的银牌得主，她应邀与美国及加拿大听众分享她的奥运之旅；作为南加利福尼亚大学基础教育专业的学生，她在课堂上做过不少演讲；作为基督教运动员联合会和洛杉矶浸信会教堂活动的积极参与者，她给不同年龄的听众带去了激动人心的演讲。

菲利克斯的演讲之所以广受欢迎，不仅是因为她跑得快，更是因为她能够与听众进行良好的沟通。在演讲前，她就开始关注听众：了解听众是谁，了解他们对演讲内容作何期待等；演讲时，她直视听众，以确保没人掉队。菲利克斯认为，问答部分是与听众互动的重要环节。正像我们在图4.1中看到的，她的表情说明她欢迎听众提问，愿意与他们交流。

图4.1

埃里森·菲利克斯正在与纽约的听众交流。在问答环节，她仔细地聆听听众提问。

以听众为中心的演讲者

以听众为中心的演讲者
力求与听众建立一种深层的联系和交流的演讲者

埃里森·菲利克斯是典型的**以听众为中心的演讲者**。这样的演讲者力求与听众进行交流，为他们提供有益的经验。以听众为中心要求你事先尽可能了解听众的方方面面，并根据他们的需求和兴趣调整自己的演讲。你必须双眼凝视听众，发言满怀激情，力求达于听众。

你演讲的目的仅仅是做一次精彩的发言然后坐下了事吗？如果你关注的只是你自己或演讲本身，你永远都不会成为一名优秀的演讲者。你的目标应该是和听众进行交流并给他们带去某些改变。这样，当演讲结束听众离开时，他们会带着新的知识、新的信念，或是心中洋溢着温暖。

所有优秀的演讲者都是以听众为中心的。他们由衷地希望与听众进行交流，以此给他们传递更多信息，说服他们接受自己的观点，给他们带去愉悦或者鼓励。我的学生卡萝尔·康拉德就是这样的典范。班上另一名学生这样评价康拉德的演讲："我觉得她就像在对我一个人说话。"康拉德是怎样做到这一点的呢？她撰写演讲稿时非常认真。为了激发听众的兴趣，她总是精心选择例证、数据、引文和直观的视觉材料。演讲时，她目视听众，表现出与听众进行交流的强烈愿望。她的语调和表情向听众清楚地表明："我很重视你们，希望你们能够理解并接受我所传达的信息。"

分析与调整

波士顿的玛利亚·西尔维拉听说全世界有超过两千万的成人及儿童需要轮椅，但却无力购买。于是，她决定当一名志愿者，为轮椅基金会（为贫穷国家的病人无偿提供轮椅的国际组织）筹款。她在新英格兰的商界进行演讲，号召那些财力雄厚的商界领袖每人捐500美元。

然而应者寥寥，这让她非常失望。她打电话给其中一些听众，想弄明白问题出在哪里。最后她了解到，听众是在怀疑轮椅在路面崎岖、发展落后的国家的耐用性。一位听众说："在道路状况很原始的环境中，很难使用轮椅吧？不会很快坏掉吗？这不纯粹是浪费钱吗？"

问题终于找到了！西尔维拉发现了听众头脑中的错误观念，而这个观念并不难消除。在接下来的演讲中，她指出，基金会提供的轮椅是针对崎岖路面特别设计的，车轮经过增重处理，轮胎结实耐用，车体框架接口则进行了额外焊接加固。因为演讲增加了上述新内容，捐款数额有了大幅提高。

西尔维拉完成了所有以听众为中心的演讲者都应完成的两项任务：（1）对听众进行**分析**，了解他们的身份和知识水平。（2）对演讲进行**调整**，以适应听众的知识水平，满足他们的需求和兴趣。

听众分析
搜集有关听众特点的信息

调整
改动演讲材料与演讲方法，以适应听众的需要

我们也可以把上述过程称为**"针对性设计"**。"针对性设计"是商家普遍采用的一种营销策略。如果你销售的是针对性货车，那么你必须首先弄清楚客户的特殊需求，然后据此进行装配。对于下肢瘫痪的客户，你应在车内装配手控刹车装置；如果客户是木匠，车内应配备存放杂物和工具的储物箱；如果客户是摇滚乐队，车内应留下足够的空间来存放架子鼓和吉他。"针对性设计"体现在演讲上就是，让演讲适应听众的知识水平，满足他们的需求和兴趣。

针对性设计
根据服务对象的具体要求进行制作或改动

下面是对演讲进行针对性设计的几条原则：

逐批分析听众。不要因为一次演讲在一批听众当中大受欢迎，就理所当然地认为另一批听众也一定喜欢。这种想法是不对的。

我曾经做过一场演讲，那场演讲赢得了听众的阵阵欢笑与喝彩。那次成功令我欢欣鼓

诀窍小贴士4.1　以积极的心态面对听众

你是否在电视里看过这样老套的喜剧场面？一位神情紧张的小伙子正在约定的地点等待未曾谋面的姑娘，他边等边想象姑娘见到他时的反应。这时，电视屏幕切换到他脑海里出现的画面：姑娘向他走来，眼神中充满了失望和厌恶；他做自我介绍，姑娘笑他名字太蠢；他建议到一家特别的餐厅用餐，姑娘讽刺他对食物品味低下；他与她聊天，姑娘嘲笑他口音太重。他不断地幻想，从一种羞辱幻想到另一种羞辱。此时画面切回到现实当中，姑娘如约而至。然而，此时的小伙子早已被愤怒冲昏了头脑，他冲姑娘吼道："哼，我本来就不想和你约会！"说完就拂袖而去，把姑娘撇在那里，姑娘则一脸的莫名其妙。

有些演讲者也和这位小伙子一样，想当然地认为听众会对他们心存偏见。所以面对听众时，他们总是充满戒备，好像早就知道，听众既不会接受他们的人也不会接受他们的观点。他们的各种肢体语言（如声调、面部表情、姿势），都充满了戒备甚至愤怒。我就曾经见过一位这样的演讲者，他在演讲中赞成把狩猎作为一种体育运动。他知道有些听众会反对。于是，他始终都像是受到了听众侮辱似的。他愤愤地说："我们不是虐待狂，我们不以动物的痛苦为乐。"谁说过他是虐待狂？谁又说过他以动物的痛苦为乐？其实他大可不必像等待约会的小伙子那样恼羞成怒。

不要过早臆断你的听众。大部分听众都很友好，也能够和演讲者产生共鸣。即使他们不同意你的看法，只要你尊重他们，他们也一样会尊重你。

演讲者要以积极的心态面对听众，不要总往坏处想。

舞。一个月后我又对另一批听众做了一模一样的演讲，结果却大相径庭。如果当初我没有被成功冲昏头脑，我应该能够想到，这两批听众的受教育情况不同，内心的想法不同，他们需要的演讲当然也不同。

为同一听众群中的不同子群体进行针对性设计。同一个听众群有时还能继续细化为更小的子群体，相同子群体的成员的需求和理解力也基本相同。演讲者应力求满足不同子群体的需求。如，同样是听关于出境游的演讲，年轻父母组成的子群体，可能更想了解适合儿童的娱乐活动；而年长的游客，则可能更关心面向老年人的折扣问题。

不要违背道德准则。针对性设计不是说听众想听什么演讲者就说什么。很多雄辩的政客都在鼓吹某计划的实施绝不会加重选民的税务负担，但实际上他们很清楚情况并非如此。一名有道德、有良知的演讲者，绝不会撒谎、歪曲事实。

了解听众情况

演讲者最惧怕的事情就是被听众嘲笑，这个噩梦不幸在劳伦斯·B. 吉布斯身上变成了现实。

时任国内税收专员的吉布斯，在拉斯维加斯召开的一次大会上为1 000名报税人做演讲。在演讲中他说："有人悲观地预测，在这个税季纳税人会被逼疯，会晕头转向，会钱财耗尽。结果怎样呢？"他故弄玄虚地停顿了一下说："同胞们，这根本就是子虚乌有！"

会场响起一阵阵大笑声。这些报税人刚刚结束了那个税季的工作。在他们看来，吉布斯认为子虚乌有的事情都已经实实在在地发生了。无论双方谁对谁错，至少这次事件暴露出吉布斯对听众的所感所想一无所知。如果他事先能和几个听众进行交流，也许就能避免在大庭广众之下被嘲笑的命运了。

详细了解听众的情况（背景和知识水平），可使你避免此类失误。面谈和问卷调查是了解听众情况的两条捷径。

面谈

首先应该从演讲活动的负责人（或邀请你演讲的人）开始，尽可能详细地了解听众的知识水平、态度、需求、兴趣和背景。另外，还应了解演讲活动的具体安排，如演讲目的、其他演讲者的情况、时间限制、听众人数等等。

其次，向有关人员询问部分听众的姓名及电话号码，通过与他们面谈或打电话，了解他们对你的演讲主题了解多少、他们想从你的演讲中听到什么、是否有某种特殊的方法（如使用直观的视觉材料）对这些听众特别有效等等。你可在演讲开始时，向那些与你面谈过的人一一表示感谢。这些可以提升听众对你的信任感，因为这说明你非常希望满足听众的需求和兴趣。

问卷调查

问卷调查是了解听众情况的好方法。对听众进行问卷调查，是指以问卷形式对听众的知识水平、兴趣及态度进行了解。问卷调查表可（在教室或其他地方）直接发放，也可借助电子邮件或邮政服务寄送。

假设你在准备一场关于食物中毒的演讲，想了解听众是否具备丰富的卫生知识和良好的卫生习惯。表4.1体现了问卷调查常用的几种题型：

题一：简单的是非选择题。你可以通过此题了解听众的个人经历。也许所有的听众都有过食物中毒的经历，但是如果大部分人没有此类经历，你就需要对食物中毒带来的痛苦和危险进行说明，以此来提示听众你演讲的重要性。

题二：程度性选择题。通过此题，你可以知道听众对演讲主题的了解程度。如，他们是否知道最近几年食物中毒事件的数量正在急剧上升。如果调查显示他们对此一无所知，你就需要在演讲当中对这一情况进行说明。如，在过去的五年中食物中毒事件增长了30%，每年造成325 000人住院治疗，5 000人死亡。

题三：多项选择题。学生对此题型非常熟悉。此题可以测试出听众是否具备食品安全常识。其中第二项为正确选项，其余选项均为生活中常见的误区。听众对此题的回答，可以帮助你决定在演讲中需要对哪些误区加以纠正。（当然，对于听众都已了解的内容，则不必再进行探讨。）

题四：此题设计了几种情境，在这几种备选情境中，人们都需要洗手。通过该题，你可以了解听众这方面的行为习惯，进而确定在演讲中需要特别强调的事项。最后的“其他”选项值得注意，这个选项经常出现在问卷调查表中，目的在于将那些无法预测的答案囊括其中。有时，在这一部分中，我们会有惊人而有益的发现。

题五：简答题。这是一个开放性的题型，需要被调查者用一句或一段话来回答。如果你需要较为详细的回答，此类题型非常适用。通过此题，你可以了解听众洗手的过程，进而决定是否需要在演讲中对洗手的基本过程（先摘下戒指，洗手时要使用温水和香皂，双手至少揉搓20秒钟）进行讲解。

题六：排序题。通过此题，听众可以很容易地指出哪些事项对他们来说相对重要，或者哪些事项发生的频率较高。你可借助此题了解大部分听众的就餐场所，进而针对这些场所存在的食品安全隐患提出自己的建议。

题七：填空题。与简答题类似，同属开放性题型，不同之处在于被调查者只需在空白处填写一到两个词即可。在此题中，如果大部分听众都未填出正确答案“冰箱”，说明你需要在演讲中对这一点进行说明。

以下是进行问卷调查的几个原则：

- 问卷调查表要简短。大部分人没有时间完成长问卷。
- 设置的问题要有准确答案。假如你想了解听众是否知道食物在室温下存放最多不能超过两小时，问题应为：“食物在室温下可存放多长时间而不变质？”如果将问题设为：“你是否有过将食物在室温下长期存放的经历？”那么你只能得到“是”或“否”的回答，而无法确定听众是否知道食物在室温下存放的确切时限。
- 在向听众发放问卷调查表之前，应在朋友或同事之间进行小范围的检验，他们可能会发现问卷的不足。

表4.1　问卷调查题型

是　非 选择题	1. 你是否有过食物中毒的经历？ 是□　否□
程度性 选择题	2. 你认为现在美国食物中毒的风险与五年前相比呈现何种趋势？请在你认为的选项上画“x”。 ←――――――――――――――→ 大得多　稍大　基本一致　稍小　小得多
多　项 选择题	3. 下列关于食物安全的陈述哪一项是正确的？ □ 冷冻能够灭菌。 □ 冷冻食品解冻后可再次冷冻。 □ 被污染的食品有异味。 □ 生肉和家禽在烹饪之前需进行彻底清洗。
列举题	4. 通常在下列哪些情况下你会洗手？（可多选） □ 做饭前 □ 吃饭前 □ 如厕后 □ 接触生肉后 □ 其他（请具体说明）
简答题	5. 请描述你的洗手过程。
排序题	6. 通常你在哪里就餐？请按照下列场所出现的频率从1到5（“1”代表最常去的场所，“5”代表最少去的场所）进行排列。 □ 学校的自助餐厅 □ 餐馆 □ 家里，自做 □ 家里，别人做 □ 小吃店（或自动售货机）
填空题	7. 食物（包括腌制食品）应存放在______。

有时你可以将问卷调查结果用到演讲中，这往往是激发听众兴趣的内容。例如，在做关于食物中毒的演讲时，你可以这样说：“据问卷调查显示，你们当中有一半人洗手时只是快速冲洗一下。这种洗手方法极不安全，很可能导致疾病的发生，大家知道吗？”

听众的多样性

在当今时代，你演讲时可能会遇到很多不同类型的听众。这些听众的性别、年龄、种族、国籍、民族、宗教信仰、经济状况、教育背景、身体素质等都不相同。要想成为一名优秀的演讲者，你就应该抓住每次机会满足所有听众的需求，而不能只顾及和你有着相同背景的听众。

外国听众

当今世界已经成为一个“地球村”，各种利益关系、经济关系纵横交错，互相联系。不管你身在哪个领域，都必须学会与其他国家的客户或同事进行交流。你可能会到国外开会和演讲。即使你在美国国内演讲，你的听众也可能是外国访客、移民以及他们的家人。在学校演讲，听众当中也可能会有外国留学生。虽然这些听众一般都会讲英语，但是普遍不够精通。

为了与外国听众顺利沟通，你需要注意以下几个方面：

重视各种禁忌。每种文化都有自己的**禁忌**，触犯这些禁忌可能会损害听众对演讲者的信任。斯达西·克拉齐尔是加州威尼斯海滩的电视制作人，常到世界各地制作节目。她说，“我说话的时候习惯把双手放在臀部”。在印尼时却有人告诉她，“那种站姿是粗鲁和轻蔑的表现”。

禁忌
由于道德原因或个人好恶而被禁止的行为、话语和不能提及的物体

了解一种文化可以让你避免触犯其中的禁忌。如果有条件向专家进行咨询，事情就更容易了。这一点我们将在下面的部分加以讨论。

学会使用肢体语言。每个国家都有自己独特的肢体语言（如眼神、面部表情等）。美国的商业主管们认为，如果说话时对方不直视他们的眼睛，就说明他/她躲躲闪闪，不够光明磊落。但是，在拉丁美洲、亚洲以及非洲的许多地方，人们都将目光低垂视为对对方的尊重。几年前，几个美国人与日方主管进行合同谈判，他们欣喜地看到，在谈判过程中日方主管频频点头，但让他们大吃一惊的是，最后日方却拒绝了他们的提案。美国人不知道，在日本，点头并不代表赞同，只说明你的话他们听得懂。

那么有没有全世界通用的肢体语言呢？人类学家的答案是有，但为数不多。我们都知道点头表示“是”，摇头表示“否”，但即使是这一广为接受的肢体语言，在某些国家也有截然相反的含义，也就是说点头表示“否”，摇头表示“是”。唯一通用的肢体语言，是那些诸如惊讶、悲伤等人类与生俱来的表情和某些手势，如手在腹部打圈说明“我饿了”。国际行为专家罗杰·埃克斯戴尔说，在所有肢体语言当中，无论公私领域，最易理解、最有用处的就是微笑。正如墨西哥裔美国人的谚语所说：“微笑是全世界共同的语言。”（这里的“微笑”指的是人们高兴时自然流露的表情，而不是其他变体，如做坏事被人发现时尴尬的笑。）

向专家进行咨询。你可能没有足够的时间让自己精通世界上所有的文化，但是你可以向相关专家进行咨询，以了解某种特定文化当中可以为你所用的内容。这些专家包括熟悉该国文化的商务旅行者、大学教授、来自该国的移民和留学生等。在准备讲稿时，要向他们了解实际情况，征求看法。讲稿完成后，你可以先向他们试讲，向他们表明你不想让听众感到任何困惑和不快的决心，并请他们对你的文字、直观辅助工具以及演讲风格提出宝贵意见。

你还可以上网浏览相关网站，或通过互联网求助于该国公民以及在该国观光的游客。通过这种方式也能获得有用的建议。获取帮助请访问笔者网站（www.mhhe.com/gregory8），点击“STUDENT EDITION”（学生版）和“WEBLINKS”（网页链接）即可。书籍和文章也是不错的信息渠道，但要注意文化方面的信息会过时，所以一定要选择近期的图书和文章。

慎用术语和俚语。尽量避免使用俚语如“cramming for an exam”（为考试恶补功课）、“bite the bullet”（强忍割肉般的痛苦）、“the ball is in your court”（该你出招了）等。对于必须使用的术语如“interface”（界面）或“virtual reality”（虚拟现实），演讲者应加以解释说明。

采取庄重严肃的演讲风格。美国听众对于演讲者幽默随意的演讲风格早已习以为常。然而在其他一些国家的听众眼里，这样的演讲者不够稳重而且缺乏礼貌。加州林地山伯利兹翻译公司的资深编辑理查德·克鲁姆说：“大多数外国听众希望听到的是庄重而严肃的演讲。一场重要的演讲可能会因演讲者的诙谐搞笑或夸夸其谈而大受影响。”

诀窍小贴士4.2　与译员通力合作

有时，为顾及所有听众，你需要与手语译员或口译员进行通力合作。下面的几种方法可以帮助你把演讲做得更好：

· 多么有经验的译员，也不可能在没有任何准备的情况下，流畅而准确地把你的演讲原原本本地翻译给听众。因此，你应该给他们提供一份演讲摘要，帮助他们提前做好准备。

· 如果条件允许，可以与译员预演几次，并请对方指出你演讲当中可能引起听众误解的地方。

· 开场时，要将译员介绍给听众，并对他/她的帮助表示感谢。

· 外语口译普遍采用的方法是交替传译，即你与口译员交替发言。注意，一次不要说得太多，以免双方因为等待时间过长而感到厌倦。（还有一种相对少见的方法叫做同声传译。口译员利用专门的同声传译设备收听到你的讲话，同时将其译为目的语，听众可以在几秒钟内通过耳机收听到相应的译文。在大型会议上，演讲有可能被同时翻译成多种语言。）

· 演讲中可以穿插少量手语和/或外语，以表示你与听众交流的诚意。

· 即使所有在座的听众都需要借助手语译员或口译员才能听懂你的演讲，你讲话也要面向听众而不是仅靠翻译。

伊利诺伊州莫顿格罗夫的女演员马里·马特林在18个月大的时候听力几乎完全丧失。图中她正用手语和出席明尼苏达州圣保罗斯塔基基金晚会的听众进行交流，译员杰克·杰森帮助她将手语翻译成英语。

尽可能在演讲前一两天给听众提供一些涵盖部分演讲要点的文字材料。（但切忌在演讲即将开始时或演讲过程中，给听众发放冗长的阅读材料，具体原因将在第九章进行讨论。）大部分懂英语的外国听众，阅读水平要高于听力水平。因此，如果能够提前阅读相关材料，他们就可以事先搞懂那些不太明白的字眼。这样，就能让他们在演讲之前具备一定的知识基础，从而最大限度地理解你演讲的内容。

借助视觉和触觉。在演讲中你能否利用直观辅助工具或现场演示来阐释自己的观点？能否给听众提供一个亲身体验的机会？

美国文化的多样性

美国社会包括很多不同的群体，他们民族不同、种族不同、宗教信仰不同。对他们做演讲和对外国听众做演讲一样，都需要演讲者具有敏锐的感受力。

下面提几点建议：

避免种族中心主义。种族中心主义指认为本民族优于其他民族的观念。有**种族中心主义**观点的人认为，其他民族的习俗和价值观是落后的，甚至是错误的。

种族中心主义
将其他民族文化看作是劣等文化

大部分情况下，不同习俗是选择与传统的问题，无所谓对错。在一些非裔美国人的教堂，听众会在布道过程中通过呐喊对牧师做出积极响应；而在另外一些文化当中，听众在布道过程中则会保持肃静。不同习俗之间只有差异而不分优劣。

了解来自不同文化、不同群体的听众的愿望和观念。假设你是一位经理，正在对员工进行一次非正式培训，你鼓励他们在你讲话的过程中提问，结果发现有些亚裔雇员一言不发。这时，不要急于认定他们不够投入或缺乏兴趣。事实是，对一些亚裔美国公民来说，提问是对说话人权威的一种挑战。

如果你对美国某个族裔群体的态度和观念缺乏了解，你应该事先与若干有代表性的听众进行交流，了解该听众群的背景和需求。此外，你还可以向给这一族裔做过演讲的人请教。

关注个体差异。虽然了解群体差异至关重要，但你所了解的内容只是诸种可能，对个体而言并不具备必然性。请注意我的措辞，在上面的例子当中我用的是“有些”，而不是“所有”的亚裔雇员。如果你的听众当中有亚裔美国人，那么你要格外关注可能存在的文化差异。但是你首先应该把他们看作个体的人，他们有自己的特点，可能与别的亚裔美国人不同。演讲者应该在对群体差异和不同群体的特殊需求保持敏锐感受力的同时，尽可能地关注每个听众的个体差异。

不要嘲笑任何群体。有人认为只要某一特定群体（如女性、同性恋者或少数族裔）的成员不在场，对他们开些侮辱性的玩笑也无伤大雅。但事实恰恰相反。虽然在场的听众不在被取笑的群体之列，但这种侮辱在他们看来，同样令人不快，也毫无可笑之处。听众对演讲者的尊重也会在不知不觉中荡然无存。

残障听众

随着《残障人士保护法》的出台，以及人们越来越多地了解了残障人士对社会的贡献，这一群体在工作和生活中也变得越来越活跃。那么演讲者怎样才能知道如何满足残障听众的特殊需求呢？自称“失明的主持人”的斯科特·H. 利维斯（华盛顿安吉利斯港主持人俱乐部成员）对此给出了一个简单的回答：“去问那些残障听众。”然而有些演讲者却因为害怕出现交流障碍而错失了最佳的信息来源。利维斯说，“残障人士知道自己需要什么……对于如何满足他们的需求，他们自己最有发言权”。

下面就如何对待残障听众提几点概括性的建议：

- 如果你要求听众围拢在你身边看你做演示，或是组织他们进行某项活动，你一定要尽最大努力鼓励残障听众也参与进来。
- 不要把成年残障听众当儿童对待。如果你对其他听众不直呼其名，对残障听众也应一视同仁，不要摆出一副居高临下的架势。

· 不要认为身体上的残障等同于智力上的残障。轮椅上的听众虽然身体残疾，但这并不说明他/她智力低下。

· 复活节图章基金会建议：“在需要时给残障人士提供帮助是好事，但不要过度，也不要不顾对方感受一味坚持，应该首先征求对方意见。”

· 对于有行动障碍或视力受损的残疾人，只需伸出手臂而不要抓住对方的胳膊。

接下来就如何对待几种特殊类型的残障听众提几点建议：

有行动障碍的听众

· 尽量移走妨碍轮椅进出的障碍物。如果有选择的余地，应询问他们希望坐在哪里，不要主观地认为他们都喜欢坐在会场的后排。

· 不要拍打他们的头部或肩膀，这样会让他们觉得你居高临下。

· 不要倚靠也不要抓住他们的轮椅，因为他们将轮椅视为私人空间的一部分，不容侵犯。

耳聋或听力受损的听众

· 如果听力受损的听众必须通过观察你的嘴形才能理解你说话的内容，你应该尽量面朝他们。同时，注意不要站在他们的正前方，也不要把目光只集中在他们身上。过分地关注会让他们觉得尴尬。

· 某大学残障学生的辅导员黛博拉 · L. 哈蒙说，“在和听力受损的人交谈时，应该适当放慢语速，但没必要过于夸张”。

· 哈蒙建议，在条件允许的情况下，演讲者可以借助视觉手段来加强演讲的效果，如“把第一次提到的术语写到写字板上”，这样聋哑听众就能知道这个词的写法，进而推知它的发音。

· 社工海伦 · 斯洛丝 · 路易写道，“在聋哑人的群体和文化当中，人们往往不把耳聋当成一种残疾，而是把它看成另一种生活方式和另一种文化”。这一点演讲者应该注意。

失明或视力受损的听众

· 用正常音量说话。不要因为他们视力低下而认为他们听力也有障碍。

· 哈蒙说，“不要抚摸或呼唤导盲犬，与它们嬉戏会影响它们的工作。这些导盲犬都受过严格的训练，不会扰乱你的演讲，因此你不必安抚它或者分散它的注意力”。

· 不要认为这些听众失明或视力受损，就不需要给他们提供和演讲有关的资料。密苏里 · 圣路易斯的沙伦 · 林恩 · 坎普贝尔说：“虽然他们无法在现场阅读这些资料，但他们可以在会后找人读给他们听。”

· 如果你无意间和盲人听众说了“你看懂了吗？”或类似的话，也不必过于紧张和自责。他们知道你这么说只是出于习惯，并没有冒犯他们的意思。

性别

听众的性别有助于你了解他们的社会地位和经济状况。例如：虽然近几十年来职业女性的地位有所提高，但她们当中很多人的工资仍然低于进行相同工作的男性的工资。如果演讲者想说服劳动者加入工会，而听众中又有女性，就可以特别强调这种同工不同酬的不平等现象。

虽然性别有时会给你提示，但不能完全依靠性别观念来对听众进行判断。如果演讲者认为只有女性才关心和婴儿健康相关的问题，那么男性听众可能会因此而感到不快；如果演讲者说“我就购买家庭维修工具问题给在座的男士提几点建议”，女性听众可能就会反感，好像她们从来不购买也不使用这类工具似的。

使用性别歧视性语言会让演讲者失去听众的尊重。**性别歧视性语言**是指那些僵硬刻板地划分男女两性的语言表达。演讲者应该避免类似“坐在前排的那个女孩子”这样的表达，而应改称“马丁内兹女士”或“玛莉亚·马丁内兹”。在英语中，“此项工作的最佳人选”应该说“the best person for the job”，不应说“the best man for the job”。（性别歧视性语言将在第十三章进一步讨论。）

性别歧视性语言
以僵硬刻板的男女两性分类为基础的话语

人们的婚姻状况和性取向不能一概而论。俄亥俄州州立大学的商务交际老师基蒂·O·洛克建议：“要避免那些天经地义地认定每个人都结婚或都是异性恋的词语。例如，公司邀请员工参加野餐会时不要说‘诚邀您及您的先生/太太光临本公司举办的野餐会’，而要说‘诚邀您和您的同伴光临本公司举办的野餐会’。”

年龄

如果听众来自不同年龄层，你就需要照顾到所有听众的兴趣、态度和知识水平，必要时要对演讲内容进行解释或对背景情况进行介绍。如果你谈论的是深受年轻人喜爱的音乐家，你可能需要向中老年听众介绍该音乐家的音乐及生活。

演讲者在对某一年龄层的特点进行笼统概括时要格外谨慎。例如，对于老年听众，演讲者应该考虑到他们当中有很多人听力欠佳，但不要立刻认定必须在演讲时大喊大叫，并不是所有的老年人都有听力障碍，而且那些有听力障碍的老人通常都会佩戴助听器。演讲者应该具体情况具体分析，不要仅仅依靠对他们特点的一般性概括武断地作出结论。

教育背景

演讲者要考虑听众的教育背景。演讲内容不易难度过大超过他们的知识水平，不要使用他们听不懂的概念或语言；同时也不能过于简单，达不到他们的知识水平。应该力求做到难易适中。

如果听众当中有人听不懂你所表达的意思，就应对此进行详细说明。佛罗里达州奥兰多演讲俱乐部的前主席弗雷德·伊贝尔讲述了这样一件事情：“我对听众讲过一个关于螳螂的笑话，我原以为大家都知道螳螂是什么，结果整个会场鸦雀无声，连针掉到地上都听得见。几个听众过来问我什么是螳螂，我大吃一惊，这才醒悟过来，并不是所有的人都上过生物课。”

职业

尽量让你的演讲符合听众的职业特点。这方面最典型的例子是美国大选之前，候选人总会揣度每位听众的需求和喜好。他们对钢铁工人谈来自日本工业的竞争；对农民谈土地侵蚀状况；对卡车司机讲道路限速问题；对银行家则大谈信贷制度。这未必是一种操控手段，也未必缺乏道德，这只是对不同听众群做出了准确的分析和适当的调整。毕竟，钢铁工人对土地侵蚀问题不感兴趣，农民也不关心日本钢铁的进口情况。

宗教信仰

了解听众的宗教派别，可以帮助你在一定程度上判断他们的信仰、态度和看法。例如，基督复临安息日会对健康非常重视，因此大多数信徒都具备丰富的营养学知识，其中很多是素食主义者，滴酒不沾。如果你应邀对基督复临安息日会教徒做一场保健演讲，那么你可以认为他们对这一话题的了解比普通听众多。这样你就可以避免在他们已经知道的常识方面花费时间。

虽然宗教信仰对了解听众有一定帮助，但要谨慎。不能认为信仰相同的教众都赞同教会的官方教义和决定。例如，某教会的领导层可能反对生产核武器，但大部分教众则不这样认为。

经济社会地位

要关注听众的经济地位和社会地位，这样你才能以此为依据对演讲做出相应调整。假设你要通过演讲来支持给穷人发放食品券的计划，如果听众是低收入者，那么大部分人很可能在演讲之前就支持你了。因此，演讲的目的可以设定为鼓励他们投票支持维护“食品券计划”的候选人。相反，如果听众来自中产阶级上层，很多人可能会反对你的观点，演讲的目的就应该是说服他们接受你的看法。

听众知识水平

加利福尼亚州圣地亚哥的商业顾问托马斯·利奇讲述了这样一件事情：某电子公司的经理应邀向参观调查团介绍一个新的电子程序。“他拿出大量工作会议上使用的东西，对其中电子方面的内容进行详细说明。他兴致勃勃地谈论着FLMs和MOKFLTPAC。虽然他本人博学多才，讲解也充满激情，但效果却差强人意，因为在他讲解的45分钟里，听众有44分钟不知他在说什么。”

这位经理犯了一个常见的错误：演讲内容的难度不符合听众的知识水平。为了避免类似错误，要弄清楚，关于你演讲的话题，听众知道什么，不知道什么，然后再将演讲的难度调整到相应水平。

分析听众知识水平

对大部分演讲主题来说，知识就像一架梯子，从简单到复杂。要让听众沿着梯子向上走，你就要从他们自己的位置开始，而不能从演讲者的位置开始。如果听众在第三级处，就不要向他们灌输第七级的观念，不要想当然地认为他们可以跨越中间的阶段。

为了分析听众的知识水平，你应该尽量收集听众的相关信息（可以使用前面介绍过的“面谈”和“问卷调查”的方法），然后思考下面四个重要问题：

1. 就我演讲的主题而言，听众和我有哪些不同之处？
2. 哪些术语和概念他们有可能听不明白？
3. 我需要做哪些解释才能让他们明白我想表达的意思？
4. 他们可能会产生哪些误解？

让我们看一下上述问题在实际当中的运用：

在一场关于如何保存私人珍贵物品的演讲上，演讲者说，“如果你想将你最珍贵的彩色照片保存终生并传给后代，你应该把所有的照片都存入档案相册”。

你知道什么是档案相册吗？在座的大部分听众都不理解这个词。很多人误以为档案相册就是指那些价格昂贵的皮质相册。

演讲者的失误在于，没有对听众的相关知识水平进行分析。在离演讲开始还有很长时间的时候，他就应该思考并回答刚才提到的四个重要问题：

1. 就我演讲的主题而言，听众和我有哪些不同？“他们和我不同，不是摄影迷，没读过很多的摄影杂志和书籍。”

2. 哪些术语和概念他们有可能听不明白？“他们肯定不知道什么是档案相册。我也是在阅读了大量有关摄影器材的文章之后才知道，此前我和他们一样对此一无所知。”

3. 我该做哪些解释才能让他们明白我想表达的意思？“我要告诉他们，有些塑料相册或相片袋含有酸性物质，15—20年后彩色照片会因此而褪色。而档案相册的相片袋是用高品质塑料制成，没有任何危害。”

4. 他们可能会产生哪些误解？“他们可能会认为价格昂贵的相册都是档案相册。我必须提醒他们，有些相册虽然价格昂贵，但其实是‘定时炸弹’。他们必须弄清楚，这种相册是哪种塑料制作而成的，如果这种塑料由聚氯乙烯（PVC）制成，那它使用起来就不安全；如果它由聚酯薄膜、聚丙烯或聚乙烯制成，则可以放心使用，这才是真正的档案相册。”

以上四个问题，能让你设身处地地为听众着想。从听众的角度看问题，可以增强你演讲的有用性。

适应听众知识水平

听众对你的演讲主题了解多少？很了解，一般了解，还是完全不了解？下面就如何应对三种不同知识层次的听众提几点建议：

对话题非常了解的听众。不要在听众已经熟悉的内容上花费大量时间，否则他们会感到枯燥和厌烦。相反，你应该给他们介绍一些新思想、新理念，并且一开场就要告诉他们，在你的演讲当中会出现全新的内容。如果听众是高水平的滑雪者，一开始就要向他们说明，你不会花太多时间介绍附近那些众所周知的滑雪胜地，相反，你会介绍一些鲜为人知却非同寻常的好去处。

对话题不甚了解或一无所知的听众。

- 悉心安排新内容的量。人们无法在短时间内吸收大量新内容，如果你强行灌输太多的新观念，他们会兴味索然，不再听你说什么。
- 尽可能使用直观辅助工具帮助听众更好地理解复杂的概念。
- 使用浅近平易的语言，避免使用术语。如果必须使用术语，一定要加以解释。
- 用不同的表达方式对要点进行反复强调。
- 提供生动的例证。

水平参差不齐的听众。有的听众对话题非常了解，有的却一无所知，你该怎么办？应该尽量遵循从易到难、循序渐进的原则，将演讲步步展开。假如你演讲的主题是身份盗用，你可以这样开场以吸引所有听众的注意力：“我发现在座的各位当中有些人早就深受其害，有些人对它却还一无所知。为了使大家都能跟得上我的演讲，我想首先说明什么是身份盗用，随后进入我们的核心部分——如何防范身份盗用。”无论听众的知识水平如何，他们通常都会对这种体恤表示感激。

听众心理

听众看待世界的方式和你不一样，因为他们有着不同的经历，所以有着不同的生活。

要了解听众的心理，就要揣摩他们的兴趣、态度、需求和愿望。

兴趣度

所有演讲者都不想让听众感到枯燥乏味，但是怎样才能知道听众是否对演讲的内容感兴趣呢？请看下面几条原则：

评估话题的趣味性。通过面谈或问卷形式，了解听众是否对话题感兴趣。你可以利用程度性选择题，如："你怎样看待关于寻找恐龙化石的演讲？_____非常有趣，_____一般，_____无聊。"

让听众保持兴趣。如果你已经想到了一个有趣的话题，那么一定要通过例证、故事和视觉材料等充满趣味的方式，将其丰富完善。避免大量使用专业材料，这样会让听众感到枯燥。

必要时激发听众的兴趣。如果听众在演讲之前对话题兴趣不大，你可以设法激发他们的兴趣。曾经有一个学生做过一次关于字迹分析的演讲，她在演讲之前通过与部分听众的交流，了解到听众对这个话题普遍缺乏兴趣，所以她做了这样的开场："你们知道吗？当你们填好工作面试申请表以后，有些公司的领导会将它们送到字迹专家那里进行分析，这些专家将根据你的笔迹判断出你是否诚实可靠。"听到这里，听众会发现这个话题很有意思，因为显然演讲对他们的人生有一种潜在的影响。

激发听众兴趣的最佳途径之一，是将你的演讲主题和听众的需求和期望结合起来（稍后将在本章进行讨论）。

态度

态度
人们对于一个人或者一个观点或赞成或反对的感情倾向

听众的**态度**是指听众对于演讲者所表现出的感情倾向，如赞成或反对。听众的态度是他们内在的价值观、信仰、个人经历以及兴趣爱好相互交织、共同作用的结果。

演讲者应该力求在演讲之前了解到听众对演讲的目的、演讲者本人以及演讲活动的态度是赞成，反对，还是中立？

听众对演讲目的的态度

反对。如果听众反对你的演讲目的，你的演讲应力求说服他们赞成你的观点。如果不可能达到这个效果，就尽量说服他们靠近你的观点。

纳尤娜·多丝是乔治亚南方大学的学生。她正在筹划一次演讲，演讲目标是，证明对贫困国家的穷人来说，食用昆虫是摄取蛋白质的理想途径。多丝从问卷调查的结果了解到，她的同学都反对食用昆虫。所以，她对演讲进行了精心设计来改变他们的看法。一开始，她用确凿的科学数据来证明昆虫的营养价值。最后，她拿出一块用蟋蟀做成的蛋糕对听众说："蟋蟀经过烘烤吃起来就像山核桃，为什么不尝一口呢？"虽然一开始觉得恶心，但最后她的同学们把整块蛋糕都吃掉了（只有一人除外），并认为确实美味可口。在演讲评价单中，同学们都表示同意多丝的观点——食用昆虫有助于缓解全球的饥饿状况。（见图4.2）

中立。如果听众对你的演讲持冷漠或中立态度，你首先应该尽量让他们关注你所谈的问题，然后争取他们同意你的观点。例如，如果听众对每年成千上万种植物的消失毫不关心，你可以告诉他们，植物可以加工成多种药物。如洋地黄，就是从毛地黄叶片中提取出来的，

图4.2

作为乔治亚南方大学的学生演讲者，纳尤娜·多丝请她的同学品尝了用蟋蟀做成的蛋糕，同学们会有什么反应？阅读课文找出答案。

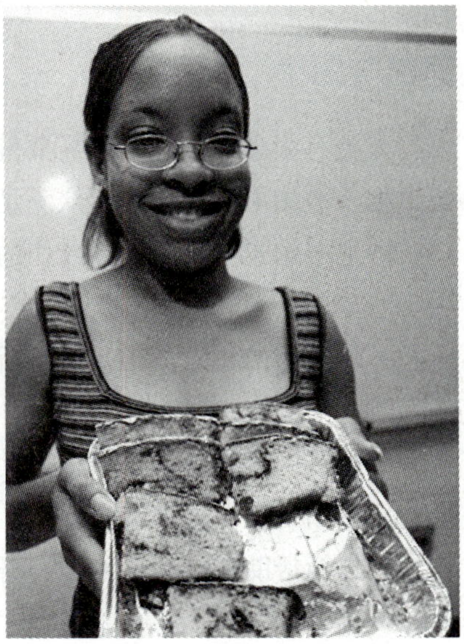

可以用来治疗心脏病。你可以这样说：“谁知道在今年消失的成千上万种植物当中，有没有一种就是能救你性命的药材呢？”这样说的目的是告诉听众，问题并不抽象遥远，担忧也并非杞人忧天，也许有一天他们的生活会受此影响。

赞成。如果你的听众赞成你的观点，你的任务就是让他们更加心悦诚服，乃至说服他们付诸行动。例如，你可能会向某党派成员做一次动员演讲，动员他们在即将到来的大选中为该党候选人助选。

听众对演讲者的态度

如果听众认为演讲者对于演讲的主题难以胜任，他们就会对他/她产生负面的看法。但是，只要请主持人把你的专业资格和业务水平向听众做一介绍，听众就会打消对你的疑虑。如果没有介绍人，你可以在开场时就自己的专业资格向听众做一自我介绍。陈安洁是位学生，她曾在课堂上做过一次关于针灸的演讲。在开场白中，她告诉听众，她在中国长大，不仅自己接受过针灸治疗，而且亲眼目睹过亲人和朋友接受针灸治疗的场面。虽然陈安洁并没有自称是医学专家，但是她对自己个人经历的简述，已经说明她对针灸非常了解。

你还可以通过向听众讲述你获取信息的过程来增加你的可信性。假如你要就你所在社区的吸毒人员康复计划做报告，你应该一开场就告诉听众你读过两本相关书籍，并且曾就这一问题访问了当地的药剂专家。这样说不是自吹自擂，而是为了用最简单的方式，让听众知道你的信息都是以细致的调查研究为基础的，都是切实可信的。

听众对演讲活动的态度

有时，听众会因被迫参加那些他们认为不必要的会议而牢骚满腹。对于这些“掳来的听众”你应该让你的演讲生动而具有针对性，要尽可能显示你对他们处境的了解，以及想要帮助他们的愿望。下面是一则例子：

一天下午，计算机专家唐·汉森要对一群公司职员进行四小时的培训，而这些职员认为这样的培训没有必要，是在浪费时间。汉森一开场就告诉听众，他知道他们对安排这样的培训很不满意，他说：“既然我们大家不得不共同度过接下来的四个小时，就让我们努力使它富有成效。”接着他发给每人一张纸，每张纸上印有两栏。他解释说：“我想让你们把所有我在演讲中提到并且是你之前就有所了解的内容填写在第一栏内，把所有我在演讲中介绍的新观点填写在第二栏内。会后，我会将你们填好的表格交给你们的领导，好让他们知道这样的培训确实是在浪费你们的时间。”这些员工很高兴演讲者能够了解他们的不满情绪，于是开始做笔记。在培训结束的时候，他们中的大部分人都惊讶地发现，在他们的笔记里，新的知识超过了他们原有的知识。

汉森这种善解人意的开场方法，驱散了现场的不良气氛，使听众更容易接受他的演讲。

需求与愿望

人类有很多需求，他们需要健康和安全感，需要朋友和金钱，既要解决困难，也要享受人生，还要了解新鲜事物……如果你有能让听众满足他们的需求和愿望的方法，他们必定会带着浓厚的兴趣倾听你的演讲。

珍尼·珀尔在关于动物咬伤的一次演讲中，就契合了听众的需求和愿望：

- **对安全的需求**。珀尔提醒听众注意，人们常在下述两种情况下被动物咬伤：试图分开缠斗的动物和救助伤者时。
- **省钱的愿望**。她建议，被动物咬伤后应立即进行治疗。从长远来看，即时治疗是最省钱的做法。她解释说，伤口如果不做处理就会感染，后期的治疗费用将非常昂贵。

你越能帮助听众满足他们的需求和愿望，你的演讲就越有说服力。

演讲活动的具体安排

尽可能详细了解演讲活动的具体安排以及演讲背景，特别是在社区演讲或在工作会议上演讲时。下面是你需要事先了解的事项，要特别注意第一项。

时间要求

很多演讲以失败告终，都是因为演讲者喋喋不休，完全无视时间要求和听众的烦躁。一定要搞清楚演讲的时间要求，不要超时。这条规则不仅适用于只有一位演讲人的活动，有多名演讲者参与的场合尤其要遵守。如果有四名演讲者，规定每人10分钟，而他们却每人用时30分钟，结果会怎样？听众会非常疲劳，不再专心听讲。

有些演讲者丝毫没有时间观念。我的有些学生，规定时间为5分钟的演讲能说20分钟，事后还认定自己的演讲绝没有超过5分钟，一定是我的表出了问题。我们稍后会看到，在家里进行预讲并自己计时，可以帮你遵守时间要求。如果你演讲时总是喋喋不休，请遵循罗斯福总统提出的演讲原则：

- 真诚
- 简洁
- 坐着

演讲活动目的

某市大都市报的一位知名专栏作家应邀在某大学的校园记者写作研讨会上发言，她用了一个多小时的时间谈论她历年来采访过的名人。虽然她的发言很吸引人，但是那些校园记者却感到很失望，因为研讨会的目的本来是就怎样撰写生动有趣的写实作品提一些建议，可是演讲者对此却只字未提。

要提前了解演讲活动的目的，保证演讲能够符合听众的期望。

其他活动安排

尽量了解其他活动的安排。是否还有其他人要发言？如果有，他们的演讲主题是什么？如果你准备在某庆典上谈马丁·路德·金的生平，却发现你前面的演讲者也选择了同样的主题，你会觉得非常尴尬。

更让人措手不及的事情是，你去了会场才知道，你不仅要做演讲，还要和别人就你的演讲主题进行辩论。

很显然，你需要事先了解这一情况，才能推测对方的论点，并为下一步的辩论做好准备。

听众多少

如果事先估计会有20名听众到场，但你进入会场时却看到200名听众，你一定会感到非常慌乱。事先了解听众的规模，不仅可以帮助你做好心理准备，也可以帮助你更好地安排演讲，是否需要更大的直观辅助工具？是否需要麦克风？

听众都坐在你的周围，会让彼此的交流变得更容易一些。如果听众较少会场很大，他们又坐得相当分散，或者都挤在最后一排，就让他们坐到前排和中间来。有些听众不愿意移动位置，你就得请他们予以配合，你可以这样说："我不愿麻烦大家，不过如果我不用喊着说话，我的嗓子就不用那么费劲了。"

演讲过程中的调整

在演讲的准备阶段，根据听众的具体情况进行不断调整非常重要，在演讲的过程中同样要进行调整。你要对听众的情绪变化和反应很敏感，然后尽可能做出有益的调整。下面举例说明：

莱斯特·派切尼克是一位学生，他正在用一架便携式炉灶向听众演示杏仁绿豆的做法。在讲到某个步骤时，他向锅里撒了很多咸盐，有几个听众互相交换了一下眼色，非常惊讶。派切尼克注意到了他们的反应，随即解释道："我放的盐似乎有点多，可是不要忘了锅里有足足1.4公斤的绿豆。一会儿你们品尝的时候就会发现它一点儿都不咸。"（结果他是对的。）

尽量克服一切交流上的障碍。加利福尼亚州帕萨迪纳的约翰·纳贝尔是奥运会游泳金牌获得者，他曾经为有听力障碍的听众做过一次演讲。当他意识到站在演讲台上发言可能会有很多人听不清楚时，他说："我就走到他们中间，边走边说。"

关注听众的情绪。听众是否感到厌烦、困倦或烦躁？有时他们没精打采，并不是因为你的演讲枯燥乏味，而是因为一些你无法操控的原因。例如，你要在早上8点向与会者介绍某项工艺流程，而这些与会者前一天聚会到半夜。

努力唤醒无精打采的听众。对于无精打采的听众，你可以使用以下方法：（1）邀请他们参与到你的演讲当中（如让他们就你讲述的内容举例，或让赞成你观点的听众举手）。（2）让你的演讲活跃起来（如来回走动，讲到某处时适当提高音量，或偶尔使用夸张的语调）。

不要急于下结论。有时，听众的行为很好理解。如果在你讲到某个术语时有听众皱眉头，说明你需要对此进行详细解释。但有些时候，听众的表情含义并不明确。坐在第三排的一位听众苦着脸，是因为他不满意你的演讲吗？在下结论之前，想一想我们在第二章讨论过的内容：有些听众在聚精会神时会表情凝重。事实上，有些表情看似不同意的听众，往往随后会走上前来向演讲者表示赞赏与感谢。

不要以原则换赞同。如果事实和上面的例子正相反，听众皱眉确实是因为他不同意你的观点，那怎么办？你应该改变你的看法去迎合他们，让每位听众都心满意足？当然不行。虽然你应该重视听众的情绪，但永远不要为了得到听众的认可而违背自己的原则和道德。你演讲的目的不是为了让听众喜欢你，而是要将你的观点清晰而有效地传达给他们。

诀窍小贴士 4.3　随时准备压缩你的演讲

最让人恼火的情形之一是，你的演讲被安排在冗长乏味的会议之后，而对于这样的安排你又无能为力，此时的听众已疲惫不堪，都盼着早点离开。这时最好的解决办法就是将你的演讲进行压缩，这样听众会非常感激。下面就是一个很好的例子：

为了使与会者能够在天黑之前开车回到家里，当天的专业会议定于下午3：30结束。可是，很多发言者都超出了预定发言时间，最后一位发言者开始时已是3：18。然而他并没有埋怨前面的发言者，而是首先问听众："你们当中有多少人想在3：30离开？"所有人都举了手。他说："我保证会在3：30结束演讲。"尽管这个承诺意味着他将不得不省略掉演讲的大部分内容，但他遵守了自己的承诺。有一位与会者事后说："我们对他的体谅表示感激，同时也很钦佩他的为人，因为他有很强的时间观念。对于之前那些占用了他时间的演讲者，他没有批评、没有气愤，也没有丝毫的埋怨。"

这里我有一个技巧可供大家参考，如果我要与其他人同台演讲，我会准备两套讲稿，一套完整版，一套缩略版。如果其他演讲者守时，我就使用完整版；如果时间不允许，我就使用缩略版。

复习与提高

www.mhhe.com/gregory8

本书的网上学习中心网站备有方便大家学习与复习的资源与工具，如练习测试、重要词语记忆卡和演讲示例录像等。

小结

想成为优秀的演讲者，就要将注意力和精力集中在听众身上，要有把自己的信息传递给他们的强烈愿望。要事先分析听众，调整演讲，以符合他们的需求和兴趣。

了解听众情况有多种途径。你可以采访演讲活动的负责人或邀请你做演讲的人，还可以采访其他的演讲者，或者对你的听众进行问卷调查。

你可能会面对不同的听众，他们性别不同、年龄不同、种族不同、国籍不同、民族不同、宗教信仰不同、经济状况不同、身体素质不同。

对外国听众做演讲时，要尽可能多地了解他们的文化。最好的一个方法就是咨询专家。学习一些肢体语言，慎用术语和俗语，采用庄重严肃的演讲风格。如果条件允许，应该在演讲之前给听众提供一些涵盖你演讲部分要点的材料。

对美国内部的多种文化也要相当注意。避免种族中心主义，即不要认为自己民族优于其他民族。要了解来自不同文化的听众的期望和观点，但不要把这种了解绝对化，它只是你对听众进行判断的一个依据。首先要把听众当成个体的人，这个个体的人有着有别于同一文化群体中其他成员的特点。

尽量满足残障听众的需要。如果你不确定他们需要什么，可以直接向他们询问。不要把成年残障听众当成儿童对待，不要将身体上的障碍和智力上的障碍等同起来。

让你的演讲与听众的年龄、性别、教育背景、职业、宗教信仰、经济和社会地位相适应。

要了解听众对你演讲材料的了解程度，对你演讲主题的兴趣，他们的需求和愿望，他们对演讲目的、对演讲者本人以及对演讲活动的具体安排的态度。

详细了解演讲活动的具体安排，如演讲的时间要求、演讲活动目的、其他安排、听众多少等方面的细节。

演讲过程中随时进行调整以适应听众的需求。要关注听众的情绪，了解他们是否厌倦烦躁，是否听不懂演讲的内容。

重要词语

以听众为中心的演讲者，50	听众分析，51	调整，51
针对性设计，51	禁忌，55	种族中心主义，57
性别歧视性语言，59	态度，62	

复习题

1. 什么是以听众为中心的演讲者？
2. 什么是对听众做出分析和调整？
3. 演讲者如何提前获取听众的相关信息？
4. 什么是禁忌？为什么演讲者要格外注意禁忌？
5. 美国以外的听众通常喜欢幽默随意的演讲还是庄重严肃的演讲？请解释原因。
6. 什么是种族中心主义？
7. 谁最了解残障听众的需要？为什么？
8. 演讲者应该对听众的三个心理因素进行分析，请说出这三个因素。
9. 怎样对待对你的演讲主题不甚了解或一无所知的听众？
10. 演讲前你应该对演讲活动的哪些方面进行了解？

批判性思维技巧

1. 有些书籍给读者提供了现成的演讲稿。除不诚实外，用这样的演讲稿还有什么不对的地方？
2. 你的思维在一天中的什么时间最不活跃？室内的哪些因素（如温度和噪音）最容易导致你注意力不集中？假设你是处在上述环境中的听众，演讲者怎样做才能使你头脑清醒并注意听演讲？

团队协作技巧

1. 与小组成员设计一张问卷调查表，目的是调查听众对下列问题的看法：（1）法律应该明令禁止饲养斗牛犬等恶犬吗？（2）法定饮酒年龄应该更改吗？（3）身体感到疼痛的患者可以采用针灸疗法减轻症状吗？请使用表4.1中介绍的全部题型。
2. 与小组成员共同列举出十个可能被说英国英语的香港医生误解的美国俚语或术语。

互联网使用技巧

1. 访问三个有关文化的专门网站，从每个网站上挑选并打印出至少一页内容。

参考方法：登录Yahoo Directory（dir.yahoo.com），依次点击“Society and Culture”（社会与文化）、“Cultures and Groups”（文化与群体）、“Cultures”（文化），你将看到很多和各种文化相关的子目录，点击任意子目录进入页面。例如选择“波兰文化”（Polish），将进入关于波裔美国人的子目录。

2. 本章介绍了针对性设计的内容。从互联网上搜索一些个人或团体为听众进行针对性设计的例子，并就其中一例进行分析，说明它怎样诠释了“customize”（针对性设计）这一概念。

参考方法：使用AltaVista（www.altavista.com）等搜索引擎，键入关键词“customize”（针对性设计）和“audience”（听众）。

林恩·拉斯塔扎是罗德岛北金斯顿某小学二年级教师。她荣获罗德岛年度教师称号及奖金一万美元。图中是她获奖后学生们在热烈拥抱她。拉斯塔扎说，她备课时总是目标明确（如关于昆虫），既不会给自己和学生造成混乱，也不会跑题。制定明确的目标是适用于所有听众的好方法，对儿童和成人都有效。

5

选择话题、目标和中心思想

本章纲要

话题的选择

选择你关心的话题

选择你能够驾驭的话题

选择听众感兴趣的话题

缩小话题范围

总体目标

提供信息

劝导

娱乐

具体目的

中心思想

制定中心思想

制定中心思想的原则

演讲设计概览

本章学习目标

学完本章之后，你应该能够：

1. 选择合适而有趣的演讲话题。
2. 将演讲的总体目标具体化。
3. 为每一次演讲制定一个清晰、简洁的具体目的。
4. 为每一次演讲制定一个清晰、条理的中心思想。
5. 将具体目的和中心思想融入演讲的总体设计当中。

想象一下，你对有关悬崖跳水的电视节目非常感兴趣，决定对其进行进一步研究，并将其作为下次演讲的话题。你询问了几位同学，了解到他们对这一话题的态度。结果你得到了积极的回应。另外，你的老师也肯定了你的想法。

是不是这样就能保证你的演讲万无一失呢？不一定。你选择了一个自己和听众都感兴趣的话题，这点很好，但热情未必能转化为成功的演讲。假如你演讲的内容杂乱无章、没有重点，尽说些与话题无关的东西（如近50年最优秀的跳水者的姓名和国籍），或者你涉及的专业知识琐细乏味，让人不堪忍受（如各种用来攀登悬崖的绳索的内部结构），演讲的质量也会大打折扣。

要使演讲不偏离中心，首先必须制定明确的演讲目的（如向听众解释为什么悬崖跳水是世界上最艰苦的体育运动之一）。如果在准备演讲的过程中你能够时刻关注演讲目的，你就不会陷入跑题、沉闷、混乱的深渊。

在本章的前半部分，我们将探讨如何选择一个好的话题；后半部分将讨论如何利用总体目标、具体目的和中心思想这三大工具为演讲制定明确的目标。

选择悬崖跳水这一话题是否能够保证演讲的万无一失？

话题的选择

在你一生要做的演讲当中，有很多演讲的话题都是别人规定好的。比方说，你的上司要求你给同事介绍一种新产品，或者因为你是社区公认的安全驾驶技术专家，而受邀为扶轮社做相关话题的演讲。

相反，在大部分演讲课上学生则自由选择演讲话题，这种自由选择的权利会让一些学生郁闷好多天。他们向朋友诉苦说："下周我就要演讲了，可现在我还不知道该说些什么。"不要让自己被选题给难住了，要尽早确定话题，接下来你还需要大量时间与精力来完成其他重要工作，如调查研究、拟定提纲、进行练习等等。如果迟迟无法确定演讲话题，你将没有足够的时间为演讲做好充分准备。

阅读本章时，请你在手边准备一本便笺簿，随时把阅读过程中想到的话题简要地记录下来。这样你就会形成一定的积累，在演讲课上做演讲时你就可以从中选取合适的内容。在随后的几周里，可以将你想到的更多话题补充进来。

在选择话题的时候，要牢记下面几点：

选择你关心的话题

生活中是否有一些事情让你觉得非常有趣、激动或者气愤，让你急不可待地要向朋友述说？这就是你对演讲话题应有的感觉。演讲的话题应该是那些你很关心或渴望和别人交流的话题。你对滑水感到兴奋异常吗？去讲如何滑水吧！你对用摄像机记录家中老人的生活点滴着迷吗？去讲如何进行录像制作吧！你对社区内不断增多的丢车事件感到气愤吗？去讲怎样防范偷车贼吧！

热情是可以互相感染的。如果你感到激动，你的听众也会受到感染。如果你的话题不能让自己激动，准备工作就很可能成为一个枯燥乏味的过程，你的演讲也很可能让听众感到死气沉沉、缺乏说服力。

下面两个例子说明了热情对演讲的成败影响极大：

一个学生在做关于死刑的演讲时旁征博引，提供了很多数据，举了很多例子，采用了大量引文，显然她做了细致的调查研究工作，但她本人似乎对这个话题并不感兴趣。她面无表情，语调平淡地叙述完那些论据和数字之后，请听众提问或提意见，但是听众没有任何反馈。她的听众看起来和她一样无精打采。课后，老师私下问她是否对死刑这个话题怀有浓厚兴趣。

她的回答是："没有。"

那么，她为什么要选择这个话题呢？

她解释说："因为我觉得您认为这个话题很重要。"换句话说，她选择这个话题主要是为了引起老师的注意。

下面我们再看第二个例子：

金伯利·奥康纳的演讲是要说服她的同学通过每天散步来锻炼身体。老师担心她的演讲会枯燥乏味，因为人人都知道散步是锻炼身体的好方法，但奥康纳的演讲并不只是阐述这个显而易见的事实。她告诉听众怎样挑选合适的运动鞋，给听众演示散步时怎样测算脉搏以确定步速是否达到有益心脑血管的标准。她还给听众提供了很实用的建议。她说如果你去商场，就把车停在离商场最远的车位。这样你不仅得到了轻松散步的机会，也省却了费尽心思寻找好车位的烦恼。在整个演讲过程中，特别是在结尾处讲到散步使她在四个月内减掉9公斤并缓解了她在学校的精神压力时，奥康纳的表情和声音都传达出对这一演讲话题的浓厚兴趣。虽然她的老师感到担心，但听众并不觉得枯燥。他们在奥康纳的演讲评价表中这样写道："你说服了我，在校园里我将步行，不再开车。""谢谢你的建议，我就从今天开始散步。"

上述两位演讲者之间存在着巨大差异。死刑是一个感情色彩强烈的话题，通常情况下肯定会引起听众的兴趣，但第一位演讲者却因为自己对话题的漠不关心而使演讲变得枯燥乏味。相反，金伯利·奥康纳却将一个看似平凡的话题演绎成一场精彩的演讲。她的成功主要在于她用自己的热情感染了在座的听众，而她的热情正来源于她对演讲话题的喜爱。

选择你能够驾驭的话题

下面这样的场景无疑是一场噩梦：你对演讲话题知之甚少，到了提问环节，一些对话题非常熟悉的听众开始嘲笑你毫无见地，并指出你的疏漏和错误。

上大学时我就曾经历过这样的噩梦。其他演讲者也会有类似的经历，但它未必会在你身上重演。要让演讲成为对你而言轻松易行的事情，即要选择一个你非常熟悉，或是通过调查研究可以了解的话题。

你可以通过下面几种途径找到那些你非常了解（或可以了解）的话题：

人生经历

如果你有自主选择演讲话题的权利，就从自己的生活中开始寻找，没有人比你自己更了解你的生活。

你可能会说："可是我的生活没什么意思啊。"事实并非如此。也许你不是什么风云人物，但是你的生活仍然有很多方面都可以演绎成充满情趣的演讲。下面就是几个例子，主角都是学生：

- 卡洛琳·波隆斯基在申请购车贷款时遇到了困难。她从自己的经验教训中摸索到了建立信用等级的方法，并通过演讲将这些方法介绍给她的同学，这对他们很有帮助。
- 基尔克·多克里是一家客流量很大的高档餐厅的厨师。他利用工作期间录制的录像带，向听众展示了客人点餐之后，厨师们在厨房里怎样分工协作，才使桌上的顾客同时吃到新鲜、热乎的饭菜。
- 劳伦·琼斯最喜欢的娱乐活动是登山。她向听众介绍了如何借助合适的安全设备安全登山。

以上提到的都是普通学生，他们选择的话题也都来自生活中最平凡的一面，但是他们的演讲都展现出所有优秀的演讲应具有的特点：趣味性强。当你寻找话题的时候，首先想一想你生活中最有趣的经历。图5.1是一份个人情况一览表，你可以将其填满，以此来帮助你确定演讲话题。

图5.1
个人情况一览表可以帮你从自己的生活中确定演讲话题。

姓名：__________

个人情况一览表

在下列类别中简要填写自己的信息（越多越好）。

工作经历（过去和现在）

特殊技能或知识

休闲方式（业余爱好、体育运动、娱乐活动）

旅游

特殊经历

在学校的爱好（课内和课外）

担忧与信念（政治、社会、家庭等）

填完这张一览表之后，返回来对你填好的信息加以分析并从中找出可行的话题。如果你不确定哪个话题能做出精彩的演讲，你可以咨询同学或老师，请他们提出宝贵意见。图5.2是一位名叫丽莎·洛伦佐的学生填写的个人情况一览表。

洛伦佐在表中填写的所有条目都有可能成为好的演讲话题。其中最好的应该是她最想与听众分享的那个。

兴趣爱好

你能发现你感兴趣的话题，即让你总想深入了解的话题吗？如果你能找到这样的话题，你不仅可以得到一个充满趣味的调查研究题目，还会积累很多新颖而有趣的知识。你选择的演讲话题甚至可能会影响你的人生走向。下面的例子就证明了这一点：

乔纳森·卡斯特罗是加利福尼亚洪堡州立大学的一年级学生。他在演讲课上选择了一个自己一直想研究的话题——火山。演讲的准备工作和演讲过程本身激起了他对火山的浓厚兴趣，并最终导致他将火山研究作为自己的终生事业。从洪堡州立大学毕业后，他得到了俄勒冈大学颁发的地质学博士学位。现在，他已经成为欧柏林学院的火山研究专家。

即使演讲话题的选择不会改变你的人生方向，你感兴趣的话题也会给你带来益处。有一位学生一直想知道证券市场里最可靠的投资对象是什么。调查研究之后，她就这一话题做了一次演讲。一年之后，她利用学到的知识开始进行证券投资。

姓名：丽莎·洛伦佐

个人情况一览表

在下列类别中简要填写自己的信息（越多越好）。

工作经历（过去和现在）
- 犯罪实验室技术员
- 自由摄影师

特殊技能或知识
- 摄影技术
- 指纹识别
- 犯罪证据分析

休闲方式（业余爱好、体育运动、娱乐活动）
- 体育赛事摄影
- 垒球
- 排球
- 自行车

旅游
- 西班牙
- 葡萄牙
- 意大利

特殊经历
- 在“超级碗”上摄影
- 在欧洲骑自行车483公里

在学校的爱好（课内和课外）
- 执法
- 为校报摄影

担忧与信念（政治、社会、家庭等）
- 不法分子的武器装备比警察的更加精良
- 虐待配偶事件应该停止
- 应该在公路上设置更多自行车道

图5.2

某学生的个人情况一览表。

乔纳森·卡斯特罗博士在大学一年级的演讲课上选择的演讲话题改变了他的人生道路。现在，他已经是一名火山研究专家。他手中拿着的是一块火山岩。详情参看课文。

头脑风暴

头脑风暴
不求周密但求迅速、大量产生想法的思考方法

如果前面提到的建议仍然不能帮助你找到演讲的话题，你可以尝试**“头脑风暴”**（这样叫是因为它可以引起脑力上的电闪雷鸣）。头脑风暴需要你将头脑中出现的一切想法都记录下来。例如，你想到的第一个词是“直升机”，下一个词可能是“救援”，接下来可能是“突发事件”，如此继续下去。不要对这些词进行审查，也不要进行评价。你只需要把头脑里出现的词都写下来。不要认为某个词很愚蠢很怪异不能写，一切都可以写下来。

在一张纸上（项目类别如图5.3所示）快速记录下你头脑里出现的词。在头脑风暴结束之后对你所列出的条目进行分析并找出可行的演讲话题。在选定之前不要排除任何一种可能性。

图5.4是一位学生头脑风暴记录的示例。在大部分项目中该学生的头脑风暴相当简单易懂，从中很容易看出他的思路。但是在“社会问题”一栏中，他的思维出现了有趣的跳跃。（这样做没错，把头脑里出现的所有想法都记录下来正是头脑风暴进行的方式。）他首先想到了目前非常严重的超速驾驶现象。也许是因为超速驾驶有时会导致交通事故，所以接下来他在记录表上写下的是“道路安全”。道路安全又使他联想到“安全气囊”，之后他的思维又跳跃到交通工具的选择，是坐通勤车还是骑自行车。他最后记录下的词是“行人死亡”。发生在城市街道的行人死亡事件正在不断增加。上述任何一个想法经过扩展加工都有可能成为具有强烈震撼力的演讲。

你可能想知道为什么非要把所有的想法都记录下来，为什么不是仅仅让它们停留在脑海当中呢？把这些想法记录下来的好处在于你最后可以得到一份可供分析的记录资料。看着纸上的记录可以帮助你凝神思考。

头脑风暴记录表

人物	音乐
地点	体育
物体	时事
健康	社会问题

图5.3

头脑风暴记录表有助于话题的选择。

头脑风暴记录表

人物
- 汤姆·克鲁斯
- 布拉德·皮特
- 安吉丽娜·朱莉
- 查理兹·西伦
- 哈利·贝里

音乐
- 摇滚乐团
- 架子鼓
- 电子音响合成器
- Korg牌电子音响合成器
- 科兹威尔钢琴

地点
- 加勒比海
- 巴哈马
- 巴巴多斯
- 维尔京群岛
- 古巴

体育
- 单板滑雪
- 滑雪
- 滑雪救护队
- 高山滑雪
- 滑冰

物体
- 结婚戒指
- 钻石
- 珍珠
- 红宝石
- 蓝宝石

时事
- 移民入境
- 驱逐出境
- 农场工人
- 儿童移民
- 虐待移民

健康
- 糖尿病
- 肥胖症
- 节食
- 低脂肪
- 减肥药
- 食品安全

社会问题
- 超速行驶
- 道路安全
- 安全气囊
- 通勤车
- 自行车道
- 行人死亡

图5.4

某学生的头脑风暴记录表。

网络

通过网络寻找演讲话题是一种非常便捷的方法。下面是一些较好的网站：

- Pathfinders（ipl.si.umich.edu/div/pf）
- Yahoo! News（news.yahoo.com/fc）
- Librarians'Index to the Internet（lii.org）

最新信息和其他链接，见作者网站（www.mhhe.com/gregory8），依次点击“STUDENT EDITION”（学生版）和“WEBLINKS”（链接），查看该页链接。

选择听众感兴趣的话题

想吸引听众就要选择一个合乎时宜、有价值，同时又充满趣味的话题。关于为什么要休假的演讲就很枯燥而且多此一举，因为原因大家都知道。相反，如果能绘声绘色地谈一谈在加勒比海潜水或在落基山徒步旅行，情况就大不一样了。

所以，不要再花力气去说服听众相信他们早已接受的事物（正如俗话所说的“不要多此一举”）。在大学里宣传大学教育的价值就是多此一举。如果在座的听众不懂得大学教育的价值，他们就不会在大学里了。

有些学生说：“我的演讲话题让我很激动，但是我担心听众会感到枯燥乏味。我怎样才能知道他们的感受呢？”一般来说，那些不能让听众有所收获的演讲会使他们感到枯燥乏味。他们的想法是：“演讲当中哪些内容对我是有价值的？”为了能从听众的角度看问题，你可以设想一下在演讲开始前的5分钟有一位听众走过来对你说：“我正在考虑是否留下来听你的演讲。你的演讲能让我有什么收获呢？”如果你觉得你的演讲没什么亮点，那就换一个话题。

但这并不是说你必须给听众带来经济上的收益，比如教给他们如何在证券市场盈利。也许他们的收获纯粹是知识上的，例如接触到一个极具吸引力的话题，如电影制作人怎样利用电脑对图像进行处理使人脸逐渐变成狼脸。这样的演讲满足了听众了解电影幕后制作手段的愿望，这就是他们的收获。如果听众得到的只是对电脑普及原因的枯燥而多余的讲解，他们一定会觉得乏味。

还有两种方法可以判断一个演讲话题是有趣还是枯燥：（1）征求老师的意见。（2）在演讲前几周给听众发放问卷调查表，了解他们对几个备选话题的感兴趣程度。每个话题都要设置“非常有趣”“一般”“无趣”这几个程度性选项供选择。

缩小话题范围

在话题确定之后，通常还需要缩小范围。假设你将演讲话题确定为美国的犯罪情况。要对这样一个宽泛的话题进行充分阐述，5分钟甚至20分钟也不够。把话题范围缩小至暴力犯罪行不行呢？5分钟仍然不够讨论这个话题。如果我们把范围继续缩小到暴力犯罪之一的强奸怎样呢？要讨论这个话题有5分钟可能就够了。但是我们还可以在此基础上将话题继续细化，如讨论强奸的某一方面“怎样击退强奸犯”或“为什么有些人要强奸”，这样效果可能会更好。

缩小话题范围可以帮助你更好地驾驭演讲材料。它可以让你能够集中精力于一个较小的领域，防止你堕入卷帙浩繁的材料之海当中。不要选择“哥伦布之前的美国土著居民”这样宽泛的话题，但是你可以把它缩小到阿科马小镇的生活（阿科马小镇坐落在新墨西哥州的一块高地上，普韦布洛人从公元1100年起在那里居住至今）。

你应该思考这样的问题：我是否能在规定时间之内轻松地对我的演讲话题进行充分阐释？即使不能，你也仍然可以保留原来的话题，但是必须缩小范围。

下面的几个话题都很宽泛，可以继续细化：

宽　泛：美国的土著居民

缩小后：普韦布洛陶器的造型、色彩及传说

宽　泛：监狱

缩小后：国家及州监狱中的囚犯

宽　泛：鸟

缩小后：候鸟怎样迁徙

缩小话题范围的一个重要方法是为你的演讲设定一个具体的目标，这一点会在本章稍后进行讨论。我们先来谈谈演讲的总体目标。

总体目标

为演讲设定一个**总体目标**可以帮助你驾驭演讲的话题。大多数演讲都具有下面的目标之一：

总体目标
演讲的宽泛的目标

- 提供信息
- 劝导
- 娱乐

演讲还有其他一些目标，如启发、鼓励、说明、增进友谊等，但最主要的是以上三种。

提供信息

在信息类演讲中，你应该关心的是给听众提供新的信息，如对某个概念进行阐释（如知识产权），对某种情况进行解释（如过量服用维生素片损害健康），对某个过程进行示范（如越野滑雪的正确方法），或者对某人、某地、某物、某事件进行描述（如火山喷发）。

该类型演讲的主要目的是使听众明白并记住新的信息。演讲者实际上是教师，而不是传教士、推销员或者辩论家。下面就该类型演讲的话题举几个例子：

- 遭遇生化袭击时怎样进行自我保护
- 怎样进行家庭防盗
- 非洲西部传统的击鼓和舞蹈
- 在其他国家如何做到劳逸结合
- 怎样在有机肥耕作花园种植蔬菜

劝导

劝导类演讲的目的在于说服听众站在你的一边，接受你的观点。你想通过下面的方法改变你的听众，使用时可选其一也可同时使用：

1. 改变听众的看法。如，让他们认为应该禁止电视摄像机进入法庭。

2. 改变听众的行为。你力图带给听众正反两个方面的转变：让他们开始一种新的行为（如系安全带），或者让他们停止一种旧的行为（如在食物上撒盐）。

下面就该类型演讲的话题举几个例子：

- 向海洋中倾倒垃圾和有毒化学品的行为应该禁止
- 对于拒绝支付儿女抚养费的父母应强制其支付抚养费，或将其送上法庭
- 医学界应该对政府施加更大压力，迫使他们拒绝给不合格的医生颁发执照
- 联邦政府和州政府应该在废弃铁路的沿线修建更多的自行车道

· 夫妻不应该举债购买住房以外的其他消费品

娱乐

娱乐类演讲的目的在于为听众带去愉悦和消遣。这类演讲轻松愉快、充满趣味。

有些同学错误地认为娱乐类演讲就是一连串的笑话。虽然笑话是这类演讲必不可少的组成部分，但是利用故事、趣闻、引语、例子、描述等其他形式的材料同样可以很容易地给听众带去愉悦和消遣。（更多详情见第十八章）

下面就该类型演讲的话题举几个例子：

· 与海豚共泳

· 在爱达荷州和蒙大拿州交界处的海华沙铁路沿线的山地自行车道进行山地自行车运动和徒步旅行

· “巨虾”“塑料银器”“冷冻烧伤”“战争游戏”等矛盾表达

· 在好莱坞电影中充当群众演员

具体目的

具体目的
演讲者想达到的确切目标

在你选择好演讲的话题并确定了演讲的总体目标之后，还应该为自己的演讲制定一个**具体目的**，确切地指明演讲想要达到的目的。下面举一个例子：

话　　题：食源性疾病

总体目标：提供信息

具体目的：告诉听众怎样预防食源性疾病

在拟定演讲提纲时，注意要把演讲的具体目的写在提纲顶端最醒目的位置，但是在正式演讲的时候你不需要对这一具体目的进行说明。确切地说，它只是你设计演讲时运用的一个工具。

为演讲制定具体目的可以强制性地使你所有的观点都围绕这个目的展开，而不至于因为漫无目标而失去听众。

如果选择环境保护为演讲话题却没有进一步细化，你很可能会在一次演讲中融入太多不同的议题。如果我们将其细化为“怎样保护国家公园”，甚至具体到怎样保护某个国家公园，问题就好办多了。

话　　题：保护优胜美地国家公园

总体目标：劝导

具体目的：说服听众支持改变优胜美地国家公园过度拥挤和疏于保护的现状的措施

现在你的演讲已经有了一个明确的中心，完全可以在一次简短的演讲中对这一话题进行充分地阐释。

下面是对演讲的具体目的进行表述的几点原则：

以不定式开头

不定式
英语中to加动词原形的语法结构

不定式形式为“to+动词原形”。例如：to write（写），to read（阅读）。以不定式开头对具体目的进行表述可以清晰地表达出你演讲的意图。

较差：Pyramids in Egypt（埃及的金字塔）

较好：To explain to my audience how the pyramids in Egypt were constructed（向听众讲解埃及的金字塔是如何建造的）

对信息类演讲而言，可以用“to explain”（解释）、“to show”（展示）或“to demonstrate”（演示）等不定式结构作为目的表述的开头；对于劝导类演讲，则可以使用“to convince”（说服）、“to prove”（证明）或“to get the audience to believe”（使听众相信）等不定式作为开头。

提及听众

对具体目的的表述应该提到听众，例如：“让听众相信……”这个细节看起来微不足道，但却可以提醒你：演讲的目的不是简单的起身讲话，而是要把你的思想传达给面前一个个有血有肉、有思想的人。

较差：解释雇主如何利用心理测试来判断潜在雇员的诚实与否。

较好：向听众解释雇主如何利用心理测试来判断潜在雇员的诚实与否。

围绕一个要点展开

要防止在一次演讲中出现多个主题思想。对具体目的的表述也要围绕一个要点展开。

较差：说服听众支持防止中、南美洲雨林继续遭到破坏的行为，以及提高美国水质的要求。

较好：说服听众支持防止中、南美洲雨林继续遭到破坏的行为。

在第一个例子中，演讲者试图在一次演讲中涵盖两个话题，虽然都与环境有关，但两个话题之间的关系并不紧密，应该在不同的演讲中进行阐述。

力求准确

对具体目的的表述要力求清晰准确。

较差：帮助听众改善人际关系。

较好：向听众介绍三种与喜欢的人进行有效交流的方法。

第一种陈述非常模糊，没有重点。怎样帮助听众？什么叫改善人际关系？演讲要讨论的是人际关系中的哪一种呢？婚姻关系，社会关系，还是工作关系？相比之下，第二种就明确多了。

保证能够在规定时间内达到预期效果

不要让一次演讲涵盖太多内容。应当将知识面缩至一个较小的范围进行充分阐述，而不是在一个较大的范围内泛泛而谈。

较差：和听众探讨濒危物种。

较好：让听众相信有必要采取国际行动来阻止偷猎者对大象的屠杀。

第一个选题过于宽泛，要阐述这样的话题恐怕需要几个小时；相比之下，第二个选题范围小，可以在短时间内轻松而充分地进行阐述。

专业性不要太强

你以前可能也听过一些专业性很强、很复杂，或是让你无法理解的演讲。当你站在听众面前进行演讲时，不要再让这个错误重演。

较差：向听众讲解植物油的化学成分。

较好：向听众讲解如何选择合适的植物油来烹制不同类型的食物。

第一种表述对于普通听众来说专业性过强，很多人可能会觉得它过于单调难懂；而第二种则将重点放在向听众介绍烹调时切实可行的方法上。

中心思想

一位来自酒精康复中心的顾问在大学课堂上就酗酒问题做过一次演讲，他提供了大量的统计数据、奇闻逸事以及研究成果。那次演讲我没能去，但事后无意中听到一些听众的议论。有人认为演讲者主张“饮酒要适度，切不可滥饮”；有人认为演讲者主张“滴酒不沾”；还有一部分人则非常困惑，不清楚演讲者究竟想说什么。

如果这样的状况发生在你身上——在你演讲之后，听众不知道或互相争论你的观点到底是什么——你就没有完成演讲当中最重要的任务：将你的**中心思想**传达给听众。

中心思想
演讲的核心观点

中心思想是演讲的核心内容，可以用一句话进行概括。中心思想就如同英语文章中的主题句、主导句或核心思想。如果只用一句话来概括你的演讲，它会是什么呢？它就是你的中心思想。如果演讲结束一个月后，你的听众只能记住一项内容，它会是什么呢？它就是中心思想。

我们将在后面章节中看到，中心思想是演讲提纲中最重要的部分。实际上，它主宰着整个演讲，你在演讲中所说的一切都是为了解释、拓展、说明或者证明你的中心思想。一切？没错，一切——包括事实、逸事、数据和引用都是为中心思想服务的。

如果你自己对中心思想没有明确的把握，你将和刚才提到的那位顾问一样给听众造成困惑：听众在听完演讲之后却不知道“演讲者究竟在说什么”。

制定中心思想

如果你要在演讲中讨论政府为什么应该出资向外太空发射无线电信号，你演讲的具体目的应该表述为：

具体目的：说服听众支持政府出资向外太空发射无线电信号。

你怎样才能说服听众呢？难道就简单地说：“各位，请支持向外太空发射无线电信号吧！”当然不行。仅仅表明你的立场并不足以说服在场的听众。他们也许会想：“我可不愿意把我缴纳的税金花在向外太空发射无线电信号这个愚蠢的计划上！”为了说服听众，你必须向他们阐述你的中心思想，如果他们相信这个中心思想，就很可能会支持你的观点。

中心思想：大多数科学家都认为无线电信号是与宇宙其他文明（如果地球以外存在其他文明）取得联系的最佳途径。

如果你能够让听众接受这个中心思想，你就有可能达到这次演讲的具体目的：说服听众支持政府出资向外太空发射无线电信号。因为你的中心思想非常有吸引力，所以听众一定会接受：大多数人都愿意同来自遥远星球的外星人进行交流，加上大多数科学家的支持，听众绝不会认为这个想法遥不可及，不切实际。听众会说：“好的，就让我们把部分税金用于宇宙探索吧。”

在确定了中心思想之后，剩下的工作就是搜集资料（如例子、数据和引文）来论述和证明中心思想。你需要对该技术进行讲解，并引用一些支持向外太空发射无线电信号的杰出科学家提供的相关证据。

诀窍小贴士5.1 审视自己的隐性动机

简·汤普金斯教授在《哈珀斯》的一篇文章中坦言，刚参加工作不久的她在哥伦比亚大学任教时，更注重给学生留下良好的印象，而不是满足他们的知识需求。“我当时注重的是：（1）向学生展现我有多聪明；（2）向学生展示我多么学识渊博；（3）向学生展示我为课堂教学准备得多么充分。我一直在表演，真正目的不是帮助学生学习，而是想方设法博取好的印象与声誉。”

如果其他的演讲者能像汤普金斯教授一样坦率，他们就会承认，自己内心深处未曾言明的动机常常与“信息”“劝导”等以听众为中心的目标相差甚远。如果将他们的动机写出来，它们有可能是：

· 在领导面前炫耀自己的演讲技巧；

· 证明自己比其他同事更聪明更雄辩；

· 使听众喜欢自己，让他们认为自己是一个睿智而幽默的演讲者。

隐性动机不一定不好。我们每个人都有自己不愿告人的目标，诸如尽自己最大的努力做一次精彩的演讲。但我们在演讲时必须忘掉这些隐秘的动机，它们会让我们变得以自我为中心，而对听众的需求不闻不问。

我们还应该忘掉那些有损于演讲的公开目标的隐性动机。一位建筑师曾经告诉我，在职业生涯的初期，他总想证明他在房屋设计方面足以与比他年长的同行比肩，他最关注的事情是用自己丰富的知识给潜在的客户留下深刻的印象。“我在人们面前滔滔不绝，但这些都不是他们想了解的内容。后果可想而知，大部分客户都选择了别的建筑师。”在他意识到自己的隐性动机（给潜在客户留下深刻的印象）有损于他的公开目标（劝说客户采用他的设计）之后，他开始关注听者的需要，从而赢得了越来越多的客户。

表5.1 如何开展话题

话题	总体目标	具体目的	中心思想
太空垃圾	提供信息	告诉听众沿地球轨道飞行的“太空垃圾”（废弃卫星以及火箭残骸）的危险	9 000多块垃圾碎片沿地球轨道飞行，时刻威胁着商业和科技卫星。
催眠术	提供信息	告诉听众催眠术在现代医学中是如何运用的	催眠术用于减轻癌症病人、烧伤病人以及背痛患者的痛苦。
购买汽车	劝导	劝说听众在购买汽车时避免高压销售策略	通过价格比较以及阅读口碑较好的汽车导购手册，消费者可以避免销售人员的“乘车兜风”的销售理念。
安保	劝导	使听众相信私人保镖需要更严格的筛选和培训	由于筛选和培训不够严格，一些安保人员未能保证其客户的生命安全。
驾驶测试	娱乐	通过讲述我驾驶测试的惨败经历给听众带去愉悦	参加驾驶执照考试经常让人紧张，有时还会引发灾难性事件。
罗莎·帕克斯	激励	通过描述罗莎·帕克斯1955年反对种族隔离的勇敢行为激励听众	罗莎·帕克斯为争取自由和平等而被捕入狱。在呼吁美国人消除种族歧视的事业中，她起着举足轻重的作用。

有些学生可能分不清具体目的和中心思想，它们之间有无显著区别呢？有的。具体目的以演讲者的观点为出发点，是演讲者想要达到的目的；中心思想则完全从听者的立场出发，是留在听众心里的信息。

要学会区分具体目的和中心思想，请仔细研究表5.1中的例子。

在演讲的准备阶段，开始搜集资料之前就要确定演讲的具体目的；很多时候，在确定了具体目的之后，你可以马上确定中心思想；但有些时候，你可能要在完成所有的调查研究工作之后，才能确定中心思想。试想你准备就运动员和健美人士服用类固醇的现象做一次演讲。你从电视新闻中得知教练和健康专家都警告人们不要服用类固醇。这时你确定你的调查研究工作就是为了证实这个观点。现在你可以带着你的具体目的展开后面的工作了：

具体目的：告诉听众为了发展肌肉组织而使用类固醇会给身体带来很多危害。

你尚未进行任何调查研究，所以还不能确定中心思想。但当你在图书馆花费几天时间研究了关于类固醇的相关资料之后，便可以确定你的中心思想了。

中心思想：长期使用类固醇会造成肾脏和肝脏的损伤，同时会引起严重的精神错乱。

现在你已经明确了演讲的中心思想，接下来要做的就是通过引用统计数据、案例分析以及专家提供的相关证据让听众相信你关于类固醇的论述是真实的。

制定中心思想的原则

1. **每次演讲应当只有一个中心思想。**为什么不能有两个或者三个呢？因为能在一次演讲中充分阐释一个中心思想就已经很不容易了。如果你想同时阐释多个中心思想，你所传达的信息量会超过听众的接受能力，让他们感到不堪忍受。

2. **将中心思想写在纸上。**将中心思想明确地写在纸上非常重要，不要让它成为大脑中一个模糊的概念。把中心思想写下来可以让你明确感到演讲的方向。

3. **用一句话概括中心思想。**戏剧导演戴维·贝拉斯科有一个习惯，每次有人和他谈对某出戏的看法时，他都会给人们一张卡片，让他们把自己的想法写在卡片的背面。如果有人说这张卡片太小地方不够，贝拉斯科总会这样回答："这说明你的想法还不够清晰。"

4. **中心思想应当是一种观点，而不是宣布或陈述一件事实。**一种常见的错误是把中心思想看作是一种宣告：

无效的中心思想：我将和大家探讨机器人外科医生这一问题。（这是一个非常好的选题，但是演讲者想要传达的思想是什么呢？）

另外一种误区是把对事实的陈述当作中心思想：

无效的中心思想：琼斯·霍普金斯医疗中心的一些外科手术是借助机器人完成的。（这个话题很有趣，但只是一种陈述而已。它可以成为演讲中的一个信息，但是不能单独成为总揽全局的话题。）

现在让我们看一个成功的例子——阐述你自己的观点：

有效的中心思想：在外科手术中，机器人是非常有用的助手，因为它们可以多次重复高精度的动作，而且不会疲劳。（这是一个非常好的选题，因为它阐述了一个有价值的观点，可以在演讲中进行深入探讨。）

5. **应当根据中心思想确定整个演讲的内容。**在准备演讲大纲时，你应该根据中心思想对每一个可能选用的素材进行评价。事实A是否有助于阐述中心思想？如果答案是肯定的，那就保留下来；反之，则去掉它。统计数据B是否有助于证明中心思想？如果答案是肯定的，那就保留下来；反之，则去掉它。

假设我们将对下面的话题展开讨论：

话　　题：白天开车使用汽车头灯

总体目标：劝导

接下来你应该写下你希望达到的具体目的：

具体目的：说服听众在白天开车时打开近光头灯

为了达到这个具体目的，你应该在听众心中树立一个中心思想：

中心思想：白天开车时打开近光头灯是美国驾驶员减少交通事故的简便方法。

现在你的演讲已初具雏形。在你为演讲不断选择、添加素材的过程中，应该以能为中心思想服务为标准。假如你发现了一个讲述头灯是怎样成为汽车普遍特征的有趣故事。这个故事非常有趣，但它与你的中心思想有关系吗？没有，所以放弃它。接下来，你发现有调查表明，有两个国家在通过立法强制日间行车者打开近光头灯后，交通事故发生率降低了20%。这个实例能够支持你的中心思想吗？是的，那么就保留它。

演讲设计概览

如何将我们在本章中讲述的各部分应用到演讲的总体设计中呢？请参看图5.5，这是演讲的典型设计方式，你会发现我们在本章中探讨的内容都包括在顶部名为“目标”的椭圆中。这些内容——总体目标、具体目的和中心思想——是帮助你完成一篇连贯的演讲的工具。这些内容不会出现在你的正式演讲当中。底部的椭圆形中所列出的内容“参考文献”，也是计划过程中用到的工具。听众真正能听到的部分是中间矩形中的内容。

但是不要误认为所有的演讲都必须按照矩形从上到下的顺序展开。等我们学完后面的章节，其中的原因就显而易见了。演讲也可以先从主体切入，然后再设计导入和结尾。

下面我们要对接下来的七章做一个预览。我们将要学习如何将演讲组织得像砖砌建筑一样严密。首先我们要探讨如何搜集原料并生产出坚实的砖块（第六—九章）；接下来我们要学习如何在演讲的主体部分对生产出的砖块进行分类和组织（第十章）；然后是导入与结尾（第十一章）；最后，我们将探讨如何将这些精选出来的砖块组合在一起形成一个条理分明的结构（第十二章）。

这些工作可能看上去既浪费时间又浪费精力，但从长远来看，却是有好处的。它们可以让你思路集中，不至于因为思考的范围太大而白费力气；它们会帮助你完成一个连贯、易懂的演讲；它们还能让你更好地启发听众而不是让他们感到困惑。

图5.5

演讲计划概览图

本章解释了“目标”这一概念，其他概念将在第六—十二章中进行讨论。

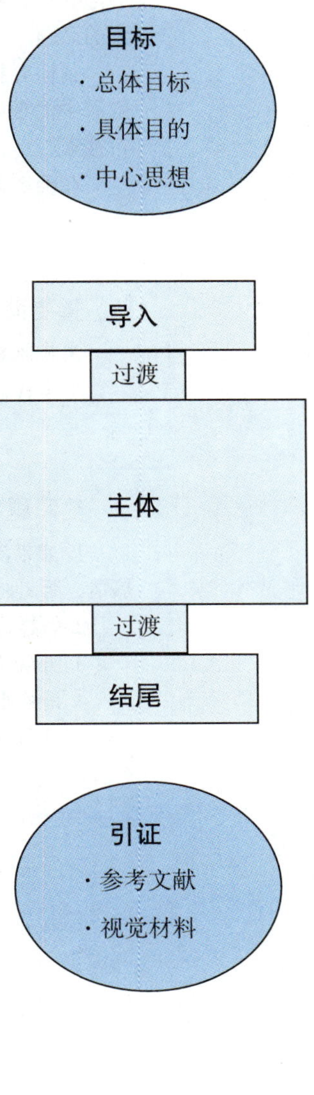

复习与提高

www.mhhe.com/gregory8

本书的网上学习中心网站备有方便大家学习与复习的资源与工具，如练习测试、重要词语记忆卡和演讲示例录像等。

小结

在选择演讲的话题时，要牢记下面几个要点：（1）选择你关心的话题；（2）选择自己熟悉的话题；（3）选择听众感兴趣的话题。

在寻找话题时，应当从自身开始。你有哪些人生经历可以加工成有趣的演讲呢？如果你想讲述一些你个人经历以外的事情，就选择能够激起你兴趣的话题——一个让你永远想去探索的话题。

其他寻找话题的方法还包括头脑风暴（将脑海中涌现的想法都写下来）和在互联网上进行搜索。

在确定了演讲的话题之后，接下来应该确定演讲的总体目标（例如提供信息、劝导或娱乐），然后是具体目的，即你想要通过演讲达到的确切目标。具体目的的表述应遵循以下原则：（1）以不定式开头；（2）提及听众；（3）围绕一个要点展开；（4）力求准确；（5）保证能够在规定时间内达到预期效果；（6）专业性不要太强。

接下来，写下你的中心思想：你希望听众可以记住的唯一的核心思想。切记中心思想应当是一种观点，而不是宣告或者对事实的陈述。

从长远来看，这些准备工作能够帮你将观点组织成条理清晰的演讲。

重要词语

头脑风暴，74	总体目标，77	具体目的，78
不定式，78	中心思想，80	

复习题

1. 如果演讲者对他/她的观点表现出很大的热情，听者将会有何反应？
2. 怎样进行头脑风暴？
3. 听众认为枯燥的演讲都有哪些特点？
4. 请列举演讲的三个总体目标。
5. 在娱乐性演讲中，笑话是必要的吗？请解释。
6. 请列举演讲具体目的的六个表述原则。
7. 什么是演讲的中心思想？
8. 演讲的具体目的和中心思想的区别是什么？
9. 请举出一个不定式的例子。
10. 什么是隐性动机？应该如何对待隐性动机？

批判性思维技巧

1. 下列话题较为宽泛，请缩小它们的范围：

（1）室外娱乐

（2）音乐团体

（3）违禁药品

（4）存钱

（5）克隆

2. 在下面六种演讲目标的表述中，只有一种是正确的，请指出。其他五种既不适合简短的课堂演讲，表述也不正确。请按照本章中介绍的表述原则对它们进行改写。

（1）向听众讲解量子的非弹性散射和光解规律的基础知识

（2）向听众讲解工作上的创新、晋升以及如何成为一名高效管理者

（3）向听众讲解如何进行基本的瑜伽练习

（4）残疾人在职场遭遇歧视应该如何应对

（5）1800年之后的移民

（6）说服听众凡事要细心

团队协作技巧

1. 每个小组成员事先列出五个备选的演讲话题，然后由小组成员对每个演讲话题进行评价：这个话题是否有趣或适合于课堂演讲？

2. 小组成员利用头脑风暴想出一些枯燥乏味或者不适合课堂演讲的话题。指定一个人将这些话题记下。在头脑风暴环节，谁也不要对话题进行评价或分析；然后，小组（或班级）成员对演讲话题进行讨论（每个人都同意吗？为什么这个话题不合适？）。

3. 根据上述指导，找出适合班级演讲的话题。

互联网使用技巧

1. 利用互联网了解宽泛话题“美国司法”，然后将其范围缩小至某次著名审判，再用一段文字描述这次审判。

参考方法：访问Librarians'Index to the Internet（lii.org），依次点击“ Law ”（法律）、“Crime”（罪刑）和“Trials”（审判）。

2. 找到并打印适合班级演讲的一系列话题，从中选出五个具有代表性的话题，然后按照有趣程度进行排列。（“1”代表最有趣，“5”代表最无聊。）

参考方法：访问Yahoo Directory（dir.yahoo.com），依次点击“Society and Culture”（社会与文化）和“Issues and Causes”（类型与专业），选择一个或多个类型的话题。

瑞尼·德·维勒是纸张保存专家，她正在检查一幅家族肖像画。肖像画主人简·马特金将此画带到了“修复路演”的活动现场。卡特里娜飓风使人们的珍贵财物因遭水侵蚀或发霉而损坏，这项活动由新奥尔良历史收藏馆主办，目的就是让人们将此类财物带到活动现场，向专家们进行修复咨询。假如你正在准备关于如何保存家庭照片和文件的演讲，你可以对德·维勒这样的专家进行访谈。访谈可以面对面进行，也可以借助电话和电子邮件。访谈是搜集最新信息的有效途径。

第三部分　准备内容

6

搜集资料

本章纲要

高效搜集资料

调查当中的认识误区

互联网搜索

图书馆

求助图书管理员　书籍

文章　参考资料　馆际借阅

互联网

网络搜索　网络社区和个人

实地调研

经历和调查　专家访谈

记录重要信息

打印与复印　注释

附录：

搜集资料的几点建议

本章学习目标

学完本章之后，你应该能够：

1. 阐述快速高效查找资料的方法。
2. 理解为什么有些时候互联网仍旧无法完全替代传统的图书馆资源。
3. 使用互联网搜索方法查找书籍、文章和网站。
4. 利用图书馆和图书管理员提供的服务和资料。
5. 利用互联网查找所需的资料。
6. 认识经历和调查在资料获取中的价值。
7. 对专家进行高效访谈。
8. 准确、细致、完整地记录。

有些学生总是拖到最后关头才开始搜集资料，结果往往是手忙脚乱、草草打印若干网页了事。

与上述情形形成鲜明对照的是阿拉斯加昆哈加克的迪亚娜·凯格莉亚格·斯特伦克。斯特伦克就读于费尔班克斯市的阿拉斯加大学。她要在物理课上做一次演讲，主题是皮艇设计与操纵。皮艇是一种小艇，表面光滑，速度快，可在激流中使用。这种小艇是斯特伦克的阿拉斯加原住民祖先几千年前的发明创造。事实证明，皮艇是在寒冷和危险水域进行运输与狩猎的理想工具。

在搜集资料的过程中，斯特伦克使用了以下几种资源：

· 图书馆。她在校图书馆查阅了一些书籍和文章来详细了解皮艇的历史、设计和功能。

· 互联网。她通过各种网站研究了皮艇的相关资料，并找到可以作为演讲直观辅助材料的照片和图表。

· 实地调研。她从自己的观察和经历当中搜集素材，并对学校的物理老师和社区内阿拉斯加原住民皮筏工人进行访谈。

斯特伦克的调研手段非常高明。通过多渠道的调研，她对自己的演讲主题有了一个丰富而全面的了解。大量的原始资料使她在最大限度上让自己的演讲准确、全面而有趣。如果只靠最后时刻找到的几个网页，她的演讲很可能会漏洞百出、内容贫乏、枯燥乏味。

图6.1对主要的调查方案以及可用的资源做了一个概览。本章将对这些资源一一进行讨论（“问卷调查”除外，第四章对此已有讨论）。在下一章我们将讨论怎样对你搜集到的资料进行评价。

图6.1 调查方案

这里提到的资料来源可能会出现重复。例如，图书馆会提供互联网服务，而互联网也会提供杂志和文章等传统的图书馆资源。

主要资源		
图书馆	**互联网**	**实地调研**
·书籍和文献资料 ·参考资料 ·电子数据库	·网站 ·论坛 ·文字或视频博客	·对专家进行访谈 ·经历调查 ·问卷调查（见第四章）

迪亚娜·凯格莉亚格·斯特伦克是阿拉斯加大学（费尔班克斯市）的学生。她经常演讲，主题通常是她的阿拉斯加原住民祖先和他们的成就，其中包括他们数千年前发明的皮艇。

高效搜集资料

下面我们将介绍实现高效率调查研究的方法。

从目的陈述开始

在调查研究之前，你首先应当确定演讲的具体目的并把它当成后续工作的指路明灯。

有些学生发现将具体目的陈述转换为疑问句往往更有帮助。如果你的目的陈述为："告诉听众怎样辨别他们饮用的水是否含有危险污染物。"你可以很容易地将其变为疑问句："如何辨别饮用水是否安全？"

将这句话写在纸上——无论你使用哪种形式，每开始下一步研究工作之前都看一眼，这样可以不断提醒你要找的东西是什么。

确定方法

提早动手可以为你的调查研究赢得充裕的时间。

制定一份调查研究计划（如图6.2），将它放在房间中显眼的位置或者随身携带。计划越详尽越好。确定你要咨询的对象，如图书管理员或专家，然后预约时间。确定你要调查的图书馆资源。

☑ 2月4日	上午11时	打电话预订2月8日在图书馆的互联网工作室。
☑ 2月4日	下午2时	与图书管理员见面，告诉他们演讲话题并听取意见。
☑ 2月5日	下午3—5时	图书馆：在书籍和百科全书中寻找相关资料。
☐ 2月8日	晚上7—9时	在互联网上搜集资料，从Google开始。
☐ 2月9日	晚上7—9时	图书馆：在CD-ROM数据库中搜寻全文本文献。
☐ 2月11日	下午4—5时	为第二天的访问做好准备工作。
☐ 2月12日	上午10时	拜访位于百老汇836号纯净水分析室的苏珊娜。

图6.2　研究计划

研究计划可以帮助你合理地利用时间，每完成一项工作，就在对应项前面做出标记。

调查当中的认识误区

很多人对图书馆资源和网络资源存在两大认识误区。

误区：网上搜索与图书等传统的图书馆资源相比更快速高效。

事实：网上搜索多数情况下快速有效，但有时却比查阅书籍还耗时。我的学生卡洛·坎普贝尔是个细木工匠。她说遇到复杂工序需要指导时，她可以在网上寻找相关资料，但找到可靠的建议通常要花掉30分钟。她说："如果查阅细木工艺的相关书籍，我只要2分钟就能找到同样的资料。而且，书里的图解比网上提供的内容更生动有益。"

误区：在互联网上能找到演讲者所需的全部基本资料。

事实：网络并不能提供所有资料，特别是高质量的资料。这些资料只有通过专家访谈或查阅书籍和文章才能获得。

为什么鸟（如斑点猫头鹰）会唱歌？它们的歌声有何含义？网络和书籍哪个才是寻找答案的最佳途径？（阅读课文找出答案。）

假如你想调查鸟为什么会唱歌，它们的歌声有何含义，你可以搜索上千张网页找到一些有趣的资料。但更好的选择是一本名为《鸟鸣自然史》的书籍。该书的作者是唐·斯苔普教授。他和世界顶尖的鸟类学家在一起呆了好几个月，对他们进行访谈，并和他们一道徒步穿越了美洲腹地的雨林地区，录下了珍稀鸟类的歌声。在这本书中，他公布了科学家的最新发现（如嘲鸫鸟会唱2 000首曲子）。

你可能要问，难道互联网回答不了“鸟类的歌声有何含义”诸如此类的问题吗？可以，但网络提供的答案千奇百怪，你可能没有足够的科学背景知识来筛选出正确的答案。有时这些答案过于简单，不够准确。查阅斯苔普教授的书籍的好处是，他已经对网上大量有关鸟类歌声的资料进行了分析和总结，最终提供的是完整连贯的介绍，而网络上只有零散的叙述。他让你接触到顶级专家那些尚未见诸杂志或网络的真知灼见。他重视可靠的科学资料，摈除了一切网络上盛行的奇谈怪论和无稽之谈。他的艰辛省却了你数月的艰苦调查。这本书装帧小巧精美，可以随身携带。

互联网搜索

如今，大部分研究资料都能通过互联网搜索获得，特别是：

- 馆藏目录中的书籍。
- 期刊数据库中的文献。
- 网络资源。

关键词
搜索命令中需要寻找的那个词

大部分互联网搜索系统都是从**关键词**开始。利用关键词可以搜索到相关的资料。高效率地使用关键词应遵循下列原则：

需要缩小搜索范围时，应使用多个关键词。假如你正在准备有关类固醇及其对运动员的危害的演讲，只要输入一个关键词——类固醇——你就可以在图书馆的InfoTrac期刊数据库中进行搜索。你会看到5 750篇文章，但你显然没时间一一浏览；输入两个关键词——类固醇、运动——你会看到519篇文章，还是太多了；输入三个关键词——类固醇、运动、危害——只剩下23篇文章。数目不多，力所能及。另外，这些文章探讨的话题可能正是你调查研究的兴趣所在。

使用短语。需要缩小搜索范围时，应尽量使用短语。如果你在查找狗在军事行动中的使用情况时需要缩小搜索范围，可以使用短语“war dogs”（军犬）。但是，不要忘了某些短语可能会让你漏掉一些资料。例如，有些关于军犬的文章可能并没有用到“war dogs ”这个短语。你可以考虑使用另外几个同义短语，如“combat dogs”（作战的狗）和“dogs in battle”（狗在战斗中）。（在很多搜索系统中，短语必须放在引号当中。）

使用高级手段。为了更加高效地查找资料，你应该使用本章末尾附录部分表（A.2互联网搜索技巧）提供的高级手段。例如，你在互联网上搜索“马达加斯加”（国名），你会看到上千个关于电影《马达加斯加》的网页，与你的目标完全无关。使用减号可以滤除这些无关网页（马达加斯加 –电影）。

使用“查找功能”。如果你打开的电子文档很长，而且包含很多对你没用的信息，为了节省时间，你可以使用查找命令（Ctrl + F），并输入关键词，便可直接找到目标。

图书馆

图书馆是演讲资源的宝库。学校图书馆是查找资料的最好开端，其次是公共图书馆；你所在的社区可能也有一些专业机构开设的图书馆，如历史协会、博物馆、行业协会、律师事务所、医疗协会以及公司等。

如果你需要图书馆的服务项目说明，可以查看图书馆网站，也可在图书馆入口处或借阅处了解相关情况。大多数图书馆还提供馆藏指南或相关音像资料。

求助图书管理员

很多学生因为害怕打扰图书管理员而不好意思向他们求助。这种担忧是多余的。图书管理员的主要工作不是将书摆上书架，而是向读者提供帮助，所以不要觉得不好意思。有的学生担心自己的问题太蠢，完全没有必要。每个人都有不知道的东西——这也正是我们寻求帮助的原因。

在大多数图书馆里，最有可能帮助你完成调查工作的人是参考馆员。这类人员受过资料检索的专业培训，积累了一定经验。你可以直接到接待处找他/她，但他/她可能正在接待其他读者。为了不浪费时间，你可以先打电话预约。此外，你还可以通过电子邮件询问（很多大学图书馆的网站都有“向图书管理员提问”或“发电邮给参考馆员”的对话框）。

“遇到困难或有不懂的地方时，不要只依靠一己之力，这样做徒劳无益又浪费时间，”东北大学的图书管理员凯西·赫尔利奇建议，“求助参考馆员可以节省你的时间，帮你更高效地找到更好的资料。例如，我们可以针对你的演讲主题向你推荐几个最好的数据库。”她还说，如果图书馆没有你要找的资料，管理员会向你推荐校外资源，如其他大学的图书馆或社区图书馆的资料和藏书。

书籍

如果你想阅读一些与你演讲主题有关的书籍，最快捷的方法就是查询图书馆目录。这是图书馆对其所有藏书的信息汇编。图书目录让你至少可以通过三种分类方法借助计算机快速找到需要的书籍：（1）作者姓名；（2）书名；（3）主题。

图书目录列出了书籍的所有重要信息。要注意图书的出版日期，因为旧书可能对某项调查（如时事）毫无帮助。还要知道索书号，根据索书号你可以知道图书的具体位置。查找书籍的过程中如果遇到困难，应向图书管理员求助。

许多图书馆都将目录编入计算机中，通过计算机你可以知道这本书是否已经借出（省去了你找书的时间）。如果本书已经借出，你可以进行预约——其他人将本书归还图书馆之后，你可以立即借阅。

本章末尾附录部分的表（A.2互联网搜索技巧）就如何进行图书目录搜索提出几点建议。

文章

图书馆可以提供以下三种类型的期刊登载的文章：报纸（如《华尔街日报》）、畅销杂志（如《国家地理》杂志和《时代》杂志）和学术期刊（如《非洲研究季刊》和《高性能计算技术》）。

文章通常以两种形式存在：

1. 印刷品：图书馆中存有时下各种刊物的印刷版和至少一年之前发行的刊物的印刷版。

2. 电子版：大部分图书馆都有可供查阅的数据库（如ProQuest和EBSCO），但它们并不对所有互联网用户开放。部分数据库你只能通过学校图书馆的电脑才能进入，有些数据库通过输入图书馆提供的访问密码也可在校外使用。

引文
文件出处的基本信息

电子数据库提供的资料有三种形式：

1. **引文**：最基本的文献说明，包括文章内容、作者姓名、杂志名称、日期以及所在页码。

摘要
主要信息综述

2. **摘要**：你可以根据文章的摘要或概述决定是否需要阅读文章全文，有些情况下，摘要部分已经提供了你需要的全部信息。

全文
包括了文章的所有内容

3. **全文**：有些数据库可以提供文章全文。你可以边在电脑上阅读边在纸上做一些必要的笔记，也可将其打印出来供以后参考。

本章末尾附录部分表（A.2互联网搜索技巧）就如何搜索电子数据库提出几点建议。

参考资料

从专业深度、详细程度以及可靠性的角度来说，学校图书馆的参考资料是最佳选择。图书馆的大部分参考资料，如百科全书、字典、地图等，都是经过仔细研究和多次校对后出版的，准确度很高。参考资料通常有三种形式：印刷品、CD-ROM和网页。大部分图书馆可以同时提供这三种形式的参考资料。如果想了解更多关于参考资料和其他资料来源的信息，请参考本章末尾附录部分表（A.1从哪里搜集资料）。

馆际借阅

馆际借阅
在图书馆间共享信息和服务

如果你所在的图书馆没有你需要的书籍或文章，图书管理员可以通过**馆际借阅**服务求助其他图书馆。馆际借阅图书通常是免费的，文章可以复印（你只需支付复印费）。

利用馆际借阅服务借阅书籍和复印文章有时需要几天甚至几周的时间，因此你应该尽早申请。

互联网

互联网
将全世界的计算机连接起来的巨大网络

互联网是全球性的超级网络，它将成千上万的电脑网络连接起来，以便信息共享。其中应用最广的是万维网、论坛和电子邮件。

如果你是互联网的新用户，不理解后面提到的术语，可以先阅读网络应用基础指南。学校的图书馆可能会有自己的网站介绍。你也可以向图书管理员求助。另外，你还可以登录雅虎分类目录（dir.yahoo.com）搜索网络应用指南。依次点击“Computers and the Internet”（电脑和互联网）、“Internet”（互联网）、“World Wide Web”（万维网）和“Beginner’s

Guides”（入门指南），有20多份指南供你参阅。

网络搜索

假如一套巨大的多媒体百科全书包括了550多万个条目——文本页面、彩色图片、视频短片以及音频程序；假如所有这些资料都散落于世界的各个角落，我们该怎么办？

你想到的一定是**万维网**——互联网中使用最广泛的网站。网的作用就是将全世界成千上万个零散的**网址**和站点连接起来。每一个站点都包括**网页**和文档。有些网站可能只有若干网页，有些却含有大量网页。（从专业角度讲，网页是网站的组成部分，但是大多数人通常所讲的网页和网站是一回事。）当你浏览网站时，每次只能看到一个页面。如果想跳转到其他相关页面和位置，你可以使用**超链接**（通常简称为链接）。超链接是指从一个网页指向一个目标的连接关系。例如，点击罗莎·帕克斯的图片，你会进入介绍这位著名的“民权运动之母”生平的页面。

互联网能够提供大量资料，但找到你所需要的内容往往很难，就像大海捞针。要想正中目标，你可以使用搜索引擎和主题目录。

万维网
用于传输和显示文档的全球性互联网系统，包括图片、音频、视频以及文本

网址
万维网的任意一个定位符

网页
访问网站时显示在屏幕上的文件

超链接
只要用鼠标点击突出显示的文字或图形，就可以自动连上相对应的其他文件

搜索引擎

搜索引擎（如雅虎）可以根据你提供的关键词找到相匹配的文档。大多数搜索引擎提供的搜索结果都是根据相关度排列的，最顶端的与关键词相关度最大，然后依次降低。

利用搜索引擎搜索到的资料数量惊人。输入关键词“犰狳”，你会搜索到600多万个文档。搜索结果数量之庞大让有些人误以为搜索引擎能够搜索到互联网上的全部资源。事实是搜索引擎恰恰会遗漏网上部分最有价值的资源。例如，《纽约时报》的网站将大量高质量的文章存放在它的互联网档案馆里。这些文章只有获得访问密码的用户才有资格查阅，搜索引擎搜索不到。

本章附录部分表（A.3互联网搜索工具）提供了部分搜索引擎。

搜索引擎
可使用户在全世界的网页上查找关键词的服务系统

主题目录

互联网搜索手段当中最受忽视（也最不为人所熟知）的是**主题目录**。主题目录包括很多主题，每个主题又包括很多细分的子主题。使用主题目录可以帮助你将问题细化。如果你对计算机安全系统，即我们所说的“防火墙”感兴趣，你就可以访问雅虎分类目录（dir.yahoo.com），然后依次点击“Computers and Internet”（计算机和互联网）、“Security and Encryption”（安全和加密）和“Firewalls”（防火墙），你将看到一份与主题相关的网站清单。要注意在这个例子当中适当的浏览是必要的，这并不是一项负担。浏览可以让你在更大的背景下获得对演讲主题的全面认识。

有时主题目录甚至优于搜索引擎。假设你想查看介绍电影全部情节的影评的网站，这些影评被称为“spoilers”（电影破坏者）。顾名思义，因为你还未观看电影，它们就把结局的悬念破坏了。如果使用搜索引擎，输入关键词——破坏者和电影——你会看到清单上列出了几百万个文档，你必须先分类才能找到你想要的资料。更高效的方法是访问雅虎分类目录（dir.yahoo.com），依次点击“Entertainment”（娱乐）、“Movies and Film”（电影和电影制作）和“Spoilers”（破坏者），你会看到清单上只有八个左右与电影破坏者有关的网站。你可以依次访问这些网站，阅读上面的影评，比较一下这些网站是怎样对电影造成破坏的。

注意雅虎分类目录（dir.yahoo.com）的地址不同于雅虎搜索引擎（yahoo.com）。本章末尾附录部分表（A.3互联网搜索工具）还提供了其他主题一览表。

主题目录
按照主题划分的网站清单

网络社区和个人

假设你想找适合儿童阅读的好书，你当然可以浏览各个网站，但除此之外你还可以参考世界各地人们的经验和看法。很多人都愿意和你分享他们的知识和想法。下面提供了三种找到他们的方法：

论坛

论坛
具有共同兴趣的人群的信息分享中心

论坛（有时也被叫做新闻组）是具有同样或者相似兴趣的人群分享想法与观点的信息中心。论坛中包含的主题很多，如如何烹制美食，哪里可以找到工作，如何修理电脑等。对研究者来说，论坛中最重要的部分是问题回复区。所有的信息都有一个共同的线索——所有的信息都是根据最初的提问发布的，一条接着一条。例如，一位女士说有一家公司可以提供大学奖学金，她想在论坛中征求别人对这家公司的意见，在回复栏中，有十几个来自不同地区的人警告她说，这只不过是该公司设计的骗局而已。根据同一个线索，所有的回复信息都将按顺序排列在回复区内。

小提示：在论坛内应当询问一些具体的问题，而不是让他们为你准备好一篇演讲稿。这样的请求既不道德又不明智。论坛内的人们都非常友好大方，但是如果有懒惰的学生发布这样的请求："下周我得进行一个关于死刑的演讲，大家帮帮我，非常感谢。"论坛内的人们会感到非常气愤。

进入论坛可登录本章附录部分表（A.3互联网搜索工具）所列网站。

专家站点

专家站点
一种提供专家意见的专业网站

专家站点通常采用问答模式。在这里你也许可以找到在其他网站无法获得的信息，但是每个专家网站的质量是有区别的。有些网站是一些领域内的顶级专家在为大家答疑解惑，而有些网站则是自选的专家，其专业素养值得商榷。因此，你应该有自己的判断，可以尝试第七章介绍的评价技巧。

进入专家站点可登录本章附录部分表（A.3互联网搜索工具）所列网站。

文字博客和视频博客

博客
经常更新的网络日志

网络日志简称**博客**，是博主（拥有该网站的个人或组织）与外界分享其资源的网站。博客经常更新，所有的内容按照从新到旧的顺序排列（首先显示最新的内容）。

在博客空间的发展早期，博客被定义为博主的网络日记。博主可以通过它和别人分享自己的观点、看法和喜欢的网站。现在，这个定义对部分博客仍然适用，但也有很多博客正在积极地提出各种集体（从大型公司到政治活动家）的观点。

对研究者来说，最有帮助的是那些能够提供某一特定领域的最新信息和相关链接的博客。例如，医疗保健博客（www.thehealthcareblog.com）会公布医疗保健制度的最新发展，并提供相关网站的链接。

视频博客
经常更新的视频日志

博客除了文字形式还包括图片和视频。我们有时把以视频为主要形式的博客叫做**视频博客**。

越来越多的文字博客和视频博客开始允许读者回帖或者评论，因此它们在某种程度上也起到了论坛和专家站点的作用。

想知道是否能从文字博客或视频博客上找到对调查内容有用的信息，你可以使用本章末

诀窍小贴士6.1　建立重要资料的档案系统

你是否对你工作领域中的重要资料进行了储备？如果没有，就从今天开始吧！知识就是力量，储备必要的专业资料可以帮助你走向成功。

如果你在写报告或发言之前已有大量资料在手，上司和同事会因为你丰富的资料积累而对你刮目相看。他们会认为你是团队中不可缺少的人物或者是一个掌握了领域内最新动态的人。

即使你还没有步入职场，现在也同样应该开始进行资料储备。这样做一是可以为你的课程积累知识；二是开始工作的时候，你已经储备了相当丰富的资料。

我向大家推荐两种信息储备模式：

1. 电脑文档：可以将互联网、数字文档、图片以及相关说明储存在电脑文档中。如果你使用磁盘或CD储存，应在磁盘或CD上进行标注。如果你想将这些信息储存到硬盘中，在每个文档目录之下再建立一个子目录，然后为每个文档起一个一目了然的名字。例如，将与税法相关的知识命名为“税法”。

2. 文件夹：每个文件夹都要贴上标签（这有助于你将同一主题的资料进行归纳，然后对不感兴趣的资料进行删减）。从宽泛的目录着手，当一个文件夹中包括的文件越来越多时，你应该在这个文件夹下建立子目录。一开始，你可以将文件夹放置在一个纸盒中，当它们的数量逐渐增多时，可以将其放在一个文件柜中。

下面是建立档案系统的几条指导原则：

- 将专业报刊中的文章或复印件收集在一起，将互联网上有价值的信息下载下来；
- 随身携带拍纸簿、索引卡或便笺纸，以便你及时记录一些文章、书籍、电视节目、演讲或访谈中的重要信息；
- 你的很多老师都是他们所在领域的专家，你可以将他们的讲义笔记存档保存；
- 做演讲或面试笔记时，要记下演讲者的姓名、演讲日期、地点以及演讲情境；辑录或拷贝报刊文章时，应将刊物名称、日期以及所在页码记录下来。

不要怕记录太多，你可以每年整理一两次，扔掉那些无用的信息即可。

尾附录部分表（A.3互联网搜索工具）提供的博客搜索引擎。

实地调研

实地调研指通过观察、调查、访问或亲身参与等形式获取第一手资料。我们在第四章讨论过的问卷调查就是实地调研的手段之一。

实地调研
获取第一手资料

经历和调查

有些演讲者在搜集演讲资料的过程中忽略了自己的亲身经历。实际上亲身经历也许是最好的演讲素材库。有时，你的人生故事可以用来润色那些从书籍和文章当中得来的资料。如果你曾经因为系了安全带而在交通事故中免受重伤，你的亲身经历就是对全国安全带效果统计数据的一种补充说明。

某些情况下，你可以亲自进行调查以搜集演讲信息。如果你准备做一个关于动物数量激增的演讲，你可以参观当地的动物收养所，访问收养所的管理人员，拍一些照片或录像供实际演讲当中使用。

我的学生瑞恩·玛尼为了做好关于如何购买钻戒的演讲，调查了当地商店里出售的钻戒。结果他发现同样一枚钻戒在珠宝连锁店卖到7 000美元，而在非连锁店只卖5 000美元。

图6.3

演讲者是学生瑞恩·玛尼。他已做过调查，此时他在问听众："如果你买这枚钻戒，是愿意花7 000美元在珠宝连锁店买呢，还是花5 000美元在非连锁店买呢？"

图6.3中他正在使用直观辅助材料做演讲。

专家访谈

对知识渊博的人进行访谈可以让你获得大量有价值的信息。很多时候这些人可以向你提供领域内最新的信息，这些信息可能在杂志或书籍中都没有出现过。例如计算机的更新速度非常快，三个月前杂志上刊登的关于某个软件的信息在今天看来可能已经完全过时了。

访谈可以通过两种方式进行：电子邮件访谈和面对面的访谈。

电子邮件访谈

电子邮件——从一台计算机向另一台计算机发送信息——是人们进行简短信息交流的常见方式。网络的广泛应用已经使电子邮件成为对专家进行访谈的有效工具。

如何在互联网上与专家取得联系呢？首先，登录网站。很多网站都有可以点击发送邮件的地方，即使你不知道专家的名字，你也可以将问题发到他们的邮箱，等待回复；其次，你也可以将问题发布到论坛上，这一点我们在前面已经讨论过。

面对面的访谈

如果你想对专家进行面对面的访谈，到哪里去找他们呢？从你所在的学校开始。一些教师可能正是某些领域的专家，你也可以走出校园扩大搜寻范围。你的演讲话题是否与某些企业或机构有关？如果有关，可以给他们打电话，了解谁是这方面的资深人士。如果你想做关于毒蛇咬伤的演讲，可以给最近的动物园打电话，向他们的首席爬行动物专家请教。有时，可能还需要对同学进行访谈。例如，你想调查两性交流方面存在的问题，就可以搜集同学们的经历或看法。

如果你运气好，面对面的访谈还会给你带来意想不到的收获。通过对专家或者资深人士的访谈，你可能会同他们建立起工作关系或很好的私人关系。在你开始工作之后，这也许对你大有裨益。几年前，我班上一位会计学专业的学生康苏拉·马丁内斯为了准备演讲对当地银行的一位官员进行了访谈。她给那位官员留下了很深的印象。当她毕业后去那家银行求职，那位官员录用了她。还有一位学生叫斯凯勒·麦格费森。他对当地一位著名诗人进行了访谈。访谈之后，那位诗人邀请麦格费森到他的家中吃饭，由此他们开始了漫长的友谊之旅。在诗人的帮助下，麦格费森自己的部分诗作得以发表。

不要因为怕吃闭门羹就放弃访谈。有些学生可能认为资深人士日理万机，不会花时间同我们这些"小学生"进行谈话。事实上，我的学生发现他们所接触的人都乐于接受访谈。如果这让你吃惊的话，试想一下，如果一位朋友就某问题向你征求建议（例如，如何修理计算机或者如何解答代数题），你作为专家是不是也乐于帮忙呢？资深人士也一样：接受学生的访谈他会觉得很光荣。

下面是有关访谈的准备与过程的几点建议：

访谈的准备

访谈前，你应当做一些准备工作：

电话预约。先打电话与你的访谈对象约定一个对他/她来说合适的时间。切忌突然造访并要求当即进行访谈，这样你会打乱他/她的日程安排。打电话预约时应当简要说明你想要了解什么，以及为什么他/她是你理想的访谈对象，这样可以使他/她对访谈有所准备。

访谈前的调查研究。在进行访谈之前应当多读资料，熟悉演讲话题。为什么？首先，只有在对演讲话题相当了解之后，你才可能提出有深度的问题。例如，你准备与一位精神病学家讨论关于精神分裂症的问题。如果你事先阅读了关于精神错乱的文章和书籍，你就可以掌握大量的背景信息并提出一些有深度的问题，如："目前研究人员在精神分裂症的治疗方面是否已经接近成功呢？"另一方面，进行调查还可以避免你在访谈过程中提出一些尴尬的问题，如："人格分裂是如何发生的？"这个问题会让你陷入尴尬境地，因为你一旦提出这个问题，对方就会知道你并不了解"精神分裂症"（指精神混乱症状，特点为脱离现实，而不是双重人格）的意义。

其次，如果你在阅读资料的过程中发现一些无法理解的问题，你的访谈对象也许可以帮助你。例如，你在图书馆阅读关于精神分裂症的资料时遇到了folie a deux 这个词，但是你在词典中无法找到它的解释。访谈时，你就可以向访谈对象请教，让他/她用通俗易懂的语言帮你解释一下（"folie a deux"意为"二联性精神分裂"，指两个人由于长期相处，心理病态地联系在一起，会对同样的变态的价值和行为形成认同）。

最后，你可以从访谈对象那里得到从图书馆无法得到的有益信息。例如，你在研究机动车气囊在交通事故中发挥的有效性时，你可能想要知道："在时速55公里的情况下发生交通事故，气囊可以挽救驾驶者的生命吗？如果两辆车是正面相撞，情况又如何呢？"你也许整个周末呆在图书馆都没能获得相关信息，但你的访谈对象可能在5分钟之内就能帮你解答这个问题。

准备问题。访谈前要确定你要问的问题，并记在一张纸上：最重要的问题写在最前面，以防时间不足。

可能的话，将最重要的问题以电子邮件或写信的方式提前告诉访谈对象，以便他/她有所准备。

如何做访谈记录。不要认为不需要记录和录音你就可以记住访谈的所有重要信息。这种想法是错误的。因为人类的记忆很容易出错，你应该学会如何做访谈记录。通常人们会采用下列两种方法之一进行记录：

1. 记要点。只记重要内容；如果你想把访谈对象所说的每个字词都记下来，注意力就会集中在记录上，而无暇理解对方话语的含义，而后者更重要。

2. 使用录像机或录音机。如果需要逐字逐句记录访谈对象所说的话，使用录像机或录音机是个好办法。这意味着你不用担心遗漏重要内容或发生引用错误。知道要录音或录像，一些访谈对象会格外注意表达的准确。有时你在演讲中也可以使用这些视频或音频材料，如一位演讲者就使用了在桥梁施工现场对一位工程师的采访录像。

如果使用录像或录音设备，要征得访谈对象的同意。大部分人会同意，但也有人会拒绝（因为这会让他们觉得不自在或紧张）。要尊重访谈对象的意愿。隐蔽录音或录像是不道德的做法。

友情提示：即使使用录像或录音设备，也要做笔记，原因有两个：（1）录像或录音设备的机械故障可能会使你丧失全部影音资料，笔记可以作为访谈记录的备份；（2）做笔记可以迫使你注意访谈对象的重要观点，帮助你集中注意力。

如果要同时使用上述两种方法，可以请朋友帮你录像或录音，这样你就无需为操作录像或录音设备担心了。

如果使用配套的麦克风，你可以用iPod对访谈内容进行录音。通过互联网搜索引擎和关键字“iPod”“录音”和“麦克风”可以找到操作说明。

进行访谈

下面是进行访谈的几点建议：

友好轻松地开始。在提问之前，你需要同访谈对象建立良好的关系。你可以表达谢意（如：“非常感谢您能够给我一个与您谈话的机会。”），或闲聊几句（例如天气或墙上涂料的颜色很好看等）。闲聊，尤其在对话开始之前，是正式谈话的润滑剂。因此，不要认为闲聊就是浪费时间。另外，开始访谈时要再次说明访谈的目的，访谈对象可能已经忘记了你想要知道什么。在说这些的同时，你可以着手准备录像或录音设备（如果提前得到了对方的同意）。

了解对方情况。因为访谈对象是你的资料来源之一，所以你必须向听众说明为什么他/她是你所谈话题的权威人士。如果没能提前了解对方的情况，可以利用谈话的开始阶段进行了解，这也可以继续培养良好的对话气氛。例如你可以说：“您在哪所学校获得的博士学位？”或者：“您研究这个问题多久了？”

要问准备好的问题，也要问即兴的问题。前面已谈过，要提前决定问什么问题。问题要具体。如果你走进机器人专家的办公室就说：“介绍一下机器人吧。”这样的问题就非常可笑。专家可能会反问你：“你准备花两个月时间听我说吗？”一个具体的、更恰当的问题应当是：“将来机器人会完全取代汽车组装生产线上的工人吗？”

可以提前准备好以下两种问题：

封闭式问题
此类问题只需要简短的、具体的回答

封闭式问题：只需回答是或不是，或者只需做出非常简短的事实性答复。例如：“本州民主党的人数是否超过共和党？”“上一届总统选举时注册投票者的实际投票率为多少？”封闭式问题对获取具体数据资料很有用。

开放式问题
此类问题的回答不受限制

开放式问题：回答可以自由发挥，例如：“您如何看待负面政治广告？”这类宽泛的问题的优点在于访谈对象可以自主选择重点进行回答，而这些重点可能你根本没想到要问；缺点是可能导致访谈对象偏离话题，谈论一些无关的内容。

下面还有两种问题无法提前准备，需要你在访谈中即时提出：

解释性问题
为了消除迷惑而提出的问题

解释性问题：当你不明白对方所说时，要请对方解释说明。例如：“您可以再解释一下吗？”或者：“不知我的理解对否，我认为您的意思是……”不要害怕暴露你的无知而羞于提出这样的问题，要知道你进行访谈正是由于你缺少这方面的知识。所以，只要有疑问就要提出来。如果你当时不搞清楚，访谈过后就更难理解了。

追踪性问题
为了让讲述者更加详尽地解释而提出的问题

追踪性问题：旨在让访谈对象对其所谈论的问题作进一步阐述——把故事接着讲下去或继续其评论。例如：“接下来发生了什么呢？”“当时你紧张吗？”“你可以举一些例子吗？”

访谈气氛要轻松，不要把访谈变为审问。要自然，要投入到对话中去。换句话说，不要显得你是在按照问题列表逐条提问。谈话过程中，回答问题的次序可能会和原来的安排有所不同，回答与否只要做好标记即可。访谈快要结束时，要问那些尚未回答的问题。另外，访谈对象可能会谈到一些你根本没有意想到的问题，此时要即时跟进，进一步提出问题。

如果访谈对象提及一些你原计划之外的问题，要记录下来，即便当时看来没什么价值，但以后可能用得着。但是如果对方谈论的问题与你的演讲主题毫无关系，就没必要再记录，而是要巧妙地让对方回到你的主题上来。

保持眼神交流。要用眼睛告诉对方你在仔细聆听，并且理解讲述的内容。即使需要在笔记本上作记录，也同样可以保持眼神交流（快速在笔记本上记下要点，大部分时间目光要停留在访谈对象身上）。

获取其他资源或直观辅助材料。访谈对象可能知道一些你可以进行访谈的专家或图书馆资源等；他们还可能借给你一本小册子或参考书；有时他们还会借给你在演讲时可以用到的图表等。

确认没有遗漏的问题。在事先准备的问题得到全部解答之后，可以向访谈对象咨询是否还有遗漏的问题，有时你会发现你遗漏了一些非常重要的东西。

按时结束访谈。要遵守预约好的时间；如果约定访谈20分钟，就要在20分钟之内结束访谈，除非对方主动邀请你继续谈下去。如果访谈结束时间已到，仍有问题要问，可以请求进行第二次访谈，也许剩下的问题可以通过电话联系解决。

后续工作

访谈结束之后，你还需要进行三项非常重要的后续工作。

尽快整理完善你的笔记。访谈结束之后，要趁热打铁，立即仔细检查你的笔记并加以完善（将访谈过程中记下的词语扩充为完整的句子）。如果两周之后再整理，你的记忆已经模糊，笔记本上匆匆记下的三言两语恐怕连你自己也搞不清是什么意思了。

对所获信息进行评价。检查一下访谈笔记，看是否得到了想要的信息。如果对其中某些问题仍有疑问，或还需更多信息，可以给访谈对象发电子邮件或打电话。不要觉得难为情，这正说明你对这次访谈和访谈对象非常重视。

写便条或短信表示感谢。写便条或短信向访谈对象表达谢意，将给访谈画上一个完美的句号。如果条件允许，可在信中说明你会将对方的哪些观点用到演讲中去。

记录重要信息

要系统地记录搜集到的资料。记录方法有多种，你也许已经形成了一套自己的方法。如果没有，可以参考下面的方法，这是商务或专业演讲者常用的方法：

1. **将不同分话题的材料装入各色文件夹中。**将话题细分为若干分话题，为每个分话题准备一个文件夹。不要将分话题的名称直接写在文件夹上，要写在便签条上，然后插在文件夹的标签处。这样你随时可以很容易地找到需要的文件夹，如扔掉没用的分话题标签，添加新标签，组合文件夹等。
2. **用便签条作提示。**可以将便签条粘在文件夹里面的文件上便于日后调查研究。
3. **插入复印稿或打印稿。**可以将计算机打印文档置于文件夹中。

有些人习惯使用便签条或索引卡，但有些人习惯将信息存储于计算机中。

打印与复印

对于网页的打印件或文章、书页的复印件要仔细分析，将最重要的信息提取出来，然后进行一些必要的后续工作。

用彩笔突出某些内容。注意要适当，通篇都做标记等于没做。

所有打印件和复印件都要标明作者、出版信息或网站信息、日期及页码等。

如果时间允许，最好对打印件和复印件做一些注释，下面将讨论这些方法：

注释

你需要用到两种注释：引用文献注释与重要观点注释。

引用文献注释

搜集资料时，要将可能用到的书籍和文章的标题记下，这样既方便以后查找，也有利于编写演讲稿的参考文献。另外，如果需要参考相关书籍和文章来解释某些内容时，引用文献上的信息可以帮你快速找到。图6.4是两种引用文献注释的示例。

要为可能用到的每本书和每篇文章都编写参考文献注释。也许你搜集到很多资料，没有时间全部查阅使用，不过资料多总比不足好。在每条引用文献的注解处，要留出空间，以便填写自己的看法，这样可以帮助你确定哪些资料可能更有用。

表6.1列举了编排引用书目注释的格式，遵循的是现代语言协会（MLA）或美国心理协会（APA）的编写原则。看看你的老师更倾向于哪种方法。

图6.4　书籍和杂志文章引用注释示例

图书馆索书号	RA790.5.A76
作者、标题、出版地、出版商及出版时间	Arnot, Robert, M.D. The Biology of Success. Boston: Little, Brown and Company, 2000.
自己的看法	见130—131页，抑郁症临床分析

作者、标题、出版地、出版商及出版时间	Rogers, Jessica. “The Depression Test.” Psychology Today July/Aug. 2002:22.
自己的看法	访问：www.depression-screening.org

表6.1 如何引用资料

由一位作者编写的书籍	MLA：Harris, Phyllis. From the Soul: Stories of Great Black Parents and the Lives They Gave Us. New York: Berkley Publishing Group, 2003. 哈里斯·菲利斯，《灵魂故事：伟大的黑人父母以及他们带给我们的生活》，纽约伯克利出版集团，2003年。
	APA：Harris, P. (2003). *From the soul: Stories of great black parents and the lives they gave us.* New York: Berkley Publishing Group. 哈里斯·菲利斯（2003），《灵魂故事：伟大的黑人父母以及他们带给我们的生活》，纽约伯克利出版集团。
由二至三位作者编写的书籍	MLA：McMillon, Bill, Doug Cutchins, and Anne Geissinger. Volunteer Vacations: Short-Term Adventures That Will Benefit You and Others. 8th ed. Chicago: Chicago Review Press, 2003. 麦克米兰·比尔，道奇·卡琴斯和安娜·基辛格，《志愿者——一个可以使你和他人获益的短期经历》（第八版），芝加哥评论出版社，2003年。
	APA：McMillon, B., Cutchins, D., & Geissinger, A. (2003). *Volunteer vacations: Short-term adventures that will benefit you and others*（8th ed.). Chicago: Chicago Review Press. 麦克米兰·比尔，道奇·卡琴斯和安娜·基辛格（2003），《志愿者——一个可以使你和他人获益的短期经历》（第八版），芝加哥评论出版社。
由多位作者编写的书籍	MLA：Brand-Miller, Jennie, et al. The New Glucose Revolution. New York: Marlowe & Company, 2003. 布兰德·米勒与珍妮等，《葡萄糖的新革命》，纽约马龙出版社，2003年。
	APA：Brand-Miller, J., Wolever, T., Colagiuri, S., & Foster-Powell, K. (2003). *The new glucose revolution*. New York: Marlowe & Company. 布兰德·米勒，沃勒佛，克拉吉利与福斯特·鲍威尔（2003），《葡萄糖的新革命》，纽约马龙出版社。
杂志文章	MLA：Bearak, Barry. "Why People Still Starve." The New York Times Magazine 13 July 2003: 32—37. 比拉克·巴里，"为什么人们还在挨饿"——《纽约时报杂志》，2003年7月13日，第32—37页。
	APA：Bearak, B. (2003, July 13). Why people still starve. *The New York Times Magazine*, 32—37. 比拉克·巴里（2003年7月13日，第32—37页），"为什么人们还在挨饿"——《纽约时报杂志》。
学术杂志文章	MLA：Carliner, Saul. "Taking Cues from the Culture." Journal of Business & Technical Communication 14 (2000): 264—289. 卡莱纳·绍尔，"文化带给我们的暗示"——《商业与技术交流杂志》，2000年第14期，第264—289页。
	APA：Carliner, S. (2000). Taking cues from the culture. *Journal of Business & Technical Communication*, 14, 264—289. 卡莱纳·绍尔（2000年第14期，第264—289页），"文化带给我们的暗示"——《商业与技术交流杂志》。
没有标注作者的文章	MLA："Wireless Worries." Time 31 July 2000: 68. "无线电的烦恼"——《时代》杂志，2000年7月31日，第68页。
	APA：Wireless Worries. (2000, July 31). *Time*, 68. "无线电的烦恼"（2000年7月31日，第68页），——《时代》杂志。

从CD-ROM中复制的文章	MLA：Galeano, Eduardo. “Miracles and Anthems: The Alchemy of Soccer.” Harper's Magazine Jan. 2003 (63–67 in original publication). Expanded Academic CD-ROM database. Retrieved 20 Jan. 2004. 格里阿诺·埃多尔多，“奇迹与赞美诗——足球的魔力”——《哈伯杂志》，2003年1月（原书第63—67页），2004年1月20日取自学术CD-ROM资料库。
	APA：Galeano, E. (2003, January). Miracles and anthems: The alchemy of Soccer. *Harper's Magazine* (63–67 in original publication). Retrieved January20. 2004，from Expanded Academic CD-ROM database. 格里阿诺·埃多尔多（2003年1月），“奇迹与赞美诗——足球的魔力”——《哈伯杂志》（原书第63—67页），2004年1月20日取自学术CD-ROM资料库。
从互联网下载的文章	MLA：Fritsch, Jane. “Evidence of Innocence Can Come Too Late for Freedom.” The New York Times 30 July 2000（WK–3 in original publication). Retrieved 4 Feb，2001 <http://www.nytimes.com>. 弗里茨·珍妮，“无罪证明来得太晚”——《纽约时报》，2000年7月30日（原刊号WK–3），2001年2月4日下载于www.nytimes.com。
	APA：Fritsch, J. (2000, July30). Evidence of innocence can come too late for freedom. *The New York Times* (WK–3 in original publication). Retrieved February4, 2001, from http://www.nytimes.com 弗里茨·珍妮（2000年7月30日），“无罪证明来得太晚”——《纽约时报》（原刊号WK–3），2001年2月4日下载于www.nytimes.com。
标注作者的网页文档	MLA：Clark, Jessica. “Access to Usable Water: A Growing Global Concern.” Britannica. 15 June 2001. Retrieved 14 Feb. 2003 <http://www.britannica.com>. 克拉克·杰西卡，“饮用水——日益关注的世界性话题”，2001年6月15日发表于Britannica网站，2003年2月14日下载于www.britannica.com 。
	APA：Clark, J. (2001). Access to usable water: A growing global concern. *Britannica*. Retrieved February 14, 2003, from http://www.britannica.com 克拉克·杰西卡(2001)，“饮用水——日益关注的世界性话题”——Britannica网站，2003年2月14日下载于www.britannica.com。
没有标注作者的网页文档	MLA： “Workplace Wellness.” Women Connect. 2001. Retrieved 14 Jan. 2003 <http://www.womenconnect.com>. “工作场所的好处”，2001年发表于Women Connect网站，2003年1月14日下载于www.womenconnect.com 。
	APA： Workplace wellness. (2001). *Women Connect*. Retrieved January 14, 2003, from http://www.womenconnect.com “工作场所的好处”(2001)，Women Connect网站，2003年1月14日下载于www.womenconnect.com。
论坛中张贴的文章	MLA：Westerfield, Mike. “Request for Smallpox Information.” Online posting. 1 Jan. 2003. <sci.med.immunology>. Retrieved 13 Feb. 2003 on Google Groups <http://groups.google.com>. 韦斯特菲尔德·迈克，“请求关于天花的相关信息”，2003年1月1日贴于www.sci.med.immunology网站论坛，2003年2月13日下载于www.groups.google.com。
	APA：Westerfield, M. (2003, January 1). Request for smallpox information. Message posted to sci.med.immunology. Retrieved Feb. 13, 2003, from http://groups.google.com 韦斯特菲尔德·迈克（2003年1月1日），“请求关于天花的相关信息”，贴于www.sci.med.immunology网站论坛，2003年2月13日下载于www.groups.google.com。

电子邮件	MLA：Gomez, Maria, curator, Brookridge Museum of Art. "Pre-Columbian Art." E-mail to Natalie Pellegrino. 14 Aug. 2003. 戈麦斯·玛利亚，布鲁克里奇艺术博物馆馆长，"前哥伦比亚艺术"，发电子邮件至纳特莱·派里格里诺，2003年8月14日。
	APA：Gomez, M., curator, Brookridge Museum of Art. (2003, August 14). Pre-Columbian art. E-mail to Natalie Pellegrino. 戈麦斯·玛利亚，布鲁克里奇艺术博物馆馆长（2003年8月14日），"前哥伦比亚艺术"，发电子邮件至纳特莱·派里格里诺。
访谈	MLA：Ahmed, Helen, M.D., pediatrician. Personal interview. 3 Aug. 2003. 艾哈迈德·海伦，硕士，儿科医师，个人访谈，2003年8月3日。
	APA：Ahmed, H., M.D., pediatrician. (2003, August 3). Personal interview. 艾哈迈德·海伦，硕士，儿科医师（2003年8月3日），个人访谈。
电视节目	MLA：Diaz, Arnold, narrator. "Safe Shopping Online." <u>20/20</u>. ABC News. 2 Aug. 2000. 迪亚兹·阿诺德，解说员，"网上安全购物"，ABC新闻，2000年8月2日。
	APA：Diaz, A., narrator. (2000, August 2). Safe shopping online. *20/20*. ABC News. 迪亚兹·阿诺德，解说员（2000年8月2日），"网上安全购物"，ABC新闻。
DVD或录像带	MLA： National Geographic. <u>Into the Great Pyramid</u>. DVD. Washington, D.C.: National Geographic Video, 2003. 《国家地理》，"走进大金字塔"，DVD，华盛顿国家地理音像出版社，2003年。
	APA：National Geographic (2003). *Into the great pyramid* [DVD]. Washington, D.C.: National Geographic Video. 《国家地理》（2003），"走进大金字塔"，DVD，华盛顿国家地理音像出版社。

注：关于MLA和APA引用书目注释格式的全部内容请访问本书网站（www.mhhe.com/gregory8），点击"STUDENT EDITION"（学生版）和"WEBLINKS"（网页链接）即可查看。

重要观点注释

阅读书籍和文章时，要摘编其重要观点，并在上方添加标题（如图6.5所示）。这些标题有助于摘编完成后对其进行分类整理。每条摘编都要标注作者姓名，没必要标注完整引用信息，因为已经有引用文献注释了。

摘编步骤如下：

- 快速阅读材料，判断是否含有用信息。
- 如果有，仔细阅读材料。
- 用简单的语言归纳要点，不要直接复制大段的内容。你的任务是理解、考量并归纳内容，不是一字不漏地复制原文。
- 要力求简洁，但也一定要连贯。如果你只是草草记下"厌食症—麦片"，五天后整理时，也许你已经记不得什么含义了。因此，要用连贯的句子："一名厌食症妇女自称每天只喝一碗麦片粥。"
- 有时会有一些非常优美的词语或句子，你想直接引用到演讲中，摘编时一定要加双引号。但直接引用不宜过多，否则还会犯刚才提到的错误——大段复制却没有考量和提炼。
- 多做一些摘编，资料过多总比资料不足好。
- 在每条摘编后，可以写一些如何使用、如何与其他摘录相联系的想法，也可以写感受，如："真实性需要考察，需和其他资料核对。"可以用方括号区分自己的看法与其他摘录内容。
- 每项重要内容都要单独摘编，这样可以方便你按主题分类整理。

在下一章中我们将着重讨论如何考量搜集来的资料。

更多补充内容和调查方法请访问作者网站（www.mhhe.com/gregory8），点击“STUDENT EDITION”（学生版）和“WEBLINKS”（网站链接）即可查看。

图6.5　文章注释模板

标题	临床压抑症
作者和所在页数	罗杰斯，22页
作者观点总结	美国有2 000万人患抑郁症，但90%的患者并不寻求医治，因为他们认为那是一种性格缺陷和疲劳表现。

复习与提高

www.mhhe.com/gregory8

本书的网上学习中心网站备有方便大家学习与复习的资源与工具，如练习测试、重要词语记忆卡和演讲示例录像等。

小结

演讲资料有三大来源——图书馆、互联网和实地调研。首先，要对演讲目标进行陈述。接下来要制定一个详尽的调查计划。要及早动手并系统地按计划展开调查。

调研过程中应切记网络搜索的局限。人们对于网络搜索存在若干认识误区。事实上，书籍等传统的图书馆资源有时比网络搜索更快捷高效。对专家进行访谈或阅读书籍和文章有时也能获得网上没有的高质量资料。

在网上搜索书籍、文章和信息时应使用关键词。如需缩小搜索范围，可使用多个关键词或短语。

图书馆是很好的资料来源，因为馆藏的书籍、文章和参考资料当中包含了很多别处无法找到的资料。如果需要帮助，可以向专业从事资料检索的参考馆员求助。如果所在图书馆没有你需要的资料，你可以利用馆际借阅。

互联网是获取信息和图表的重要来源。大多数人都知道如何使用搜索引擎（如谷歌），但很多人不知道主题目录（如雅虎分类目录）有时更加高效，因为它对主题进行了分类，便于查找。除此之外还有一些鲜为人知的网络资源，它们是网络社区和个人（通过论坛可以对他们进行访问）、专家站点、文字博客和视频博客。

实地调研——搜集第一手资料——可以获取最新信息。你既可以亲自观察、亲身体验，也可以访问本校和本社区的博学之士。准备访谈时，要对话题做大量研究，列出要提问的问题；访谈要采用轻松的谈话方式；另外，也可以通过电子邮件进行访谈。

为了有效地记录信息，要使用便签条、索引卡或计算机。重要内容的摘录要标注标题，每条摘录应当只有一项重要内容，这样在组织资料、编写提纲时，便于系统地归纳分类。

重要词语

关键词，90	引文，92	摘要，92	全文，92
馆际借阅，92	互联网，92	万维网，93	网址，93
网页，93	超链接，93	搜索引擎，93	主题目录，93
论坛，94	专家站点，94	博客，94	视频博客，94
实地调研，95	封闭式问题，98	开放式问题，98	解释性问题，98
追踪性问题，98			

复习题

1. 在调查研究阶段，演讲的具体目的有什么作用？
2. 什么是馆际借阅，如何利用馆际借阅？
3. 与互联网相比，传统的图书馆有哪些优势？
4. 哪种网络搜索方法会根据相关度对搜索结果进行排序，出现于最顶端的与关键词相关度最大吗？
5. 哪种网络搜索方案可以将最初宽泛的主题不断细化？
6. 哪种文字博客对研究者最有帮助？
7. 为什么访谈前要进行大量调查研究工作？
8. 访谈过程中使用录音或录像设备的优点和缺点各是什么？
9. 访谈结束之后还有哪些后续工作？
10. 为什么搜集资料时需要多做一些内容摘编？

批判性思维技巧

1. 人人都可以建立任何主题的网站。试从研究者的角度分析这种现象的优点和缺点。
2. 如果用搜索引擎在网上搜索一种犬类，键入关键词“斗牛犬”后可能会发现哪些无关网站？

团队协作技巧

1. 在小组中选定一个大家都感兴趣的话题，然后闪电式地提出至少15个可用于专家访谈的问题，以了解这一话题的最重要的情况。

2. 小组讨论：在研究下列问题时，图书馆和互联网哪个更好？（1）阿拉伯人和以色列人敌对的起因是什么？（2）去年有多少人死于房屋火灾？（3）流感预防注射的效果如何？（4）鼠疫对欧洲文明有何影响？（5）谭恩美最新出版的小说的名称是什么？售价多少？

互联网使用技巧

1. 在一个可以使用“+”和“–”符号的搜索引擎中，键入无标记关键词“犯罪　监狱”，查看搜索结果数量；然后，键入关键词“犯罪　监狱 +青少年”，再次搜索，查看搜索结果数量；最后，键入关键词“犯罪　监狱 –青少年”，查看搜索结果数量。将每次搜索结果数量记下来，比较哪种搜索结果最多，哪种最少？

参考方法：使用Alta Vista搜索引擎（www.altavista.com），然后点击“Advanced Search”（高级搜索）。

2. 找到并记下三种菲律宾菜的名字。

参考方法：访问Yahoo Directory（dir.yahoo.com），依次点击“Regional”（地区）、“Countries”（国家）、“Philippines”（菲律宾）、“Society and Culture”（社会与文化），然后点击“Food and Drink”（食物与饮料），至少访问一个相关网站。

附 录

搜集资料的几点建议

本章纲要

从哪里搜集资料
互联网搜索技巧
互联网搜索工具

本章学习目标

学完本章之后，你应该能够：

1. 知道从哪里搜集资料。
2. 利用互联网搜索技巧使搜索结果更加精确。
3. 使用最佳的搜索工具进行网络搜索。

以下三张图表可以帮助你快捷高效地查找资料。本书网站（www.mhhe.com/gregory8）会定期对这三张图表进行更新。依次点击"STUDENT EDITION"（学生版）和"RESEARCH AIDS"（搜索助手）即可查看。

表A.1 从哪里搜集资料

所需资料	可能来源
背景信息	·要对一个主题进行总体了解，《百科全书》是很好的参考资料。可在图书馆查阅《百科全书》，如《妇女健康导读》或《美国军事百科全书》。 ·最受欢迎的网上百科全书是维基百科（en.wikipedia.org）,它免费提供大量信息。但由于常常遭到恶意破坏，你必须同时参考其他资料以确定其信息的正确性。关于其他百科全书，请访问RefDesk.com（www.refdesk.com）和Internet Public Library（www.ipl.org/div/subject/browse/ref32.00.00）。
图片和视频	·获取能用于演讲的图片可以访问Google（www.google.com），然后点击"Images"（图片），如果对尺寸和格式有特殊要求，可以选择"Advanced Image Search"（高级图片搜索）；获取视频片段可访问Video Google（video.google.com）。 ·Yahoo!（www.yahoo.com）有图片和视频数据库可供搜索。 · AltaVista（www.altavista.com）提供图片、音频和视频文件。 ·获取视频文件可访问Blinkx（www.blinkx.com）或Truveo （www.truveo.com）。
书籍	·通过图书馆的电子目录可以查到所有藏书，如果所在图书馆没有你需要的书籍，你可以利用馆际借阅。 ·查看图书的页面内容可访问A9（www.a9.com），点击"Books"（图书），输入关键词或短语来搜索相关页面。也可以访问Google Books（www.books.google.com）。 ·访问Internet Public Library（www.ipl.org），点击"Reading Room"（阅览室），选择你需要的出版物类型（图书、杂志等）。 ·购买图书可去书店或登录网站，如Amazon.com（www.amazon.com/）。
文章	·获取报纸、杂志和期刊全文的最佳选择是经图书馆许可的电子数据库，不过只有其正式用户才可使用。详情请咨询图书管理员。 ·学术文章可访问Google Scholar（scholar.google.com）。 ·访问Internet Public Library（www.ipl.org），点击"阅览室"，选择你需要的出版物类型（图书、杂志或报纸）。
时事新闻	·图书馆都订有报纸及周刊。 ·你可以在网上访问《纽约时报》（www.nytimes.com），《华盛顿邮报》（www.washingtonpost.com）或雅虎新闻（news.yahoo.com），其他信息可以访问RefDesk.com（www.refdesk.com）。
电视报道	·获取电视报道的转录文件可登录PBS（www.pbs.org），ABC（www.abc.go.com），CBS（www.cbs.com）及NBC（www.nbc.com）。

续表

所需资料	可能来源
单词释义	· 了解单词的释义、发音、同义词以及构词历史可查阅校图书馆内的普通词典（如《牛津英语词典》）或专业词典（如《兰登书屋：美国手语词典》。 · 如果在互联网上查询，最快捷的方法是利用Google（www.google.com）搜索该词。在搜索结果的顶端，该词会出现在方框中，点击旁边的“Definition”（释义）选项即可。 · 其他选择：RefDesk.com（www.refdesk.com）提供了若干词典；Bartleby.com（www.bartleby.com/）提供了《美国传统辞典》和《罗盖特英语词库》。某些网站，如Encarta World English Dictionary（www.dictionary.msn.com），还提供单词正确发音的音频。
政府信息	· 查找当地政府、州政府和联邦政府发布的信息，最好从FirstGov.gov（www.firstgov.gov）开始。 · 查找法律条文和统计数据可访问LibrarySpot（www.libraryspot.com/）。进入“Reference Desk”（询问台）后点击“Government”（政府）即可获得相关信息。 · 查找美国国会的活动信息或者其发布的法律信息，可以直接访问THOMAS（thomas.loc.gov）。
机构	· 登录Yahoo Directory（dir.yahoo.com），选择“Society&Culture”（社会与文化），然后点击“Issues and Causes”（类型与专业），选择目录，就可以找到你希望联系的机构名称了。 · 访问Google Directory（directory.google.com）。点击“Society”（社会），然后选择“Organization”（机构）即可。
文化	· 如果查找文化与民族团体的相关信息，图书馆会提供此类参考书籍，如《非洲文化》或《爱尔兰民族百科》。 · 访问Yahoo Directory（dir.yahoo.com）。选择“Society and Culture”（社会与文化），然后点击“Cultures and Groups”（文化与团体）和“Cultures”（文化）即可。
专家	· 拜访你所在校区或社区的专家。 · 通过电子邮件对专家进行访谈。有些网站会提供专家的电子邮箱地址。 · 访问Yahoo Directory（dir.yahoo.com）。选择“Reference”（查询），然后点击“Ask an Expert”（专家提问）即可。
学校	· 要用其他学校学生的经历与观点充实自己的演讲，你可以浏览在线校园报纸。如果你想获得此类校园报纸的清单，可以访问directory.google.com，然后依次点击：News>Colleges and University>Newspapers>United States（新闻→大学→报纸→美国）即可。
年鉴和地图	· 图书馆可以提供年鉴（包括统计数据），地图集和地名辞典（包括地图和地理信息）。 · 访问LibrarySpot（www.libraryspot.com/），然后进入“Reference Desk”（询问台），寻找相关主题进行查询即可。
生平传记	· 图书馆可以提供大量名人传记，例如《杰出的亚裔美国人》、《世界历史中的女人》。 · 访问LibrarySpot（www.libraryspot.com/），然后进入“Biographies”（传记）部分查询。

续表

所需资料	可能来源
名人语录和引文	·图书馆一般都收录有此类书籍，如《女性名言录》。 ·访问Bartleby.com（www.bartleby.com），获得著名人物辛普森和巴特利特的名言录，以及《圣经》和《莎士比亚作品集》。 ·访问Yahoo Directory（dir.yahoo.com），选择“Reference”（查询），然后点击“Quotations”（语录）即可。

表A.2　**互联网搜索技巧**

搜索问题：“为什么有些女性遭配偶虐待后仍然与其生活在一起？”		
技巧	示例	讨论
关键词	妇女　虐待　身体	如果搜索结果过多，可增加关键词；搜索结果过少，可减少关键词。
带“+”	+妇女 +虐待 +身体	在关键词前标记“+”，意味着所有的索引必须带有此关键词，这样可以减少无关的内容。在这个例子中，所有的搜索结果都包含这三个关键词。
带“–”	+妇女 +虐待 +身体 –战争–监狱 –工作	搜索结果中将不包括含“–”后面关键词的网页。在这个例子中，搜索者不想查询关于战争、监狱或工作场所中的妇女受虐待问题。
短语	“家庭妇女暴力”	使用双引号可以搜索到包含整个短语的网页。虽然搜索效率很高，但会遗漏相关但不包含这一短语的网页。
通配符	+虐待* +妇女 +身体	通配符（通常以星号标记）会帮你搜索出很多与标有星号的关键词相类似的网页，例如“虐待的”、“被虐待的”或者“虐待者”。
逻辑运算符 AND，OR	暴力 AND（妇女 OR 妻子）	本示例适用于细微调整，注意括号内可以使用同义词。
逻辑运算符 NOT	妇女 AND 暴力 NOT 工作场所 NOT 办公室	如果只关注家庭暴力，而不想搜索职场妇女受虐待问题，最好去掉“工作场所”和“办公室”。

注：上述很多技巧在某些搜索引擎当中无法应用。

表A.3　**互联网搜索工具**

搜索引擎	
Google www.google.com	快捷的、综合性的搜索引擎，是许多研究者的首选。它的"Advanced Search"（高级搜索功能）值得学习和借鉴。
Yahoo www.yahoo.com	可用来搜索文字文本、图片、视频和音频文件。
A9 www.a9.com	可将搜索范围限制在书籍或维基百科（大型网上百科全书）的条目之内。
AltaVista www.altavista.com	选择AltaVista的"Advanced Search"（高级搜索）功能可以帮助你完成高度复杂的搜索，如"相近运算符（NEAR）"（例如 "佛罗里达州 NEAR 飓风"可缩小搜索范围）。
Clusty www.clusty.com	不如Google有名，有时可以搜索到Google上没有的资料。
主题目录	
Yahoo Directory dir.yahoo.com	选择一个宽泛的主题，然后不断细化。例如，想查找有关心肺复苏术（CPR）的文件，可依次点击：Health> First Aid> CPR（健康→急救→心肺复苏术）。你还可以利用这些搜索框查看目录分类。
About www.about.com	本网站的每一个目录都由公认的专家或向导主办。
Librarians'Index to the Internet www.lii.org	由加利福尼亚和华盛顿的图书管理员建立，他们选择的网站少而精。
Google Directory directory.google.com	很多Google搜索引擎的用户都不知道这个极其有用的分类目录。
Infomine infomine.ucr.edu	多所大学的图书管理员提供了高质量的网站和评注。
全文本文章	
Yahoo Full Coverage news.yahoo.com/fc	雅虎新闻网站可以提供时事新闻的精选报刊文件包。
FindArticles.com www.findarticles.com	在线免费搜索网站，包含了300种报刊的全文本文章。
Magazine Portal www.magportal.com/	涵盖了各种领域的杂志文章。
LibrarySpot www.libraryspot.com	点击该网站的"Search full-text articles"（全文本文章搜索），可以链接到不同刊物的网站。

书籍和页面	
A9.com www.A9.com	利用关键词进行搜索之前先确认搜索框中的搜索对象是“书籍”。有些书你可以直接进入它的页面，或者包含所输关键词的页面；有些书则需点击书名，有时会出现“Search Inside the Book”（在本书内进行搜索）的选项，点击即可。
The Online Books Page digital.library.upenn.edu/books/index.html	宾夕法尼亚大学可以提供20 000多本书籍的在线阅读。
Google Book Search www.books.google.com	有些书籍可以直接看到它的页面，或者包含所输关键词的页面。
专家站点	
Yahoo Directory dir.yahoo.com	查找以提供建议和专家观点为主要特色的网站链接，可选择“Reference”（查询），然后点击“Ask an Expert”（专家提问）即可。
Ask the Experts www.refdesk.com/expert.html	可提供不同领域专家的链接。
Google Answers answers.google.com	有时需要缴费才能获得专家建议，但可以通过查询网站档案夹获得已经存档的专家建议。
论坛	
Google Groups groups.google.com	每天都有上百种主题的信息粘贴在本网站中，可以通过关键词在网站文件夹中进行搜索。
Yahoo! Groups groups.yahoo.com	与谷歌网上论坛相似，可以搜索到各种主题的信息。
文字博客和视频博客	
Google Blog Search blogsearch.google.com	与谷歌搜索引擎在网站中搜索关键词同理。
Technorati technorati.com	不仅可以搜索博客，还列出了最受欢迎的博客清单以及时下热点新闻、图书和电影。

雷诺德·特罗沃尔斯博士是纽约哈莱姆医院急诊部主任。在一次旨在戳穿“美国医疗保险神话”的记者招待会上，他说所有美国人都享有医疗服务的说法根本是天方夜谭，实际上有840万的美国儿童根本没有医疗保险，很多孩子由此而备受煎熬。特罗沃尔斯博士和其他很多发言人都感到，想教育民众就必须消除虚假信息。

7

评估资料　杜绝剽窃

本章纲要

高质量的资料

批判性思维

识别可疑观点

多方查证

分析对立观点

谨慎对待民意调查

发现专家的错误

不要被组织名称误导

对网站进行分析

不为广为流传的信息所惑

谨防网络陷阱

不为高科技手段所惑

对主办者和作者进行调查

查看对网站的评价

杜绝剽窃

剽窃的类型

符合道德要求的做法

说明资料来源

恰当使用版权资料

本章学习目标

学完本章之后，你应该能够：

1. 说出高质量资料的标准。
2. 不采用仅以传闻、他人证明和个人观点为依据的材料。
3. 辨别民意调查结果和专家的错误。
4. 不为某些组织或机构的华丽的名称所惑。
5. 了解怎样发现网站的倾向性和欺骗行为。
6. 杜绝剽窃行为。
7. 恰当说明资料来源。
8. 避免不恰当地使用版权材料。

纯素食者是指不食用任何产自动物的食品的素食主义者。这些食品包括肉、蛋、奶、黄油、乳酪，甚至还包括蜂蜜。《新英格兰医学杂志》最近刊载过这样一则病例：法国一位33岁男子在食素13年后双目失明。医生说这是由缺乏维生素B_{12}和B_1引起的。

瑞文·桑德斯是我的学生，她激动地把这篇文章拿给我看，并且告诉我说，她下次演讲的主题就是反对纯素食主义。她不仅要通过演讲提醒同学们纯素食的危害，同时还承认另有目的："我认识一些纯素食主义者，他们自认为比别人道德高尚。我希望我的演讲能使他们将道德水准降一降。"

桑德斯开始了调查研究。一周后，她抱着几本书和一沓网上查来的资料来找我说："我得改变演讲话题。没想到吧？"经调查研究之后，她得出了肯定的结论：那位法国人的失明并不是因为完全食素，而是因为方法不当。"所有纯素食专家和专业网站都指出：纯素食主义者必须补充维生素，否则将损害健康。那位法国男子从来没有补充过。"桑德斯的调查研究不仅使她不再反对纯素食主义，而且让她对这种饮食方式非常欣赏："如果方法得当，这确实是一种有益健康的饮食方式。"

桑德斯决定将演讲的重点转为向听众说明：无论是否素食，饮食都要均衡，尤其要注意摄取足量的维生素。她说："这才是我们真正应该从那位法国人身上吸取的教训。"

并不是所有人都能像桑德斯那样。有些演讲者可能不会在那篇文章之外再做任何调查研究——那篇文章似乎是反对素食主义的有力证据；有些演讲者也许会深入探索，发现桑德斯发现的其他资料，但他们可能会无视支持纯素食主义的证据，而只搜集反对纯素食主义的证据。这些演讲者似乎都有这样一种心态：我反对，所以我不关心支持者怎么说。桑德斯没有让感情战胜公正，这一点值得大家注意。尽管从感情上讲，她演讲的初衷是"使他们（纯素食者）将道德水准降一降"，但她还是乐于放弃自己原有的想法，承认纯素食者确实遵循了一种健康的饮食方式。

像桑德斯这样有道德良知的演讲者具有以下两个特征：

1. 愿意付出艰辛的劳动。他们不懈地寻找一切相关事实，拒绝轻信公众舆论、传闻和第一印象。

禁忌食物

素食主义者不吃肉、鱼、蛋及奶酪，他们这种饮食习惯会不会导致失明？一位学生进行了调查研究。

2. 诚实公正。他们对发现的事实及时进行客观分析并得出合理的结论，即使有时他们像桑德斯一样不得不承认自己最初的想法是错误的。他们关注的不是怎样证明自己已有观点的正确和赢得一场辩论，而是揭示并分享事物的真相。

在上一章中，我们讨论了很多不同的资料来源。在大多数情况下，那些渠道获得的资料都比较可靠，但有时也不尽然。在本章中，我们将讨论如何对演讲的资料进行考量，如何遵守使用资料的道德准则。

高质量的资料

对搜集来的资料进行审查就是要确定哪些资料有价值，哪些资料无用。那么，怎样来区分这两类资料呢？高质量的资料应该满足下列标准：

1. 真实。资料是以事实为依据，还是道听途说？是对事实太过歪曲还是太过简单化？
2. 可靠。资料来源是否可靠，具有权威性？
3. 证据充分。资料来源是否有充分证据证明其资料的真实性？
4. 不过时。资料是否已经过时？
5. 可以核实。资料是否可与大量可靠资料交互印证？
6. 公正。资料的来源是否公平公正？提供资料时是否本着客观公正的原则？
7. 全面。资料是否囊括全部相关内容？

为了使你在对资料进行考量的过程中更好地运用上述标准，我们来学习一些有用的技巧。

批判性思维

要想善于使用资料，你需要培养批判性思维——一种通过缜密思维对资料进行公正评价的能力；你需要健康的怀疑态度——不是简单地否定一切，而是以开阔的胸襟进行探索与研究的态度；要常常怀有这样的疑问：“资料源自何处？”“你怎么知道它是真的？”“为什么会发生这种情况？”

具有批判性思维的人不为那些显而易见的事物所禁锢。他们不会浅尝辄止于平静的表面，而是执着于探寻潜藏在深处的真相。

下面是一些进行批判性思维的方法：

识别可疑观点

有些观点乍看上去让人信服，因为它似乎与我们的常识相吻合，但仔细研究你就会发现其中的重大缺陷。

不采用仅以传闻为依据的观点。你是否认为月圆之夜的犯罪率高于其他时段？民意测验结果显示有这种想法的人占了多数。很多人还相信月圆之夜出生的婴儿也比平时多。

然而上述两种观念却是错误的。几十年来，研究人员一直在研究犯罪活动和新生儿的统计数据，试图搞清楚犯罪率和出生率是否在月圆时有所上升。结果，研究人员并未发现二者与月亮的盈亏有任何关联。（犯罪活动与婴儿出生确实受到季节和周末的影响，但和月亮无关。）

下面我们来看看这种误解是怎样产生的：有时月圆时的确会出现犯罪率或出生率上升的现象（正如它们在

其他月相出现时也有可能呈上升趋势）。接生人员和审理案件的执法人员有可能注意到这种现象，他们会说："是的，不奇怪，月圆之夜嘛。"他们还会告诉自己的亲朋好友及家人。于是人们把这些言论，或者说是**传闻**当作满月对人类活动影响的证据而深信不疑。但研究人员指出，医护人员和执法人员既没有注意到犯罪率和出生率在月缺时也会升高，也没有注意到二者在月圆时也会下降，因此他们没有发现他们的"满月因果关系论"是错误的。

传闻
指的是对某一事件的简短叙述

上述例子说明了仅仅把传闻当作依据的错误。要证明"月圆论"，你还需要统计数据等更多其他资料。但这并不意味着传闻毫无可取之处。调查研究时，你不妨将传闻搜集起来备用。如果使用得当，传闻会为你的演讲增色。但绝对不要采信那些只以传闻为依据的信息。

不采用只以他人证明为依据的观点。像传闻一样，**证明**可以搜集起来备用，但对那些只以个人建议为依据的信息必须谨慎对待。

证明
对某种既得利益起到证实作用的言论

假设现在有一个骗子想通过出售自制的治疗赘疣的药膏迅速致富。他的实验室就是一间地下室，在那里他将润肤霜、蜂蜜和柠檬汁调制在一起，然后将成品装瓶并贴上诱人的标签"神奇祛疣膏"。他还建立了自己的网站，通过邮购的方式出售这种药膏。不久，消费者又惊又喜，争相为药膏的疗效作证。一位消费者激动地说："这真是一种神奇的药膏，我的赘疣全都不见了。"

不管相信与否，这样的事并不离奇，他的配方真会让赘疣消失。当然，花生油或鞋油等任何你在家里能够找到的东西也能起到一样的效果。实际上任何东西都能够祛除赘疣，或者说至少都能得到这样的名声。因为科学家发现，85%的赘疣可以不治而愈。这解释了那些名不副实的祛疣膏（例如猪油和牛粪）何以风行几个世纪的原因。虽然不可思议，每种祛疣产品确实在大部分患者身上都收到了奇效。于是满心感激的人们奔走相告，热情地向亲朋好友证明这些产品的疗效。

在审视搜集的资料尤其是医药类资料时，不要为他人的证明所左右。人类的很多疾患都像赘疣一样可以不治而愈。医生兼作家的路易斯·托马斯博士说过："有一个很大的秘密，内科医生心知肚明，广大民众却毫不知情。这个秘密就是：很多疾病都会自行好转。事实上，大部分疾病第二天早晨就会见好。"然而人们往往没有耐心，不等疾病自行痊愈，就急不可耐地寻医问药。他们恢复健康后（不是因为疗效而是因为时间的流逝），就满怀感激地为药效作证。

他人证明可以告诉我们哪些东西可能有效，但不足以单独构成切实的证据，因此对于缺乏其他依据的资料不能尽信。

不采用只以个人观点为依据的观点。不要为他人强烈坚持的**观点**所左右。那些对自己观点深信不疑并大力宣传的人往往极具说服力和魅力。他们凭借自身的真诚和坚定总能说服人们接受他们的观点。但除非他们的观点有切实的证据，否则都不足为信。人人有权持有自己的观点，但观点不是事实。

观点
观点持有人自认为正确，实际上还有待讨论的结论或判断

多方查证

我和妻子刚开始练举重时，在呼吸方式上产生了分歧。根据图书馆里一本关于举重的图书的介绍，我断言上举时应该吸气，妻子却坚持认为应该呼气。

为了解决分歧，我们上网检索相关文章。我们找到的第一篇文章与妻子的看法一致：应该呼气。"只是巧合而已。"我说道。但随后我们又找到八篇相关文章，观点完全一致：上举时应该呼气。

我输掉了争论，却避免了锻炼中的错误，多亏我们没有局限于一家之言。（我在图书馆

查阅的那本书原来是十年前的旧书，现在健身专家认为其倡导的方法不科学。）

不要仅凭一家之言妄下结论，因为那很可能是错误的。

分析对立观点

假设你看到一篇关于夫妻开店生意兴隆的文章。他们热爱自己的公司，彼此相爱，婚姻与工作互相交融，生活很幸福。

因此，你决定通过演讲来证明夫妻共同工作或经营可以获得幸福。在调研过程中，你又发现很多类似的文章，内容均为工作中的合作伙伴亦是生活中的幸福伴侣。至此，你已经避免了前面讨论过的错误（仅凭一家之言妄下结论），但同时却落入另一个“陷阱”：搜集来的资料都持同样的看法。你还需要调查是否存在对立观点。调查之后你会发现诸如此类的文章：《与配偶共事——几家欢喜几家愁》（载于《华尔街日报》）。一位专家在文章中指出，只有“约5%的夫妻可抵御和配偶共事带来的危机”。

发现对立的观点并不意味着你要推翻原来的演讲。你仍然可以称颂那些工作中的伙伴兼生活中的爱侣，但你的演讲一定要真实公正。你必须将夫妻共事的弊端也告诉听众。你可以说：“根据《华尔街日报》上所说，虽然有些夫妻在工作中的合作关系令人愉快、大有裨益，但并不适用于所有配偶……”

对一个问题进行全方位的考量对劝导类演讲尤为重要。很多演讲者都过分专注于自己的论点，无暇顾及对立的观点。这种态度是错误的。你应该渴望发现真相，尽管这有时意味着你不得不修正自己的论点，承认自己的错误或改变原来的立场。

除了公平起见，了解对立的观点还有一个很实际的好处：你可以预测到听众对你的论点可能产生的异议，从而为提问环节做好准备 。

谨慎对待民意调查

对民意调查结果进行分析时要谨慎，因为民意调查普遍存在两个缺点：

部分被调查者不诚实。《时代》杂志的民意调查人员在最近的一次选举中发现，全美选民中有56%的人声称自己参加了投票，但实际收回的选票显示参加投票的人数仅有39%。据盖洛普民调公司报道，在另一次民意调查中，美国有45%的新教徒和51%的罗马天主教徒自称每周都去教堂做礼拜，但一组社会学家分析教堂的相关记录后发现，只有20%的新教徒和28%的天主教徒在礼拜日去教堂做礼拜。

为什么会出现这种现象？圣母大学的马克·沙维斯教授对此做了如下解释：“大部分人都相信投票和礼拜是好事情，因此即使他们并没有这样做，在接受调查时也往往会说自己确实这么做了。”

另一种形式的谎言是，有些人会对自己一无所知的事物发表看法。美国犹太委员会曾就美国人对各种族裔团体的态度做过一项调查。为了解美国人是否对所有族裔都没有好感，委员会特意在调查中虚构了一个名为维希安的民族。大多数被调查者对这个子虚乌有的民族“没有看法”，但四成的被调查者却持负面看法。他们给出的对维希安人的喜爱程度值较低，仅为4.2（喜爱程度值在0到9.0之间分布）。

结果往往取决于提问方式。如果有人问：“你是否赞成美国对外国进行援助？”大部分人的回答都是否定的。但是如果换一种方式——“你是否赞成美国将财富的一少部分与世界其他地方极度贫困的人们分享？”大部分人都会给出肯定的回答。因此，国际援助的反对者会采用第一种方式，然后用民意调查的结果来证明公众反对进行国际援助。反过来，国际援助的支持者则会选择第二种方式，然后用得到的调查结果来证明公众赞成进行国际援助。

正如你所看到的，民意调查并不绝对可靠，因此将民意调查结果应用于演讲时，要考虑如下问题：问的什么问题？问题是否有偏见？被调查者是否有撒谎的可能？民意调查者是否别有所图？

诀窍小贴士 7.1　勇于质疑媒体报道

请先来做一道数学题：

一碗汤60美分，一份三明治1.95美元，支付3美元，应找回多少钱？（税款和小费不计）

请做完后再看答案（答案见文章末尾）。

该题来自《美国新闻与世界报道》杂志的约翰·里奥的专栏。他引用了教育部门的一项研究结果：56%的美国大学生不能正确解答这道数学题。里奥说这是美国人“新型愚蠢”的一个例证。

我的一个学生把这篇文章拿给我说：“我数学不好，但这个题连我都能做得出，我不相信那么多大学毕业生做不对。”

我和他一样对此表示怀疑，于是我做了一个实验。我拿这道题去考大学一年级的学生，结果答案全部正确。接下来，我去了当地的一所中学，让该校的高中生做这道题，答案仍然全部正确。最后我在九年级的数学补习班（专为全校数学最差的学生而设）进行了测试，结果70%的答案正确（有些学生之所以算错是因为他们是外国移民，英语水平不足）。

当我写信给里奥告诉他我的发现时，他为自己辩护说，他只是引用了政府部门的研究结果。

里奥应该像我的学生一样对那些与常识相左的“事实”提出质疑。如果美国大部分大学毕业生真的连这么简单的数学题都做不出，那么美国的麻烦就大了。

还有一些人虽然勇于对网络上的言论提出质疑，但却不愿挑战主流新闻媒体（如报纸、杂志、电视）的权威，因为他们都抱有这样一种想法：我有什么资格质疑那些著名作家和电视节目制作人？如果你也这样想，那么当你碰到失真或错误的信息时，你需要做的是相信自己的常识，相信内心的感受。你内心的声音会告诉你：“一派胡言！”你应该明白，即使是天才的作家和制作人所提供的信息，有时也难免出现讹误。例如，NBC新闻在最近的一次报道中对耳烛的功效大肆吹捧。节目中出现了一支虚拟的蜡烛，点燃后放置在耳畔用来吸取耳垢、螨虫及耳内的其他积垢。如果你看了那则报道并且认为那全是胡说八道，你就对了。医学专家表示耳烛疗法根本无法吸取耳中的粘性物质。更严重的是蜡烛燃烧时滴下的高温蜡油会对耳道和耳鼓造成严重损伤。

（答案：45美分）

发现专家的错误

对任何主题来说，专家都是有价值的资料来源，但不要以为专家就不会出错。每年科学和医学专家们的理论当中总有一些被证明是错误的。不久前大部分医学专家还相信胃溃疡是压力引起胃酸分泌过多造成的。现在我们都知道胃溃疡是细菌感染引起的，90%的溃疡在数周内便可治愈。

医学专家不仅会犯错，有时候犯了错还固执己见。巴里·马歇尔是位名不见经传的澳洲医生，1983年他首次提出细菌理论时就遭到嘲笑。还有人不知道细菌在胃酸当中无法存活这个事实吗？因为人们对细菌理论不予理睬，马歇尔采用了一种非同寻常的方式来证明自己的发现。他喝下一杯带有细菌的鸡尾酒，使自己受到了严重感染。他的实验成功了：他证明了细菌在胃部确实能够存活。然而在之后的十几年当中，大部分专家仍然抵制细菌理论，直到不断的调查研究逐渐积累了大量切实可信的证据，他们才不得不承认马歇尔的理论是正确的。2005年，马歇尔荣膺诺贝尔医学奖，他终于得到人们的认可。

有些同学认为，如果资料来源于哲学博士或医学博士，并隶属于某大学或医疗机构，那么就一定值得信赖。不幸的是每个领域都有疯子和骗子。西南大学工程学教授阿瑟·巴兹博士在他所著的《二十世纪的骗局》中声称，“大屠杀”（指纳粹分子大肆残杀犹太人、波兰人、吉普赛人等的行径）从没发生过。还有很多医学博士在互联网上开设网站，为各种药液、洗液和药丸作宣传，其中很多药品实际上毫无效果甚至有害健康。例如国家食品与药品监督管理局已经发现了800多起这样的案例，其中大做广告的草药麻黄还引发中风、癫痫和心脏病等不良反应，36人在食用加入麻黄的药膳之后死亡。

那么对专家到底应该持有怎样的态度呢？应该仔细研究他们的言论，因为他们的看法往往很有见地，但同时不要忘了质疑。

不要被组织名称误导

有分量的组织机构的研究结果可以作为资料的重要来源，但对那些你不甚了解的组织要保持谨慎。有些团体的组织者隐身幕后，其目标与公众期望大相径庭，但却赋予该组织一个华丽的名称，让人觉得它没有任何倾向性，中立而公正。请看下面的例子：

- 很多医学研究人员警告说，从长远来看服用安眠药会对健康造成威胁，但是一个名为国家睡眠基金会的组织却建议失眠病人服用安眠药。这个华丽的名称一定让你觉得这个组织潜心于科学，没有丝毫的倾向性。但《西雅图时报》的一项调查披露："这个所谓的国家睡眠基金会的主办者竟是安眠药琥珀酸多西拉敏片、扎来普隆和酒石酸唑吡坦的生产商。"
- 国家湿地联盟听起来像一个环保组织，但据《华尔街日报》报道，该组织的出资人为石油公司和房地产开发商，目的在于减少受联邦法律保护的湿地数量。
- 母亲反污染联盟是澳大利亚的一个组织，声称有成千上万的民众支持他们反对使用塑料牛奶包装盒。他们说垃圾填埋场充斥着塑料包装盒，还说牛奶和塑料发生反应能导致癌症。后有记者调查发现，这个所谓的组织只有一名成员，他是纸制牛奶包装盒的制造商雇用的公关人员。

数以百计的类似组织所依靠的仅仅是一个华丽的名称。他们安排自己的发言人出席电视访谈节目，其言论往往被过于轻信的报纸和杂志转载。他们的看法和发现也许有一定价值，但是当他们刻意使用误导性名称并隐瞒出资人时，也就葬送了自己的信誉。

要想知道某个组织是否隐瞒出资人和别有所图，你可以使用搜索引擎进行关键词搜索，看看该组织的支持者和反对者如何说。

对网站进行分析

网络上的信息良莠不齐，有的极有价值，有的毫无用处，怎样辨别呢？下面是几点建议：

不为广为流传的信息所惑

有些人在自己的谬论遭到他人质疑时会这样为自己辩护："肯定没错——网上都这么说。"但网上广泛流传的信息未必就正确。不幸的是各种讹误通过网络转眼之间就能传遍全球。

很多人都收到过下面这封邮件：

紧急警报！

如果你在夜间行车看到迎面驶来的汽车未将头灯打开，千万不要朝它闪灯！这是常见的由一群歹徒设计的"入帮游戏"。游戏规则如下：该团伙的准成员夜间行车时关闭头灯，第一辆朝它闪灯的汽车就是他的目标。按照规则他必须调转车头追上那辆汽车，然后朝车体或车内射击，这样他才能获得入会的资格。请务必将此信息转告您家中所有开车的亲属。

这则警报完全是一场恶作剧，但是它曾经通过文章和电子邮件在网上广为传播。新闻记者和警方的调查人员发现很多人对此信以为真，表示今后不会再闪汽车头灯。没有证据显示有犯罪团伙曾经进行过这种"入帮游戏"，但是这个恶作剧却实实在在地引发了一次模仿性的犯罪——堪萨斯州威奇托的汽车枪击事件。据威奇托的警察描述，一位38岁的妇女朝一辆未开车灯的皮卡闪灯之后遭到枪击，所幸该名妇女和她的汽车均未被击中。

因特网上广为流传的一些信息甚至会危及人们的生命安全。很多网站大肆吹捧所谓的灵丹妙药，宣称其是癌症克星，很多患者相信了那一套，放弃了原本可能挽救生命的治疗。

谨防网络陷阱

你在电视上常常会看到商业电视节目，这类节目总是尽量制作得看起来像是一般的报道，而实际上不过是事先设计好的商业广告。例如，你可能会看到五个人在谈论一台不可思议的腹部紧缩仪如何重塑他们的身材，让他们的生活充满了快乐。

网络上类似的商业广告辨别起来会更困难。假设你正在搜索汽车养护的信息，这时你在一个网页上看到12条车身养护的建议。这些建议看起来客观可靠。其中一条建议“使用高质量的车蜡”还有一个链接，一旦点击就会进入一个赤裸裸地兜售车蜡的商业广告页面。原来你最初看到的网页和这个兜售车蜡的网页都是车蜡公司操控的。虽然这家公司并没有触犯法律，但它的行为缺乏道德，它让你误以为建议网页是由公正的研究人员制作的，目的是向大家推荐最好的产品。结果你落入了他们的圈套。

为了防止上当受骗，对网上的建议一定要仔细斟酌，确认这些信息是来自可靠的渠道。

不为高科技手段所惑

新闻报道经常会披露一些网民的不幸经历。他们禁不住诱惑，购买了很多毫无用处的商品或子虚乌有的服务。这些受骗者当中有一些人头脑聪明并且受过大学教育。骗子是怎么骗过这么多聪明人的呢？其中的一个伎俩就是建立一个精美的网站。高科技的运用可以给这个网站罩上专业性强、资金雄厚、受人景仰的光环。

斯坦福大学心理学家B.J.福格的研究发现，人们往往通过网站的外观而非调查其主办者来判断网站可靠与否。就连BBC（英国广播公司）都上当受骗了。它被虚假网站的华美外观所蒙蔽，播放了一段自称是陶氏化学公司代表的访谈录像。而此人其实是陶氏企业的竞争对手，他欺诈的目的是想让陶氏声名扫地。

请看图7.1中的广告。广告声称可提供中国休闲度假游。样子很逼真吧？我把一沓真实的网络广告和虚假的网络广告混在一起拿给学生看，这张广告画也掺杂其中。有些学生看过之后认为这则广告比较可信。实际上它是假的，是我用家用电脑制作出来的，目的就是要证明制作一幅让人惊叹的图片对网络骗子来说非常容易。

如果你稍有戒心就会发现休闲度假游不过是场骗局，因为它的价钱低得太不可思议。收费如此低廉的旅行社很快就会破产。

但是这幅中国渔民的照片又是怎么回事呢？一些学生告诉我因为这张照片使得广告很逼真，所以他们才会上当受骗。千万不要被照片所迷惑。那张照片来自一张免版税的照片光盘，费用不足一美元。我把它输入电脑，然后加入文本，最后打印出来，共费时20 分钟。

尽管我的实验使用的是一则虚假广告，却说明现实生活中的骗子怎样快速而廉价地建立起一个让人叹为观止的网站。查找资料的时候你一定要牢记，高科技不代表诚实可靠。

对主办者和作者进行调查

谁是网站幕后的操纵者？网站所有人和作者是否诚实可靠而又公正？下面的方法可以帮助你对网站进行考量。

查找作者的资格证明

网页的作者是否有资格对某主题进行权威性地评述？你可以在网页中寻找与他/她所取得的资格证明和成

图7.1
如果你在某网站看到这则休闲度假游的广告，你能发现其可疑之处吗？

就相关的信息。如果网页没有提供这些信息，你可以尝试链接到作者的邮箱，给他/她发一封邮件："我正在为演讲搜集资料，需要确认贵网页的可信度。可否请您告知您取得过哪些资格证明以及您的相关经历？"

了解主办者情况

谁提供网站所需资金或主办网站？如果网站主页对此没有说明，有时可以点击某个对话框（如"关于我们"）获得详情。如果网页提供电子邮件链接，也可以发送邮件索取网站主办者的背景资料。

尝试在Google等搜索引擎中键入关键词搜索相关信息，对网站进行了解。要认真分析、衡量对该网站正反两方面的评论。

表7.1 顶级域名

原有域名	
.com	商业机构
.org	非盈利性机构
.net	网络服务机构
.gov	政府机构
.mil	美国军事部门
.edu	教育和科研机构
后增域名	
.biz	商业机构
.info	信息服务机构
.name	个人

注：查看最新后缀请访问作者网站（www.mhhe.com/gregory8）。依次点击"STUDENT EDITION"（学生版）和"WEBLINKS"（网页链接），进入该页链接即可。

查看网站域名

域名
网络上受共同的规则支配的计算机群

网站在网络上的地址称为**域名**。域名末尾处的后缀叫做“顶级域名”，用来说明网址是属于商业机构、教育机构或是表7.1中所列的其他机构。例如，www.npr.org是国家公共广播电台的域名。其中后缀“.org”代表非营利性机构。

顶级域名（表7.1）值得注意，因为它是了解信息来源的客观性和目的性的重要线索。

商业网页（.com）比较而言是所有网页当中最不客观的。假设你在搜索关于止痛片的信息，看到一网页对阿司匹林的功效大加赞赏。如果你注意到该网页的建立者是bayer.com，你应该考虑到拜耳公司是想推销它的阿司匹林，所以不可能客观地评价这种药品的疗效。然而，如果是一家教育科研机构（.edu）的网站，如琼斯·霍普金斯医学院对阿司匹林的疗效作出肯定，那么它的客观性和准确性都会高一些。

但是不要武断地认为所有带“.com”的网站都不可靠。很多商业网站也提供非常有益的信息，这些信息不只是关于自己的产品和服务，还涉及广泛的相关内容。例如健康选择食品公司的网页（www.healthychoice.com）就不仅仅为自己的产品作宣传，还提供大量的食谱和建议（但并不强求他人购买健康选择食品公司的产品）。

有些商业网站是由杂志和报纸出版社经营的，它们的报道通常客观可靠。如网络版《基督教科学箴言报》（www.csmonitor.com），虽然是商业报刊，却有诚实谨慎的美誉。

“.edu”网站往往要比“.com”网站客观准确，但也不总是这样。有些大学的科研项目是企业出资支持的，这些企业往往在某一类科研成果中有既得利益。威斯康星大学的一位教授近日在某“.edu”网站上宣称，他发现葡萄汁可以预防心脏病。几天后，路透社透露该教授的研究是在某果汁生产商的资助下进行的。该教授的发现可能是正确的，但在没有得到与该公司无关的其他研究人员证实之前，还是要保持谨慎，不可尽信。

对待其他非商业性网站我们也应有所保留。例如，一般来说非营利性机构（.org）网站可以作为信息的可靠来源，但有时它们也会带有偏见。联合国（www.un.org）提供的国际统计数据是可靠的，但在报道其维和行动时感情就发生了明显的倾斜。

大部分网站都是商业性网站。如果你要找的是纯知识性的资料，这些网站可能会让你觉得眼花缭乱。为解决这一问题，有些搜索引擎如谷歌高级搜索（www.google.com，点击“高级搜索”）允许你通过域名进行搜索。也就是说，你可以指定你的搜索范围是教育科研类网站。

查看信息来源国

在世界范围内搜集信息让人颇为受益。如果你在研究土壤侵蚀防治方法，看到某网页介绍哥斯达黎加防治土壤侵蚀的新举措，你的知识面也就随之拓宽了。

但是在使用这类材料时要格外谨慎。假设你在某个抢眼的网页上看到一串常用的处方药以及它们所对应的病症，如果你发现它们完全来自国外网页，使用这些资料时一定要格外谨慎。其他国家的药品名称以及药品合格标准与本国不尽相同。在英国能够买到的处方药可能不被美国食品与药品管理局认可。

大部分网站都会提供信息源的网址或地名。对于那些未提供相关信息的网站，你需要自己搜集线索：

1. 对不熟悉的地名进行了解。如果你在搜索关于刑法的文章时发现了新南威尔士的案例，你首先应该弄清楚新南威尔士在哪里。知道了这是澳大利亚的一个州之后，你应该继续搞清楚这条信息是否适用于全国。

2. 找到网址的缩写形式。很多国家的网站和美国的网站使用相同的顶级域名，如.org、.net等。但有时它们包括一个由两个字母组成的国际公认的缩写形式。例如，“www.cite-sciences.fr”是法国某科学网站的网址。

在下列网址中都可以找到一个国际公认的缩写词：

- www.wap.org/info/techstuff/domains.html
- www.ics.uci.edu/pub/websoft/wwwstat/country-codes.txt

有些缩写词容易让人产生误解：

- ca代表加拿大而不是加利福尼亚（ca.us）。
- ch代表瑞士而不是中国（cn）。
- co代表哥伦比亚而不是科罗拉多州（co.us）。
- de代表德国而不是丹麦（dn）。

查看日期

很多网页都会提供信息创建或更新的日期。如果网页过旧，你应该查找更新的信息来源。

查看对网站的评价

如果你要调查网站可信度，最好的方法前面已经提过：查看其他信息源，要特别注意对立的观点。另一个比较好的方法是查看他人对该网站的评价。通过表7.2提供的链接可以获取对网站可信度的评价。

要注意的是，这些评价并不囊括所有的网站。另外，也不要认为这些评价毫无争议。就像影评家大力推崇的电影你却未必喜欢一样，网站评论者所推崇的网站也并非绝对可靠。

表7.2 对网站的评价

对网站进行评价的网站名录 这类网站名录按照质量优劣对网站进行了排名，并提供了相应链接。	·互联网图书馆管理员索引（www.lii.org）一般只选用可以信赖的网站，而且通常附有评价信息，你可以点击“More info”（更多信息）进行查看。 ·Infomine（www.infomine.ucr.edu/）上列出的所有网站都是经过著名大学图书馆员评价过的，请查找“More info”（更多信息）的图标。
网站集萃 这类网站名录不对网站进行排名，只提供有价值的网站链接。	·《纽约时报》Cyber Times Navigator（计算机时报导航）。（tech.nytimes.com/top/news/technology/cybertimesnavigator/index.html）此网页上列举了时报记者使用最多的参考网站，请查看“Collections for Journalists”（记者收集）和“Reference Desk”（参考台）。 ·WWW Virtual Libary（www.vlib.org）上列举了优质的学术网站。
错误信息提示 这项服务力求揭露网站以及社会上的欺诈行为和虚假消息。	·Quackwatch（www.quackwatch.com）网站由宾夕法尼亚州立大学健康教育教授斯蒂芬·巴瑞特编辑。 ·Skeptic’s Dictionary（www.skepdic.com）网站由萨克拉门托城市学院哲学教授罗伯特·T.卡罗尔编辑。 ·About（www.about.com）上有很多文章都可以通过搜索“Net hoaxes”（网络欺骗）及/或“Scams”（骗局）等关键字获得。

注：网站的地址和特点有时会发生变化。上述网站的最新信息见本书网站（www.mhhe.com/gregory8），依次点击“STUDENT EDITION”（学生版）和“WEBLINKS”（网页链接），查看该页评注。

杜绝剽窃

剽窃
窃取他人文字或观点据为己有的行为

为了丰富演讲内容，你可能会用到很多不同来源的资料（如例子、故事和统计数据）。使用这些资料时一定要小心谨慎，避免造成剽窃。**剽窃**指的是窃取他人文字、观点、图片或其他内容据为己有的行为。

遵循下面两点原则可以使你远离剽窃危险：（1）说明资料来源；（2）使用他人资料要有道德、负责任。下面将对如何避免盲目抄袭或释义不当进行解释。

剽窃是不道德的，如果侵犯了版权（下面将进行讨论）还会触犯法律。剽窃是知难而退、懒惰的表现。它不仅窃取了他人的劳动果实，欺骗了广大听众，也剥夺了演讲者在准备演讲的过程中自我学习的机会。

剽窃行为一经发现剽窃者就会受到惩罚。在学校，他的成绩将不及格；在职场，他会丢了工作。有时甚至还会当中受辱，就像下面的几个例子：

- 约瑟夫·彼登，美国参议员。他的部分总统竞选演讲被曝是剽窃自某英国政坛人物。他因此被迫放弃总统竞选。
- 一位来自北卡罗来纳州夏洛特市最大教堂的资深牧师。他在剽窃行为曝光之后引咎辞职。他向会众忏悔道："很多时候，当我觉得才尽词穷、灵感全无，我会把其他牧师的布道词拿来一用，有时是部分，有时是全部，而不做任何说明。我做错了。"
- 近年来，有三所大学（分别在纽约州、内布拉斯加州和巴哈马州）的校长涉嫌在演讲当中大量抄袭他人资料而未说明出处。他们因此引咎辞职。

剽窃的类型

美国宾州州立大学信息技术服务中心认为剽窃主要分为三类：

通篇抄袭

如果你对他人作品或作品的一部分通篇抄袭而不加或只是稍加改动，你无疑是个明目张胆的小偷。但是否说明了资料的出处就可以免除罪责呢？不，因为你对听众造成了误导。你让他们错认为你演讲的基本结构和措辞都是你自己的构思。

假设一位演讲者从史密森纳研究院的网站上下载了一篇关于加拉帕哥斯群岛的文章，并将整篇文章作为自己的演讲稿。尽管她说明了资料的出处："我的资料来自史密森纳研究院。"这还是一种剽窃行为。

在避免抄袭的原则当中有一种情况例外。在说明资料出处时，你可以使用简短的引语。如："用幽默作家厄玛·博姆拜克的话说就是'任何连看三场足球赛的人都可以宣布脑死亡'。"

剪切和拼贴

对各渠道获取的资料像缝被子一样进行剪切和拼贴，然后用于演讲，这一样属于剽窃。这一类型通常被称为"剪切与拼贴"式剽窃，因为这类剽窃者通常都是懒惰的网民。他们把一个网站上的部分内容复制到文档，下面直接粘贴从另一网站复制来的信息。如此往复，直到他们完成讲稿。整个过程当中既没有对观点的整理，也没有独到的创新。

如果在剪切和拼贴之后对各项资料的出处作出说明是否还算剽窃呢？是的，因为你让听众误以为你的言论都是自己的构思。

释义不当

释义——用自己的话对来自他人的资料进行叙述，是陈述他人说话内容的一种方法。如果对资料的出处作出说明，这种方法无可厚非。但有些人在释义过程中过于贴近原文，造成了释义不当。例如，他们阅读完一篇文献之后把其中的重要词语用同义词进行了替换［如把“freedom（自由）”改为“liberty”，把“persuaded（说服）”改为“convinced”］，假装这资料是自己的独创。他们确实避免了通篇抄袭的嫌疑，但这种释义方式也构成了剽窃，因为其保留了原文的整体结构和基本句型。

释义不当和其他几类剽窃行为一样，即使说明了资料的出处也无济于事。它同样欺骗了听众，让他们以为演讲者使用的是自己的语句。

符合道德要求的做法

对搜集来的资料进行分析总结、结构重组，用自己的语言表达资料的内容，可以使你远离各类剽窃行为。下面的例子向我们展示了一个遵守道德要求的演讲者该怎么做：

安·贾斯珀丝是名学生。在准备关于糖尿病的演讲过程中，她阅读了两本书，六篇文章，并访问了两位当地医生。演讲时，她以一种全新结构对参考资料进行了概括。这样的总结绝非鹦鹉学舌、字字模仿。例如，网站上一篇三页长的文章被她浓缩为几句简短总结，她用自己的语言进行了叙述：“在这个网站上，疾病防控中心说在各类重大疾病当中只有糖尿病患病率呈逐步上升趋势。心脏病、癌症和艾滋病的患病率都在下降，糖尿病患病率却在与日俱增。2005年以来出生的美国人中有1/3会罹患糖尿病。”经过整理概括并说明资料来源，贾斯珀丝避免了剽窃之虞。

在下面的章节，我们将进一步讨论两个重要的关涉道德的问题——说明资料来源和恰当使用版权资料。

说明资料来源

为了做到诚实和公正，你应该向听众说明所用资料的来源。这不仅仅是为了避免剽窃之嫌，同时也表明你是一个可以信赖的研究者，对资料的出处一清二楚。

你应该在哪、以何种方式说明资料来源呢？首先，为每项引用文献编写完整的来源信息（见第六章）。然后，将所有来源信息以一览表的形式放入演讲提纲的参考文献部分。下面是完整记录引用文献来源的一个例子：

Chancer, Lynn S. High-Profile Crimes: When Legal Cases Become Social Causes. Chicago: University of Chicago Press, 2005.（詹瑟尔·林恩S，《高调犯罪：当法律案件成为社会现象》，芝加哥：芝加哥大学出版社，2005年。）

演讲时，没必要对所有资料都进行完整的文献说明。这样做只会增加许多无用的细节，让你的演讲变得杂乱无章 。简单交代一下即可，如：“在《高调犯罪》一书中，福特汉姆大学的詹瑟尔·林恩S博士说……”

有的同学觉得奇怪，既然在演讲中没必要进行完整的文献说明，为什么还要劳神费力地把它放在演讲提纲当中？首先，你的老师希望看到完整的说明。有时，部分听众为了进一步了解你的主题也需要这些说明。另外，你可能还要回过头对使用的资料进行进一步研究。

向听众说明资料来源有五种方法可供选择。如果是学校演讲，可参考老师的意见，看看他/她更喜欢哪种方法；如果是工作或社区演讲，可以从下面的方法当中选择一种（也可以多种方法并用）：

1. 在演讲当中说明资料来源。说明信息来源可采用口头注解（其作用相当于书面材料中的注脚）的方式。例如：“据今年3月15日哥伦比亚广播公司晚间新闻报道……” 或者：“用托马斯·杰弗逊的话说……”

诀窍小贴士7.2 引用网络资料要避免来源不明

“我的资料来自网络。”

这是很多演讲者在做商务类或其他专业类演讲时惯用的表达。这样的表述含混不清、毫无意义，就像在说：“我的资料来自他人。”

表述一定要具体。可以这样说：“这些关于军用飞机的信息来自美国空军官方网站的一篇文章，作者是美国空军参谋长约翰·詹普尔将军。”

只说资料来自网络过于含混，那么说引自某个Google之类的搜索引擎行不行呢？佛罗里达州西棕榈滩附近的柯贝特野生生物管理区的野生生物学家琳达·金，她在出席一次环境科学专业的大四学生组织的多媒体演讲中说：“至少有10个学生说他们提供的信息来自Google，这真让我吃惊。”

Google并不是一种信息来源，它只是一种信息传输系统。说信息源自Google就像是说美国医学协会寄给你的医学资料来源于美国邮政。你甚至不需要提到Google。你可以这样表达：“我这些关于癌症药物的信息来自南希·H. 尼尔森医生。她在美国医学协会的网站上对此做了详细说明。”

口头注解不仅能表明信息来源，更能增加可信度。你实际上是在表明“我的材料并非毫无根据，它来自这一领域的权威人士”。

如果信息源自采访，你可以说“按照我市最大零售商店的广告策划人弗吉尼亚·乔丹的说法……”；如果信息来自书籍或杂志，你可以说“保罗·罗德斯博士在最新一期《科学美国人》中的一篇文章中说……”，或者“幻灯片上的图表以今年出版的《世界年鉴》提供的统计数据为依据”。

如果你引用原话，应该使用一些标志性的口头表达，如“亚伯拉罕·林肯说……”或者“用柏拉图的话说……”，这样的表达比在陈述开始时说“引用”结束时说“引用结束”更加自然。引用结束时，应做适当停顿，表示引用到此为止。还有一种方法是：需要引用时举起一张写着引文的卡片或纸片，这样听众就能知道你是在引用原文。当你将纸片放下，很明显你的引用已经结束。

2. 在导入部分概述资料来源。有些演讲者在开场抓住听众注意力之后，喜欢对正文部分将要用到的所有资料的来源做一概述。例如：“我在演讲中用到的资料有两个来源：一是《风能》这篇文章。该文章发表于今年四月出版的《国家地理》杂志。作者是能源专家保罗·盖普。第二个来源是对斯坦福大学的克里斯蒂娜·阿奇尔进行的电子邮件访谈。她是全

玛莉·威尔森，The Supremes乐队成员。她在伊利诺伊州众议院的演讲成功地说服议员通过了她提出的反模仿法案，2006年1月26日立法人员进行投票，110票赞成，0票反对。照片中她露出了胜利的微笑。模仿行为和使用过去著名乐队名称和歌曲的行为在伊利诺伊州遭到禁止。这些冒名顶替者欺骗了观众，也侵害了The Supremes乐队（二十世纪六七十年代最受欢迎的乐队之一，因歌曲《停下来！以爱之名！》而一炮走红。）等受害人的权益。他们因剽窃和侵犯了受害人版权而获罪。

球范围内可替代能源研究领域的顶级专家。”有时，采用这种方法的演讲者在正文部分还会简要地提到上述内容（例如：“按照阿奇尔博士的说法……”）。

3. 用幻灯片或招贴画说明资料来源。如果在演讲过程中使用幻灯片或招贴画，最好先对参考文献来源进行压缩。完整的文献说明会让听众只顾阅读，忘了倾听。

4. 提供参考资料清单。一份详细的文献来源说明清单有助于听众对你所传达的信息进行考量，对那些有争议的话题尤其如此。这份清单应到演讲结束时再发给听众，这样可以避免他们听演讲时分神。

5. 将参考书籍、文章和照片放到桌上供听众查阅。一位学生的演讲主题是“内战前美国的拍卖奴隶现象”。这位学生拿出了所有的调查资料——包括《待卖的奴隶》这幅招贴画的副本——以便班里同学下课之后进行浏览。

恰当使用版权资料

有些人因为非法使用他人创作的视听材料、印刷材料或网络材料而被告上法庭。对侵权人可以依照刑法提起控告，**侵犯版权**是重罪（最高量刑为：每项犯罪，处10万美元罚金，并处一年监禁），也可依照民法提出控告（侵权人根据法官或陪审团裁决，赔偿原告经济损失）。

> **侵犯版权**
> 无授权使用受法律保护的材料

根据美国和国际版权法，所有印刷品、电子及视听作品，包括书籍、杂志、艺术品、漫画、电影、电视节目、摄影作品、网页、电脑软件和音乐作品都具有版权。无论是否进行版权声明，其版权都归作品创作者所有。如果想在演讲或发给听众的资料当中使用这些材料，必须事前得到许可（有时需要向版权所有者支付一定报酬）。以下三种情况例外：使用的是公共域资料；合理使用有版权的资料；使用的是免版税资料。

公共域资料

任何1923年以前出版或创作的作品都已不受版权法的保护，也就是说它们已经成为**公共域**信息，可以随意使用。例如，你在1920年版的百科全书上找到一张尼亚加拉瀑布的图片，你可以将它用在你的演讲或出版物中，不违法。

> **公共域**
> 全社会共同享有，不受专利权或著作权保护的领域

任何联邦政府（不是州政府）的出版物都不享有版权，可以自由使用。因此，美国农业部门印发的关于避免食物中毒的宣传册可以复制和分发，无需获取允许或支付费用。

还有一点需要注意：在版权领域，美国邮政是股份制企业，不属于联邦政府，因此其邮票设计有版权。未经许可，不能复制。

合理使用

所谓**合理使用**原则其实是对版权法漏洞的一种利用。这一原则使学者、作家和演讲者不必花费大量时间来为每一条信息争取使用许可。按照《芝加哥手册》这本为编辑和出版商所广泛使用的参考书中合理使用的原则允许你“引用印刷品中的内容，或者为了评论、解释、证明自己的观点而少量复制图表或图片材料”。

> **合理使用**
> 使用属于版权法所规定的特例的材料

从法律角度对合理使用的原则进行解释非常复杂，但是只要你同时符合下面三项，你的行为就完全合法。

1. 只少量使用了享有版权的作品当中相对次要的部分。
2. 使用目的主要是教育性而非商业性。
3. 没有造成版权所有者的经济损失。

让我们在下面几个情境当中对以上判断标准加以应用。

例1： 在关于自杀的演讲中，你引用了美国诗人安妮·塞克斯顿一首长诗中的四行来解释何谓寂寞和绝望。你必须得到诗人的许可吗（并且有可能支付一定费用吗）？不需要，因为毫无疑问你符合上述合理使用材料的三条标准。

例2： 你在医院的工作之一是为刚做完心脏手术的病人做讲座。为给这些听众提供一些出院后的学习材料，你为每位病人复印了一本六页的术后病人饮食和锻炼宣传册（由某家健康传播公司制作）。你既没有征得版权所有者许可，也没有支付一定费用，你是否触犯了法律？是的。你复制了出版物的全部内容，因而违反了上述三条标准中的第一条。另外，你还给版权所有者造成了经济上的损失，所以同时也违反了第三条标准。如果你被控侵权，法庭很可能会裁定你是为了省钱才去复印那本宣传册。（以匆忙之中没时间购买宣传册为理由是不可能打赢这场官司的。）

例3： 在演讲中为了说明美国的移民情况，你使用了一张幻灯片。这张幻灯片是你从网络杂志上下载的放大的世界地图。这样做违法吗？不违法，因为你的目的是教育性的。

例4： 与例3的情况相同，但这次听众必须付费才能入场听演讲，并且这笔收入落入了你的口袋，你还能使用那张地图吗？不能，除非你得到杂志出版商的书面许可。很明显，这次你的行为已经属于商业行为，未经许可使用那张地图是一种侵权行为。从法律角度看，杂志社制作这张地图花费了时间和金钱，对其进行商业性使用就必须予以经济补偿。（重要注释：特别要注意虽然从网上复制材料很容易，但这种行为未必都合法。）

例5： 在大学里做关于目击者证词不可靠性的演讲时，你在听众中间做了一个实验。你从一部描述武装抢劫的商业片中截取了一段长15秒的情节让听众观看，然后让听众以书面形式对劫匪进行描述。当你大声朗读这些大相径庭的描述时，他们明白了你的意思：目击者经常无法准确记忆基本的事实。如果未经许可就使用了这段电影剪辑，你是否触犯了法律？没有。只要你是以教育为目的，你就符合合理使用资料的原则。

例6： 你为公众举办免费学习班，教他们如何填写联邦所得税税务表格。你未经许可就把从全国畅销的拉瑟的《个人所得税指南》中复印的练习页分发给听众，引导听众完成这些练习是你演讲的重要部分。你的行为违法吗？是的。虽然你符合第二条标准（教育性），却违反了第一条标准，这些练习页虽然在全书中只占很小比例，但并不是相对次要的内容，而是本书的主要特色。同时你也违反了第三条标准，你给出版商造成了经济损失。如果你遭到起诉，法庭很可能认定，如果你不发给听众这些免费内容，他们原本可能购买拉瑟的书。你侵犯了出版商普伦蒂斯霍尔的部分合法收益。所以你应该先购买此书，或者让你的听众购买，然后再进行讲解。

最后两个例子有何区别呢？例5中对电影的使用只占整个演讲的一小部分，只是偶尔使用。例6中练习页却是演讲的核心。判断行为是否合法的最好方法是站在版权所有者的立场上思考："我是否感觉被偷窃？"如果你是例5中电影的版权所有人，想必你也不会有被欺诈的感觉。但如果你是例6中的出版商，就很可能会觉得有人剥夺了你的收入。

有两点需要特别注意：（1）合理使用资料并不意味着不必对资料来源进行说明。你仍然需要说明资料来自何处。（2）人们常常错误地认为，只要对版权作品做一定程度的改动，它就不再受版权法保护，就可以据为己有。这种想法是错误的。如果你拿到别人的演讲稿，改变一些措辞，改写一些句子，更换一些视觉辅助工具，这样的演讲仍然不是你的。如果你将杂志上的影星照片扫描到电脑里，改变了她头发和服装的颜色，这张照片也仍然不属于你。某多媒体产品制造公司董事长斯蒂文·布莱兹说，将他人作品改头换面之后就可以据为己有的想法无异于说："只要在偷来的汽车上画一束火焰，然后再和你的其他藏品放在一起，那车就是你的。"

免版税资料

很多演讲者、作家和编辑为了避免付费和可能的法律纠纷，纷纷购买**免版税**的艺术品（如绘画作品和摄影作品）和多媒体作品（如音乐作品、声效作品和影像作品）——它们既不受限制，也无需支付费用。换句话说，只要你购买免版税产品，也就购买了它的使用权。你可以在出版物、演讲或者影像产品当中随意使用，无需许可或支付额外费用。例如，你要为公司制作培训DVD，你可用免版税的贝多芬交响曲作背景音乐。

免版税
不受限制，也无需支付任何费用

复习与提高

www.mhhe.com/gregory8

本书的网上学习中心网站备有方便大家学习与复习的资源与工具，如练习测试、重要词语记忆卡和演讲示例录像等。

小结

在对资料进行考量时，应当找出那些高质量的信息。高质量的信息指的是那些真实、可靠、证据充分、不过时、可以核实、公正而全面的信息。

要对资料进行适当地质疑，找出其中错误的和不可靠的信息。不使用仅以传闻、他人证明和个人观点为依据的资料。多渠道搜集资料，因为由单一渠道得来的资料有可能是错误的。分析对立的观点，尽量查明真相并预测听众可能产生的异议。

使用民意调查的结果要谨慎，因为有些被调查者并不说实话。另外，调查的结果往往取决于提问的方式。

找出专家的错误。不要认为哲学博士或医学博士永远值得信赖，也不要以为其供职于某个知名大学就绝对可靠。

注意有些组织的名字会对公众产生误导，让人以为它们没有任何倾向性，是完全中立的。找出它们的幕后出资人。

对网站进行分析时，小心在不知不觉中落入网络陷阱。应通过域名了解信息源的客观程度和目的，弄清资料是否来自国外。不要认为设计精美、技术先进的网站就绝对可靠，并且专业化程度很高。了解主办者和作者的情况，确认他们在相关方面是否具有权威性。

为丰富演讲内容而借用来自他人的资料时，应注意避免剽窃——窃取他人文字、观点、图片或其他内容据为己有的行为。剽窃包括通篇抄袭、对不同资料进行拼贴和释义不当三种类型。任何种类的剽窃都是不道德的。对搜集来的资料悉心总结并说明资料来源，将使你远离剽窃的危险。

侵犯版权违背道德，触犯法律。对资料来源进行说明非常重要。未经许可，不要使用版权资料，除非使用的资料属于下列情况之一：公共域资料、合理使用的资料和免版税资料。

重要词语

传闻，116	证明，116	观点，116
域名，122	剽窃，124	侵犯版权，127
公共域，127	合理使用，127	免版税，129

复习题

1. 高质量的资料有哪些特征？
2. 什么是传闻性证据？为什么不能用它来论证一个观点？
3. 观点和事实有何区别？
4. 为什么要多渠道搜集资料？
5. 为什么民意调查的结果经常不可靠？
6. 商业机构网站、非营利性机构网站和教育科研机构网站的域名分别是什么？
7. 什么是剪切和拼贴型剽窃？
8. 什么是释义不当？
9. 什么是口头注解？
10. 什么是合理使用资料？

批判性思维技巧

1. 假设网站（www.clearskin.com）正在兜售一种神奇的祛斑药品。一位名叫罗杰·塔斯切罗的医学博士在网站上对该药品赞赏有加。你现在要决定是否在演讲中向听众推荐这种药品。你该如何对该网站进行考量？向听众推荐该药品前你还应该做哪些工作？

2. 网站Project Gutenberg（promo.net/pg）提供了大量公共域图书、诗歌和戏剧的链接。如果你想在商业性演讲中将一首诗或一本书的某个章节的复印件发给听众，你是否需要得到许可？请解释原因。

团队协作技巧

1. 将磁铁放在受伤部位是否能够减轻疼痛？以小组形式讨论如何找到最近几年流行起来的“生物磁疗法”的可靠信息。按照可靠程度的高低对下列信息源进行排列（从高到低）。讨论为什么有的信息源可靠程度较高。

（1）专门揭露替代医学真相的网站。

（2）兜售磁化产品的网站，主办者自称为“替代医学医师”，声称将磁化面具放在面部可以治疗伤风。

（3）Bioflex公司制作的宣传册。该公司每年销售超过15亿美元的磁化材料。

（4）近期出版的学术类图书，有参考书目，作者为华盛顿大学的生物学教授。

（5）蒙特利尔Expos棒球队球星伊良部秀辉对磁疗品的支持，他将磁铁戴在其投球的手臂上。

（6）本周对约翰·霍普金斯大学体育医疗部主管爱德华·麦克法兰德博士进行了电子邮件采访，他一直在研究生物磁疗法。

2. 以小组形式列举出你和其他小组成员目前正在使用的信息源（如美国广播公司新闻网、《今日美国》、《杰·莱诺今夜秀》节目和朋友发来的电子邮件），然后将这些信息源分成非常可靠、比较可靠和不可靠三类，并说明理由。

互联网使用技巧

1. 选择下列其中一个议题，在互联网上进行搜索，找到关于此议题正面和反面的观点，从正反双方的观点中各找出至少一份证明材料，并打印出来。

（1）各州是否应该允许将大麻用于医疗？

（2）应该对国际互联网进行审查吗？

（3）移民美国是否应该受到限制？

（4）各州是否应该对监狱实行私有化？

（5）公司是否应该用测谎仪来对求职者进行筛选？

参考方法：使用报纸杂志的存档文件（参考第六章附录当中的表A.3，“搜索全文本文献”）。

2. 工作中，互联网使用不当可能会给你带来很多麻烦，甚至可能导致失业。请在互联网中搜集至少三个案例并打印出来。

参考方法：使用搜索引擎，如Google（www.google.com），键入下列关键字：“互联网”“工作场所”“使用不当”。

演员安东尼·班德拉斯说他在背井离乡、移居美国之后才爱上祖国西班牙。从小到大，他对西班牙文化毫无兴趣；离开之后，却对那里的一切产生一种“不可思议的爱恋”。他说：“身在祖国时，你视自己的文化为天经地义；离开后却对故土有了更多的关注。”同时，班德拉斯做了一个有趣的对比——“突然间，我爱上了弗拉门戈音乐；身在祖国时我喜欢的却是猫王。”对比是本章将要讨论的辅证材料的一种。

8

证明你的观点

本章纲要

为什么使用辅证材料

辅证材料类型

定义
生动的形象
例证
叙事
比较和对比
类比
证言
数据

演讲示例及评点

本章学习目标

学完本章之后，你应该能够：

1. 解释演讲当中为什么需要使用辅证材料。
2. 描述辅证材料的九种类型：定义、生动的形象、例证、叙事、比较、对比、类比、证言和数据。
3. 讨论演讲当中数据的使用及滥用。

在一次关于是否应该赤足行走的课堂演讲中，学生迈克·托普森的观点乍听起来令人难以置信：

虽然我们的鞋价格昂贵，且以舒适、支撑和保护双脚为目的，但发展中国家那些整天赤脚行走的人却拥有更加强健的双脚。

我听后的第一反应就是不相信。偏远村庄里那些光脚走路的人一定比不上西方国家脚穿优质鞋子的城市居民。我需要听到证据——我的想法是“证明它”！

有些演讲者可能会一厢情愿地认为听众会被他说服，而不进行任何证明，或者仅用个人观点来支持自己的陈述。但托普森没这样做。相反，他提供了大量的**辅证材料**，其中包括以下几种类型：

辅证材料
能够解释或证明某个观点的材料

·证言。他使用了杰·克里斯·科齐博士等专家的证言。科齐博士是明尼苏达大学骨外科中心足踝科主任。他证明说：“赤足行走是自然而正常的行走方式。在亚非的很多地区，大部分人基本上仍然赤脚走路。他们的脚部疾患比我们少得多。”

·数据。他通过数据（每年有65%~80%的赛跑运动员受伤）指出，穿鞋并不能防止脚部疾患。他还把美国运动员和墨西哥塔拉胡马拉族印第安运动员做了对比：前者穿着跑鞋却不能避免脚部伤病，后者光脚长途奔跑却既无痛感也无伤病。

·叙事。他进行了叙事，或者说是讲故事。故事是关于赤脚赛跑的知名运动员，其中包括埃塞俄比亚“赤脚大仙”阿比比·比基拉。他在1960年奥运会的马拉松项目中赤脚跑完全程（约42公里），不仅获得该项目的金牌，还刷新了世界纪录。

·例证。他举出若干脚部的慢性疾患：真菌感染、汗脚臭脚、锤状趾、扁平足、嵌甲、拇指囊肿、胼胝和鸡眼。一些医生认为，这些疾患是由穿鞋引起的。

赤脚与穿鞋，哪个能让这位小女孩拥有更加强健的双脚?

这些辅证材料使托普森那乍听起来难以置信的观点变得切实可信。（在后面的演讲中，托普森对比了正反两方面的看法后得出结论：赤脚行走对发展中国家那些终生生活在乡村地区的人来说裨益颇多；但生活在工业国家的人必须穿鞋，因为那里有大量的沥青、水泥和危险的废弃物，如玻璃和金属。）

演讲时，你不应一味陈述自己的观点，想当然地认为这样听众就能被你说服。你必须提供切实可信的辅证材料来支持自己的观点。

为什么使用辅证材料

笼统而抽象的概念对听众来说很难理解，也很难记忆。辅证材料可将这些概念转化为易于理解的具体细节。辅证材料给演讲增添趣味，却不只是“调味品”，更是成功演讲不可或缺的基本营养成分。下面我们将分五点说明辅证材料的重要性。

展开和阐释观点

学生奥斯汀·菲茨杰拉德在关于鲨鱼的演讲中指出，鲨鱼和其他海洋生物不同，其行为往往难以预测。他这样阐释这一观点：

著名海洋学者雅克伊夫·古斯托在一本介绍鲨鱼的书中说，他曾目睹数只鲨鱼从一位没带任何防御器具、几乎全裸的潜水员身边逃离，却又旋即冲向潜水笼并疯狂地撕咬笼栅。有时潜水员只需晃动他们的橡皮脚蹼就能把鲨鱼吓跑，但有时鲨鱼却铁了心似的袭击人类，即使面对五个手执鱼叉的潜水员也决不退缩。古斯托说，最让人恐惧的是鲨鱼在行动之前毫无征兆。

如果没有上面的例子，菲茨杰拉德关于鲨鱼行为难以预测的观点就显得苍白无力；有了这些例子，听众就能清楚地了解鲨鱼变化不定的本性。还有一点值得注意：菲茨杰拉德向听众说明，他的信息来自知名的权威人士，这样大大提高了演讲的可信性。

使观点清晰易懂

帮助听众听懂你的观点是使用辅证材料的主要原因之一。学生玛丽亚·伯顿就窝沟封闭剂做了一次演讲。窝沟封闭剂用于填平牙齿的粗糙表面和预防龋齿。

伯顿解释说：“封闭剂是涂在牙齿表面的一层透明薄膜，和指甲油颇为相似。”

经过这样的分析，听众一下就明白了什么是封闭剂。

增强演讲趣味性

学生丹尼·韦伯在关于来自地球的探险者如何在火星生活的演讲中说：

大多数时候，火星的温度比地球上最寒冷的地区还要低很多。夏天温度可低达−52℃，冬天的温度还要再低一倍。然而，火星赤道处的温度有时却能达到地球的舒适温度，并且几分钟之内就能攀升到20℃—— 这个温度让人想到新英格兰十月里某个温暖舒适的午后。

韦伯没有一味引用枯燥乏味的数据，而是利用具体形象，对两个星球的气候进行了比较和对比（如新英格兰十月里某个温暖舒适的午后）。利用这些方法，韦伯增强了演讲主题的趣味性。

便于听众记忆要点

中学教师杰弗里·斯科特说，在词汇课上，如果告诉学生某个词汇的起源，他们记住该词意思的可能性会更大。例如，讲英语单词tantalize（招惹，使干着急）时，他告诉学生这个词源自希腊神话中一位名叫坦塔罗斯的国王："坦塔罗斯背叛了宙斯，作为惩罚，他被吊在一根伸出水面上方的果树枝上。每当坦塔罗斯感到饥饿想伸手摘取树枝上的果实，风就会把树枝吹到他够不着的地方；每当他感到口渴想探身喝口水，水面就会下降。"斯科特说这个故事帮他的学生记住了这个词的意思：当我们tantalize别人时，意思就是将可望而不可即的美好事物展现在其眼前，使其倍感痛苦与煎熬。

有助于证明观点

要证明一个观点，就必须拿出证据来。假如你想证明如今抓获的造假者超过以往任何时候，你就可以引用特勤局某官员说的话："今年伪造罪的数量是过去同期的10倍。"这句话来源可靠，是证明你观点的有力证据。

提示：辅证材料未必都是证据。假设某演讲者的立论是每天喝一杯胡萝卜汁能够预防心脏病。他以一位93岁高龄的老人为例来证明这个观点。这位老人在过去的60年里每天都喝一杯胡萝卜汁，他的心脏非常健康。这个例子虽然趣味十足，但什么也证明不了，因为很多93岁的老人可能从来没喝过胡萝卜汁，但心脏一样健康。演讲者要证明自己的观点还需要提供著名医学权威对大量案例长期研究之后得出的无可置疑的结果。

辅证材料类型

本章我们仅讨论言语辅证材料，视觉辅证材料放在下一章。使用言语辅证材料的首要原则是：辅证材料必须起到展开、阐释或强化观点的作用，不能仅为演讲生动而随意穿插。

言语辅证材料的八种类型如下：

定义

演讲者与听众成功交流的最大障碍在于，演讲者往往认为听众所理解的某些字词的定义和他们所说的完全一致。如果你谈枪械管制，只说"我赞成枪械管制"是不够的。枪械管制的确切含义是什么？有人认为枪械管制意味着必须将各类枪支全部上缴；有人则认为只需将手枪上缴；还有人认为只要在政府部门进行登记，私人也可以拥有枪支。如果你只说你赞成枪械管制，却没有给出你对"枪械管制"的**定义**，部分听众可能会误解你的立场，恼火地拒斥你所说的一切。所以一开始就要界定词语。比方说，你可以这样表达："我这里所说的枪械管制不是指没收各类枪械。我谈的是，公民到政府相关部门对枪支序列号进行登记。"这样，你和听众就有了一个共同基础，可以由此探讨你的观点。

定义
对于某个词汇或短语含义的解释

你知道什么是老板键吗？老板键是很多电脑游戏附带的一个图标。如果你在工作时间打游戏，老板走进你办公室时，你可以迅速点击该图标，电脑上的游戏界面立刻会被一张电子表格取代，让老板以为你是在工作。一位演讲者在他的演讲中提到老板键，但很多听众并不知道老板键是什么意思。随时明确界定不常见词汇，你就能够避免类似错误。如果你是数字图像高手，你就要注意解释诸如JPEG和TIFF（两种数字文件的缩写）等专业词汇。这些词汇对你来说很熟悉，但对普通人则不然。

下定义时尽量不要照搬词典上的解释，词典上的定义往往枯燥难懂。相反，定义要通俗，要易于让听众理解。下面是一个颇具启发性的例子：chutzpah是英语从意第绪语中借来的一个俚语词。《兰登书屋大学词典》将这个词定义为“极度的厚颜无耻或狂妄傲慢”。有位演讲者却给出了幽默、通俗的解释：“一个丧尽天良的青年杀害了双亲之后还要求法庭看在他成了孤儿的分上对他网开一面。这种无耻恶毒的行径就叫chutzpah。”这个通俗定义透彻有力，让听众体会到chutzpah不止是一般意义上的无耻，是极端无耻。这样的定义不仅让听众更好地理解有关词语的含义，而且也加深了他们的记忆。

生动的形象

学生南希·李在她的演讲中描述了动物界当中的一种有趣的奴隶制：

美国自然历史博物馆的霍华德·托波夫博士说，亚利桑那州的多职蚁已经完全丧失了自理能力。它们不会觅食、不能哺育后代、不能喂养和保护蚁后、也不能清理巢穴，它们唯一能做的事就是战斗。为了生存，它们捕捉其他蚁类做奴隶为它们干活儿。大约1 500只多职蚁战士定期跋涉152米去袭击另一种蚁类——属蚁的巢穴。它们驱逐蚁后和工蚁，将属蚁的蛹，即发育中的幼蚁掳回自己的巢穴。小属蚁一经孵化就扮演着奴隶的角色。它们要为主人多职蚁觅食、清理垃圾、挖掘新蚁穴。一个典型的奴隶制蚁群有2 000只多职蚁奴隶主和3 000只属蚁奴隶。没有这些奴隶的伺候，多职蚁只有死路一条。

这段叙述是体现**生动的形象**的一个例子，即通过对物体、动物、人物、地点或情况的描述而创造出的以文字形式表达的画面。要使听众有历历在目、栩栩如生的感觉，就必须描述具体细节。细节描述是绘画笔触，能使整个画面丰富、生动而富于色彩。不要只是简单地说“这种饼干味道很好”，要说“这种松脆的椒盐饼干外附有一层松软的酸乳酪制成的白色酥皮，咬下去甜中带咸，回味无穷”。

生动的形象
能够在人的头脑当中勾勒出逼真画面的描述

例证

例证是能够阐释一段陈述或证明一个结论的例子或事实。学生帕特·弗格森在关于文盲的演讲中提出下面的观点：

日常生活中至关重要的文字内容，我们以为理所当然，但文盲却看不懂。

例证
用来阐释某个观点的例子

如果弗格森到此为止，不再进一步说明，听众只好盲目地猜测所谓的文字内容指什么。不过这些听众运气不错，弗格森提供了下面的例子：

这些文盲看不懂杀虫剂包装瓶上的有毒警告、公路上的指示牌、报纸的头版和孩子老师的来信。

这些例子非常简短，有时你可能希望在演讲中使用一些更加详细的例子。学生威廉·墨菲在关于贩毒的演讲中用具体例子说明了毒贩如何巧妙地将可卡因偷运到美国：

- 墨西哥边界的缉毒人员发现了“毒品冰淇淋”。“毒品冰淇淋”的锥形蛋卷里藏有可卡因，表面覆盖一层冰淇淋。这样，毒贩就可以一面慢慢舔吃手里的冰淇淋，一面若无其事地跨越国境线。
- 毒贩将毒品藏在从哥伦比亚运往美国的货物中。货物包装箱的底层设有隔间，里面藏匿5 442公斤可卡因，价值300亿美元。

· 在迈阿密，海关官员查获了一批石膏制成的假甘薯。这些石膏甘薯的形状和色泽与真甘薯一模一样，但内部却是空的。这些假甘薯里藏有454公斤可卡因，价值340万美元。

· 将可卡因砖藏在装毒蛇的箱子底部的暗箱里是几年前毒贩普遍采用的方式。后来缉毒人员识破了他们的诡计，他们就开始将毒品放在蛇的体内。一名海关官员说："谁敢把那些4米长的眼镜蛇拖出来检查？"

证明一个观点需要举多少例子？有时一个例子足够，有时可能需要若干。你应该自问："如果我是听众，多少例子才能让我理解、记住演讲者所传达的信息或者让我对此感到信服？"

叙事

叙事
用来阐释某个观点的故事

叙事即讲述一个可以用来阐释你所传达的信息的故事。它是听众最喜欢，也是最易于记忆的讲述方式。人人都爱听故事，即使是昏昏欲睡或注意力分散的听众也忍不住要听。叙事和其他辅证材料一样，必须与你所传达的信息相关联。如果一个故事没有展开、阐释或强化重要内容的作用，无论多么吸引人，也必须放弃。

为了说明下属在上司做出危险或错误行为时挺身而出的必要性，学生希瑟尔·科尔转述了前宇航员迈克·穆雷的故事：

迈克·穆雷成为宇航员之前服役于美国空军，是F-111喷气式战机的武器及导航系统操作员。在一次飞行任务中，飞行员在"Bingo fuel"的状态下仍坚持飞行。"Bingo fuel"是美国空军术语，意指机上燃油可能已不足以使飞机返回基地。

穆雷暗暗告诉自己要大声说出自己的看法，反对继续飞行，但他最终选择了沉默。毕竟，飞行员有着数千小时的安全飞行经验。初出茅庐的操作员哪来的胆量去挑战经验丰富的飞行员？

后果可想而知。战机燃油耗尽，机组成员被迫弹射逃生。F-111战机坠毁，变成一堆穆雷所谓的"价值2 000万美元的破铜烂铁"。

纳瓦霍第一夫人维基·雪莉正在亚利桑那州拉夫罗克斯某校为学生家长做演讲。纳瓦霍包括了亚利桑那州、新墨西哥州和犹他州的部分土地。在演讲中，雪莉大量使用了关于纳瓦霍文化和历史的叙事或故事。例如，为了说明其族人非凡的生存能力，她讲述了纳瓦霍人从"长征"（1863—1864）中死里逃生的经历。其时，9 000名纳瓦霍人迫于无奈背井离乡，横跨沙漠并经受了四年的牢狱之灾。上千人在这次灾难中丧生。

以上讲述的是一个真实的故事，但有时你可能会用到**假设性叙事**，即想象的情景。私家侦探卡特里娜·本杰明这样解释计算机是如何侵犯普通人隐私的：

假设性叙事
为了帮助听众想象某种可能的情况而讲述的虚构的故事

一家公司正在考虑是否雇用你，他们请我对你进行调查。现在我只知道你的姓名和地址，但我只需坐在电脑前，五个小时之内就能对你的很多情况了如指掌：我知道你做过什么工作，收入多少；知道你的父母、兄弟姐妹、配偶以及孩子的名字；知道你开什么车和车的价格；知道你是否曾犯罪被捕或被起诉过——即使是因超速行驶被开了罚单；知道你每月要还多少房贷；知道你有哪些健康问题，我还知道你以前吃过什么药，现在正在吃什么药。

这一连串的虚构生动地说明了计算机是如何侵犯个人隐私的。

比较和对比

有时对某个事物或某个概念进行解释的最好方法就是**比较**，即指出它与其他事物的相似处。在一次关于英语语言发展的演讲中，演讲者提到了英语和弗里西语的几点相似之处：

比较
指出两个或两个以上事物的相似之处

弗里西语的使用者为30万弗里西人，他们居住在荷兰北部沼泽遍地的海岬。弗里西语是与英语最接近的语言。我们的glass of milk是他们的glass milk，我们的butter是他们的butter，我们的dream是他们的dream，我们的boat是他们的boat，我们的green是他们的grien，我们的house是他们的hus，我们的cow是他们的ko，我们的goose是他们的goes，我们的sunshine是他们的sinneskine……

通过这些比较，演讲者充分说明了两种语言是多么相似。

比较能展现事物的相似之处，而**对比**则能展现事物的差异。为了说明为什么众多公司纷纷将大量技术性岗位由美国向其他国家转移，弗里斯特研究公司负责外购的副总裁斯蒂凡尼·莫尔对两种情况进行了鲜明的对比：

对比
指出两个或两个以上事物的不同之处

在印度，你以5 000美元的年薪就能从大学聘到优秀的Java（一种计算机语言）程序设计员，而在美国则要花费60 000美元。技术性岗位就是这样，既然在14 483公里以外的地方花钱更少，为什么非要选择纽约呢？

有时，同时使用比较和对比两种方法效果会非常好。例如，对日本和美国的汽车同时进行比较和对比能使听众更全面地了解两种汽车的特点。

类比

比较有一种特殊的形式叫做**类比**，即通过将某个概念或物体比作另一个乍看上去完全不同的事物来解释这个概念或物体。例如，计算机安全专家威廉·切斯维克在解释犯罪分子轻而易举就能突破网站的防火墙时这样说道：“因特网就像一个后门是纱门的保险库，想进去只需穿门而入，不需要手提钻与原子弹。”

类比
比较不同事物之间某些方面的相似之处

类比和一般的比较有什么区别呢？一般的比较是指出同类事物（如两辆汽车）的相似之处，类比则是展示不同类事物（如标点的作用相当于路标和交通信号）的相似之处。学生谢里尔·威廉姆斯在演讲中运用了类比法来说明担心只是徒劳的观点：

担心就像坐在摇椅上剧烈地摇晃——虽然摇摆的幅度很大，但到头来还是停在原地。

类比法意在说明在一种情况下成立的事实在另一种情况下同样成立。学生丽莎·拉斯伯恩在演讲中是这样进行类比的：

考试前一晚临时抱佛脚，就像为了让蛋糕快点烤熟而把炉温从350℃升高到550℃，根本行不通。

证言

假设你的同学要就美国的陪审员制度做一次演讲。她告诉你大部分社区选择和任用陪审员的方法效率低下，花费高昂，且诱惑腐蚀陪审员。你相信她这番话吗？如果这些只是她个人的观点，你可能不会相信，毕竟她既不是律师也不是法官。但如果她这番话援引自联邦最高法院的首席大法官，你还会怀疑吗？大概不会，因为首席大法官是美国法庭事务的专家之一。

证言
引自学识渊博者，被演讲者用来解释或证明某个观点的言论

援引学识渊博者的相关言论就是在用证言支持自己的观点。采用**证言**的主要作用在于它可以即刻赋予你可信性。援引专家的言论其实是在说："持这种观点的绝不止我一人。该领域内重量级的权威人士也赞成这个观点。"

怎样使用证言

使用证言可以采用下面三种方法：

原文引用
对材料原话逐字引用

1. 原文引用。有时，对材料原话逐字引用会起到非常好的效果。例如，洛林·瓦勒乔在关于梦的演讲中提出下面的观点：

对我们所有人来说，梦既神秘莫测又混乱疯狂。研究梦的专家威廉·德门特说："梦让我们每个人每晚都能疯狂一把，这样的疯狂安静且安全。"

引用专家的原话会起到非常好的效果，因为专家的陈述生动有趣，如果进行改述则会削弱原文的表达效果。

概述
用浓缩的语言表达一段陈述的主旨

2. 概述。如果原文过于冗长，逐字引用会让听众感到枯燥乏味。一段陈述如果包含了两个或两个以上的句子，你就应该对其进行概括总结。瓦勒乔在演讲中将一大段引文概括为简短的一句话：

小罗伯特·克莱门特，知名演说家，已故棒球明星罗伯特·克莱门特之子。他深知引语的力量。老罗伯特是波多黎各人，他把大部分闲暇时间都用于人道主义事业。1972年他赴尼加拉瓜进行震后援助途中不幸坠机身亡。小罗伯特在演讲中经常引用父亲的一句名言："放弃改变世界的机会无异于空耗生命。"这样的引语虽然简短却震撼人心。

诀窍小贴士8.1　引用听众信任的专家

假设你正在向一群企业主管推销产品，引用玛莎·斯图尔特的话是否能够增强你的说服力？

未必。有些企业主管十分钦佩斯图尔特，因为她既是成功的企业家又是电视和杂志争相报道的红人。但也有人对她评价不高，因为她曾因谎报股票交易情况而获罪入狱。引用斯图尔特的话可能会受到部分听众的欢迎，同时也可能导致另一部分听众的反感，这种情绪可能会影响他们对你的信任。

有时，虽然专家本人受人敬重，但就正在讨论的话题而言却未必有说服力。如果你谈论的是外交政策，却引用了某个足球明星风趣幽默的讲话，听众会认为该球星对外交政策的观点中肯而可靠吗？如果不会，引用球星的话势必会削弱而不是增强你的说服力。

受过高级培训、专业技术经验丰富者，如科学家、医疗研究人员和工程师等，都很可能为你的演讲提供证明，因为一般来说他们的可信度较高。但这并不是说非技术人员的言论对演讲毫无用处。如果你有同学尝遍了附近各家餐馆的低脂菜肴，并对这些菜肴形成了自己的评价，这名同学就是这方面的专家。他能告诉你吃低脂菜的最佳去处。一位知名人士由于患上糖尿病而开始领导全国民众抗击糖尿病，她虽然不是医疗权威，但她的亲身经历会引起听众的重视。

在援引专家的话之前，要提前了解听众是否尊重和信任这些专家。你可以事先对部分听众进行访谈或对所有听众进行问卷调查（详情请参考第四章）来对此进行了解。

西格蒙德·弗洛伊德相信人的梦境能够反映人潜意识当中的欲望和冲动，这些欲望和冲动是我们在白天的清醒状态下所不敢想的。

3. 释义。如果原文使用了古语、术语或行话，你就有必要对原文进行释义。如，你想引用一位谍报专家的话“阿尔德里奇·艾米斯是苏俄安插在中情局的间谍”，你可以用通俗易懂的语言将其改述为“阿尔德里奇·艾米斯供职于中央情报局，秘密为苏俄服务”。

释义
用另外的表达形式对材料进行重述

道德原则

使用证言要负责，要讲道德。以下是使用证言的几条原则：

确保引文准确无误。如果引用时不小心，很可能无意中改变原意。例如，拉尔夫·沃尔多·爱默生的名言“墨守成规乃庸众之心魔”（Consistency is the hobgoblin of little minds）经常被人引用。实际上这则名言在被人引用的过程中出现了差错，与爱默生的原意相差甚远。爱默生的原话为“盲目地墨守成规乃庸众之心魔”（A foolish consistency is the hobgoblin of little minds）。按照错误的引文，大凡墨守成规都该遭到谴责，但原文想表达的其实是只有盲目地墨守成规才是愚蠢的。

确保证言来源客观公正。有道德的演讲者不使用具有偏见的信息来源。假如在调查多种波动描记器（测谎仪）的准确性时，你听到两位从测谎仪生产厂领取薪水的“专家”对这种仪器的夸赞。你能指望他们客观公正吗？当然不行。他们说了测谎仪的坏话就可能因此而丢了工作。拒绝这样的“证据”，要找那些在相关事件当中没有既得利益的人的证言。

对信息源的资质进行说明。如果引用的是亚伯拉罕·林肯之类名人的言论，你无需对他们的背景进行说明。但对那些知名度不高的权威人士，就一定要对他们的情况进行介绍，确立可信性。如：“杰克·史密斯是美国宇航局的资深研究员，他在该部门从事研究工作25年，他说……”

数据

在一次解释广袤的宇宙的演讲中，波拉·席勒以一些难以想象的事实开篇：

比邻星是离太阳系最近的恒星，距离太阳系只有4.28光年。听起来不太遥远，是吧？我们是否能在有生之年到达这颗恒星，或者到达它的某颗行星呢？在幻想成为登陆离我们最近的恒星的第一人之前，请先考虑一下我们面临的现实情况：即使搭乘目前速度最快的太空船，到达比邻星也要耗时40 000年。

数据
用来传达关于某个主题的重要信息的数字

在这段陈述中，席勒使用了**数据**，即能够传达信息的数字方式。上述例子说明，数据未必都乏味枯燥，也可以充满趣味，乃至激动人心。

说服听众接受某个具体的观点时，数据特别有效。在我们的社会当中，人们非常相信数据。如果电视商业广告宣传说，在众多品牌中，78%的医生更喜欢用“万能牌”止痛药，很多消费者就会争相购买。

卡洛·莫里斯试图通过自己的演讲说服听众少开车多走路。她想证明美国人的身体今不如昔，部分原因在于能够步行的时候也要开车。她原本可以笼统含混地说：“汽车让我们美国人身体虚弱、肌肉松弛。”但她却使用了生动的数据来证明自己的观点：“由于汽车的出现，美国成年人的平均腰围都比上一代增加了3厘米。”这一数据简短但是惊人，是整个演讲当中最具说服力的部分之一。

解读数据

数据能对观点形成强有力的支持，但也很容易被误用。误用有时是有意为之，有时则是粗心与无知所致。然而，“数据能够证明一切”这句老话还是很有道理。为了了解数据是如何被使用和误用的，我们来看几种比较常见的数据类型。

平均指标
能够体现一组不同数值总体意义的数值

平均指标：最常见的数据类型是平均指标。它能为观点增添趣味性。如当一个演讲者指出：“在美国，平均每天有24名邮递员被动物咬伤。”在类似的例子中，平均指标要比全年总数更加生动。

平均指标看起来非常简单，但理解起来却容易出错：大部分人不知道平均指标实际上可以分为三类，分别是平均值、中间值和众数。为了理解这三个概念，请参看图8.1。该图通过三种方法计算出图中所列的美国城市七月份的平均气温。

平均值
在一组数据中，所有数值之和除以数值的个数得到的数值

平均值：人们计算平均指标最常使用的方法，即将所有温度值相加（结果为334），然后除以城市数量（11），最后得到的数值（30）就是平均值。

中间值
一组数据当中最中间的数值

中间值：计算中间值时将数值按照从大到小（或从小到大）的顺序进行排列，最中间位置的数值就是中间值。（记忆方法：中间值就是正中间的那个数值。它就像是公路上的中线。）在图8.1中，31正好处在正中间，所以它就是中间值。在这个例子中，数值个数正好为奇数，所以很容易找到中间值。如果数值个数为偶数，中间两个数值的平均值就是这组数列的中间值。

众数
一组数据当中出现次数最多的数值

众数：统计数据中出现次数最多的数值。在图8.1中，出现频率最高的数值是28。

因为上述三个概念都可以称为平均指标，因此传达信息时就会产生问题。假设某公司有总裁一名，年薪290 000美元；副总裁一名，年薪170 000美元；经理三名，每人年薪50 000美元；还有工人二十名，每人年薪20 000美元，这家公司所有人员的平均年收入是多少？如果我们把平均值看作平均指标，用所有人的年收入之和除以25（公司总人数），得到的结果是40 400美元。如果把中间值看作平均指标，将所有人的年收入按照从高到低的顺序排列，然后找到位于中间位置的数值，结果是20 000美元。众数也是20 000美元。

假设该公司现在出现劳资纠纷。在接受媒体采访时，公司总裁可能会说：“我不知道工人们抱怨什么。公司员工的平均年收入达到40 400美元。”她说的没错，因为她将平均值看作平均指标。而工人代表可能会说：“我们平均年收入仅为20 000美元 。”这样的说法也没错，因为中间值也是平均指标的一种形式。

作为研究人员，你必须知道这三个词语的含义，但是作为一个有道德的演讲者，你应该将平均指标限定在平均值的范畴内，因为在大部分人眼里平均指标指的就是平均值。对于其他两种形式可在具体语境中加以解释，但是不要使用“平均”一词。例如，在图8.1的例子中，你可以说：“列表中出现频率最高的温度为28°C。”如果想说明中间值，你可以说“温度在22°C~41°C之间波动，中间温度为31°C。”

宾州警察局长杰弗里・米勒在关于安全驾驶的演讲中使用了数据，效果很好。他说，在过去五天的感恩节假期中，宾州有19人死于车祸，其中15人未系安全带。16起重大交通事故当中有7起与酒后驾车有关。

城市	七月份正常气温	
菲尼克斯	41	
休斯顿	34	
奥兰多	33	
新奥尔良	33	
圣路易斯	32	
亚特兰大	31	→ 中间值　数列中处于最中间位置的数值
纽约州奥尔巴尼	28	} 众数　出现次数最多的数值
芝加哥	28	
底特律	28	
西雅图	24	
旧金山	22	
	334 ÷ 11＝30	→ 平均值　所有项之和与项数的商

图8.1

图中给出了美国部分城市七月份的正常气温。这些城市的平均气温有三种计算方法，因为平均指标有三种类型：平均值、中间值和众数。

百分比
在100等份中所占的比例或份额

百分比：使用百分比（在100等份中所占的份额）对于立论非常有用。例如，你发现某公司有2%的残疾员工，但在所有车位中只有1%为残疾人停车位。有了这些数据，你就可以为增加残疾人停车位提供有力的论据。

但是，百分比有时也能对听众产生误导。一则电视商业广告说："在接受采访的医生当中，80%的人说他们给病人推荐了'好感觉'牌药片。"到底有多少医生推荐使用这种药片？如果只有10名医生接受采访，其中8人对这种药物表示认可，那么这则广告说的没错（8占10的80%），但是会对人们产生误导。

下面的说法是真实的：在最近的一年里，瑞士的失业率增长了50%，这使瑞士成为上一年全球失业率涨幅最高的国家。情况听起来糟透了，是吧？这个繁荣的小国家是否正在滑向经济崩溃的深渊？然而，这一情况还有另一种报道方式：在最近的一年里，瑞士失业人数为51人，与上一年的34人相比，增长了50%。当你看到实际的失业人数时，你发现瑞士人根本不需要感到恐慌。

相关性
两组数据之间的关联程度

相关性：相关性指的是两组数据之间联系的密切程度。假如我现在有两组你和你的20个朋友的相关数据：我通过你们所有人都参加的智力测验得到了你们的智商数，同时还获得了你们在学校取得的平均成绩。在对这两组数据进行比较时，我发现智商数较高的人往往平均成绩也较高。现在我可以断言这两组数据相关性很强。智商越高学习成绩越好，这对大部分人来说并不稀奇。统计数据说明了智商数与平均成绩积分点密切相关。

现在，假设我要对你们的智商数和你们的鞋的大小进行比较。我是否会发现脚越大的人智商数也越高呢？当然不会。那么我是否会发现脚越小的人智商数越高呢？同样不会。因为脚的尺码与人的智商毫无关联，根本无从比较。用统计学的话来说，二者之间没有相关性。

相关性是一种便捷的统计工具，因为它可以帮助我们预测个人的情况。例如，医疗专家可以预测经常慢跑的人寿命要比不运动的人长，因为经常锻炼和长寿之间的相关性极强。

然而，数据间的相关性经常被人误解或误用，因为有人认为关联性能够证明数据之间存在因果关系。我们不能因为两组数据相关，就认为两者之间存在因果关系。例如，有些医疗研究人员曾经认为饮用牛奶能够致癌，因为他们发现在一些欧洲国家牛奶的消费量与癌症比例的相关性极强，同时发现在牛奶消费量较低的不发达国家癌症病例很少。然而，在分析数据的过程中，他们发现了影响研究结果的第三个因素：40岁以上的人是癌症的易发人群，大部分不发达国家的研究对象根本活不到40岁。所以，牛奶消费量与癌症之间虽然存在相关性（牛奶消费大国的人患癌比例较大），但绝对不存在因果关系（牛奶不会致癌）。

数据的使用原则

对可能用于演讲的数据进行考量时，应遵循下列原则：

使用数据要诚实公正。在最近的一年里，报纸和电台都报道了一则骇人的新闻：美国最大的城市当中有四个城市的凶杀案数量创下历史新高，这四个城市分别是洛杉矶、圣地亚哥、达拉斯和菲尼克斯。报道属实，但却容易误导。上述四个城市的人数也同时创下历史新高，人均凶杀案数量仍然与往年相同。换句话说，凶杀案件多了，因为人多了。

这个例子说明真实的数据有时也能让人产生误解。缺乏职业道德的演讲者可能会直接援引犯罪统计数据，让听众得出错误的结论——在四大城市，凶杀案件日益猖獗。相反，有道德的演讲者会对数据进行仔细分析，了解其真正含义，并向听众解释犯罪率——判断犯罪状况的唯一标尺——并没有上升。

要确保你的数据来源客观公正。如果一家制药公司自称生产出的新药对于偏头痛有100%的疗效，对这样的说法心存怀疑是明智的做法。你应该查找与该产品没有利益关系的组织和个人，如大学里的医学院等对它的评价。

数据不滥用。罗列一堆数字，听众理解起来会感到困难：

较差：据美国国家统计局统计，美国人当中有222 600 798人在家庭中使用英语，38 844 979人使用其他语言。在使用其他语言的人当中，19 339 172人说西班牙语，2 189 253人说汉语，2 102 176人说法语，1 947 099人说德语，1 908 648人说意大利语。除此以外，还有不足1 000 000人使用上述语言以外的其他语言。

较好：据美国国家统计局统计，85%的美国人在家中使用英语。在15%使用其他语言的人当中，一半讲西班牙语。四种语言——汉语、法语、德语和意大利语的使用人口大约各占非英语人口的5%。

前一项如果是书面文章的一部分可能没有问题，但在演讲中会不利于听众理解。后一项经过整理与简化，听众理解起来就比较容易。

长数据要约整。在书面表达中数据再长也没有问题，但在演讲中，听众想听清这些复杂数据会非常困难。约整后的数据易于表达也易于理解。

较差：在上一届总统大选中，121 056 394个美国人参加了投票。

较好：在上一届总统大选中，超过121 000 000的美国人参加了投票。

数据要生动语言化。如果你的数据在大部分听众看来毫无意义或不够直观，要将其转化为简明通俗的语言。为帮助听众明白太空碎片的危险，学生梅丽莎·波拉德这样说：

此时此刻，大约2 000吨太空垃圾正在绕地球运行。这些太空碎片大部分是以前执行太空任务时留下的，有宇宙飞船的残骸、火箭发射装置以及废弃的卫星。为了了解这些垃圾的危险，我们想象一下：如果一个不足3厘米宽的碎片与宇宙飞船相撞，产生的撞击力将相当于以每小时105公里速度飞行的保龄球所产生的冲力。

如果波拉德只提供了太空碎片的尺寸和飞行速度，听众可能想象不出她所描绘的景象。通过将数据转化为保龄球这一形象，她勾勒出了一幅清晰而有意义的画面。

数据要适合听众。要尽可能对数据作出调整，使其满足特定听众群的需求和兴趣。假设你正着手准备关于阿拉斯加的演讲，你想让听众了解阿拉斯加的地域多么辽阔。你需要做的就是随身带一个便携式计算器，到图书馆找一本《世界年鉴》之类的参考书，查看各州面积，进行一些简单运算。如果你住在加利福尼亚，想让听众知道阿拉斯加到底有多大，你可以这样说："阿拉斯加可以容纳三个加利福尼亚，剩下的地方还足以放下俄勒冈。"

数据要与熟悉的物体相联系。将数据与听众熟悉的事物联系在一起是使数据生动形象的方法之一。在一次关于蝙蝠的演讲中，学生萨丽·英格想告诉听众有一种蝙蝠小得不可思议。"克"这个单位在大部分听众看来意味着重量极轻，但英格并没有用"克"来说明这种蝙蝠的体重。她是这样表述的："有一种蝙蝠长得非常小。其成年蝙蝠的体重比一枚便士还轻。"听众都知道一枚便士有多重，所以很容易想象出这种蝙蝠有多小。

所有美国人都对橄榄球场的长度和宽度有直观感受，当你讲到尺寸和距离时，就可以将橄榄球场作为参照物。如果想说明垒球场的实际面积要大于人们从其外观做出的判断，你可以这样说："打出本垒打的击球手绕球场一周的距离为18米，这个距离超过了橄榄球场的长度。"如果想说明篮球场的面积相对较小，你可以说："一个篮球场的宽度不及橄榄球场宽度的1/3。"

演讲示例及评点

为了解如何使用辅证材料，我们来看一看学生凯伦·宫本关于职场侵害现象的演讲。讲稿旁边的评点指出了所用辅证材料的种类。

评点	职场侵害
凯伦·宫本开场的一段**叙事**意在吸引听众的注意力，引起他们的兴趣。	28岁的马克·蒙达纳是西雅图某餐饮公司的厨师。他热爱自己的工作，各位上司对他的表现也很满意。然而，几年前，一位新老板的到来却让他的生活从此变得不堪忍受。这位老板经常在众人面前贬低蒙达纳，气势汹汹地咒骂他，自己犯了错却迁怒于他，有时还威胁说，如果蒙达纳表现还不好，就让他在烹饪界名誉扫地。蒙达纳说："我开始觉得自己非常糟糕，对自己的能力也产生了怀疑。我患上了严重的头痛并且开始失眠。"几个月之后，他终于不堪忍受，辞去了那份工作。
	马克·蒙达纳就是职场侵害行为的一位受害者。我想告诉大家的是：虽然职场侵害现象非常严重，但我们可以不做被动的受害者。首先，让我们来看一看这一现象的严重程度。
演讲者给出的**定义**使听众能够准确理解她所讨论的行为。	侵害行为广泛存在于职场。反职场侵害运动的领导者——加州心理学家加里·纳米博士将"职场侵害行为"定义为"对他人故意、反复实施，能够给其带来伤害和痛苦的侵害行为。这种侵害既包括精神上的侵害，也包括身体上的侵害，但多指前者"。
大量的**数据**可以增加听众的兴趣，同时让他们更加清晰地了解问题的严重程度。	在纳米博士的调查中，大部分侵害者是老板。这一点并不稀奇。让我感到惊讶的是他发现的其他一些情况：在所有被调查的案例当中，侵害者为女性的案例占30%。在侵害者为男性的案例当中，受害者同为男性的案例占72%。在侵害者为女性的案例当中，受害者同为女性的案例占68%。根据哥伦比亚大学心理学家哈维·霍恩斯坦博士已经完成的一项长达八年之久的研究，约1/5的美国工人在他们的职业生涯当中会成为职场侵害行为的受害者。
在这部分以及其他部分，演讲者引用了专家的**证言**。 **生动的形象**勾勒出侵害者的状貌。	马萨诸塞州沃尔瑟姆的心理学家哈里·列维森博士从事职场侵害行为研究40多年，他描绘了侵害者的行为：他们通常通过辱骂和残酷剥削来对他人进行侮辱以及严厉而无孔不入的控制与管理。他们不断通过讽刺挖苦或苛刻、反复、不公的批评来羞辱他人。他们不仅与你处处为敌，而且傲慢自大；他们对你的工作能力及态度表示怀疑，当众对你进行羞辱。

通过具体的**例证**来展现职场侵害行为的危害。

职场侵害行为不仅对员工造成伤害，同时也会损害整个公司和机构的利益。按照霍恩斯坦博士的说法，遭到侵害的员工会受到焦虑、抑郁、心脏病、胃肠功能紊乱、头痛、皮疹、失眠、性功能障碍等不适症状的折磨。员工受到折磨，公司和机构也必将在劫难逃，这样将导致生产效率下降，事故增多，优秀员工另谋高就。

通过**假设性陈述**向听众展现出一种情境：在遭受侵害之后应采取必要行动。这一技巧可以帮助听众了解演讲者各论点之间的联系。

我们已经知道了职场侵害行为的特征和严重程度，接下来探讨将如何应对。如果遭到职场侵害，一定要采取行动。我曾经读过一些专家的文章，这些专家无一例外地建议首先要与侵害者私下交谈，告诉他/她你将不再容忍这种状况；如果无效，每天将此人的侵害方式记录下来；在记录20个案例之后，将记录递交上级主管，要求制止他/她的侵害行为。

通过某公司的具体**例证**告诉听众有些雇主对职场侵害行为非常重视。

此时，公司应当依据公司行为准则规定采取措施；如果公司没有此类规定，要敦促公司尽快制定。一些大公司，如美国运通公司、汉堡王公司和彭尼公司，都明文禁止侵害行为。任何实施侵害行为的员工都将被解雇。

通过**对比**揭示侵害者实际心理与外在行为之间的差异。

有些公司遇到此类问题时不采取解雇员工的做法，而是提供心理健康咨询服务。咨询服务有时可以帮助那些侵害者找到他们的行为动机。霍恩斯坦博士认为，侵害者在个人生活中往往缺乏安全感，感觉不尽如人意，他们通过职场中的攻击性行为来补偿生活中的缺憾。他们常常觉得自己很渺小，因此总是尽力贬低别人，企图以此表现自己的强大。诋毁他人成为抬高自己的唯一手段，这着实让人觉得可悲。

通过**类比**在听众脑中画出一组平行线——鸽子与管理艺术，帮助听众理解管理的折中艺术。

对于别人提出的改正要求，一些存在侵害行为的管理人员认为：人们希望他们变得弱势一些。他们应该知道，管理人员必须避免两个极端——过于弱势和过于强势，要走中间路线：坚定而公正。洛杉矶道奇公司前经理汤米·拉索达曾说：“管理就像手中捧着一只鸽子，握得太紧鸽子会死去；握得太松鸽子会飞走。”

如果你的雇主对你的意见无动于衷，你该怎么办？可以考虑通过法律程序解决问题或找一份其他工作。有一点是肯定的：永远不要让自己遭到侵害，没人应该忍受侵害。

总之，工作场合有很多侵害行为。如果你是受害者，应该采取必要措施制止这种行为的蔓延。要与侵害者私下交谈，如果无法奏效，就将他们的行为记录下来，递交给高层管理人员。如有必要，可以换一份工作。

在结束演讲时，宫本对两种侵害行为进行了**比较**。

我们无法忍受发生在校园里的殴打孩子的行为，也绝不能容忍工作场所中对员工感情的伤害。

复习与提高

www.mhhe.com/gregory8

本书的网上学习中心网站备有方便大家学习与复习的资源与工具，如练习测试、重要词语记忆卡和演讲示例录像等。

小结

言语辅证材料事关演讲的成败。它不仅可以用来展开、阐释论点，使论点清晰易懂，使演讲妙趣横生、内涵丰富，还能帮助演讲者证明自己的言论。

常见的言语辅证材料有（1）定义：有助于确保听众按照你的原意理解关键词语；（2）生动的形象：用语言勾勒出画面，帮助听众将概念形象化；（3）例证：用来解释一个陈述的例子；（4）叙事：即一个故事，用以强化所要表达的思想；（5）比较：用来展示两个或两个以上事物的相似之处；（6）对比：用来展示两个或两个以上事物的差异；（7）类比：将一物比作看似完全不同的另一物来解释某一概念；（8）证言：引用的专家的意见；（9）数据：传递信息的数字方式。

上述类型当中，叙事或故事是大部分听众最喜闻乐见的形式。人们喜欢听故事，而故事也往往是演讲当中听众记忆最深刻的部分。和其他辅证材料一样，你必须确保叙事能够起到解释、说明或强化演讲内容的作用。在信息类及说服类演讲中不宜讲述与话题无关的故事。

数据，如平均指标、百分比和相关性对演讲来说非常有用，但使用时要做到准确公正。要让数据适应特定的听众群，并尽量使数据既有趣又有意义。

重要词语

复习题

1. 列举辅证材料对演讲至关重要的五点原因。

2. 为什么在演讲当中非正式定义好于词典中的定义？

3. 演讲者必须使用什么方法才能提供生动的形象？

4. 演讲中使用证言的主要优点是什么？

5. 某小公司经理年薪100 000美元。13位职员年薪为每人12 000美元。分别从平均值、中间值和众数三个角度计算该公司全体人员的平均年收入。

6. 阐述一个观点需要举多少例子？

7. 哪个词可以用来表示虚构的故事？

8. 比较和对比有什么区别？

9. 演讲者将担心比作坐在摇椅中摇摆，使用的是哪种辅证材料？

10. “身高与入选篮球队的可能性成正比”采用的是哪类数据？

批判性思维技巧

1. 每当夏天气温升高到柏油马路的沥青开始融化的时候，中暑的人就会增加。换句话说，沥青的融化和中暑密切相关。这种关联是否能够证明人们的晕厥是沥青汽化所致？请解释。

2. 从下列词语当中任选一个，用三到四句话给出非正式定义（非词典上的定义）：a. 友谊 b. 激情 c. 理想的宠物

团队协作技巧

1. 以小组形式，选定若干论题（如音乐和对食物的喜好），分析组员之间有何异同。组员在哪方面最相似，哪方面最不同？

2. 与小组成员共同分析下列真实数据。讨论它们为何会造成误解。

（1）“去年安全气囊导致37人死亡。”

（2）“接受调查的医生当中有3/4认为，对心脏来说，人造黄油比天然黄油健康。”

（3）“研究表明，和其他儿童相比，胳膊较长的儿童更擅长做数学题。”

（4）“美国有90%的瓶装矿泉水被接受过大学教育的人所消费，所以可以说教育水平与矿泉水消费量密切相关。”

（5）“普通的美国家长给女儿取名詹妮弗，儿子取名迈克尔。”

互联网使用技巧

1. 从网站上搜集三条关于儿童的引文。

参考方法：登录Yahoo Directory（dir.yahoo.com），依次点击“Reference”（查询）和“Quotations”（引文）。浏览网站列表，找到关于儿童的引文。（很多网站具有搜索功能，你可以键入关键词“儿童”进行搜索。）

2. 在网上搜索并打印对电脑和人脑进行类比的一个句子或一个段落。

参考方法：使用搜索引擎，如Google（www.google.com），键入下列关键字：+ “draw an analogy” + computer + brain。

扎瑞玛·穆库舍娃（右）努力通过非暴力手段使饱受战火蹂躏的车臣重获和平，她因此获得50 000美元人权奖金。在洛杉矶领奖之后，她做了简短的演讲。她身后的幻灯片体现了使用直观辅助工具的三大原则：（1）确保所有听众都能看清；（2）尽量选择图片而不是文字；（3）必须使用文字时，应尽量简洁。

9

直观辅助工具

本章纲要

直观辅助工具的优点
直观辅助工具的类型
直观辅助工具的媒介
准备直观辅助工具
演示直观辅助工具
附录：
PowerPoint简明指南

本章学习目标

学完本章之后，你应该能够：

1. 列举至少七条演讲中使用直观辅助工具的优点。
2. 说出直观辅助工具的类型。
3. 说出直观辅助工具的媒介。
4. 准备合适的直观辅助工具。
5. 有效演示直观辅助工具。

你是否希望将来某天能驾驶“飞车”冲入云霄，摆脱陆上的交通拥堵和空气污染，直达目的地？

在未来的几十年，我们可能还无法看到“飞车”在天空穿行，但航空航天局和波音公司的工程师们正在为此努力。主要研发人员之一的林恩·温伯格是播音公司“飞车”研发项目主管。她说她的目标是制造一种与豪华轿车价格相当、噪音小、能耗低、易驾驶、易维修的交通工具。她还说，最大的难题是上千辆“飞车”在天空争抢空间时，如何避免拥堵和相撞。

温伯格向同事和公众介绍“飞车”时，直观辅助工具是必不可少的帮手。她说：“我必须通过模型来展示和说明飞车的特点。”请看图9.1，如果没有模型或照片等直观辅助工具，描述“飞车”会非常困难。

直观辅助工具是进行信息类演讲和说服类演讲的有力工具。大部分人都在电视的陪伴下长大，已经习惯借助影像或直观辅助工具来了解商务、技术或专业演讲的内容。因此社会上流行这样一种态度：“不要只对我说，还要让我看。”

图9.1

林恩·温伯格，播音公司“飞车”研发项目主管。她手持的是“飞车”（直升机与汽车的混合体）模型。

直观辅助工具的优点

虽然我们上一章讲到的言语辅证材料对于观点的阐释非常重要，但直观辅助工具的作用也不小，原因如下：

1. 直观辅助工具使观点清晰易懂。如果你在演讲过程中通过图示告诉听众如何连接电瓶的电线，他们将很快知道如何实现汽车的助推启动。

2. 直观辅助工具可以增加演讲的趣味性。在一次关于污染的演讲中，一位化学家利用彩色幻灯片展示了欧洲一些雕像和滴水兽被酸雨侵蚀的情况。彩色幻灯片让这个专业性主题更加生动和富有启发性。

3. 直观辅助工具可以帮助听众记住事实和细节。研究表明，单一的口头陈述无法达到口头陈述和直观辅助工具双管齐下的效果。假设你给两组听众做相同主题（如何用电脑制作电子表格）的演讲。对第一组听众，你只进行口头陈述；对第二组听众，口头陈述与直观辅助工具并用。如果一周后对他们进行测试，第二组听众对演讲的理解会远远好于第一组。

4. 直观辅助工具可以代替冗长复杂的解释。医学院教授使用特写镜头的幻灯片和录像向学生展示外科手术的程序。直观辅助工具可以精确地展示切割位置和方法，将教授从冗长乏味的口头解释中解放出来。

5. 直观辅助工具有助于证明观点。在费城，一名男子驾车时与公交车相撞导致终生残疾，遂将费城市政府告上法庭并要求赔偿。费城市政府拒绝了他的赔偿要求，并称该男子的残疾纯属捏造。听证会上，该男子坐着轮椅进入会场，告诉法院他丧失了劳动能力，此后将无以为生。抗辩时，费城市政府的代理律师当庭播放了一段录像（侦探秘密拍摄）。画面显示该男子曾于几周前在新英格兰某雪山滑雪的情景。最终市政府胜诉。

6. 直观辅助工具可以增加演讲的可信性。合适的直观辅助工具能给听众留下深刻印象。因为很显然，为了让演讲有趣易懂，你在这些直观辅助工具上花了不少时间和精力。宾夕法尼亚大学研究人员发现，听众认为使用直观辅助工具的演讲者“准备更充分、更专业、更有说服力、更可信、更有趣”。但是，有些调查结果则需要演讲者注意：如果听众认为演讲者采用的直观辅助工具非常糟糕，他们对演讲者的信任度就会降低。换句话说，使用直观辅助工具应遵循“宁缺毋滥”的原则。

7. 直观辅助工具有助于与英语为第二语言的听众进行交流。随着外国听众（包括外国教授和商人、留学生、外国移民和其他英语水平较低的人群）日益增多，直观辅助工具已成为一种跨越语言障碍的重要途径。

直观辅助工具的类型

本节我们将探讨直观辅助工具的类型：数量图、图表、图画、照片、录像、计算机图形、实物、模型和演讲者本人；在下一节，我们将讲述如何利用不同媒介展示这些辅助材料。

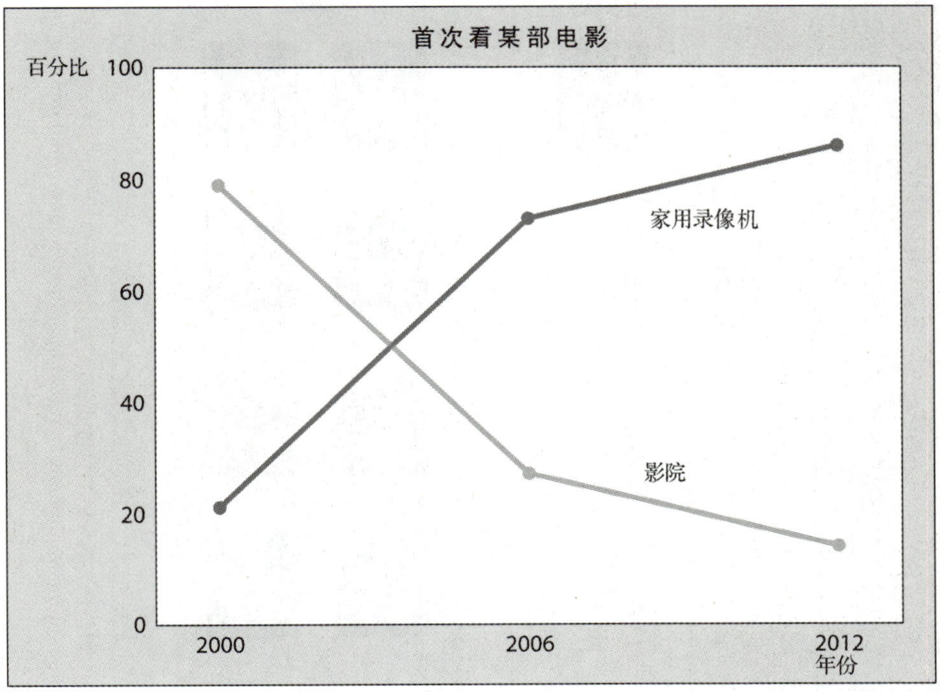

图9.2

线状图样板

几年前，普通美国人首次看某部电影还是在电影院。但时下最流行的却是通过家用录像机（DVD）及老式的家用录像带观看电影。该线状图显示，家用录像机的使用比例从2000年的21%攀升至2006年的73%，预计到2012年将飙升至86%。（图片来源：互联网电影数据库）

图9.3

柱状图样板

该柱状图显示了世界最著名的观光胜地平均每年接待的游客数量。（图片来源：世界观光组织）

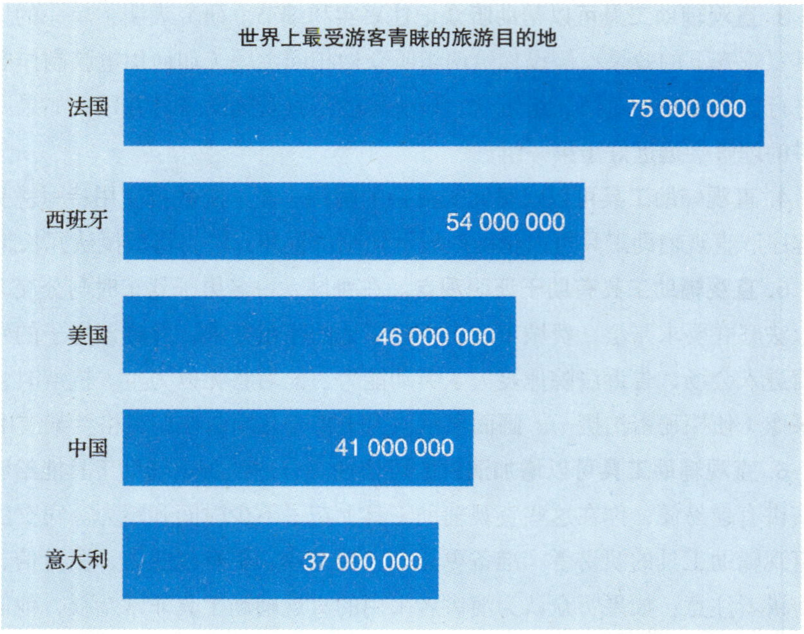

图9.4

饼状图样板

右图显示，全世界有1/3的双胞胎为同卵双生，2/3为异卵双生。右图只涉及后者，对异卵双胞胎的性别进行了分类。

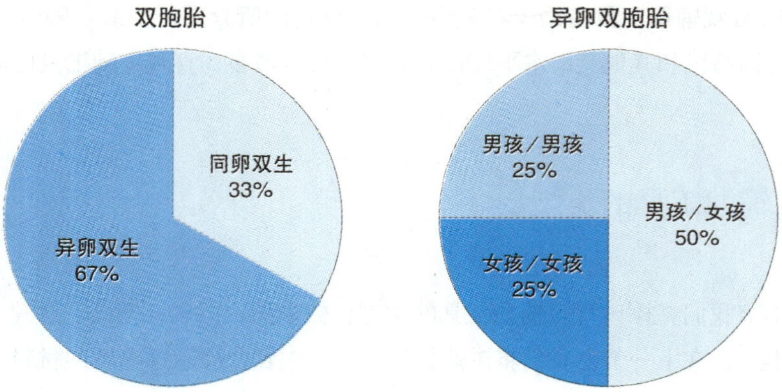

图9.5

象形图样板

当演讲者解释说每个图像代表400只狼时，听众可以迅速看到灰狼种群的恢复。据估计，1965年灰狼数量仅为400只。由于联邦政府出台了保护灰狼的法律法规，现在，灰狼数量已增至3 200只。

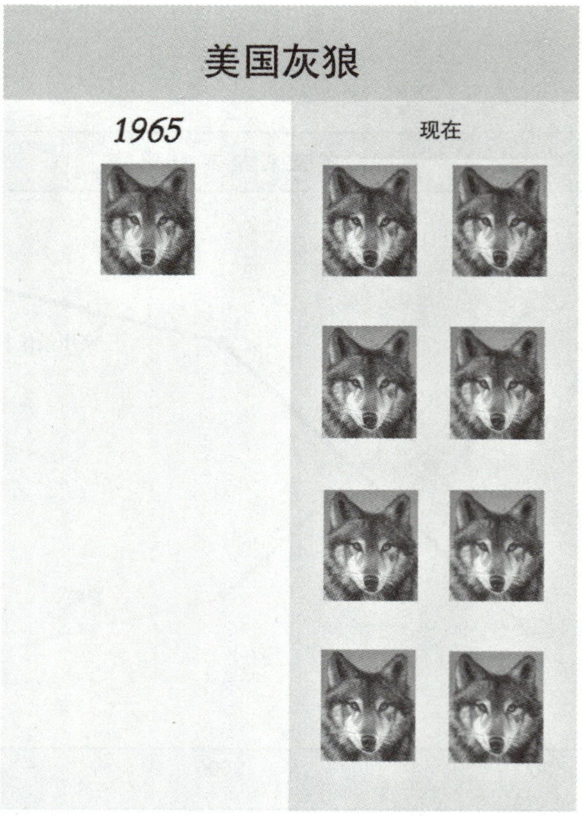

数量图

数量图有助于听众对数据的理解和记忆。**线状图**在课本当中被广泛使用，即用横向和纵向坐标显示两个变量之间的趋势和关系，如图9.2中的“百分比”和“年份”。

柱状图包含了横向的和纵向的柱体，用于对比两个或多个变量之间的关系，如图9.3所示。柱状图以一种更加清晰、简单、易懂的方式有效地展示出大量数据之间的关系。

饼状图用一个整圆表示100%，然后将其分割为面积不等的几个部分。演讲中使用的饼状图分割块一般不超过7—8块。很多学生经常将书中一个分割了20块的饼状图直接用于演讲。这种饼状图用在书中无可厚非，因为读者可以花时间仔细研究，但对听众来说未免有些混乱难懂。图9.4为饼状图样板。

所有数量图中，**象形图**最好懂，因为图中的所有信息都以图像形式出现。图9.5为象形图样板。

线状图
由表示趋势的线段组成的图

柱状图
通过彼此平行且不同长度的长方形对多组数据进行对比

饼状图
将一个整体分割为若干部分的整圆

象形图
将统计数据以图像形式表现出来的直观辅助工具

图表

图表通过简洁易懂的形式提供信息。**组织机构图**一般用于表示企业或机构的组织构成。首席执行官在最顶端，然后按照等级顺序依次向下排列。**流程图**一般用来阐明一系列相关事件的流程或次序。图9.6为流程图样板。

信息图，又称要点表，是展现某一过程内容要点或关键步骤的简易方式。图9.7为信息图样板。

信息图有时也可以**表格**形式出现，在表格中信息被排列为一行或一列。通过图9.8可以看出以表格形式出现的信息图的优越性。

特别提示：大部分老师不喜欢只有一长串列表而再无其他内容的演讲。有位学生演讲的全部内容就是将42种赚钱的职业做成表格，这是一种投机取巧的方法。

组织机构图
用于表示人员等级结构的图表

流程图
用于表示一个程序或系统的连续步骤图

信息图
将文本材料整合为一系列关键点

表格
将数字或文字系统地排列在行或列中

图画

图画具有很好的视觉辅助效果，它可以将语言难以描述的事物形象地展现出来。地图是其中一种有效形式。自己绘制的地图只需表现与演讲相关的信息。例如，你想做一次关于美国主要河流的演讲，你只需将美国国界的轮廓描绘出来，然后用深蓝色线条画出主要河流即可，无需显示城市名称之类的无关信息。图9.9为演讲中采用的地图样板。

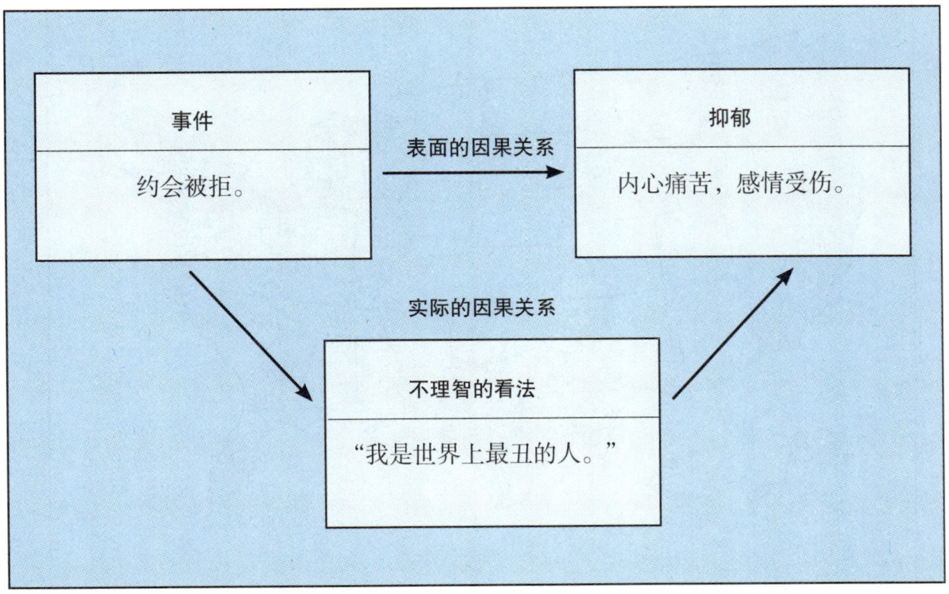

图9.6
流程图样板
认知心理学家相信，导致人们抑郁的不是事件本身（如约会被拒），而是当事人对事件通常不理智的看法。

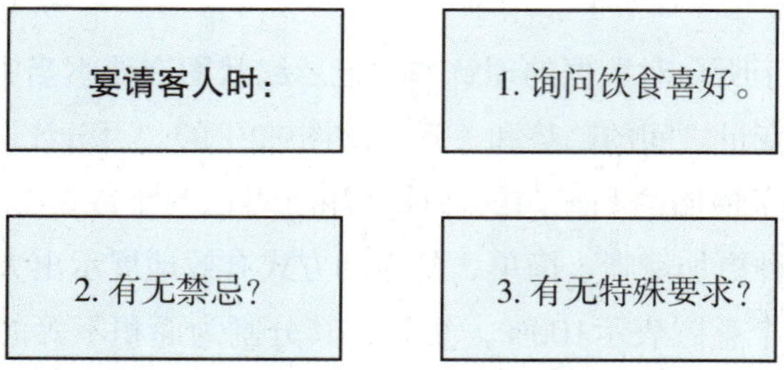

图9.7

信息图样板

信息图（或要点表）的演示媒介有PowerPoint幻灯片、海报和透明胶片。每次尽可能只展示一张，以保证听众紧随你的讲述，而不是提前阅读。

照片

照片具有高度真实性，经常被用来展现某一特定时刻发生的事情。例如，律师经常使用事故现场的照片展开法庭辩论。演讲时，你应该将照片放大，以保证所有听众都能清楚地看到其中的细节。如果无法放大，就不要使用照片。

由于多媒体种类激增，越来越多的演讲者开始使用数码照片。数码照片可用数码相机拍摄而成，之后可直接输入电脑，在多媒体程序下使用，也可利用数字扫描仪扫描传统胶片或照片获取。如需帮助，可向学校电教中心咨询。

图9.8

表格样板

表格是信息图的有效形式。该表格显示了约60年间美国最流行的新生儿名字。栏中“21世纪初”显示的是2000—2004年的信息。（图片来源：社会保障部）

最常见新生儿名字		
年代	女童	男童
21世纪初	艾米莉	雅各布
20世纪90年代	杰西卡	迈克尔
20世纪80年代	杰西卡	迈克尔
20世纪70年代	詹妮弗	迈克尔
20世纪60年代	莉 萨	迈克尔
20世纪50年代	玛 丽	詹姆斯

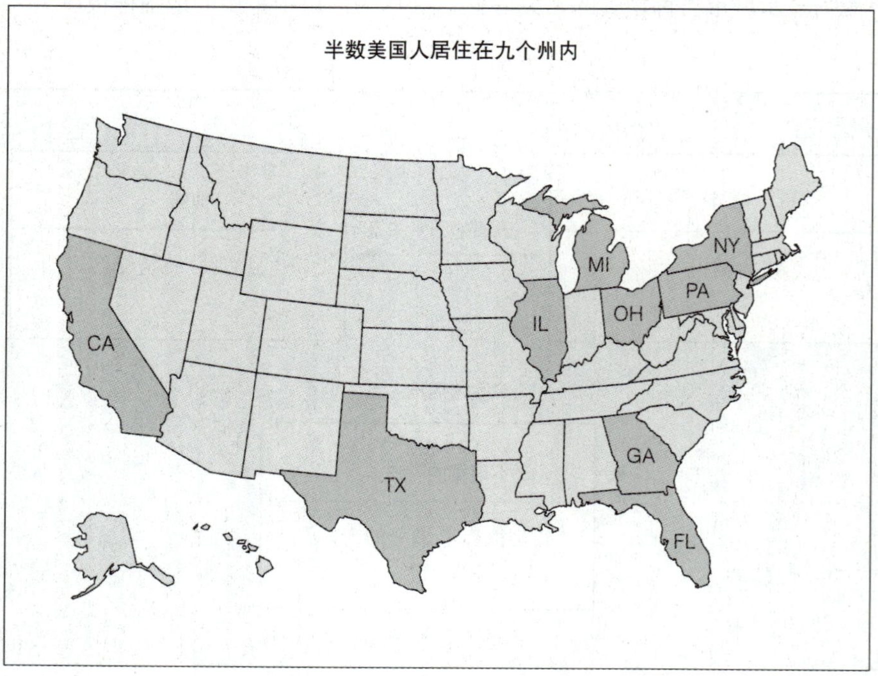

图9.9

地图样板

该图说明一半的美国人居住在人口最稠密的九个州。

CA 加利福尼亚州
TX 得克萨斯州
IL 伊利诺伊州
MI 密歇根州
OH 俄亥俄州
NY 纽约州
PA 宾夕法尼亚州
GA 佐治亚州
FL 佛罗里达州

录像

借助录像，你可以将听众带到世界的任何一个地方。维克托·特来维诺将其姐姐在瓜达拉哈拉市（墨西哥西部城市）举行婚礼的场面录制下来，包括婚礼仪式、音乐和舞蹈，并通过这段录像向听众展示了墨西哥式婚礼的热闹场面。

如果你将访谈制成录像带，演讲中你可能会用到一些片段。学生阿德莱尼·希兹曾就小偷从自动取款机盗取现金的现象采访过一位银行官员。演讲时，希兹播放了其中一个片段。在该片段中，那位银行官员指出了自动取款机的缺陷。使用了录像的演讲效果比只用语言的演讲效果要好得多。

如果自己有摄像机，就可以像希兹那样自己制作录像。你也可以从买来的录像带中剪辑出需要的片段用于演讲。通过录像带的快倒和快进功能可以节选出关键片段，省略多余部分。

不要把演讲时间全部用来播放录像。录像应该用在精心选定的环节，尤其是听众需要借助直观辅助工具理解一些技术资料时。有时也可在演讲开始时播放一段视频录像作为开胃剂，刺激听众味蕾，引发他们对主菜——演讲正文的兴趣。如果你想动员听众响应你的提议，也可将录像片段放在演讲的结尾，以起到激发他们积极性的效果。

实物

立体的实物可以提供很好的视觉辅助，前提是这些实物应足够大，能让听众看清楚。可供展示的实物有血压计、木炭火盆、手工陶器、登山设备和乐器等。

模型

模型是实物的替代品。有的演讲者利用大金字塔的模型来探讨古埃及人如何建造这些宏伟建筑，还有人使用自制的肺模型。“肺”的内部是干净棉花，通过管道将香烟吸进去，“肺”就由原来的白色变成了让人恶心的棕黄色。模型的优点是移动方便。如，利用飞机模型向听众讲解空气动力学的相关原理比在图纸上讲述容易许多。

演讲者本人和志愿者

演讲者本人也是一种直观辅助工具，你可以亲自展示瑜伽的体位、柔道的招式、空手道的劈腿、伸展练习、放松的方法、芭蕾舞步和网球的击球姿势，也可以穿上本土服装、古代服装或潜水服装。一位学生在演讲时身穿自制的小丑服装，告诉听众他在业余时间如何扮成小丑为孩子们的生日宴助兴。

志愿者也能为演讲增色不少。例如，你可以找朋友帮你共同完成关于防身术的演讲（如果是课堂演讲，使用志愿者前应先征得老师的允许）。

如果决定使用志愿者，一定要事先安排妥当。如有必要，可通过排练来确保他们能够顺利完成任务。此外，为了保险起见还应安排一些候补人员。如果既定的志愿者无法到场，候补人员可以救急。还应提前对志愿者进行指导，让他们知道何时起立何时坐下等细节。你也不希望看到你的志愿者完成任务之后还立在那里分散听众的注意力。

PowerPoint幻灯片

微软PowerPoint是一套演示程序，可用于幻灯片（包括图片、文字、动画和视听材料）的制作及展示。

演讲当中，可以使用PowerPoint幻灯片来说明、解释或强调某个关键点。幻灯片应简洁美观，尽量使用图片和简洁的文字。

图9.10是一张高质量的PowerPoint幻灯片。它明确指出地球表面的71%被水覆盖。该照片由美国航空航天局网站免费提供。拍摄者为宇航员哈里森·施密特。其时，阿波罗17号宇宙飞船恰飞抵非洲上空。

诀窍小贴士9.1 不要让直观辅助工具成为演讲的主角

直观辅助工具效果极佳，因此有些演讲者任由它们主宰整个演讲。很多时候，尤其当演讲者使用了让人眼花缭乱的幻灯片或豪华的视频文件时，画面成了主角，演讲者却沦为小小的操作员。光鲜夺人的视频材料让你觉得自愧不如，只能站在旁边，让它们来主宰整个演讲。下面这段格林斯顿集团副总裁普莱斯顿·布拉德利的演讲经历告诉我们，上述这种做法是不可取的：

几年前，我做过一次演讲。其间，我使用了商业制作的录像视频。我以为与我简单的叙述相比，听众可能更喜欢丰富多彩的动画形象。于是，我把演讲的大部分时间用来让听众观看录像，而我本人只在结尾时做了一些评论，回答了几个问题。演讲结束后，几个听众告诉我，那些录像的效果远远比不上我的讲解，建议我以后多一些讲述，少放些录像。他们的意见非常中肯：在非正式的演讲中，我可以对深奥的概念及时进行解释，同时与听众展开交流。而快速播放的录像带则无法知道听众是否能够完全理解它所播放的内容。

人们每天都可以在电视上看到花哨的视频画面，但演讲有一个电视所不具备的特点——有个活生生的人在现场和你直接交流。

图9.10

这幅PowerPoint幻灯片展示了地球悬浮于黑暗宇宙的画面，指出地球表面的71%被水覆盖。该照片由美国航空航天局网站免费提供。拍摄者为宇航员哈里森·施密特。其时，阿波罗17号宇宙飞船恰飞抵非洲上空。

关于如何有效使用PowerPoint幻灯片的内容，请参看本章末尾附录部分。了解幻灯片的制作技术可访问本书网站（www.mhhe.com/gregory8），参看PowerPoint使用指南。点击“STUDENT EDITION”（学生版）和“POWERPOINT TUTORIALS”（PowerPoint使用指南）即可。

互联网多媒体

在互联网上，你可以找到各类主题的照片、图画、地图、图表、视频以及音频文件。

下载上述文件不需要许可吗？如果仅用于课堂演讲，则无需经过许可。因为版权限制不适用于非商业、教育和一次性用途的演讲材料。但是，如果将这些下载来的资料用于商业性和专业演讲，就必须事先获得许可。（详见第七章）

在互联网上搜索多媒体资料时，你可以使用表9.1中列举的搜索方案以获得免费下载。图9.10展示的地球照片就属于互联网免费资源。美国航空航天局是允许大家免费使用的。

表9.1 互联网中免费使用的多媒体资料

在准备课堂演讲时，学生可以从网站下载并使用多媒体资料，无需获得许可，因为这些都是一次性、教育性、非商业用途的演讲，不违反版权法。如果是职业和商业演讲，演讲者使用这些网站资源时则需提前获得许可。（详见第七章）

网站	选项
Google images.google.com	点击"Advanced Image Search"（高级图片搜索），可以确定图片尺寸（大、中、小）。
Yahoo www.yahoo.com	选择"Images"（图片）、"Video"（视频）或"Audio"（音频）。
Wikimedia Commons Commons.wikimedia.org	隶属维基百科，拥有大量照片、图表和视频片段。
Ixquick www.ixquick.com	搜索之前先点击"Pictures"（图片）。
Librarians'Index to the Internet www.lii.org	在搜索框中键入"photos"（照片）或"graphics"（图表）。
Digital Librarian www.digital-librarian.com	点击"Images"（图片），可看到一个综合目录表，大部分都是历史图片。还可点击"Audio, Video, Multimedia"（音频、视频、多媒体）。

注：表中所列网址及其内容有时会发生变化。有关网址更新，请访问本书网站（www.mhhe.com/gregory8），依次点击"STUDENT EDITION"（学生版）和"WEBLINKS"（链接），查阅本页注释。

从网站中下载图片，应按照下列程序进行操作：

1. 将鼠标放在图像上，点击右键，在菜单中选择"图片另存为"。

2. 储存图片时应确定储存路径，如电脑硬盘、CD或U盘。

下载图片时会遇到一个问题：大部分可下载的免费图片分辨率很低。也就是说，这些图片只有以较小尺寸出现时才鲜明清晰。这些**低分辨率**图片可用在幻灯片或演讲的发放材料中，但不能用在海报或视频演示台等需要放大的材料当中，因为一旦放大，图片就会模糊不清。遇到这种情况，你应该使用**高分辨率**图片，无论放大与否图片都会非常清晰。（如果无法确定图片分辨率的高低，可将其转存至Word文档。先将图像尺寸调整为20厘米×25厘米，然后打印出来。如果图像很模糊，这个图片就是低分辨率图片，反之即为高分辨率图片。）

网站还会提供一些**缩略图**，即分辨率很低的小图片。如果想看大图，或想复制这些图片，通常点击这些缩略图即可。尽管大图的分辨率可能也不高，但至少比缩略图清晰。

低分辨率
缺少精细细节

高分辨率
可以提供丰富的细节

缩略图
尺寸经过缩小的图片

直观辅助工具的媒介

我们刚才介绍过的图表和数量图等各类直观辅助材料可以通过多种媒介展示给听众。

多媒体投影仪和电视机

多媒体投影仪是时下最流行的演示工具。它可以将多种视听材料——文本幻灯片、照片、图画、动画、视频片段和电影录像投射到屏幕上。多媒体投影仪通常与台式电脑或手提电脑连接使用，但有些只需一张小小的存储卡。

投影仪要依靠屏幕的亮度和机器的投射，因此你需要将室内灯光调暗，展示彩色照片或视频时尤其如此。

除了投影仪，还可以使用与电脑联机的大屏幕电视。如果场地较大，可将两台或更多电视机放在适当位置。如果电视的屏幕非常亮，则没必要将室内灯光调暗。

展示板

展示板有两种类型：白板（可用不同颜色的干擦记号笔书写）和黑板（由于粉笔的灰尘会导致呼吸系统疾病，正在逐步淘汰）。如果展示的图案非常复杂，需要随时添加或删减（如用图表示足球队布置战术），白板和黑板都是不错的辅助工具。

展示板也有不足。演讲过程中，当你在展示板上写或画（如图表）时，必须背对听众。你画图时，他们的注意力会从你身上移开。你也许会发现再次吸引听众的注意力比较困难。是否可以在演讲开始前将需要展示的内容写在展示板上？不行，那样听众的注意力会被吸引到展示板上，你开始演讲之前，他们会仔细查看你写下的内容（如果对听众说“先不要看展示板上的内容，一会儿我会讲到”是没用的）。一个可行的解决方法是：提前在展示板上写下相关内容，然后将其遮住。但这也不是一个很好的做法，因为你必须找到足够大的遮盖物，同时还要保证听众的注意力不被转移。另外一个问题是，你之前的演讲者可能也会用到展示板，有可能将你提前准备的材料擦掉。

由于展示板的局限性，有些老师禁止学生在课堂演讲中使用展示板。所以，使用展示板之前应先征得老师的同意。

海报

在海报上你可以添加多种直观辅助工具，如数量图、图画和图表等。海报的功能与展示板类似，但更加整齐美观，更吸引人。

海报大小应视听众数量而定。原则是确保最后一排的听众也能看清海报内容。如果听众人数众多，海报显然不适用。

海报一定要放在安全位置。如果粘在黑板或墙上，可能会突然掉下来。如果条件允许，可用图钉将海报固定到软木板或其他合适的地方；也可将海报按顺序摞在桌上，使用时一次举起一张，要抓牢不要掉到地上；如果学校电教中心提供黑板架，也可将海报放在黑板架上。不过即使使用了黑板架，海报有时也会卷边。为了避免这种情况，可在海报后面再放一张海报或纸板，然后用胶带粘到一起。（小贴士：避免海报卷起最好是购买专业的海报纸。海报纸比普通纸质地坚硬。在办公用品或工艺品店还可以买到泡沫板，虽然价格比普通海报纸高，但保证不会发生卷边或顶部下垂现象。）

活动挂图

活动挂图就是一个巨大的便笺簿，每页的顶端都被粘在或穿在一起。活动挂图可以放在黑板架上。演讲时，可将讲完的一页撕下或翻到黑板架后面。

活动挂图
由空白纸张组成的一个大册子，可以按照内容顺序依次翻页

你可以提前将直观辅助材料添加到活动挂图的每一页，也可只准备“半成品”——准备演讲时只用铅笔轻轻描绘出你的直观辅助材料，正式演讲时再用记号笔清晰地勾勒出来。有些活动挂图质地很薄，记号笔的墨水可能会洇到下一页。遇到这种情况，可以隔页使用，即在两页之间留一张空白页。

使用活动挂图之前，应先征得老师同意。有些老师并不赞成学生在演讲中使用活动挂图。

发放资料

尽管现在很多高科技工具都唾手可得，但大部分商务和专业演讲最常用的还是纸质**发放资料**。传统的纸质发放资料至今仍被广泛使用，原因很简单：易于准备，即使在演讲开始前的最后时刻也能对内容迅速进行更新；听众离开时可将资料带走，永久保存。

发放资料
分发给听众的资料，常为演讲的重要组成部分

虽然演讲时发放资料很常见，但使用不当的情况也时有发生。我曾多次目睹类似的情景：演讲者在演讲开始时给每位听众发了厚厚一沓资料，当他/她叙述资料上的内容时，屋子里到处是翻动纸张的哗哗声，因为听众在赶着向前读，他们急于了解演讲者尚未谈到的内容，而对于演讲者当时在说什么则根本无心留意，或只是偶尔听两三句。（有的演讲者为了避免这种情况，会要求听众先将资料放在一边稍后再读，但没什么效果。原因很简单：人类的好奇心与生俱来，他们无法抵抗资料的诱惑。）

听众往往因为专注于资料而不听演讲，因此有些演讲课禁止演讲者发放资料。发放资料并不适用于课堂演讲，这样做既浪费时间又分散听众注意力。因此，就算老师允许，最好也不要这么做。

资料，特别是冗长而复杂的资料，最好在演讲的提问环节结束之后再发放，这样听众就可以将这些资料带走，在家中或办公室里继续研究或进行回顾。（如果是课堂演讲，应先征求老师意见，他/她也许更希望你下课之后再分发资料；如果完成自己的演讲之后立刻分发，可能会影响下一位演讲者。）

但有一种情况例外：在进行非正式的职业或社区演讲时，如果资料简短，完全可以在演讲期间发放。这类资料一般只有一页，内容是一些简单的图表或小段文字。这种情况下，应遵循下列指导原则：（1）资料发放要适时。准备谈论资料上的内容时再发放。过早将资料分发下去会让上面的信息失去新鲜感。（2）资料的发放与讲解不要同步进行。不要边发资料边讲述上面的内容，要等每位听众都拿到资料后再讲解。

视频展示台

视频展示台，即人们常说的实物投影仪。将摄像机固定在支架上，镜头对准下面的平台。（见图9.11）摄像机镜头捕捉到的内容都会展示在电视机或显示器上，或通过数字投影仪投影到屏幕上。视频展示台可以展示二维图像，如照片和图表，也可展示三维图像，如珠宝等。投影仪具有变焦功能，可将硬币等较小物体放大到合适尺寸。

视频展示台
可以展示二维或者三维图像的仪器

实物投影仪因操作简单而大受欢迎，演讲者在演讲开始前的一刻也能对投影内容做出即时调整。不幸的是，很多演讲者由于操作不熟练，在展台上手忙脚乱，无暇与听众进行眼神交流。下面就是一个这样的例子：

图9.11
视频展示台能将照片转化为可在大屏幕或电视机上展示的数字图像。

有些演讲者在利用投影仪展示书籍或杂志中的插图时，总是无法将材料放在合适的投影位置。他们花了很长时间才将镜头对准插图，又花了很多时间调整焦距。当他们把一切布置妥当，又出现两个新问题：（1）插图周围的无关文字可能会转移听众注意力；（2）如果纸张过于光滑，产生的反光会使投影模糊不清。

要熟练使用实物投影仪，请遵循下列指导原则：

1. 不要使用晦暗模糊的插图。一张晦暗模糊的快照，投影到屏幕上不会有任何改观，听众也不会满意。重换一张清楚的照片，或者干脆不用投影仪。

2. 如果条件允许，找一个助手帮你操作投影设备。这样你可以专心与听众进行交流，无需将时间花在投影仪上。

3. 提前几天在演讲地点进行实地排练。如果要带助手，应该让他/她提前练习操作投影设备，掌握展示材料的时机。

4. 如果演讲期间需要使用书籍或杂志中的插图，可用即时贴提前将周围的无关文字遮住。

5. 将需要投影的纸张尽量放平，防止反光。如有必要，可让助手帮你将插图的四周压平。

6. 演讲前，将摄像机的焦距调好。前一位演讲者可能使用了不同的焦距。

高影机胶片

高影机胶片
在高射投影器的灯光照射下，画在或印在透明胶片上的视觉材料

高射投影器通过照明箱将**高影机胶片**（透明胶片）上的图像投影到屏幕上。高影机胶片价格低廉，操作简单。

制作高影机胶片时，可以用彩笔（必须是高影机胶片专用笔）直接写在透明胶片上，也可以先在普通白纸上打好底稿，再用复印机或打印机印到透明胶片上。不论用复印机还是打印机，一定要使用特制胶片，普通胶片会融解在复印机中。有些学校的电教中心提供透明胶片制作服务，只需缴纳很少的费用。社区快印中心也能帮你将原稿复印在透明胶片上。

准备直观辅助工具

以下是准备和制作直观辅助工具的几条原则：

选择真正对演讲有帮助的直观辅助工具

使用直观辅助工具之前先问问自己："它们是否能帮助我对观点进行更好地阐述？"如果不行，就放弃这个方案。你的任务不是用炫目的色彩或有个性的图画取悦听众。如一张飞机在蓝天翱翔的精美图片不会对关于欧洲城堡之旅的演讲有太大帮助。

及早准备和练习

利用预讲的机会练习使用直观辅助工具。如要使用不熟悉的设备，演讲前的排练可以防止你到了现场笨手笨脚或是错误百出。

不要到了演讲现场才开始准备直观辅助工具（如在白板上画图表），很少有人能在演讲过程中写出或画出有效的直观辅助材料。直观辅助材料应及早准备，否则难免显得随意粗糙。

不要使用过多的直观辅助工具

有些演讲者认为，使用的图片越多演讲效果越好。这种观点不对。直观辅助工具过多可能会让听众出现感官疲劳，以致对演讲者真正要传达的信息视而不见。

有些演讲者使用大量直观辅助工具是因为他们在一次演讲中想传递的信息太多。听众一次无法吸收太多新信息，所以要控制演讲要点和直观辅助工具的数量。

直观辅助工具应简单明了

直观辅助工具应该简单明了，听众只要看一眼或听一段简短的描述就能立刻理解它的意思。直观辅助工具切忌复杂。图片中包含太多信息可能会让听众摸不着头脑或者疲于应付。

如果你想知道什么才是好的直观辅助工具，可以看看下面两种"风头材料"：户外广告和公告栏海报。它们的设计能够吸引眼球并传达简短信息。（见图9.12）要达到预期效果，"风头材料"必须迅速吸引路人并将信息传递出去。一位摩托车驾驶者经过一个广告牌的时间只有两三秒。漫步于街巷的路人经过公告栏海报时，也只会投去匆匆一瞥。

演讲中的直观辅助工具自然另当别论，它们展示给听众的时间当然不止几秒钟，因此可以包含更多内容。即使如此，演讲者也应仿照"风头材料"，让直观辅助工具简单明了。打个比方，如果你要演讲，可以原封不动地使用图9.12中的广告。但是，你可能会问，广告中省略没说的详细信息怎么办?

这不成问题，你可以在听众欣赏这些简单明快的图片的同时向他们传递背景信息。

设计"风头材料"应注意两条原则：

1. 尽可能使用图片；
2. 必须使用文字时，应尽量简洁。

书籍中的精美图片可以直接用到演讲当中吗？不一定。书本中的图片

图9.12

这则公告栏海报能够迅速吸引人们的注意力并传达关键信息。演讲中，成功的海报和户外广告是直观辅助工具的典范——简单、简洁、易懂。

有时包含很多精美的细节，读者有充裕的时间进行研究，但对听众来说却过于复杂。

展示图表等直观辅助材料时，所有的说明性文字都应该是横向的（教科书中的说明可能是纵向的，因为读者可以将书扭转过来；但在演讲过程中不可能要求听众将头偏过来去阅读表中的条目）。并不是所有的直观辅助材料都需要配有说明，因为你在一旁可以进行解释。

如果你要在演讲中展示实物，讲述过程中不要忘了将它多角度翻转，让所有听众都能看到它的不同侧面。

以后排听众为基准

有一次，我看到某政府官员向300多位听众展示一张海报，但只有前边几排听众能够看清海报上的文字和图表。

荒唐？的确如此，但这样的错误比比皆是。很多商务和专业演讲者认为，演讲者使用视听材料时最常见的失误就是不能保证每位听众都能看清图表上的内容。

解决上述问题最好的方法是以后排听众的视听效果为参照来设计直观辅助工具。如果坐在后排的听众不能很舒服地看清你的直观辅助工具，这样的工具就应该取消。

下列指导原则将帮助你符合后排听众的需要：

适当放大字母、数字和图表的尺寸。不要冒险。我从来没听说有人因直观辅助工具展示过大而抱怨。

使用粗体和黑体。无论手工还是计算机制作的直观辅助工具，字母和图表的笔画和线条都应使用粗体和黑体。笔画太细听众难以看清：

Thin strokes　**Thick strokes**

放大。你可以通过录像机、视频展示台、PowerPoint幻灯片或海报的形式将直观辅助工具放大。下面是三种比较简单的做法：

- 带有变焦镜头的摄像机可以用来拍摄快照、图片和较小物体（如珠宝）的特写镜头。空白录像带价格低廉，擦掉内容以后还可他用。
- 如需将照片或图片放入PowerPoint幻灯片，可先对其进行扫描，然后转换为数码文件。学校的媒体中心或社区数码冲洗店可能会提供此类服务。
- 如果使用视频展示台，很容易将二维和三维物体放大。例如，演讲者可通过视频展示台将试管中的化学变化过程放大到电视机或屏幕上，让每位听众都能看到其中的细节。

测试直观辅助工具能否看清楚。演讲的前一天，要到演讲地点的发言台上试用直观辅助工具。然后到后排，看看是否能看清楚（可以找朋友坐在后排帮你测试）。如果后排看不清，就要放弃这个材料或制作新的直观辅助工具。

全方位调动听众的感觉器官

虽然视觉效果显著，但不要忽视其他感官。

听觉：海洋生物学家詹妮弗·诺瓦克展示海豚幻灯片时，播放了海豚与同类交流时发出的各种声音的音频片段。

味觉：在探讨韩国菜的演讲中，厨师朴程万亲自烹制了米饭和蔬菜，以便让听众更透彻地了解韩国菜的烹饪技巧。

嗅觉：花卉设计师卡尔林·沃雷想通过演讲告诉听众，鲜花不仅可以传递爱意和带来安慰，还能作药物和食品。演讲的尾声，她邀请一位听众上台闻了闻她亲手扎制的花束。不仅如此，她还将紫罗兰做成酱料涂在饼干上让听众品尝。

触觉：为了证明蛇的皮肤并不像人们想象的那样粘满粘液，爬虫学家珍妮·古登伯格邀请听众上台亲手触摸无毒王蛇，很多人惊讶地发现，原来蛇的皮肤干燥而坚硬，就像紧紧穿在一起的玻璃珠。

诀窍小贴士9.2　面对国际听众时，要避免随意的风格

面对美国听众时，你尽可使用展示板、海报、活动挂图、高影机胶片等，因为大家都认为顺其自然的行事风格很正常。但在有些文化里，这种无拘无束的方式就会被看作是不敬与无准备的表现。听众会因此觉得，演讲者不看重他们所以才没有准备适当的直观辅助工具。

因此，面对国际听众时，一定要使用提前准备好的直观辅助工具。

特殊技巧

如何避免八种设计错误

设计直观辅助工具时，应避免下列八种常见错误。这八种错误在图A中都有所体现。图B为修改图。

错误一：文字过多

有些演讲者在一份直观辅助材料中放入若干句子，然后直接念给听众。事实上，直观辅助工具应该是一张大提示卡，演讲者可以从中获得提示。如果文字太多，不仅不美观，还让人觉得厌烦。每份直观辅助材料应该只有几个字。如需进一步说明，可以口头进行。

错误二：每行文字过多

一般而言，设计直观辅助材料每行都不要超过7个字。

错误三：大写字母过多

研究人员发现，过多使用大写字母会令听众疲惫不堪，甚至放弃阅读。大小写字母一起使用会让阅读变得更容易。但这并不是说大写字母绝对用不得，只是应该将其限制在题目或标题当中。

错误四：间距过小

不要将文字的间距或行距设置得过小。最常见的原则是：间距为可以容纳一个字母“n”的距离，行距为可以容纳两个字母“n”的距离：

Leavenplenty
n
n
of space

错误五：图片过多

图片过多会造成视觉混乱（如图A），导致听众无法将注意力集中到演讲者身上。请注意，很多演讲者都将文字置于图片上方，这种安排方式常见于杂志，但很多图片专家并不赞成这种做法。他们觉得这样做不仅破坏文字的易读性，还会造成版面的混乱。

有些演讲者大量使用图片是因为他们错误地认为版面不应出现空白。其实，文字和图片周围留有空白是最理想的设计。空白可以让重点材料更加醒目。图B中聪明的设计者只使用了一张图片，却产生了四两拨千斤的效应。（如果演讲者想展示游泳者和跑步者的图片，可以制作新幻灯片。但每张幻灯片都应像图B一样简单明了。）

错误六：颜色过于丰富

颜色可以带来活力，但不要像幼儿园的孩子一样将蜡笔盒中的64种颜色全用上。颜色最好在强调某个重要特征时使用：如果想强调美国50个州中的三个州，你可以在黑白地图上将要强调的三个州，如新泽西州、堪萨斯州和华盛顿州涂成鲜红色。如果想指出相邻三个州的位置，如缅因州、新罕布什尔州和佛蒙特州，你可以在地图上给这三个地方涂上不同颜色，帮助听众准确识别它们的位置。

使用多少种颜色合适呢？对文本而言，通常选用一种颜色作为主色（最好是黑色）。只有当你想突出某个字或某个数字时，才会使用另一种与主色反差较大的颜色。对图表而言，如确有必要，可使用多种颜色。例如，在饼状图中，不同颜色可以帮助听众区分不同的部分。

避免使用霓虹色，这会分散听众的注意力，而且难以辨认。

错误七：字体种类过多

字体种类应限制在一两种为宜。如果使用计算机，文字处理软件会给你提供大量可供选择的字体。这些字体虽然诱人，但不可滥用，以免造成版面混乱。

确定字体时应选择容易辨认的类型。图B中简单庄重的字体比图A中奇特花哨的字体更容易辨认。

错误八：用斜体字或下画线标记重点内容

印刷品通常用斜体来强调某些字词。如果是手写材料，通常使用下画线。但是，对大型直观辅助材料来说，这两种方法都不合适。这时，你可将要强调的字词换成黑体，或换为与主色反差较大的颜色。

图A

八种设计错误

这幅图中包含了八种设计错误，你能找出来吗？

体育运动中最考验人的一个项目是三项运动，有些人称其为“铁人三项”。其三项分别为：3.86公里游泳，180公里自行车，全程马拉松（人人皆知其距离为42.19公里）。三项运动是连续进行的，简直不可思议。参赛者要在从早晨7点至半夜12点的17个小时内完成三项运动。

图B

修改后的图样

该图避免了八种设计错误，不会分散听众的注意力。它省略了很多细节，但演讲者可以通过口头叙述告诉听众，或通过后续幻灯片加以展示。

演示直观辅助工具

下面就如何有效演示直观辅助工具提几点建议：

选择最佳时机展示直观辅助工具

有些演讲者因为展示直观辅助工具的时机不对而使演讲效果大打折扣。下面是选择展示直观辅助工具时机的几个原则：

不要在演讲开始前展示。如果在开始前就让听众看到直观辅助工具，演讲会少了几分戏剧性和新鲜感。当然，有时你不得不在演讲开始前就把需要展示的物体摆出来。

如果能够激发听众兴趣，就在演讲导入阶段展示。一位演讲者在做关于如何修复破裂的瓷娃娃的演讲时，直到尾声才将三个漂亮的经过修复的瓷娃娃展示出来。如果这三个瓷娃娃在演讲的导入阶段就展示出来，可能会激发听众更大的兴趣，让他们更好地理解修复工作的价值。

如果在演讲的正文阶段展示直观辅助工具可以帮助听众加深理解，就在正文阶段展示。一位演讲者在做关于地下岩石结构的演讲时，直到演讲快结束才用幻灯片来解释演讲要点。在正文阶段，听众却感到迷惑甚至沮丧：地下岩石的结构到底是什么样子？尽管这位演讲者最终使用了幻灯片，但如果他能早点将图片展示出来，听众会更好地理解演讲内容。

如果不影响听众对演讲内容的理解，展示可适当推后。有时，你会为了制造悬念而不愿过早将直观辅助工具展示出来。在探讨如何利用跆拳道或空手道破开物体的过程中，演讲人李文智的面前始终放着一块水泥砖，但是直到演讲尾声他才向听众演示了单掌破砖。这种做法增加了悬念——人们一直都在猜想他到底能否成功破砖（成功破砖之后，听众报以热烈掌声）。

不要在听众间传看直观辅助工具

有时，由于直观辅助工具尺寸过小（如珠宝），演讲者会让听众传看。这种方法不好。听众会将注意力集中在传看的物体上，而不是演讲内容上。另外，物体传递过程中，听众很容易走神或小声评论。演讲者手持直观辅助工具走到听众当中，让每个人都近距离观看，这种做法同样不妥。已经看到或尚未看到直观辅助工具的听众可能会感到无聊或注意力不集中，或是与旁边的人窃窃私语。另外，正在看的听众可能会提出一些对其他听众来说毫无意义的问题。遇到这种情况，听众很容易走神或对演讲失去兴趣。

解决此类问题的方法之一是将直观辅助工具放在演讲台上，待演讲结束后再邀请听众上前观看。如果听众需要在演讲过程中通过直观辅助工具更加透彻地理解演讲内容，可先展示直观辅助工具的放大图（前面已经提到），演讲结束后再让听众到台前观看实物。

展示某个过程的分解步骤时，有些演讲者会邀请听众聚拢到讲台周围。例如一位演讲者就曾邀请听众到台前观看他如何制作装饰菜（如何将一个西红柿做成一朵玫瑰）。如果想效仿这位演讲者的做法，请遵循下面几个原则：（1）这种方法仅适用于听众人数较少的场合；（2）确认没有残疾人被挤在听众外围；（3）采用这种方法前应征得老师同意。

将障碍物移开

演讲开始前，将演讲地点任何有可能挡住听众视线的物体或家具移开。如果你要使用投影仪等演示设备，一定不要遮住听众视线。有时，虽然竭尽全力，仍然会有听众看不到直观辅助工具。遇到这种情况，在开始展示直观辅助工具前，请他们换到适当的位置。

解释直观辅助工具

无论直观辅助工具多么简单，都要向听众进行解释。有些演讲者使用直观辅助工具时，简单介绍一下就收起来了。对这些演讲者来说，直观辅助工具简单明了，但他们没有考虑到听众此前从没见过展示之物，听众需要时间去分析和理解其中的含义。

讨论直观辅助工具的某一部分时，不要只向此部分所在的大概位置挥挥手，就认为听众知道你在指什么。要准确，要指向具体位置。指示时可以用手指、尺子、钢笔或可伸缩指示棒。指示时要用靠近直观辅助工具的那只手，这样可以避免身体扭曲。

不要让直观辅助工具喧宾夺主

不要让直观辅助工具喧宾夺主。下面是几点建议：

一次只展示一份直观辅助材料。如果你一次性将五幅招贴画整齐地排列在粉笔槽上，当你讲解第一幅图时，听众可能正在仔细观察另外一幅图。为了让听众的目光和思维都集中在你所讲述的内容上，要一次只展示一份材料。讲解完毕后，收起来，再展示第二份材料。但也有例外：如果直观辅助工具可以作为背景，或可营造某种气氛，则可从头至尾进行展示。一位演讲者在做关于园艺的演讲时，始终将一束鲜花摆放在讲台上——花束为她的演讲增添了一份愉悦。

动物或儿童作直观辅助工具时需谨慎。珍奇宠物或可爱的孩子很容易吸引听众的注意力而让他们忽略你想阐述的内容，所以要谨慎使用。一位演讲者曾在演讲中展示了一只雪貂，想以此说明它是多么灵巧的一种宠物。问题在于，这只雪貂太调皮，常常惹得听众哄堂大笑而忘记了听演讲。有的老师不赞成将动物作为直观辅助工具，因此带动物到教室前要征得老师同意。

注意拼写错误。一位演讲者在准备文字直观辅助材料时，将First（第一，首先）写成Frist；另一位演讲者在讲述精神虐待的种类时，将Threats（威胁，恐吓）写成Treats（对待）。对所有单词都应反复确认，以免出现拼写错误。

不要对着直观辅助工具演讲

有些演讲者在讲解直观辅助工具时由于过于专注，大部分时间面对材料，背对听众。你应该站在直观辅助工具旁边，面向听众。只有下面两种情况允许演讲者看着直观辅助工具：（1）介绍材料时，要让目光在直观辅助工具上停留数秒。时长要足以将听众的注意力吸引

诀窍小贴士9.3 寻求朋友帮助

在工作场合或社区进行演讲时，你可能需要朋友的帮助。他们可以给你提供下面几种类型的帮助：

1. 助手可以在演讲过程中帮你安装和操作视听设备，如开灯、关灯，或者是帮你找延长线等。这类帮助让你能集中精力把演讲内容讲清楚。

2. 如果面对陌生人演讲，朋友在场可以给你心理上的鼓舞——在这个房间里，你还有一位“战友”。

3. 有时，助手能够处理演讲过程中的一些突发情况。如演讲过程中，一群人从窗外走过，高声交谈，这时助手可以走出去小声提醒他们不要喧哗。

4. 演讲过程中，助手可以站在或坐在会场后面，通过你们提前商量好的手势给你一些建议，例如：

- “慢点——你说得太快了。”
- “大声点——我几乎听不到。”
- “你看讲稿的次数太多了。”
- “时间快到，结束演讲吧。”

5. 演讲结束后，助手可以对你的演讲提出批评，这样你可以及时吸取教训。有时散场后，助手可以听到听众对你演讲的评价，由此你可以了解到自己的优缺点。

到直观辅助工具上来；（2）如果你希望听众注意直观辅助工具的某一部分，在明确指出的同时，要让目光在那一部分停留一两秒钟。

使用渐进式展示

如果条件允许，应尽量采用**渐进式展示**，即一次只展示一个部分。例如，如果利用海报展示一张柱状图，你可以用纸条将其他部分先挡住，只露出第一条柱体。讲解完毕后再露出第二条柱体，以此类推。渐进式展示可以制造悬念，让听众对后面的内容充满好奇，避免他们在你讲到该部分之前就已提前阅读和研究了相关内容。（这一技巧有另一种形式，即“自定义动画文件”，本章末尾附录部分将对其进行讨论。）

渐进式展示
视觉材料一部分一部分地进行展示

提前制订处理突发事件的措施

使用直观辅助工具的过程中经常会出现一些意外情况，你要提前计划好应对措施。使用电子媒介之前，应该和老师或程序员进行沟通，提前做出相关安排（例如将房间光线调暗，索要延长线等）。通常应当提前确认演讲地点，察看附近是否有电源插孔。如果距离太远，是否有延长线？房间的灯光是否可以调暗以展示PowerPoint幻灯片？房间里是否有地方放置海报？是否配有白板或黑板？

要针对可能发生的意外情况做好准备，如电脑或多媒体投影仪可能会发生故障等。很多意外情况是可以预防的。例如，带上PowerPoint演示文稿的备用CD，准备好PowerPoint幻灯片的纸质副本，如果机器发生故障即可把资料发给听众。如果故障无法快速修好，继续以最好的状态完成你的演讲，尽量保持镇定和幽默。

复习与提高

www.mhhe.com/gregory8

本书的网上学习中心网站备有方便大家学习与复习的资源与工具，如练习测试、重要词语记忆卡和演讲示例录像等。

小结

直观辅助工具可以从多方面丰富你的演讲内容，使演讲更加生动：它可以使你的观点更加清晰易懂；可以增加演讲的趣味性；可以帮助听众记住事实和细节；可以代替冗长复杂的解释；有助于证明观点；可以增加演讲的可信性；有助于与英语为第二语言的听众进行交流。

直观辅助工具的主要类型有：数量图、图表、图画、照片、录像、实物、模型、演讲者本人、志愿者、PowerPoint幻灯片以及互联网多媒体资料。

直观辅助工具可以通过多种媒介展示给听众：多媒体投影仪、电视机、展示板、海报、活动挂图、发放材料、视频展示台和高影机胶片。

直观辅助工具的使用原则有：（1）选择真正对演讲有帮助的直观辅助工具；（2）及早准备和练习；（3）不要使用过多的直观辅助工具；（4）直观辅助工具应简洁明了；（5）以后排听众为基准；（6）尽可能全方位调动听众的感觉器官。

使用直观辅助工具的几点建议：（1）选择最佳时机使用直观辅助工具；（2）不要让听众传看直观辅助工具；（3）将障碍物移开，使所有人视线通畅；（4）解释你的直观辅助工具，无论它多么简单；（5）不要让直观辅助工具喧宾夺主：一次只展示一份直观辅助材料，动物或儿童作直观辅助工具时需谨慎，注意拼写错误；（6）不要对着直观辅助工具演讲；（7）使用渐进式展示；（8）提前制定处理设备故障和其他突发事件的计划。

重要词语

线状图，155	柱状图，155	饼状图，155
象形图，155	组织机构图，155	流程图，155
信息图，155	表格，155	低分辨率，159
高分辨率，159	缩略图，159	活动挂图，161
发放材料，161	视频展示台，161	高影机胶片，162
渐进式展示，169		

复习题

1. 请列举至少六种直观辅助工具。
2. 请列举至少五种直观辅助工具的展示媒介。
3. 什么是渐进式展示？
4. 要点表是什么表格形式的别称？
5. 在课堂演讲时使用从互联网上下载的图片是否合法？请解释原因。
6. 本文建议演讲者“以后排听众为基准”，请解释这条建议的含义及必要性。
7. 演讲者如何测试听众是否能看清其直观辅助工具？
8. 演讲者是否应该等到演讲的尾声再展示直观辅助工具？请解释原因。
9. 为什么不能在演讲过程中传看一张小照片？
10. 演讲者可以通过哪三种方法将尺寸较小的直观辅助工具放大？

批判性思维技巧

1. 企业主管邓·凯奥夫说："有些图片可以代替千言万语，但标有大量文字的图片却没多少价值。"请从演讲的角度解释这句话的含义。

2. 某人际交往的专门网站建议演讲者在演讲开始时分发一些可以引起听众兴趣的材料，这样即使听众认为演讲很无聊，他们依然有一些可以阅读的材料。你赞同这个观点吗？请解释原因。

团队协作技巧

1. 小组成员共同回顾"全方位调动听众感觉器官"部分。演示一个销售代表是如何在销售中调动听众的五种感官的。

2. 小组成员共同回顾"如何避免八种设计错误"部分，制作一幅包含至少五种错误的图片，然后再制作一幅没有设计错误的图片。

互联网使用技巧

1. 找到并打印一张海马的照片。

参考方法：登录Google（www.google.com），点击"Images"（图片），然后输入关键词"Seahorse"（海马）进行搜索。

2. 找到并列举出法国印象派画家莫奈关于巴黎的画作。

参考方法：登录巴黎网上博物馆（www.ibiblio.org/wm/），依次点击"Famous Artworks"（艺术名作）、"Impressionism"（印象派）、"Monet, Claude"（莫奈）、"Paris"（巴黎），查看这位画家关于巴黎的画作。（如要查看放大图片，直接点击图片即可。）

附　录

powerpoint简明指南

要点

基本步骤

实际操作中的基本步骤

PowerPoint使用建议

学习目标

学完本章之后，你应该能够：

1. 制作幻灯片时，知道到哪里寻求技术上的帮助。
2. 在演讲中有效使用PowerPoint演示文稿。

微软PowerPoint演示文稿是全球最受欢迎的演示软件。该软件可用来制作和演示文字文本、图片、动画、音频和视频文件。这些视听材料能让演讲锦上添花。

PowerPoint的基本要素是幻灯片，它与网页类似。幻灯片可以演示所有PowerPoint演示文稿，包括视频。

幻灯片可以给很多演讲增色添彩，但有些演讲并不需要。你能想象马丁·路德·金一面慷慨激昂地说“我有一个梦想”，一面用幻灯片的情景吗？如果是课堂演讲，应先征求老师意见，看他/她是否要求或推荐使用。即使在课堂演讲中不需使用幻灯片，你也应该了解PowerPoint的基础知识，因为很多职业都要求进行演示，会用到PowerPoint幻灯片。

在本附录中，我们将讨论PowerPoint幻灯片的使用方法。如果你对该软件缺乏了解，可以参看下面的内容，学习相关使用技巧：

1. 查看PowerPoint演示文稿的帮助菜单。它不仅对该软件进行说明，还提供微软公司的网站链接。微软公司网站就如何使用不同版本的PowerPoint软件（如PowerPoint2003和PowerPoint2006）有更加详细的说明。

2. 访问本书网站（www.mhhe.com/gregory8），依次点击“STUDENT EDITION”（学生版）和“POWERPOINT TUTORIALS”（PowerPoint使用指南）。

基本步骤

如想充分利用PowerPoint，可以参考以下步骤：

1. 首先拟定演讲大纲，然后再考虑使用PowerPoint。幻灯片不等于演讲。如果你要阐述对风能的看法，不能只搜集五张风车的照片，再对它们加以陈述，以此作为演讲的全部内容。这样的演讲往往结构混乱、阐述无力。

2. 浏览演讲大纲，问问自己：“我是否需要利用直观辅助工具来强调或解释某些重要观点？”对有些重要观点而言，直观辅助工具可有可无，但对另外一些观点来说却必不可少，只有利用直观辅助工具才能使听众理解你讲述的内容。有时，你可能希望通过直观辅助工具使论点鲜明有力，或以此帮助听众更好地记忆重要信息。

3. 需要使用直观辅助工具时，应考虑最合适的工具类型。你可以使用各类直观辅助工具，包括照片、图画、数量图、图表、重要观点列表以及第九章讨论过的其他类型。

4. 制作幻灯片。幻灯片应简洁美观。注意第九章给出的建议：尽量选择图片，而不是文字；必须使用文字时，应尽量简洁。（上面列有有关PowerPoint的技术帮助。）

5. 现场演练。演讲前，应备齐所有设备预演几次。这样，演讲时就不会手忙脚乱。如有可能，可让朋友提出批评意见。如果坐在后排的听众无法看清你的文字材料或图表，应提前进行调整。

6. 演讲时，不要让直观辅助工具喧宾夺主。有些演讲者认为幻灯片才是主角，因此他们只是羞涩地站在暗处，看着屏幕，讲述幻灯片上显示的内容，这实际是让现代技术喧宾夺主，活生生的演讲者反倒成了配角。你应该避免犯这样的错误，让自己成为交流的主角。尽量与听众站得近些，和他们保持互动。保证会场的局部照明，让听众能够看清你的脸。把你的精力集中在听众身上。凝视听众，不要盯着屏幕。

实际操作中的基本步骤

我们来回顾一下刚刚讨论过的基本步骤，设想一下它们在实际操作中的运用。

步骤一：首先拟定演讲大纲，然后再考虑使用PowerPoint。	你的演讲主题是“友善在商场中的作用”。你考察了一些新近的研究成果，其中包括《哈佛商业评论》。该杂志表示：身在职场，友善往往能促使薪金的提高和职位的晋升。你的演讲大纲已拟定完毕，演讲的主要观点和辅证材料也经过精挑细选。
步骤二：浏览演讲大纲，问问自己：“我是否需要利用直观辅助工具来强调或解释某些重要观点？”	你认为有三个观点可以使用直观辅助工具帮助听众更好地记忆。这里，我们仅以一个观点为例。你准备向听众讲解康奈尔大学教授迈克·林恩博士的研究成果。经他研究发现，灿烂友善的满面笑容能让餐厅服务员的小费比淡淡一笑时平均高出140个百分点。通常数据难以记忆，因此你认为幻灯片演示效果更好。
步骤三：需要使用直观辅助工具时，应考虑最合适的工具类型。	你决定使用文字“笑容可掬”和数据“140%”。（补充性的文字在这里并不需要，因为你将口头进行说明。）但这还不够。照片可以令幻灯片更加鲜活生动、妙趣横生，因此你从互联网上找来一张餐厅服务员的照片，照片中的她满面笑容。
步骤四：制作幻灯片。	你从PowerPoint演示文稿中选取了一个简单朴素的版面，没有任何炫目的图案；接着，选择一个悦目的背景色；然后，插入文字和照片。图A.1为当前效果图。
步骤五：现场演练。	演讲的前一周，你来到教室演练数次，包括所有的设备操作，直到你能熟练地掌握。你的朋友坐在后排，对你提出批评意见。她建议放大其中的一张幻灯片，以保证听众都能看清楚。随后，你利用电脑对这张幻灯片进行了修改。
步骤六：演讲时，不要让直观辅助工具喧宾夺主。	演讲时，你站在讲台中间，凝神于听众。你只用了几张幻灯片，因此会场前面的屏幕大部分时间是空白的。演示幻灯片时，你仍然凝视听众。一张幻灯片演示完毕后，你将屏幕清空，直到准备演示下一张幻灯片。

图A.1

康奈尔大学的研究人员发现，灿烂友善的满面笑容能让餐厅服务员的小费比淡淡一笑时平均高出140个百分点。

PowerPoint使用建议

制作幻灯片时，应牢记下列指导原则：

幻灯片不宜过多

有些演讲者认为使用PowerPoint演示文稿就是将演讲内容的每一部分都做成幻灯片，所以他们制作出很多页幻灯片，每页幻灯片又包括大量信息。整场演讲就这样逐页按部就班地进行，结果听众觉得既乏味又疲惫。

最好的方法是尽量少使用幻灯片。制作幻灯片的目的是帮助听众理解并记住某些内容，或使演讲的某部分更加生动有趣。如果达不到这样的目的，就没必要使用幻灯片。

使用设计模板要慎重

利用PowerPoint制作幻灯片，可以选择“空白演示文稿”模式（适合初学者使用）或“设计模板”模式。使用“设计模板”模式应特别谨慎。电脑软件自带的模板非常诱人，它已经替你完成了大量设计工作。但很多模板的背景图案过于花哨，容易分散听众注意力。最糟糕的是，这些图案令上面的文字难以辨认。

开始时使用空白演示文本的好处是，你可以自己选择适合演讲主题的背景颜色。简洁朴素的背景可以突出你要展示的内容。

色彩搭配要得当

为了最大限度地方便听众阅读，选择字体及背景颜色时应牢记以下原则：深色（如黑色）字体搭配浅色（如黄色）背景或浅色（如白色）字体搭配深色（如深蓝色）背景。违反了上述原则会让幻灯片上的文本难以辨认。

如果你不确定怎样进行色彩搭配，黑色字体搭配浅黄色背景永远是最安全的选择。（白色背景怎么样？我不推荐白色背景，因为在有些屏幕上白色显得过于刺眼。）

幻灯片应简洁美观

幻灯片应该简洁美观。使用文本文档时，字数不宜过多。请看图A.2展示的PowerPoint幻灯片。第一张幻灯片让人感到昏昏欲睡，若幻灯片张张如此，情况可想而知；比较之下，第二张就好多了。它清楚明白地概括出演讲要点，听众不必费心劳神。演讲者讲解起来也很方便。

幻灯片应尽量使用言简意赅的短语，而不是结构复杂的句子。有时，在每个短语前面画一个中圆点会起到不错的效果。

为了使听众阅读起来感到舒适，文本字体应设置得大些。究竟多大的字体合适？下面是一条原则：标题用44号（或更大）字，正文用28号（或更大）字。有人建议，每张幻灯片的字体大小应保持一致。这未免过于死板。有时，你需要将字体缩小以便插入图表；有时，则需将字体放大来进行强调。正如我们前面讲到的，想保证直观辅助材料的观看效果，你应该提前在演讲地点进行试用，请朋友坐在后排，告诉你听众是否能够清晰地看到幻灯片上的内容。

巧妙地使用图片

图片（如照片和图画）比文字更有趣，更吸引人。因此，在演讲当中好的图片多多益善。有时，图片可以单独展示，无需文字说明。例如，你要向听众描述龙卷风的详细情况，只需一张龙卷风的图片就够了。

图A.2

错误的方法

幻灯片中文字过多。如果听众必须逐页阅读，必将疲惫异常、牢骚满腹。

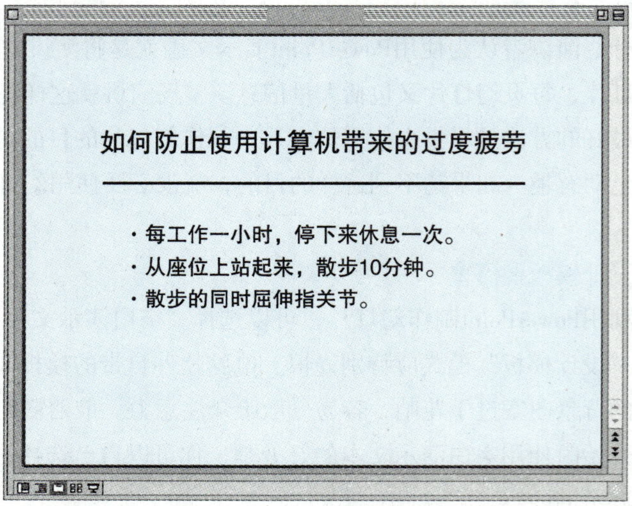

正确的方法

幻灯片只使用了少量的文字来帮助听众对要点进行理解和记忆。幻灯片上无需添加太多文字，演讲者会对每项内容进行详细解释。短语前面的中圆点应该作为演讲内容的框架，演讲者按照这个框架逐步进行阐述。

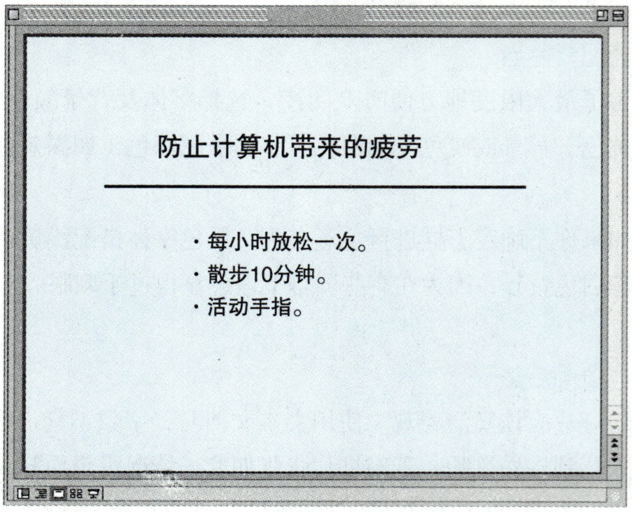

有时，给图片配以简单的文字说明会取得很好的效果。图B（见本章的特殊技巧“如何避免八种设计错误”）就是一个很好的例子（同时参看图A展示的欠佳做法）。

有一点需要特别注意：不要刻意使用图片，如果添加的图片与演讲主题无关，反而适得其反。例如，讲述中东地区石油滥用情况，却展示一张骆驼的照片，显然不合适。你应该换成油井的照片。如果找不到，不如不用。

慎用可爱的卡通画和质量不高的剪切图。虽然傻里傻气的图片也适用于一定场合，会给演讲注入轻松愉快的元素，但很多演讲者在幻灯片中加入这些图片并非出于这样的目的，仅仅是因为它们得来容易。不幸的是，这些图片往往傻里傻气，诱使听众偏离演讲重点。

使用PowerPoint演示文稿的基本原则是，每张幻灯片展示一张图片。与数张小图相比，一张大图看起来清楚，理解起来容易。例如，你要展示四张照片，这四张照片应分别放入四张幻灯片中，不要将它们同时放入一张幻灯片。

动画

PowerPoint演示文稿可以展示**动画**，即一段时间内物体的运动（例如，关于一场车祸的动画可以展示一辆车进入十字路口后与其他车辆相撞的画面），也可以通过预设的顺序单独展示一幅幻灯片的各个部分。

自定义动画文件是动画的一种，即一个直观辅助工具的整体被分为不同部分，依次添加至幻灯片，直至组成完整文件。具体过程见图A.3。

如果你讲述的内容包括若干条目，自定义动画文件是不错的选择。假设你讲述的内容分为五点：先在幻灯片上展示第一点，进行讲述；再加入第二点，进行讲述……如此继续，直至各点标题都出现在幻灯片上。

制作自定义动画文件，应遵循本附录一开始提到的参考方案。

动画
连续变化的一系列图像或画面

自定义动画文件
文字或图案依次添加至幻灯片的过程

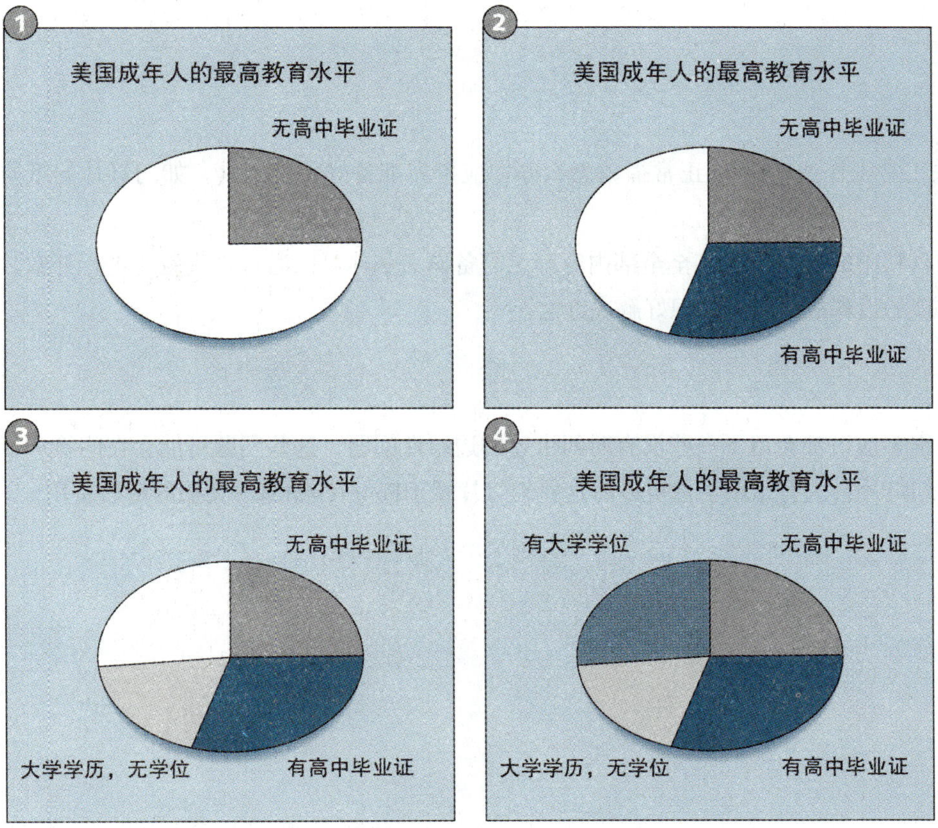

图A.3

自定义动画文件是电子演示的一种有效手段。这张PowerPoint演示文稿中的饼状图显示了美国成年人的受教育状况：无高中毕业证的占成年人总数的24.8%；有高中毕业证的占30%；只有大学学历而未取得学位的占18.7%；取得大学学位的占26.5%。（图片来源：《高等教育纪事报》）

使用清晰图像

应挑选那些鲜明、清晰、曝光正确的图片。图片在屏幕或电视机上放大时，质量不会得到改善。事实上，图片中任何小小的缺陷，如污点、暗斑等，都会随之放大。

你在互联网上找到的很多图片由于分辨率低而不能作为PowerPoint演示文稿使用的幻灯片图片。这些图片也许在计算机上显得非常清晰，但在屏幕上放大时，会变得非常模糊。

如何确定互联网上的图片是否适用于PowerPoint演示文稿？请按下列步骤进行：

1. 将鼠标放在图片上，点击右键，选择“属性”，查看图片像素（如240×320）；

2. 不要采用像素在200×200以下的图片。例如：250×375像素或200×240像素的图片可以使用，而65×110像素的图片和145×165像素的图片则不宜使用。

调整过暗图片

假设你的计算机中存有一张图片。这张图片也许来自互联网，也许是别人通过电邮发送给你的，或者是经扫描转化而来的数码文件。如果这张图片过暗，你会怎么做？如何让这张图片亮起来？

很多文字处理程序，如微软Word程序，都提供基本的图片编辑工具（可以查看“帮助”菜单），利用这些工具可以改善过暗图片的质量。使用PowerPoint工具也能达到同样效果：

1. 插入图片（点击“插入”→“图片”→“来自文件”）；

2. 点击图片，选择“格式”，在“格式”菜单中点击“图片”；

3. 在图片控制框中，可以调节图片亮度或对比度，然后通过预览查看调整效果，直到满意为止。

清空屏幕

幻灯片演示完毕后，如将其继续留在屏幕上，既没意义又会分散听众注意力。此时，应清空屏幕，使听众将全部注意力都集中于你。这里有三种方案可供选择：（1）插入以黑色或深色为背景色的空白幻灯片；（2）使用多媒体投影仪的“AV mute（视频中断）”键；（3）按下电脑键盘上的“B”键，暂停播放（再按一下返回）。

备份

如果多媒体投影机无法正常工作或CD不能正常播放怎么办？应事先准备好备份工具，如幻灯片的纸质副本、CD备份或U盘。

你可能认为，直观辅助材料中的部分内容甚至全部内容都无需备份——你可以通过口头叙述进行补救。重要的是，你应该预测可能出现的设备故障，事先想好解决办法。

准备备用幻灯片

准备一些备用幻灯片。很多演讲都会留下一些没有时间讲述的边缘性问题，这些问题可能会在问答环节被问到。提前准备一些相关的幻灯片会大有帮助。你可以将这些幻灯片置于PowerPoint演示文稿的最后备用。

诀窍小贴士A.1 使用PowerPoint演示文稿须注意的问题

虽然本书对PowerPoint演示文稿做了详细说明且持赞许态度，但它使用起来单调乏味，因此并不受欢迎。《销售与营销管理》杂志认为“PowerPoint演示文稿已成为拙劣演讲的代名词”。《产业周刊》也认为“PowerPoint演示文稿是有史以来最有效的安眠药”。很多公司都禁止员工使用PowerPoint演示文稿。其实，问题并不出在PowerPoint软件本身，而是由于人们对该程序的滥用。下面是使用PowerPoint演示文稿的演讲者常犯的一些错误：

无谓使用PowerPoint演示文稿

有些商务和专业演讲者担心，如果不使用PowerPoint演示文稿，听众会觉得他们很懒或很老土。这种想法太荒谬了。如果听众真这么认为，他们更看重的也是视觉效果，而不是PowerPoint演示文稿。在某些场合，PowerPoint演示文稿的效果远远不及简单的道具和招贴画。例如，有些律师明明有条件使用PowerPoint演示文稿，但他们宁愿使用招贴画，因为招贴画可以反复展示，陪审员可根据需要随时翻看。

文字冗长

不要将演讲内容一句一句全都放到屏幕上从头至尾念给听众，除非你想给他们催眠或成心惹他们生气。我们已经说过，理想的方法是用图片代替文字。如果必须使用文字，一定要言简意赅。

过度使用特效

在PowerPoint演示文稿中使用音频或视频文件有时可以起到很好的效果。但是，《计算机杂志》的高级执行编辑比尔·霍华德说：“要正确对待飞字、旋转、擦除、变焦、激光文本等特效，因为它们很容易显得俗气。”例如，一位演讲者在文字逐个飞入屏幕的时候，使用了枪声特效。一位听众对此表示了不满：“当时我觉得自己好像被人用枪扫射一样。”

使用特效的目的是帮助你将观点解释得更加透彻。例如，律师可以通过动画再现车祸过程，帮助陪审员了解事件经过。

过度依赖PowerPoint演示文稿

有些演讲者在制作PowerPoint演示文稿时，将大部分精力放在视觉效果（选择颜色、添加模板、使用图片）上，反而忘记了演讲的真正目的是给听众传递信息。对技巧过分关注往往使演讲者给演讲增加了很多没有意义的内容（如多余的文本幻灯片或无关的图片）。他们一味地追求视觉材料的数量，完全不考虑听众的消化能力。在演讲当中，PowerPoint演示文稿成了演讲的主角，而演讲者却站在暗处——就像主人身旁温顺的奴仆。

重要词语

动画，177　自定义动画文件，177

雷恩·迈克兰登，西弗吉尼亚大学化学工程专业学生。在得克萨斯州奥斯汀的美国化学工程师学会演讲时，他展示了一辆靠烘烤碳酸水和醋驱动的汽车。该汽车是参赛作品，由迈克兰登和他的同学制作完成。演讲中，他分步骤（第一步如何，第二步如何，接下来如何等等）向听众介绍汽车的工作过程。按时间顺序叙述是本章讨论的材料组织模式之一。

10

演讲正文

本章纲要

结构的重要性

构建正文

步骤概览
如何展开材料

设计要点

限制要点数量
每一要点只阐述一个观念
避免空泛表达
依据听众设计要点
尽量使用统一的语言表达形式

组织要点

时间顺序模式
空间顺序模式
因果模式
问题—解决模式
主题分解模式

选择辅证材料

使用过渡语

承接语
小结语
指示语
强调语

简化过程

本章学习目标

学完本章之后，你应该能够：

1. 对熟练组织演讲正文的重要性进行解释。
2. 通过围绕中心思想展开要点的方式构建演讲正文。
3. 识别并应用五种组织模式：时间顺序模式、空间顺序模式、因果模式、问题—解决模式和主题分解模式。
4. 识别并应用四种过渡语：承接语、小结语、指示语、强调语。
5. 简化演讲材料组织过程。

萨比尼·克里斯蒂森，德国最著名的电视记者。和其他很多媒体名人不同，她总是亲自准备发言材料，而不是把所有调研、编辑工作全部推给助手。她说："我不想当传声筒，只会念别人写好的台词。"

她不仅是电视记者，还是德国的联合国儿童基金（UNICEF）大使。疾病夺去了数百万贫困地区儿童的生命。为了说服德国民众为消除这些疾病尽一份力，她常常四处演讲。

她说，准备电视报道和准备演讲颇为相似，组织材料都必须清晰条理且富有逻辑性，这样才不会把听众弄糊涂。她经常采用的两种材料组织模式为：时间顺序模式（按时间顺序讲述事情始末）和问题—解决模式（解释问题并且提出其可能的解决办法）。

这两种模式也正是本章将要讨论的结构组织方法的一部分。

正式进入本章之前，先来了解一下我们将要讨论的是演讲准备过程的哪个环节。前面几章已经讨论了如何搜集和展开材料，如数据、案例、直观辅助工具等。接下来的任务是如何组织这些材料。我们必须把这些材料——如同砖块和灰泥——粘合到一起，构建一个连贯条理的结构。本章将着重介绍正文的构建，第十一章介绍导入和结尾，第十二章讨论提纲的拟定。

萨比尼·克里斯蒂森，德国最著名的电视记者。她说，演讲必须清晰条理且富有逻辑性，这样才不会把听众弄糊涂。

结构的重要性

比起结构混乱的演讲，结构条理的演讲优势非常明显：

1. **结构条理的演讲更易理解。**洛杉矶地方法院法官韦斯利·J. 史密斯曾负责审理一个小额索赔案件，它与电视节目上的群众法庭颇为类似。史密斯说：“在我印象最深刻的案例中，当事人陈述案件经过就像讲故事，结构条理，逻辑清晰，有起因，有经过，有结果。这样的陈述不仅让我感兴趣，也帮助我很快了解了案件的来龙去脉。”

2. 结构条理的演讲更易记忆。在一次实验中，学生被分为两组，一组记忆濒危物种列表A栏，另一组记忆B栏。（见图10.1）两周后测试显示，记忆A栏的学生回忆起的内容为56%，记忆B栏的学生回忆起的内容则为81%。

B栏易记是因为它按照某种易于理解的方式对相关项目进行了分类组合。好的演讲同样应遵循这样的规则，即按照易于理解的方式对演讲内容进行易懂易记的分类组合。

3. 结构条理的演讲更易令人信服。研究表明，如果演讲结构混乱，听众对你的信任会随演讲的进行不断下降。相反，如果演讲结构条理，听众则会觉得你对演讲内容驾轻就熟，对你倍感信任。

A栏
印度巨蟒
猎豹
大白鲨
大猩猩
玳瑁
夏威夷短嘴鸦
灰狼
加利福尼亚秃鹰
鲟
北极熊
鸣鹤
巨型鲶鱼
鸻
水龟
食人鲑
美洲鳄

B栏	
哺乳动物	
北极熊	大猩猩
猎豹	灰狼
鸟类	
加利福尼亚秃鹰	夏威夷短嘴鸦
鸻	鸣鹤
爬行动物	
美洲鳄	印度巨蟒
玳瑁	水龟
鱼类	
巨型鲶鱼	食人鲑
大白鲨	鲟

图10.1

以两种不同的组织形式列出一些濒危物种。B栏组织分类逻辑性强，比A栏易记。

构建正文

详细介绍演讲正文各个组成部分之前，我们先从整体上对正文做一概览。

步骤概览

创建演讲正文首先应确定具体目标，即演讲目标。然后是确定中心思想，即演讲想传达给听众的关键概念。（如果你对具体目标和中心思想这两个概念不够明确，请复习第五章。）

假设你一直在阅读关于长期争吵对健康的影响的材料，并希望和听众分享医疗研究人员的部分研究成果。你提出的具体目标如下：

具体目标：向听众解释夫妻及室友间的敌对状态对健康的影响。

然后你应该问自己：“我想传达的最主要的信息是什么？我想让听众长记于心的重要观点是什么？”上述问题的答案就是你的中心思想，如下：

中心思想：经常争吵的夫妻和室友比关系和睦的人容易患病。

这一中心思想将整个演讲浓缩为一句话。你希望听众即使忘掉其他全部内容也能记住这句话。

接下来你要问自己："如何才能使听众理解并接受我的观念？"

让听众理解你所演讲的中心思想的最好方法是向他们灌输若干以中心思想为基础的要点。对上述例子而言，可选择下面两个要点：

Ⅰ. 研究表明，经常争吵的夫妻和室友往往免疫力低下。

Ⅱ. 研究表明，与朋友和家人关系和睦的人比不和睦的人，身体普遍更加健康。

上述要点对比了敌对和友好的两种人际关系。

接下来再问自己："我怎样证明这些要点才能让听众理解并记住它们？"答案是利用辅证材料（如叙述、案例、数据）证明每个要点。例如，第一个要点可以这样展开：

Ⅰ. 研究表明，经常争吵的夫妻和室友往往免疫力低下。

A. 俄亥俄州立大学医学中心研究人员将90对夫妇请到实验室，要求他们解决一个双方意见出现分歧的问题。对被试者血液24小时的不断监测显示，敌对情绪严重者的免疫系统有八项指标明显下降。

B. 负责俄亥俄州相关研究的医生詹妮斯·凯库特格拉瑟说："夫妻发生争吵时，敌对情绪越盛，免疫系统受到的伤害越大。"

C. 英国剑桥大学研究人员发现，经常争吵的夫妻身患重病的人数是其他夫妻的13倍。

D. 对耶鲁大学学生的一项研究发现，室友如果彼此厌恶，他们着凉感冒、得流感看医生的次数将远远超过关系良好的室友。厌恶程度越深，生病次数越多。

第二个要点也可以同样的方式展开，同样使用调查得来的数据和例子。

按照这样的方法组织谋篇，你将获得一种使听众理解你所传达的信息的有效方法。

图10.2展示了典型的演讲正文的构建。中心思想依靠要点支撑，要点又需要辅证材料（如案例、数据等）支撑。上述三个层次都不可或缺：如果要点缺乏力度，听众就不相信你的中心思想；如果辅证材料没有说服力，听众就不相信你的要点。

图10.2

任何演讲都应有中心思想。中心思想的展开需要两到三个（有时是四个）要点支撑。这些要点因各种辅证材料（如案例和数据）的支撑而有力。

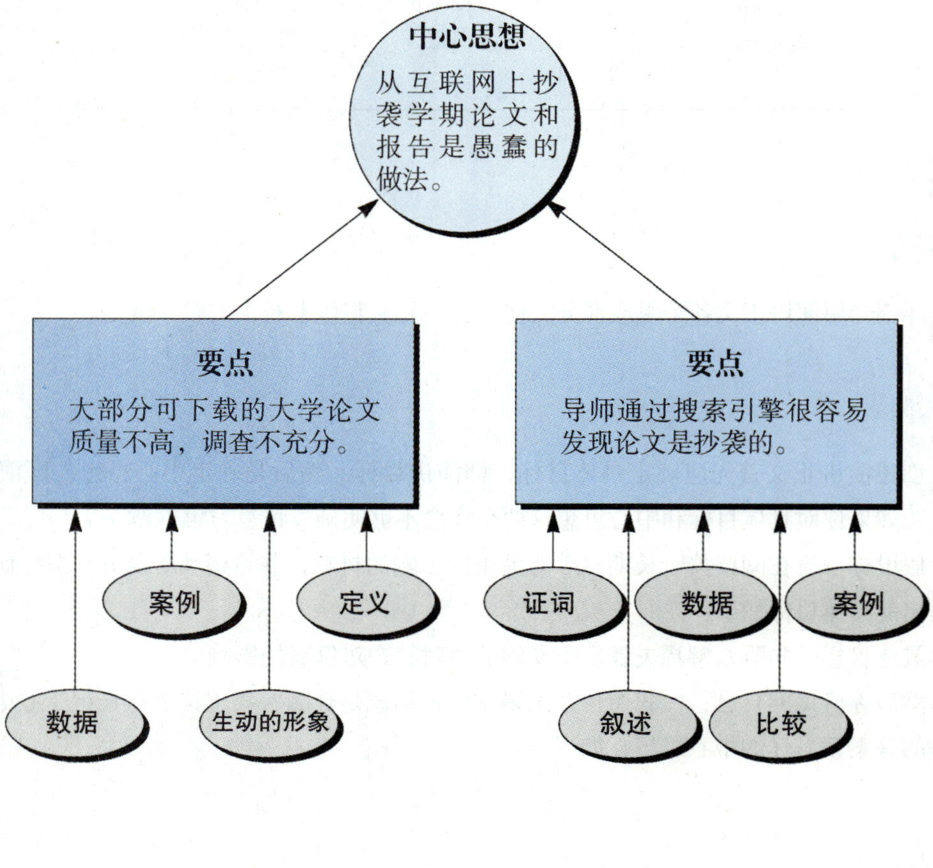

如何展开材料

我听到过这样的说法："我在组织演讲稿的时候，对搜集的信息感到困惑。我该怎么样区分要点与非要点？怎么样判断哪些内容有待补充，哪些内容可以省略？"

材料的展开应遵循下面几个重要步骤：

对调查记录整理分类

第一步，整理调查记录并进行分类。假设你在调查一种新趋势：美国一些社区正积极申请在社区内设立新监狱（与此相反，以前大部分社区都反对在社区内设立监狱）。调查工作结束后，你会记录下很多信息。你可以考虑将它们整理划分为以下几组：

1. 社区（记录范例：和许多经济落后的社区一样，衣阿华州的道奇堡也在争取建立一所州立监狱。）

2. 建筑工作（记录范例：弗吉尼亚州锡安十字社区附近新建的女子监狱耗资53万美元，提供了数以百计的建筑工作。）

3. 监狱工作（记录范例：西得克萨斯新建的28所监狱为当地经济落后的社区提供了8 000个监狱工作，包括狱警、文职人员等，年度工资支出176万美元。）

4. 私人企业（记录范例：在俄亥俄州和加利福尼亚州，私人企业雇佣犯人在监狱为其进行数据处理；企业主管则在附近社区购买住宅，缴纳税款。）

5. 囚犯环卫工人（记录范例：得克萨斯州斯奈德市清理路边杂草和垃圾的工作均由犯人完成。）

6. 囚犯回收员（记录范例：加利福尼亚福尔瑟姆监狱的犯人负责在监狱内的垃圾回收站对城市垃圾进行分类。）

将调查记录整理分类是掌握材料的重要方法。否则，材料就会杂乱无章。

构思并支持要点

接下来你要构思演讲要点，并利用辅证材料支持它们。系统地回答下列问题可以帮助你做到这点（仍以设立监狱为例）。

1. 我演讲的具体目标是什么？你演讲的目标可以这样表述：

具体目标：向听众解释为什么一些社区争相建立新监狱。

注意现在演讲主题范围已缩小，一次简短的演讲就能阐述清楚。你没有时间去阐述"美国社会的监狱"这样宽泛的主题。

2. 我演讲的中心思想，即我希望听众理解、相信并且记住的核心观点是什么？你演讲的精髓可简单表述为：

中心思想：一直不受欢迎的监狱如今在美国一些经济落后的社区大受欢迎。

3. 我应该对哪些要点进行阐述才能让听众理解我的中心思想？要从听众立场出发想问题。对你的中心思想他们会作何反应？他们可能会问："为什么很多社区都想设立监狱？"以你的调查记录为依据确定以下要点：

I. 监狱可为当地社区带来大量就业工作。

II. 监狱可为当地公益事业提供免费劳动力。

这两个要点都来自整理后的调查记录。前四组内容合起来构成要点I，后两组内容合起来构成要点II。帮助你确定要点，这正是对材料整理分类的好处。

为什么偏偏选定这两项内容作为要点？如果你再次深入研究中心思想，会发现这两点（或与之类似的点）解释了某些社区希望建立监狱的原因。

4. 解释和证明每个要点时，我需要使用哪些辅证材料（如叙述、数据、引文等）？要点本身单调乏味，需要故事、案例和数据作为调料和养分。整理分类后的调查记录积累了丰富的素材，足以充分论证每一个要点。

剔除无关材料

要有选择地使用材料，只采用与中心思想直接相关的材料。无关的材料会让听众感到困惑，或者由于信息过量使听众无法消化吸收。

假设你发现一些关于中国劳改犯的有趣故事，但它们和美国很多社区争取建立监狱完全无关，那么对该主题的演讲而言，这些故事必须舍弃。

设计要点

有的学生会问："一个要点是不是不够？"是的，如果只通过一个要点阐述中心思想，演讲正文的结构会很脆弱，就像只有一个桥墩支撑的桥。如果只有一个要点，听众也只有一个理由相信你的中心思想。如果有两到三个要点，你的说服力就会大大增强。

你可能会问："我到底需要几个要点？"要回答这个问题以及其他问题，我们需要先了解提炼要点的几条原则。

限制要点数量

一次演讲安排太多论点是演讲者常犯的错误。这是因为他们总是从自己的角度而非听众的角度出发设计演讲内容。如果你问自己 "5分钟可以提供多少信息？"，就是从自己的角度出发设计演讲；从听众角度考虑问题你应该问自己的是"听众能够轻松地倾听、理解和记住多少信息？"。你的亲身经历告诉你，听众不可能一次性接受太多新信息。你可能还记得很多演讲者（包括一些老师）连珠炮似的观点、事实和数字曾压得你喘不过气。所以，你应该果断地对材料进行删减和整理。

一篇演讲究竟应该设置几个要点？如果演讲很短（只有5—10分钟），要点数量应限制在两到三个（有时四个也可以）。这基本就是听众可以接受的数量。如果演讲较长，也可安排五个要点。但大部分有经验的演讲者不论演讲长短，往往只安排两到三个要点。他们很少一次阐述六个甚至更多要点。这样做效果通常不好。

每一要点只阐述一个观念

每个要点应该集中阐述一个观念。请思考下面的表述：

较差：Ⅰ. 被诊断患有癌症的雇员中，有人遭解雇，有人失去医疗保险。

较好：Ⅱ. 有些被诊断患有癌症的雇员遭解雇。

Ⅲ. 有人失去医疗保险。

第一种表述错在同时阐述了两个问题，第二种表述则把材料分成两点进行阐述。

避免空泛表达

陈述每一要点时应直截了当地表明自己的观点，而不是简单说明一个话题。假设你这样表述你的要点：

较差：我想说说热狗和头痛。

这样表达怎么样？它是什么意思？你什么都没有说，只说明你的话题。

较好：热狗中的亚硝酸钠让很多人感到头痛。

这样，你就清晰地表明了自己所要陈述的观点。

依据听众设计要点

确定要点时，你要问自己："什么样的要点最适合这些听众？"如果想做到量体裁衣，面对不同听众的需要和期望，你必须选择不同要点。

假设你打算在你的社区进行演讲，目的是鼓励人们将自然摄影作为业余爱好开展起来。如果你的听众是大学生，你应该预料到他们一定会提出这样的异议：摄影花销太大了。所以你可将要点设计为"收入不高也能参与摄影"，同时向听众提供大量实例及费用说明。但如果你的听众个人经济条件优越，有能力购买任何类型的照相机，这个要点就多余了。

另一个潜在的要点是自然摄影让人从全新的视角审视世界，发现"大自然之壮美"，感觉敏锐的人会发现自然之美无处不在。这个要点非常适合极少进行户外活动的城市居民。但如果你的听众都是观鸟协会会员，就没必要在这点上多费唇舌。他们本来就能敏锐察觉大自然的细微变化。

尽量使用统一的语言表达形式

统一的语言表达形式指在一个句子或段落中始终采用相同的语法形式。请大声朗读这个句子：Joe enjoys hunting, fishing, and to camp.（乔喜欢打猎、钓鱼和露营）。从语法角度讲这句话没有任何问题，但不如下面的句子听起来顺耳：Joe enjoys hunting, fishing, and camping.（乔喜欢打猎、钓鱼和露营）。后者听起来韵律更加和谐。

统一的语言表达形式
用相同的语法形式表示相同的句子成分

假设你确定了下面的具体目标和中心思想：

具体目标：说服听众通过游泳锻炼身体。

中心思想：游泳是一种理想的锻炼方式，因为它可以缓解紧张情绪，避免运动伤害，增强耐力。

现在从下面两组要点中选出较好的那组：

第一组：Ⅰ. 游泳可有效缓解紧张情绪。
　　　　Ⅱ. 游泳不像其他运动经常造成肌肉和骨骼损伤。
　　　　Ⅲ. 游泳增强耐力。

第二组：Ⅰ. 游泳缓解紧张情绪。
　　　　Ⅱ. 游泳避免肌肉和骨骼受伤。
　　　　Ⅲ. 游泳增强耐力。

比较之下，第二组表达更好，因为它通篇使用统一的语法形式（名词"游泳"后紧跟动词）。不是所有演讲都能做到这点，但只要条件允许，应尽可能使用统一的语言表达形式。

组织要点

要点组织应该符合逻辑、简单易懂。演讲者使用的最常见的五种要点组织模式是：时间顺序模式、空间顺序模式、因果模式、问题—解决模式和主题分解模式。

时间顺序模式

时间顺序模式指按照时间先后顺序安排要点。例如，如果你想描述某个事物/事件发展

时间顺序模式
按照时间先后顺序组织材料

的全过程，你可采用时间顺序模式依次展示其发展的各个阶段。下面我们举例说明，请看图10.3。

时间顺序模式非常适用于与历史时期有关问题的演讲。如果谈论美国历史上的移民史，可将17世纪到20世纪分为若干历史时期分别进行探讨；谈论人的生平，可按照他/她人生的不同阶段将演讲分为若干部分。请看下面的例子：

具体目标：向听众讲述19世纪著名废奴主义者哈里埃特·塔布曼的英雄事迹。

中心思想：哈里埃特·塔布曼这位勇敢的女性在自己摆脱奴役后，重返南方营救其他奴隶。

要　　点：

（童年期）Ⅰ. 塔布曼一出生就在马里兰州种植园为奴，常遭鞭打。

（青年期）Ⅱ. 通过“地下铁路”出逃，她获得自由。

（成人期）Ⅲ. 1850—1860年间她不断乔装改扮，将300多名奴隶偷偷转移到安全地点。

图10.3

时间顺序模式

对治疗蜜蜂蜇伤过程的描述属于时间顺序模式——第一步做什么，第二步做什么，第三步做什么。

蜜蜂蜇伤的治疗过程

第一步：　快速拔出蜇刺。

第二步：　用香皂和清水清洗伤口。

第三步：　用冰袋在伤口处冷敷15分钟。

空间顺序模式

空间顺序模式

按照事物的物理空间位置安排材料，如从上到下

空间顺序模式指按照事物在物理空间中的相对位置组织要点，如从上到下、从左到右、从北到南、从内到外等。如果你要谈论太阳系，可先讨论处在中心位置的太阳，然后逐步向外扩展，依次讨论水星、金星、地球、火星等。在下面的例子中，演讲者按照空间位置将汽车分成几个部分：

具体目标：告诉听众购买二手车之前如何对它进行检查。

中心思想：对二手车进行细致严格的检查可避免买到次品。

要　　点：Ⅰ. 检查车身。

Ⅱ. 检查引擎。

Ⅲ. 检查内部。

图10.4是空间顺序模式的例子，顺序为从上到下。

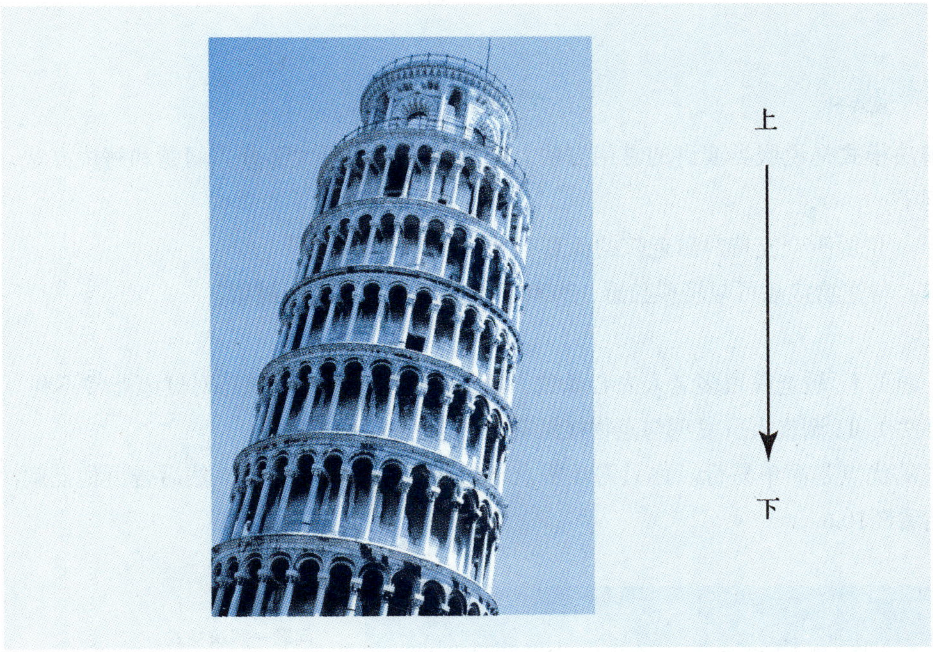

图10.4
空间顺序模式
讨论比萨斜塔时，演讲者可采用空间（物理空间）顺序模式，由上到下（或由下到上）展开叙述。

因果模式

在有些演讲中，你关心的是事件的因果关系。例如，有些人拒绝坐电梯是因为他们对密闭空间感到异常恐惧。幽闭恐惧症是原因，拒绝坐电梯是结果。图10.5提供了一个演讲中**因果模式**的例子。

因果模式
将事件的原因和结果联系起来的材料组织方式

有时，先陈述结果再分析原因会起到更好的效果。请看下面的例子：

具体目标：向听众解释为什么有些人购车购房时无法获得银行贷款。

中心思想：如果你申请购车或购房贷款遭到拒绝，原因可能是信用风险评估公司的失误使你蒙上信用不好的恶名。

要　　点：

（结果）Ⅰ. 很多人申请购车或购房贷款遭到拒绝，但对原因一无所知。

（原因）Ⅱ. 信用风险评估公司的电脑文档保存着90%的美国人的信息。它们经常出错，客户却毫不知情。

在这个例子中，先陈述结果是个好方法。因为这让听众对演讲者后面的内容充满期待——他们非常想知道造成这种后果的原因。

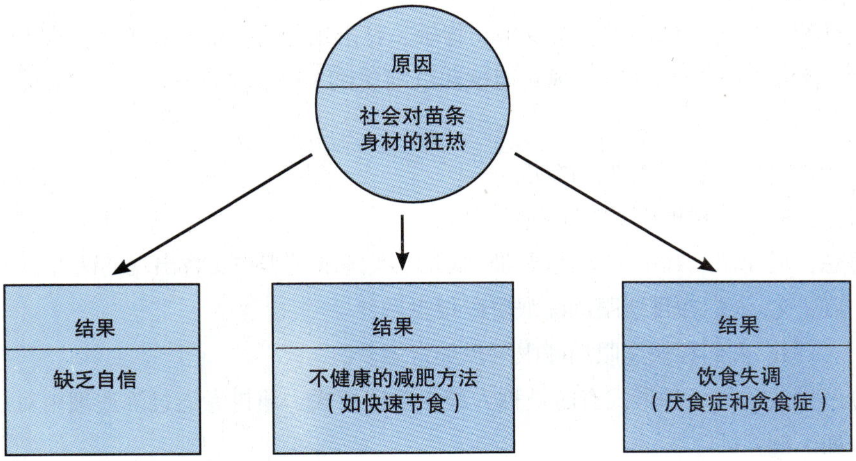

图10.5
因果模式
在探讨关于社会强调苗条身材的演讲中，演讲者可向听众展示事件的因果关系。

问题—解决模式

问题—解决模式
先阐述问题再提供解决办法的材料组织模式

问题—解决模式是说服类演讲的常用方法。它将演讲分为两大部分：问题和解决办法。请看下面的例子：

具体目标：说服听众支持对敬老院的孤寡老人采取“宠物疗法”。

中心思想：与宠物接触可减轻孤独感，有利于敬老院老人的身心健康。

要　　点：

（问　　题）Ⅰ. 敬老院很多老人内心孤独、郁郁寡欢。这种精神状态对健康非常不利。

（解决办法）Ⅱ. 调查人员发现与宠物接触有利于老人的身心健康。

这种模式的优点是简单易行。你只需让听众相信某个问题确实存在，然后告诉他们解决办法即可。请看图10.6。

图10.6
问题—解决模式
关于空气污染的演讲，你可先提出问题（工厂燃煤释放有害物质），然后提出解决办法（利用风车生产清洁能源）。

主题分解模式

主题分解模式
将主题分解为若干部分、种类和理由

主题分解模式指按照逻辑和常识将主题分解为若干部分或类别。

因此，介绍交响乐团的演讲可按弦乐、管乐、打击乐分为三部分；关于求职面试的演讲可按面试的三种类型（现场面试、视频面试和电脑面试）分为三部分。图10.7也是主题分解模式的例子。

下面举例对主题分解模式进行说明：

具体目标：向听众讲解人类的两种睡眠状态。

中心思想：慢速眼动睡眠和快速眼动睡眠是人类睡眠过程中交替出现的两种睡眠状态。

要　　点：Ⅰ. 人们在慢速眼动睡眠阶段很少做梦。

　　　　　Ⅱ. 人们在快速眼动睡眠阶段经常做梦。

理由陈述模式
分解型模式的一种变体，演讲者需要就某个观点给出理由

主题分解模式的另一种形式有时被称为**理由陈述模式**。演讲者通过陈述理由对观点做进一步分解，如下例：

图10.7
主题分解模式
关于英文印刷体的演讲可根据印刷体的三种主要类型分为三部分。衬线体字母的末端使用了装饰性线条，无衬线体字母没有这样的线条。手写印刷体字母字形非常花哨。

具体目标：让听众相信通信公司应使用塔式基站的替代品。

中心思想：应要求通信公司将通讯天线安装在建筑物或树上，而不是使用独立的塔式基站。

要　　点：

（理由1）Ⅰ. 塔式基站体积庞大、外观丑陋。

（理由2）II. 安装在教堂尖顶、高大树木和建筑物上的通讯天线的效果不亚于独立的塔式基站。

（理由3）III. 获准在教堂尖顶、树木和建筑物上安装天线非常容易，因为很多教堂、土地所有者和公司很希望得到通信公司付给的天线空间使用费。

特别提示：有些学生错误地认为主题分解模式就是一个杂物袋。虽然你在很大程度上可以自由支配要点的顺序，但必须符合逻辑。例如，按重要程度对要点从弱到强进行排列，或将材料分解为三个主要部分等。

选择辅证材料

上一节我们着重探讨了要点，但要点本身并不足以构成演讲的正文。你还需要利用辅证材料（如案例、叙述、证词、数据等）展开和强化要点。正如第八章讨论过的，辅证材料有利于听众理解和记忆要点。

为了了解辅证材料如何展开要点，我们先来看看学生安勃·莱特演讲正文的提纲，他的演讲采用了问题—解决模式。该演讲的导入和结尾见本书第十一章。

总体目标：说服。

具体目标：说服听众谨防熟人诈骗。

中心思想：熟人诈骗虽然骗术高明，但完全可以避免。

评点

正文包括两个要点。要点一阐述问题，要点二提出解决办法。

莱特对熟人诈骗的**定义**突破了词典的解释，对该词做出了个性化解释。

为了说明问题的严重性，演讲者使用了来源可靠的**数据**。

演讲者提供的**案例**能帮助听众了解熟人诈骗的实施过程。

正文

I. 熟人诈骗是常见的诈骗形式。骗子利用宗教、种族和工作关系骗取受害人的信任。

A. 我们喜欢并信任熟人。

B. 骗子在某个群体中将自己伪装成乐于助人的成员。

C. 据《华尔街日报》报道，过去三年来，熟人诈骗给投资者造成的损失超过20亿美元。

D.《华盛顿邮报》用“非常狡猾”来形容这种骗术。

1. 骗子首先加入某个教会，将股票出售甚至赠给一些德高望重的会众。这些会众很快会盈利。

2. 骗子接下来将目标锁定在其他会众身上。由于德高望重者顺利获益，其他会众对骗子深信不疑。

3. 骗子聚敛巨额钱财之后携款潜逃。

E. 医生、律师、会计等专业人士也使用同样的骗术。

F. 骗子往往以种族群体为诈骗对象，特别是外来移民。

用一段**叙述**（或故事）展现受害者的痛苦，效果非常好。

1. 据纽约当地报纸《纽约日报》消息，哈·埃姆和妻子荣格·埃姆在纽约经营干洗店五年，生意兴隆。夫妻俩的梦想是购买一套住房。

2. 一位股票经纪人前来造访。和夫妻俩一样，他也是韩裔美国人。

3. 股票经纪人说服夫妻俩将全部积蓄交给他作为炒股的本金，共计17万美元。

4. 几年后，所有的钱都赔光了。

5. 尽管这事已过去两年，夫妻俩仍未从巨大的痛苦中摆脱出来。

6. 现在，荣格·埃姆说："我无法进食，什么都消化不了。我就像个植物人，我觉得自己已经死了。"

（过渡：既然已经了解了问题所在，下面我们来讨论如何应对。）

II. 熟人欺诈可以避免。

A. 虽然骗子表面上和你有很多共同点，但不要因此放松戒备。

与要点一一样，要点二也是通过一系列高质量的辅证材料步步展开。

专家的**证词**非常有说服力。

B. 马里兰州证监会委员美兰尼·鲁宾说："一旦投资者认为对方和自己有很多共同点，对方就绝不会犯错，骗子就已经骗取了这些投资者的信任。"

C. 吸取其他内部成员的教训。

又一个**案例**。

1. 几年前，上千名医生在一次投资中损失5 000万美元。他们受骗是因为听说很多同事都取得了良好的收益。

2. 记住我们前面说过的话：骗子会先让一部分人看到巨大利益，这样他/她才能对更多人或某个特定群体实施诈骗。

D. 不要在压力面前自乱阵脚。

1. 骗子经常说，如果你不马上行动就会失去发财的机会。

"大红旗"是一个**生动的形象**。

2. 这种说法就像一面大红旗，警告你对方可能是个骗子。

E. 对创办人和投资项目进行核实。

1. 征求圈外中立专家而不是圈内成员的建议，如理财规划师。

2. 致电当地商业服务监督局，索取创办人资料。

如果条件允许，尽量对辅证材料进行平衡分配。换句话说，不要把所有的辅证材料都用来支持要点一，却没有任何材料支持要点二。但这并不是意味着要强求每个要点下的辅证材料数量绝对相等，必须兼顾"质"与"量"两个因素。有的要点用一个说服力强的故事支撑足矣，有的要点则需更多辅证材料。

确定某个要点下辅证材料的数量须遵循首要原则：证明材料的数量应满足充分解释和支持要点的需要，但不宜过多，以免导致陈述拖沓重复。

诀窍小贴士10.1 检验你的演讲材料

听众是否会认为你的演讲准确、易懂、可信？你可以通过下列方法对演讲材料的效果进行预测：

· 为每个要点设想出典型的听众，并问自己："他们听到这些内容会作何反应？"然后据此设计你的演讲材料。如果设想中的听众问："你怎么知道这是真的？"你可以向他们提供作为材料来源的专家的姓名和资质证明。如果他们问："你说的是什么意思？"你应该立刻进行解释。如果他们说："谁在乎这个。"就要让他们知道你演讲主题的重要性。

· 向亲朋好友讲述你的演讲内容。某医院的营养学家维多利亚·万斯要在她所在社区做一次关于饮食与营养的演讲。她利用晚饭时间首先向她的丈夫和孩子讲述演讲内容。"我告诉他们：'下周我要在高中演讲，这是我准备向他们讲的内容。'然后我简单告诉他们我的演讲要点。有时，我的孩子会突然插进来：'但是，妈妈，你的意思是所有方便食品对身体都不好吗？'这使我知道我的演讲当中哪里需要进行解释或添加实例。"

· 进行"专家检验"——同资深人士探讨你的演讲要点，以便他们指出你的纰漏。

使用过渡语

表达观点或思想之间逻辑关系的词、短语或句子称为**过渡语**，它们可以帮助听众跟随你一起从演讲的一个部分过渡到另一个部分。为了了解过渡语的作用，请对比下面两段文字。

过渡语
将不同观点连接起来，并表现它们之间关系的表达

第一段文字没有使用过渡语：

较差的表述： 在地中海地区，橄榄油被广泛应用于菜肴烹饪。在拉丁美洲它从未如此普遍。墨西哥和南美洲沿海地区也能种植橄榄树。西班牙殖民者不想本国农民有任何竞争对手。他们禁止拉丁美洲生产橄榄油，橄榄油必须依赖进口，价格非常昂贵。

现在，我们加入过渡语（用黑体字表示）：

较好的表述： 在地中海地区，橄榄油被广泛应用于菜肴烹饪；**然而**，在拉丁美洲它却从未如此普遍。墨西哥和南美洲沿海地区也能种植橄榄树，**但**西班牙殖民者不想本国农民有任何竞争对手，**因此**他们禁止拉丁美洲生产橄榄油。橄榄油必须依赖进口，**所以**价格非常昂贵。

很明显，过渡语使第二段文字具有更好的表达效果。

在演讲中，过渡语可使观点之间关系清晰，更易理解。过渡语就像一种信号，帮助听众紧随演讲者的思绪。下面是英语中部分常见的过渡语：

- 表示补充：和，也，而且，此外，另外
- 表示时间：很快，然后，过后，后来，与此同时
- 表示对比：然而，但是，可是，不过，相反，尽管
- 表示举例：例如，为了说明，举例说明
- 表示结论：概括地说，因此，所以，结果
- 表示让步：尽管……是事实，当然，即使

在公共演讲中，可以使用一些特殊类型的过渡语帮助听众理解演讲内容，下面我们将探讨其中四种类型：承接语、小结语、指示语和强调语。

承接语

承接语
演讲中将已经讲完的内容同准备讲述的内容连接起来的过渡语

通过桥梁，人们可以从一个地方到达另一个地方。在演讲中，演讲者同样可以搭建桥梁，告诉听众他们要离开哪里、去往哪里。这类桥梁我们称为**承接语**。也就是说，承接语的作用是告诉听众："观点A已讲完，下面讨论观点B。"

假设你演讲的主题是职场暴力，第一个要点如下：

Ⅰ. 近年来，职场暴力愈演愈烈。

你通过案例和数据证明这个观点后，准备阐述第二个要点：

Ⅱ. 如果对管理者和雇员进行培训，教给他们化解矛盾的方法，职场暴力就会减少。

如何从要点一过渡到要点二呢？你可以阐述完要点一之后直接进入要点二，但这样过于生硬，不够连贯，没给听众留下思维转换的时间。较为连贯流畅的做法是：在预示要点二的同时对要点一作简要回顾：

尽管职场暴力愈演愈烈，但这种状况并非无法扭转。有一种方法可减少暴力事件的发生。世界各地很多公司的经验证明这种方法效果很好。

这种过渡方式非常成功。它自然流畅地将听众从要点一带到要点二，同时使听众对后面的内容产生强烈的好奇心。

小结语

小结语
对演讲正文部分涉及到的内容进行简要回顾的语言

垒球比赛结束时，解说员经常对比赛进行总结。但在比赛进行当中，他们也会穿插一些阶段性小结（"比赛现在进行到第五局中段……击出一记本垒打之后，底特律暂时以4：3领先密尔沃基队"）。尽管这类小结主要为错过部分比赛的听众设计，但全程观看比赛的球迷也很欢迎，因为这样的小结让他们感觉对重要赛况了如指掌，让他们放心、自信。在演讲中，你也可以达到同样效果。在演讲的正文部分，阐述完一部分重要内容后，你可能想用一些语言概括一下要点，使所讲内容更加清晰易懂。这些语言称为**小结语**，效果很好，尤其是在讨论了一系列复杂抽象的内容之后。小结语可与承接语结合使用，这样会使过渡更加顺畅，如下面的例子：

［小结语］现在，我希望大家已经相信，不管被什么动物咬伤，都要立即向医生或卫生官员报告，因为动物咬伤可能导致狂犬病。［承接语］在等待救护车或者医生检查的过程中，还有一件重要事情要做。

指示语

指示语
针对演讲者已讲述过的内容的明确陈述

就像路标能为驾驶员指示方位一样，演讲中的**指示语**可以告诉听众他们在演讲中身处何方，将走向何方。如果是讨论怎样治疗感冒的演讲，你可以说："下次再患感冒，你应该做三件事。"如果你接着说"第一，应当……；第二，应当……；第三，应当……"，听众听起来就很轻松。与"同时……"或"另一点是……"这类表达相比，指示语效果更好。

强调语

强调语
提醒听众对重要内容引起注意的手段

强调语是过渡语的一种，提醒听众接下来的内容很重要。请看下面的例子：

- 现在我们将讨论最重要的一点。
- 我现在向大家解释的内容可以帮助你们更好地理解下面的内容。

· 如果全篇演讲当中你只能记住一点，它应该是……

强调语能让听众有所期待，如："现在我要讲述的内容可以让各位的钱包鼓起来……""如果你想更健康，更快乐，那就听听茱莉亚·布伦斯维克医生的建议……"

选择过渡方法时，不要忘了听众对你的演讲内容一无所知。所以，在每个过渡点，都应设身处地为听众着想。问问自己："我怎样才能以符合逻辑、流畅的方式引导听众从一个观点过渡到另一个观点？"

简化过程

将零散的材料组成连贯条理的演讲是一项艰难的工作。下面的方法可以简化这一过程：

1. 纵览所有材料。将所有材料集中起来，仔细检查你的个人语录、访谈记录、调查记录和直观辅助工具。

2. 选择一种材料整理方法。下面推荐三种方法：

· 计算机。大部分文字处理程序允许进行分屏处理。你可以将调查记录和演讲提纲分别放在两个不同的界面当中，既方便查看记录，也便于将相关内容移至提纲。

· 标签。这种方法需要不同颜色的文件夹。每种颜色代表演讲的一个重要组成部分，然后在文件夹内部贴上相应标签（例如3M报事贴）。

· 卡片。卡片的使用方法与标签类似，不同之处是需要使用索引卡。卡片可用皮筋扎在一起，也可存放在文件夹中。

上述三种方法让你在整理材料时具有很大的灵活性。你可以方便地转移某些内容、添加新内容或删除不重要的内容；借助文件夹上的标签、计算机文件、桌上的卡片，这些内容可以随意摆放。这个过程能让你在脑海中形成一幅"全局图"，即演讲的总体结构。

3. 找出所有可能在演讲中用到的内容。将所有可能用到的资料记录下来或打印出来，如叙述、统计数据和引文等。

4. 每项记录只含一项内容。为了使这个方法更加有效，每项内容必须使用一个独立标签，如卡片或计算机文件。这样做便于对材料进行组合移动。

5. 关注演讲的三个主要部分。最好将演讲分为三部分：导入、正文和结尾。

6. 首先创建正文。很多经验丰富的演讲者发现，比较容易的方法是：首先创建演讲正文，然后设计导入部分。思考一下就会发现，这种方法有其道理：不知演讲正文内容，谈何导入？

7. 尝试不同顺序。将材料按不同顺序组织起来，直到找到最顺畅最合适的顺序。波士顿商务培训师玛西亚·约德金组织材料时使用了卡片系统，但她的方法同样适用于标签和计算机：

> 你可以坐在舒适的椅子上，像洗牌一样整理那些写满观点的卡片，同时问自己："从这里开始，然后到这里，最后讲这些怎样？"你在寻找一种将演讲中的各点自然顺畅衔接起来的方式。使用这种方法，你最终可以找到满意的材料排列顺序。如果最后你发现还有多余的卡片没有放进去，不必不安；剩余卡片很可能会在问答环节用到，也可能在别的演讲中用到。

8. 将材料转换为正式的演讲大纲。将搜集来的材料进行合理安排后，你应该将其转换为正式的演讲大纲。这样不仅可以让你更好地掌握材料，还可以检验材料的价值和一致性。有时，你的指导老师会对大纲格式作出要求；如果没有，我推荐大家使用本书第十二章提供的格式。

复习与提高

www.mhhe.com/gregory8

本书的网上学习中心网站备有方便大家学习与复习的资源与工具，如练习测试、重要词语记忆卡和演讲示例录像等。

小结

结构条理的演讲比结构松散的演讲更易理解、记忆，也更让人信服。

演讲正文可以安排两到三个（有时是四个）要点，以此来展开中心思想。要点须符合下面这几条原则：（1）每个要点只阐述一项内容；（2）避免空泛表达；（3）要具有针对性；（4）尽量使用统一的语言表达形式。

要点的组织模式要符合逻辑。这些模式包括：时间顺序模式——按事件发生的时间顺序组织内容；空间顺序模式——按物理空间顺序组织内容；因果模式——按照因果关系组织内容；问题—解决模式——以阐述问题并提供解决办法的方式组织内容；主题分解模式——将中心思想分解为若干部分组织内容。

接下来，要选择辅证材料证明你的要点，然后选择合适的过渡语帮助听众和你一起顺利地由一部分过渡到另一部分。常用的过渡语包括：承接语、小结语、指示语和强调语。

为了简化材料组织过程，你可以使用下列三种方法中的一种：标签、计算机或卡片。一个条目使用一个标签、计算机文件或卡片，这样易于材料的添加、删除或重组。

重要词语

统一的语言表达形式，187	时间顺序模式，187	空间顺序模式，188
因果模式，189	问题—解决模式，190	主题分解模式，190
理由陈述模式，190	过渡语，193	承接语，194
小结语，194	指示语，194	强调语，194

复习题

1. 一次演讲应设置几个要点？
2. 每个要点应阐述几项内容？
3. 什么叫“针对性设计要点”？
4. 关于太阳系的演讲最适合采用哪种要点组织模式？
5. 关于食物污染及对策的演讲最适合采用哪种要点组织模式？
6. 关于公司申请破产的三大原因的演讲最适合采用哪种要点组织模式？
7. 为什么过渡语对演讲来说非常重要？
8. 就演讲的组织而言，小结语指的是什么？
9. 解释过渡语之一的承接语。
10. 解释过渡语之一的强调语。

批判性思维技巧

1. 说出演讲者使用的要点组织模式：

具体目标：告诉听众如何改善房间隔音效果。

中心思想：对房间进行隔音处理可防止噪音侵扰。

要　　点：

（上）　Ⅰ. 在天花板上粘贴隔音瓷砖或挂毯以阻隔来自上方的噪音。

（中）　Ⅱ. 在墙壁上悬挂从天花板垂至地板的长幅挂毯（或厚重的有衬里的窗帘）以阻隔来自室外的噪音。

（下）　Ⅲ. 在地板上铺设隔音板和地毯以阻隔来自下方的噪音。

2. 说出演讲者使用的要点组织模式：

具体目标：告诉听众如何对溺水者进行施救。

中心思想：对溺水者进行施救应遵循三个简单步骤。

要　　点：

（第一步）Ⅰ. 使溺水者面部朝上，头部后仰，下巴露出水面。

（第二步）Ⅱ. 进行人工呼吸直至溺水者呼吸正常。

（第三步）Ⅲ. 将溺水者腹部朝下平放在地上，脸朝向一侧。

团队协作技巧

1. 与小组成员一起仔细阅读下列陈述，找出中心思想和要点。（选项当中一个是中心思想，其他两个为要点，用来展开中心思想。）小组讨论每个要点最适合采用哪种辅证材料。

（1）据报道，很多实行每周30小时工作制的美国公司对员工表现满意度较高，公司利润也未出现下降趋势。

（2）每天工作6小时/每周工作30小时应该成为美国全职工作者的标准。

（3）所有西欧国家工人的工作时间都少于美国。

2. 小组讨论下列演讲主题最适合采用哪种组织模式。

（1）大部分重大交通事故是什么原因导致的

（2）三种类型的工作犬

（3）怎样包装礼品

（4）捕猎及禁猎措施

（5）亚马孙河

互联网使用技巧

1. 本章讨论了因果模式。从网上找一篇分析“马路暴力”（包括汽车驾驶员的暴力行为）的演讲或文章并打印出来，标出对原因的陈述。

参考方法：使用第六章附录部分表A.1提供的任意一个搜索选项。

2. 从网上找一篇支持或反对毒品合法化的演讲或文章并打印出来，标出所有作为过渡语的词汇、短语和句子。

参考方法：使用第六章附录部分表A.1提供的任意一个搜索选项。

在对华盛顿区立法委员的演讲中，梅根·迈克格里薇首先展示了两瓶蔗糖，这恰为普通儿童一周从学校售货机购买的饮料的含糖量。迈克格里薇是费城食品安全委员会代表，她提倡改善学校现有的售货机，使它们以出售健康饮料和食品取代碳酸饮料和垃圾食品。她使用生动的导入展示了如何在演讲一开场就抓住听众的注意力。

11

导入和结尾

本章纲要

导入

吸引注意，激发兴趣
引导听众
导入原则

结尾

提示结束
总结要点
定论要强调中心思想
结尾原则

导入与结尾示例及评点

本章学习目标

学完本章之后，你应该能够：

1. 为导入部分设计有效吸引听众注意力的演讲材料。
2. 为导入部分设计有效的定位材料。
3. 为演讲设计精彩结尾。

法庭辩论和戏剧一样，由三个不同的的部分组成：

· 开场（开庭陈词）
· 中间（举证）
· 结尾（结案陈词）

虽然这三个部分都非常重要，但大部分律师认为他们对陪审团所做的开庭和结案陈词往往是决定诉讼成败的关键。“从对陪审团说第一句话起，你就必须迅速给他们留下良好印象，取得他们的同情，”华盛顿辩护律师米歇尔·罗伯茨说，“庭审接近尾声时，你的结案陈词必须具有震撼力和说服力。”

大部分演讲不像法庭辩论那样需要承担巨大风险，不会有人因为演讲时导入和结尾缺乏力度而被判入狱或处100万美元罚金。但是，这两个部分确实非常重要。导入不生动可能会让你失去听众。明尼苏达州伊甸草原市一位商务经理莫纳·马洛夫斯基说：“如今，人们脑袋里都装了遥控器，如果你抓不住他们的兴趣，他们会立刻‘换台’。”无力或拙劣的结尾会使原本精彩的演讲前功尽弃。

控方律师林恩·鲁尼在马萨诸塞州剑桥市的庭审现场做结案陈词。她成功帮助陪审团找到犯罪嫌疑人强奸的有力证据。对鲁尼和其他律师来说，对陪审团所做的开庭和结案陈词往往决定诉讼的成败。

导入

演讲的导入部分有两个主要目标：第一，吸引并保持听众的注意力和兴趣；第二，使听众在心理和生理上做好进入正文的准备。下面我们将详细介绍这两个主要目标。

吸引注意，激发兴趣

“我想跟大家谈谈发展中国家普遍存在的腐败现象。”如果你是一名听众，听到这样的开场还会有兴趣继续听下去吗？

这个话题听起来非常乏味。听众也许会想“我才不关心什么腐败现象呢”，随即将注意力转向更有趣的事情，如下周末的聚会。

现在设想你是听众，学生杰米·萨拉扎以一个真实的故事开始她的演讲：

年轻的尼珊·瓦兰卡尼在印度班加罗尔市某产科医院产下一名女婴，取名阿若嘉。产后，瓦兰卡尼希望护士马上把孩子抱来，让她看几眼，抱一抱。但护士旋即将孩子抱走，甚至不让她看一眼。后来，随从护士告诉她，想看孩子就得送七美元的红包——这对一天仅靠一美元糊口的穷人来说是个天文数字。最后，她的婆婆当了自己的金耳环（当年的结婚礼物）才凑足这笔钱。

欢迎大家来到腐败的泥淖。世界上很多地方的穷人不得不在其中挣扎一生。

听完这段惊人的叙述，你很难不被吸引。萨拉扎的秘诀是以诱人的故事来吸引听众，就像垂钓者在鱼儿面前晃动诱饵。

听众需要这样的诱饵，因为他们不会自觉地给演讲者以绝对关注。开始演讲时，你也许会发现有人忙着和邻座窃窃私语（演讲开始之后也一刻不停）；有人虽然看着你，思绪却在九霄云外，他们或耽于白日梦，或陷入个人问题；有人不断扭动身体想找一个舒服的坐姿；有人思考上一个演讲者的话；还有人环视会场寻找熟人。所以，你的任务非常明确：一开场就要抓住听众的注意力。

但是，仅仅抓住听众的注意力还不够。你的导入还必须使听众愿意把演讲听完。吸引听众注意力的方法多种多样。有的演讲者靠讲笑话来吸引听众，但笑话不会让剩下的演讲也充满趣味。萨拉扎的导入妙趣横生，非常有效，激起了听众继续听下去的欲望：如此行径怎能容忍？有无方法能够制止腐败？

本书将能够吸引听众注意力的演讲材料称为**“凤头材料”**。凤头材料总是导入部分的开篇部分。下面我们学习一些更常见的此类开篇形式。有时，数种形式可结合使用。

凤头材料
导入的一部分，用于引起听众的兴趣

讲故事

讲故事是效果最好的开篇形式之一，因为人们都爱听故事。西卡罗莱纳大学的辛西娅·瑞以下面的故事开篇：

几年前，100多名三年级学生在芝加哥奥黑尔国际机场实地考察。突然一辆由87岁高龄老人驾驶的汽车失控冲向人群。这场车祸导致1名儿童丧生，67名儿童和10名成人受伤。

接下来，瑞指出对老年驾驶员应该进行经常性检测。如果检测结果不合格，应吊销其驾驶执照。像瑞的这篇演讲一样，开篇故事要简单自然地引出下文。

除了真实发生的故事，还可以使用**假设性例证**。律师杰罗姆·戴维·史密斯在他的演讲中使用了下面的虚构情景：

假设性例证
用来阐明某一观点的虚构情境

一天，你因居住地附近的河流遭到严重污染而感到义愤填膺，遂提笔给当地报纸编辑写信。信中你对责任公司进行了严厉斥责。两周后，你收到该公司代理律师的来信，通知你因“损害该公司名誉、声望及信誉”而遭到起诉，并被责令向该公司赔偿10万美元。听起来很不可思议吧？在一个主张言论自由的国家可能发生这种事吗？是的，完全可能……

在剩下的时间里，演讲者讲述了法律诉讼如何沦为公司和政府官员对批评者进行打击报复的工具。

提问

提问能够有效激发听众的兴趣，促使他们在演讲过程中对演讲内容进行积极思考。有两类提问可作为吸引听众注意的风头材料：修辞性提问和反馈性提问。

修辞性提问
目的只是为激发兴趣，不需直接回答

修辞性提问无需听众举手或大声回答。你的目的是用这一问题促使听众思考演讲内容，激发他们的好奇心。如：

现在无线电信号可以发送到外太空。在有生之年，我们是否有可能通过无线电同宇宙中的其他文明取得联系呢？

这个问题不仅吸引了听众的注意力，同时激发了他们的好奇心，吸引他们倾听接下来的演讲，寻求答案。

反馈性提问
需要得到直接、快速的回答

反馈性提问则需要听众举手或大声回答。例如，学生梅雷迪思·鲍灵格以下面的问题开篇：

奥运会只有一项比赛允许男女选手同场竞技，谁知道这是什么项目？

一名听众说水球——不对；另一名听众说垒球——不对；还有一名听众说花样游泳——还不对。最后，鲍灵格给出了正确答案：马术。图11.1是又一个能够吸引听众注意力的问题的例子：

提问时应注意以下几个方面：

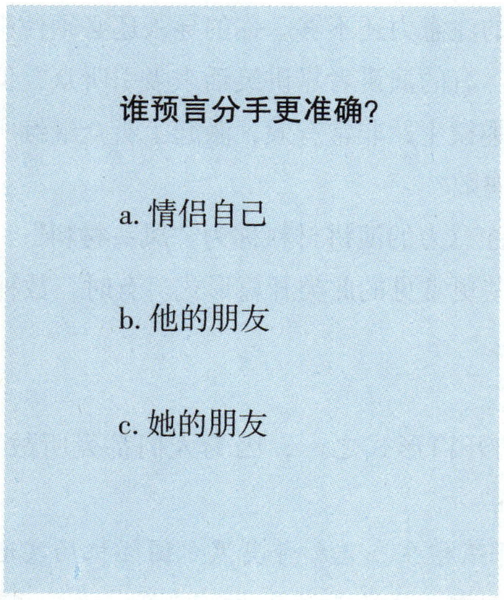

图11.1
想知道一对情侣将来会白头偕老还是分道扬镳？“C”可以做出最准确的预测。普渡大学研究人员发现“她的朋友”比当事人更能准确判断出他们的未来。一位学生利用幻灯片提出这个引人注意的问题，激发起听众的浓厚兴趣。

避免导致演讲失败的提问。一位大学生开场时问听众："你们当中有多少人了解美国未来农民协会？"所有人都举起了手。这位学生不得不尴尬地继续发言："今天，我想同各位谈谈什么是未来农民协会。"所以在选择问题之前，应该对听众可能给出的答案进行预测，以免这些回答让你陷入难堪或困难的处境。

避免一味地制造悬念。如果得不出正确答案就让听众一直猜下去，他们可能会非常恼火，希望演讲者能直接将答案告诉他们。

不要问尴尬的问题或私人问题。如："你们当中多少人有吸食可卡因的经历？""你们当中多少人每天使用腋下除臭剂？"听众无疑对这类问题非常反感，因为这是在刺探他们的隐私。

不要让"话中有话"的提问使听众与你形成对立。什么是"话中有话"的提问？举个例子："你们当中有多少人能够聪明地意识到死刑在法治社会中的必要性？"这种提问方式是对不同意见者的侮辱。

反馈性提问不要要求听众全体参与。有些反馈性提问可以要求全场听众共同参与，但这样做有时会引发棘手问题，尤其以下面的方式对听众进行民意调查更是如此："你们当中有多少人赞成死刑？赞成死刑的人请举手！好的……多少人反对死刑？反对死刑的人请举手！好的，谢谢……多少人对死刑持不确定态度？"如果第一个问题有3人举手，第二个问题有5人举手，第三个问题有10人举手，还有67人没举过手，这样的场面（的确时有发生）会令演讲者感到非常尴尬。有时听众态度消极或脾气暴躁，"受制"的听众（即听众是被迫来听演讲的）尤其如此。在这种情况下，应该避免提出要求全场听众全体参与的问题。

让听众知道你提问的类型（修辞性提问还是反馈性提问）。如果你的问题是："美国人对假冒伪劣产品还要容忍多久？"听众知道你不需要某个人站起来回答说："五年。"这明显是一个修辞性提问。如果你的问题是："你们当中有多少人在大海里游过泳？"听众可能就搞不清你是否希望他们举手回答。是否需要听众回答要讲清楚。如果希望听众举手回答，就提前说明："希望大家能够举手回答这个问题：在座各位有谁在大海中游过泳？"事先提醒听众既可以帮助他们了解你的要求，也可以使他们对你的问题给予格外关注，因为他们知道你期待他们作出回应。

做听众感兴趣的陈述

令人震撼、意外或能够引起听众兴趣的开场可以抓住他们的注意力，这一点毋庸置疑（但要确保这段陈述不会冒犯或疏远听众）。学生瓦内萨·沙利文做关于克隆人的演讲时是这样开场的：

我亲眼见过克隆人。你们也见过。

接着她解释道：

哈佛大学生物学教授理查德·莱万汀说，美国每天大概有30个克隆人诞生。你我都知道他们是完全相同的双胞胎，他还说"克隆双胞胎之间的基因同一性比克隆人与基因捐赠者之间的基因同一性还要高"。

沙利文继续解释，尽管克隆技术关乎重大道德问题，但并不像许多人认为的那样遥不可及。

有些演讲者还将数据转换成听众感兴趣的语言。例如，你可以将"25%的美国人都将罹患癌症"这一事实转换成令听众感到震惊的文字：

今天有40位听众到场。根据医学统计，你们当中有10人将来会患上一种最可怕的疾病——癌症。

这样的开场无疑能引起听众的关注。

使用引语

引语可以使演讲有一个生动的开场。曼迪·怀尔德的演讲话题是“怎样交谈才不乏味”，她是这样开场的：

作家艾尔莎·麦克斯韦尔说：“胁迫之下，人们会承认自己杀人，纵火烧掉村里的教堂，或是抢劫银行，但绝不会承认自己很乏味。”大家愿意学习怎样与人交谈才不乏味吗？

简短的引语往往效果最好。不要长篇大论地引用，否则听众会不知道哪里是引语，哪里是你自己的话。表示引用完毕的最好方法是稍事停顿。这种停顿就像口头标点符号，表示一个内容的结束和另一个内容的开始。

建议大家不要在开场第一句话就使用引语。请看下面的例子：

较差：“创造性地征服太空将成为战争绝佳的替代品。”詹姆斯·史密斯·麦克唐纳先生是水星和双子星太空飞船的制造者。他这句话有力地说明了我们进行太空探索的理由。

较好：詹姆斯·史密斯·麦克唐纳先生是水星和双子星太空飞船的制造者。他的话有力地说明了我们进行空间探索的理由。他说：“创造性地征服太空将成为战争绝佳的替代品。”

如果以书面形式出现，第一种表述效果更好；但第二种更适于演讲。听众需要时间将分散的思维集中到你讲的内容上。如果有人没听到你的引语出自哪位专家也不要紧，因为你想让他们听到的是引语的内容。

如果引语过于简短，一闪而过，听众不会留下印象。因此，你需要重复。请看下面的例子：

英国杰出的芭蕾舞蹈家玛格·芳登说：“这些年，我学到的最重要的东西是重视工作和重视自己之间的区别。前者是必需的，后者却糟糕透顶。请大家想一想……重视工作和重视自己之间的区别。前者是必需的，后者却糟糕透顶。”

在印刷品中，话语的重复显得很滑稽，但在演讲中，及时的重复对听众来说非常必要。重复给了他们消化吸收的时间。

激发听众的好奇心

吸引听众注意力的另一种有效方法是激发他们的好奇心。厨师布伦达·约翰逊的演讲是这样开场的：

我对一种毒品上了瘾。这种情况已经有多年。没有它我度日如年，我会觉得头疼，焦躁不安，不停颤抖。真的——我上瘾了。

激起听众的好奇心之后，约翰逊继续讲道：

这种毒品就是咖啡因。很多人没有意识到咖啡因也是毒品，而且很容易成瘾。咖啡、茶和软饮料含咖啡因，减肥药和止痛片等很多合法药物中也有咖啡因。

约翰逊利用剩下的时间讲述了有关咖啡因的大量细节，并告诉听众如何减少咖啡因的摄入量。

使用直观辅助工具或演示

本书第九章介绍的直观辅助工具都可用来进行导入。需要注意的是，直观辅助工具不仅要能吸引听众的注意力，还必须与演讲要点相关。有位学生先展示了几张日光浴者的幻灯片，然后讲述鲨鱼。虽然二者之间存在逻辑关系（日光浴者下水时常常担心遭到鲨鱼袭击），但这种联系过于牵强，这些幻灯片用在这里并不合适。这个例子中，如果演讲者讲述鲨鱼袭击时展示的是一幅凶残鲨鱼的图片，效果会好很多。

演示也是一种有效的开场方法。一位学生在讲述武术之前，先与朋友一起向听众演示了击退袭击者的方法。如果你想进行演示，应事先征得老师同意。有一点需要注意：你的演示不能让听众惴惴不安。假设你手握左轮手枪，空放一枪后开始讲述枪械管制或自杀的话题，这种做法会扰乱部分听众的心境，使他们无法继续听下去。

给听众一个倾听的理由

听众在演讲开始时的心态大致可以用两个问题来概括："演讲内容与我有什么关系？我为什么要关注这次演讲？"有这样想法的听众需要一个能让他从头至尾认真倾听的理由。因此，演讲者应明确说明听演讲的益处。仅仅告诉听众"我的演讲很重要"是不够的，必须让他们看到演讲主题与他们生活和兴趣之间的关系。如果做关于心肺复苏术（CPR）的演讲，你可以这样说："也许有一天我们的朋友或爱人会突然心脏病发倒在我们面前。如果我们懂得心肺复苏术，也许就能挽救他们的生命。"听到这里，听众都会感到你的演讲与他们的生活息息相关。

听众不会自觉地探寻演讲和他们生活之间的联系，对此你必须明确说明。企业家阿斯莱特先生在一次商务集会上做了关于如何找工作的演讲，他是这样开场的：

（假设）今天在座的各位突然被炒了鱿鱼，你没了工作，失业了。

阿斯莱特知道这种假设并不能激起所有听众的兴趣，他继续说：

你们当中有人在笑，心里一定在想："这种事不可能发生在我身上。"你是否知道，仅上个月就有28 000名员工突然遭到解雇，这些人已经在各自的岗位上工作了至少16年。他们临走时得到的只是公司的一句"谢谢"和一份良好的工作记录。

听到这里，听众都能意识到也许有一天他们也将失去工作，应该认真听一听阿斯莱特先生的忠告。

如果有些听众之前已经听过你演讲的大部分内容，你可以专为他们找一个倾听的理由。亚利桑那州斯科特斯戴尔市的约尔·威尔登在美国培训与开发协会举行的全国性集会上，为700名商业和工业培训师进行演讲。演讲内容是"如何对相关人员进行培训"，他是这样开场的：

我知道你们当中有些人从事培训工作已经20多年，是这方面的专家。对于我讲的一些内容，你们可能会说："这些我都听过。"这我相信。但是，当你有这样的想法时，再问问自己："我是否已将这些内容付诸实践？怎样才能让这些方法更加完善？"

威尔登的方法有效是因为，他首先承认听众当中有很多专业人士，并对这些职场老手的经验表示认可，然后鼓励他们以全新的眼光看待那些所谓的"老观点"。

引导听众

利用风头材料激发起听众的兴趣之后，就要进入导入的第二部分——**定位材料**。定位材料要对整个演讲作出定位——明确给出演讲的主题以及听众理解演讲所需的相关信息。定位材料就像路线图，可以帮助听众在演讲的旅途中轻松地与你一路同行，不会迷失方向也不会困惑彷徨。

> **定位材料**
> 导入的一部分，为听众提供充分理解和相信下文所必需的信息

定位材料在帮助听众为演讲做好知识准备的同时，也使他们做好了心理准备。它让听众相信你准备充分、目标明确，对于他们的需要和兴趣考虑周详，可以信赖。

为听众指明演讲方向有三种最常用的方法：（1）提供背景资料；（2）提高演讲者的可信度；（3）预告演讲正文的内容。对上述三种方法做这样的排序是因为第（3）条往往作为正文的前奏最后出现。

一篇演讲是否有必要三种方法全都使用呢？如果是课堂演讲，应听从老师的指导；如果是工作场合的演讲，前两条可能略显多余。这里送大家一条锦囊妙计：有助于听众理解和接受演讲内容的方法就是最好的方法。

提供背景资料

定位材料中的一部分可以用来提供定义、解释背景信息等，帮助听众更好地理解演讲内容。在关于波士顿—华盛顿城市群的演讲中，范蒂娜·沙斯特里利用定位材料给出了城市群的定义：

城市群指的是由若干城市和周边彼此交错的郊区组成的区域。美国最大的城市群是一个人口密集、绵延800多公里的狭长地带。它北起波士顿南至华盛顿特区和弗吉尼亚北部郊区，横跨康涅狄格州、纽约市、新泽西州北部、费城、特拉华州和巴尔的摩等地区。

有时，告诉听众你的演讲范围会对他们大有帮助。举个例子，假设你演讲的主题是“主张犯罪分子对受害者进行赔偿”。你稍不留神，就会有很多听众在心里暗自反驳：“赔偿？胡扯！杀人犯拿什么赔偿死者？”因此，你应该利用定位材料防止此类异议的产生。你可以说：“今天我想同大家谈谈犯罪分子对受害者进行赔偿的话题。我这里所谓的犯罪分子只包括非暴力罪犯，如诈骗犯，挪用公款者，开空头支票者，不包括强奸犯和杀人犯。”通过对演讲主题的界定，听众更有可能以开放的态度倾听你的演讲。

提高演讲者的可信性

可信性
听众认为演讲者值得信赖，具备演讲资格

没人指望你成为你演讲主题的世界级权威，但只要你能提升自己的**可信性**，就能使听众更容易接受你的观点。所谓提升自己的可信性，其实就是给听众提供一些你能够胜任某主题演讲的资历证明或理由。学生演讲者兰迪·斯戴普在讲述如何从发生火灾的建筑物中逃生时，提到他是某乡间社区的志愿消防员，曾经多次参加火灾抢险。这使他的可信性得到大幅度提升。

有些人不好意思将自己的资历背景告诉听众，生怕那样让自己显得骄傲自大。如果能以一种谦逊得体的方式将这些情况告知听众，这种担心就是多余的。例如，如果探讨空气污染问题，你可以这么说：“我是一名化学家。我在实验室对该社区的空气进行了成分分析。”而不要说：“我是专业的化学家，所以我比在座的任何人都更了解空气的污染状况。”

对于那些不是来自亲身经历的材料，你可以利用定位材料对材料的出处进行说明。一位演讲者如是说：“我今天使用的材料取自戴维·E. 霍夫曼的《寡头：新俄罗斯的财富与权力》一书。”

特别提示：介绍材料的出处有两种方法，利用定位材料只是其中之一。请参看下一章的诀窍小贴士12.2。在作出选择之前请征求老师的意见。

在某些演讲中，你应该告诉听众自己同演讲主题之间的关系——为什么你会选择这个主题。你可以这么说：“我想谈谈汽车的问题轮胎，因为正是那些问题轮胎导致我的姐姐在一次事故中受了重伤。”

公开承认和演讲内容有关的利益冲突和感情倾向。如：“我建议大家利用Ask-an-Expert网站搜索信息，因为我觉得这是最好的专家站点。但我有必要告诉大家，本人也是为该网站提供有偿服务的专家之一。”

有时，向听众讲述你确定演讲中心思想的过程也能提升自己的可信性。学生科琳·艾伦这样说：

有些电视调查节目报道过这样的案例：人们在使用某产品的过程中受到轻微伤害，于是与生产商对簿公堂，索要上百万美元的赔偿金。大家是否看过这类节目？我看过。看过之后我决定通过演讲来探讨如何杜绝这种荒唐行为。但在调查过程中，我却发现情况并非如此。不能否认，一些荒唐的案子确实吸引了公众的眼球，但下面的案例则更加典型。吉姆·霍斯切特是明尼苏达州喀里多尼亚的一名学生。一次农场事故夺去了他的双臂。这场事故完全可以避免，只需一个价值两美元的安全装置。法庭上，设计师承认他明知那种安全装置可以保证农机的绝对安全，却没采用。调查中我还发现，大部分关于产品责任的诉讼都是合理的。

通过讲述自己思想的转变过程，演讲者的可信性得到提升。艾伦用自己的言行树立起一个诚实坦率、思想开放、值得信赖的形象。

预告正文内容

在听演讲的过程当中你是否有过这样的困扰：材料杂乱无章，毫无联系，完全搞不清某个例子或某个数据是什么意思。对演讲者来说，避免类似问题的一个重要方法是向听众**预告**正文内容。

预告
对演讲重要内容的预览

为了帮助你更好地了解预告正文内容的重要性，我们先来对下面两种情况做一对比：假设我给你一袋400块的拼图让你来拼。这可是一项非常艰巨的任务，因为你根本不知道这张图拼好之后的样子。假如我给你一张彩色的成品图，让你看到拼图完成之后的全貌，这个任务是不是就容易多了？没错，因为此时所有小板块都变得有意义了——你马上就知道天蓝色板块是画面上部的天空，深棕色板块是画面左侧的树干等等。

演讲也是同样的道理。如果不向听众预告正文内容，你传递出的就只是信息的碎片，就像一块块散乱的拼图，不能给听众提供将它们拼合在一起的任何线索。相反，如果你对正文内容提前做一个大概的介绍，听众就能预先了解你演讲的全貌。接下来，随着正文的步步展开，凭借你提供的小板块，即细节材料，听众将在脑海中拼出一幅有逻辑的完整画面。

对于预告部分必须涵盖的内容，你的老师可能会有一些具体要求。如果没有，建议大家在这一部分介绍演讲的中心思想或要点。

1. 陈述中心思想。利用定位材料强调演讲的中心思想能让听众听得更加明白。你可以这样说：“酸雨正在使东部地区最高山峰上的树木遭受灭顶之灾。为了证明这点，我会向大家展示一些权威科学家的研究成果。”（有时情况特殊，中心思想需要放在演讲最后进行强调。这个技巧我们将在本书第十七章进行探讨。）

护士玛丽·E. 麦克奈尔在关于减肥的演讲中这样陈述她的中心思想：

食用快速减肥食品会适得其反。从长远看，快速减肥食品会使人体重增加，而增加的体重要高于他们减去的重量。

这段对中心思想的强调让听众变得耳聪目明，他们知道应该格外关注演讲者对减肥食品的反作用的陈述。

2. 陈述要点。多数情况下，听众希望演讲者能够预先亮明演讲要点。芭芭拉·勒布朗克在演讲中这样说：

我认为被动式太阳能暖气应该进入千家万户，原因有两个：第一，安装方便；第二，完全免费。下面我来解释一下。

通过陈述要点，勒布朗克不仅使听众听得更加明白，同时也给了他们一个倾听的理由：

诀窍小贴士11.1 以“破冰语”作为社区演讲开场白

你可能已经注意到，很多商务和专业会议上的演讲者大多以类似下面这样的话开场：“非常高兴今天能有机会和大家谈谈。”在演讲开始之前，他们用一小段彬彬有礼的开场白打破此前的沉默，我们把这段开场白叫作“破冰语”。

下面是以提纲形式表示的带有破冰语的导入部分：

Ⅰ. 破冰语
Ⅱ. 风头材料
Ⅲ. 定位材料

在社区进行演讲时，破冰语会很有帮助。它可以缓解你的紧张情绪，同时也可以让听众安静下来。如果是课堂演讲，破冰语就多余了，因为你的听众早已坐下来准备倾听了（另外，很多老师并不赞成使用破冰语）。

我不喜欢把“嗨，你们好吗？”作为破冰语。这样的表达太随意冒失。不知演讲者是不是想让听众齐声高呼：“好极了，谢谢你！”下面这句就好多了：“感谢大家今晚给我这个发言的机会。”也许你会说这样的开场毫无新意，根本没有实际意义。没错，它确实是陈词滥调，却可以有效地调和人际关系。和朋友闲聊时你不是也会说：“嗨，还好吗？”虽然这样的表达缺乏新意，但不可或缺，因为它是人际沟通的润滑剂。

除了感谢邀请方，你还可以对介绍人致谢，或者提一下演讲的情境（我很高兴能够参加马丁·路德·金诞辰庆祝活动）。有些演讲者喜欢把正式的问候语作为破冰语，现在这种习惯已经落伍。以前，演讲者总爱说：“女士们，先生们/尊敬的各位来宾，大家好！”如今，这样的开场只有在非常正式的场合才会听到，如大学的开学典礼。对大部分演讲来说，辞藻华丽的问候会让人觉得华而不实。

特别提示：破冰语贵在简洁，一两句足矣。迟迟不进入风头材料会让听众感到厌烦。

使用被动式太阳能暖气可以省钱！

通过陈述中心思想和要点来预告正文的重要内容可以让听众不必担心你会不着边际地东拉西扯。换句话说，你在向听众非常明确地表明：我有备而来；我非常清楚我要说什么；我不会浪费大家的时间。

导入原则

导入时应该牢记下面几点原则：

1. 不要首先准备导入部分。准备演讲时，最好先准备正文，然后再准备导入部分。要点确定后，导入自然水到渠成。

2. 力求简单易懂，但不宜过短。听众需要时间来适应你的节奏。如果导入过短，一闪而过，听众会来不及反应。所以讲笑话时人们会刻意增加导入的长度，以便使听众有充足的时间融入到笑话当中。

也许你对这种做法并不认同，这多半是因为在英语课上老师一再告诫我们写作贵在简洁。对英语写作而言，行文拖沓固然是罪过，但对演讲者来说，适当增加导入的长度却是优点。导入过短会让听众感到正文来得太突然。

特别提示：不要因为上面的提示而走向另一个极端，令导入变得冗长乏味。导入应该简洁，但不要过头。如果不确定导入部分的长度是否合适，可先在亲朋好友面前预演，然后征求他们的意见。

3. 导入与正文要有直接显著的联系。导入与下文联系不紧密、不明显是演讲者常见的失误。这样的导入会让听众感到反感和困惑。

4. 不要道歉。不要和听众说“我没有太多时间来准备这次演讲”或“这对你们来说可能专业性太强”，也不要说“很抱歉，我应该画张图表”。这样的道歉会让你的演讲和你的可信性大打折扣。

结尾

电影制片人常常为了影片能有一个完美的大结局而花费大量的时间和精力。他们深知，不完美的结局会影响听众对整部电影的评价。同样道理，演讲的结尾也会为演讲者加分或减分。所以，在结尾上多花些时间准备是非常必要的。

在演讲的结尾部分，你有三大任务：（1）发出结束信号，满足听众完整感的心理需要；（2）总结演讲的重要内容；（3）通过定论来强化中心思想。下面我们来详细讨论这三大任务。

提示结束

假如收音机里正播放你最喜欢的歌曲，此刻你已完全沉醉其中，思绪随着音乐自由舞动。突然，音乐戛然而止，取而代之的是插播的一则广告或新闻。这首歌曲你不过只错过最后10秒，却非常恼火。为什么？因为大多数人都有一种对完整感的需求。

听众也同样需要完整感。我们不喜欢事情突然中断——我们需要一个结尾，它能给我们带来心理上的满足。

为了给听众一个满意的结尾，演讲者应该在演讲接近尾声时发出结束信号。结束信号可以是口头说明，也可以是暗示，有时两者可以同时使用。

口头说明：可以清楚明白地告诉大家演讲即将结束。可以说“最后，我想说……”，“最后，我想以这句话来结束演讲……”，或者“我想再次提醒大家，今天我讲的三个要点是……”。

暗示：暗示有两种方式，非常隐蔽却很重要：（1）用明显的结束语气说出你的结论；（2）巧妙地调整面部表情和姿势。这两种方法对你来说应该是手到擒来，因为很多演讲者都使用这种方法，你一定不觉得陌生。如果没有把握，可以先对着镜子练习。有条件在朋友面前练习更好（他们可以给你提供反馈信息）。还可以通过录音确认自己的语气是否合适。

总结要点

倾听是一项艰苦的脑力劳动。演讲接近尾声的时候，有些听众可能已经昏昏欲睡，注意力不集中了。如果这时你发出信号表示演讲就要结束，他们通常会打起精神。如果知道自己马上就能休息，听众将更容易振作精神听完最后几分钟，这就像赛跑的人接近终点时往往会爆发出巨大的能量一样。

这也是演讲者再次传达信息的绝好机会。最好利用这个机会对演讲中的重要内容做一个总结。有一个演讲套路已经流行了100多年，有人说这个套路是神秘的乡村传教士发明的，也有人说是机智的爱尔兰政客发明的。真正的创始人已无从考证，但这个套路却值得关注：

告诉他们你要说什么！

把要说的讲给他们听！

最后告诉他们你说了什么！

第一句话指导入，第二句话指正文，第三句话指结尾时所做的总结。总结给了你一个重申中心思想或要点的机会。

很多人会问这样的问题："为什么我要把观点重复一遍？不多余吗？"不。调查显示重述有助于听众对要点的记忆。

重述要点是个好办法，但总结应力求简练。下面的文字总结了一次关于汽车失窃的演讲。它言简意赅地对正文内容进行了归纳：

请大家记住，只要遵循下列原则，你的汽车绝不会丢失：1. 将车辆停在亮处； 2. 将钥匙从点火开关上拔出； 3. 关好门窗。

听众并不介意把这些信息再听一遍，因为这将帮助他们记住演讲的主要内容。

定论要强调中心思想

定论
演讲中对重要观点的最后陈述

结束演讲时，除了要进行总结，还要通过**定论**来强调中心思想。定论能帮助听众了解整个演讲的主题。

爱德华·L. 弗莱德曼说，演讲者进行演讲好比木匠往地板上钉钉子。在导入阶段先轻轻敲几下，保证演讲有个好的开始；进入正文之后，小心挥动小锤连续敲击，将钉子钉入合适位置；结尾时，发出有力的、决定性的一击。

成功的定论令人难忘，让听众永远铭记在心。下定论的方法既可以参考本章前面介绍过的导入方法（如修辞性提问或直观辅助工具），也可以采用下面的技巧：

使用引语

精彩的引语可以渲染和强化演讲的中心思想。例如，有位演讲者利用演讲的前半部分劝说听众行车时要系好安全带，在结尾时他这样说：

劳拉·瓦尔德斯是加利福尼亚的一名医疗救护员。我想用她的一段话结束我的演讲。她说："数不清多少次了，我开着救护车奔赴车祸现场。很多伤者在我们赶到之前就停止了呼吸，他们都没系安全带。"

再看一个例子。理查德·科恩的演讲探讨了"面对社会诸多弊病，人们为什么应该选择努力克服，而不是悲观绝望"。结尾处，科恩如是说：

最后，我希望大家能够记住埃利诺·罗斯福的一句话："与其诅咒黑暗，不如点支蜡烛。"

演讲结束时，与听众进行眼神交流非常重要。如果你要使用引语，最好先练习一下，做到能够脱稿，以确保到时你的眼睛是看着听众而不是盯着讲稿。

发出呼吁或鼓励

对于说服类演讲，可以呼吁或鼓励作为结尾。如果想劝说听众无偿献血，可以这样结尾：

下周献血车将来我们学校。我呼吁大家都能踊跃加入无偿献血的行列。你的血液将换来他人的新生。

还有一位演讲者竭力劝说听众立下遗嘱。结尾时，她这样鼓励听众：

立遗嘱的目的非常单纯，这就是保护你的家人，安抚你的心灵。可悲的是3/4的美国人直到去世也没有立下遗嘱。你会像他们一样吗？希望不会。那么，今晚睡觉前就写下自己的遗嘱吧！

举例

举例是强化中心思想的常见手段之一。一位学生想通过演讲呼吁同学们远离网络赌博。结尾处，他讲述了一个真实的故事：

马克·斯科特是一位大四学生，他从不赌博。但是，一天晚上他收到这样一封电子邮件："恭喜你，马克，你赢了100美元。"在好奇心的驱使下，他打开了赌博网站开始玩21点纸牌游戏。仅仅一小时他就输了175美元，三个月后，他已债台高筑，竟然欠下9 000美元的赌债。

对导入部分进行回顾

在结尾处对导入部分提到的内容进行回顾是结束演讲的有效途径之一。回顾有很多种方法。例如，你可以回答导入阶段提出的问题。学生丹尼尔·希拉塔导入时提出一个问题："我们应该对肥胖者就业歧视现象听之任之吗？"结尾处，希拉塔将这个问题重新提出来，并作出回答：

我们应该对肥胖者就业歧视现象听之任之吗？通过今天的讲述，我希望大家能有一个正确的认识。把肤色或种族作为职员的录用标准是不合理的，以肥胖为理由剥夺求职者的就业机会同样不合理。

结尾原则

演讲的结尾应遵循下面几条原则：

1. 结尾要干净利落。有的演讲者事先没有设计好结尾，到了该结束时却想不出怎样给自己的演讲画上一个完美的句号。无奈之下，只好没话找话。还有的演讲者虽然发出了结束信号（如"因此""最后""我想说"），却依然喋喋不休，丝毫没有停下来的意思。而这样的信号会让听众以为马上就能休息。因此，当他们意识到希望成了泡影，必然有上当受骗的感觉，会变得焦躁不安。

2. 结尾要有力度。"我想这就是我要说的全部内容。"如果你在结尾时平平淡淡、毫无激情地抛出这样一句，简直就是在鼓励听众轻视你的整个演讲。所以，结尾时要充满自信。

3. 不要道歉。结尾时，没必要说："我要说的就这么多，非常抱歉我没有更多的时间来准备这次演讲……"或者："各位听众，我的演讲完了。也许我应该查询更多相关方面的信息。"道歉会让人觉得你根本不能胜任这次演讲。此外，听众可能根本不认为你的演讲有任何不足之处，也许是你太低估自己了。所以，为什么要去道歉呢？

4. 不要引入新的要点。在结尾处采用新材料完全可以，不仅可以而且非常好，但前提是不要再引入新的要点。举个例子，在探讨游泳的好处的演讲中，演讲者以举例结束演讲。请对比下面两种表述：

较差：如果你想寻找一种既能娱乐又能健身的运动方式，请记住游泳可以缓解你的紧张情绪，增强你的耐力，效果显著又不损伤肌肉和关节。哦，对了，游泳还有一点好处：可以使你年老时腰不酸背不疼。

较好：如果你想寻找一种既能娱乐又能健身的运动方式，请记住游泳可以缓解你的紧张情绪，增强你的耐力，效果显著又不损伤肌肉和关节。我一周当中有三天会去游泳，每次游20分钟。每次游完我都感到身体健康、精力充沛。我认为游泳是世界上最好的运动。

第一种结尾是有缺陷的。它的问题在于又引入一个新的要点——游泳对腰、背的影响。这点在前面的演讲当中从未出现过，因此会让听众觉得困惑。他们可能会想："嗯？是不是有什么地方我漏听了？"也许有些听众希望你能详细阐述一下这个观点。但如果你真这样做，又会显得拖泥带水，结尾不像结尾。第二种表述就好多了，虽然也有新材料，但并未引入新的要点。它只是一则个人的证明材料，用来强调前面的要点。

导入与结尾示例及评点

在上一章，我们已经探讨过《熟人诈骗》的正文部分。现在我们来看看演讲者安勃·莱特如何进行导入和结尾。

熟人诈骗

总体目标：说服。

具体目标：说服听众谨防熟人诈骗。

中心思想：熟人诈骗虽然骗术高明，但完全可以避免。

导入

I. 夙头材料

A. 假设有陌生人打电话给你，向你兜售内华达州金矿的股票，并说保证你会赚大钱。

B. 大部分人都会说："谢谢，不买！"

C. 但如果给你打电话的不是陌生人，而是你所在社区或宗教团体的一个熟人，你还会一口回绝吗？

D. 这种情况下，你也许会购买一些金矿的股票。

（评点：以假设性例证开篇，吸引听众的注意力和兴趣。）

II. 定位材料

A. 很不幸，在很多类似的事件当中，金矿根本不存在。你成了诈骗行为的受害者。这种类型的诈骗被称为"熟人诈骗"。

B. 熟人诈骗虽然骗术高明，但完全可以避免。

（评点：陈述中心思想。）

C. 首先我想解释一下什么是熟人诈骗，然后告诉大家如何应对。

（评点：预告正文内容，帮助听众紧随演讲者思路。）

（演讲正文采用的是问题—解决型模式。详见本书第十章。）

结尾

I. 总结

A. 我们喜欢并信任熟人。他们与我们有共同的宗教信仰、文化背景或职业。

B. 不幸的是，骗子正是利用这种信任来实施熟人诈骗的。

C. 为了不上当受骗，我们应该谨慎行事，调查所谓迅速致富的方案是否可行。

演讲者简要总结了演讲中的重要信息。

II. 定论

A. 我想用美国证监会主席黛博拉·R. 博特娜的话结束我的演讲。

B. “选择投资项目时要做好调查，不能心急。”

以一段引语收尾。这段引语既有用又与演讲相关。

复习与提高

www.mhhe.com/gregory8

本书的网上学习中心网站备有方便大家学习与复习的资源与工具，如练习测试、重要词语记忆卡和演讲示例录像等。

小结

精彩的导入和结尾是演讲成功的关键。导入由两部分构成：风头材料——意在吸引听众的注意力和兴趣；定位材料——告诉听众下文中需要仔细倾听的信息。

设计风头材料时，可以从下列方法当中选择一个或多个：讲故事、提问、做听众感兴趣的陈述、使用引语、激发听众的好奇心、使用直观辅助工具、演示、给听众一个倾听的理由。

设计定位材料时，有三种方案备选：提供背景资料（如定义）；提高演讲者的可信性；预告正文内容（陈述中心思想或要点）。

导入与正文要有直接明显的联系。不要道歉。导入不宜过于简短。

在演讲的结尾发出结束信号，总结重要观点，通过定论强化中心思想。定论可以是呼吁、鼓励、举例，可对导入部分进行回顾，也可采用风头材料中提到的方法（如修辞性提问）。

结尾要有力，不要道歉，要干净利落。结尾处可以使用新材料，但不能引入新的要点。

重要词语

风头材料，201
假设性例证，202
修辞性提问，202
反馈性提问，202
定位材料，205
可信性，206
预告，207
定论，210

复习题

1. 为什么演讲开始时使用风头材料很有必要？
2. 导入部分使用定位材料的目的是什么？
3. 什么是修辞性提问？
4. 什么是反馈性提问？
5. 如何给听众一个倾听的理由？
6. 什么是可信性？
7. 为什么开场第一句话就使用引语不合适？
8. 为什么突然结束演讲不合适？
9. 什么是定论？
10. 为什么要在结尾处对要点进行重述？

批判性思维技巧

1. 如果有演讲者在导入时说："这篇演讲对你们来说可能专业性太强。"你会给这位演讲者什么建议？

2. 为关于中美洲雨林遭破坏的演讲设计一个修辞性提问。

团队协作技巧

1. 与小组成员进行快速集思广益，为下列演讲主题找出合适的风头材料：

（1）全球饥荒

（2）夜盗报警系统

（3）在法国度假

（4）过度疲劳

（5）寻找有信用的汽车修理店

2. 以小组为单位，讨论听众听到演讲者下面的道歉后会作何反应？

（1）"我没有太多的时间准备这次演讲。"

（2）"我不擅长演讲。"

（3）"我知道这个主题非常枯燥。"

（4）"我本想向你们展示一些PowerPoint幻灯片。"

（5）"我的演讲很难懂。"

（6）"我不喜欢演讲。"

（7）"我很紧张。"

互联网使用技巧

1. 神话传说和民间传说是取之不尽的故事源泉。上网查找一个传说，并将它打印出来。

参考方法：登录Yahoo Directory（dir.yahoo.com），依次点击"Society & Culture"（社会与文化）和"Mythology and Folklore"（神话和传说）。选择几个网站进行浏览。

2. 本章介绍的开场和结尾方法也常常用于杂志文章中。上网查找一篇以故事、修辞性提问或其他任何一种我们介绍过的方法开篇或收尾的文章，并将它打印出来。

参考方法：想找到自己感兴趣的杂志，可以登录American Journalism Review NewsLink（www.newslink.org/mag.html），选择几种杂志进行浏览。

俄勒冈州葛雷森市的克里斯·索默斯在出席该州的彩票听证会上，论证资金应如何分配。听众喜欢的是有计划的演讲，而不是信口开河。本章将讨论如何制订计划——撰写提纲，以及如何依据提纲编写简短的演讲提示。

12

撰写提纲

本章纲要

如何撰写提纲

选择提纲格式
使用标准分支结构
避免单一项

提纲结构

提纲示例及评点

演讲提示

演讲提示原则
常用提示方式

掌握资料

演讲原文示例

本章学习目标

学完本章之后，你应该能够：

1. 懂得撰写演讲提纲的重要性。
2. 学会有条理地拟写提纲。
3. 能够根据提纲列出演讲提示。

西班牙建筑师圣地亚哥·卡拉特拉瓦曾设计了一些非常有趣而且富有挑战性的建筑。每一栋建筑他都一丝不苟地规划，并用设计图向建造者展示具体的布局和详尽的计划。

卡拉特拉瓦还是一位著名的雄辩的演说家。例如，在一次演讲中，他说：“建筑是最伟大的艺术，因为它涵盖了其他所有的艺术——音乐、绘画和雕塑。”在准备演讲时，卡拉特拉瓦发现使用提纲是个很好的办法，他说这就像建筑图纸一样，能提供一个整体、连贯的预演，使你发现问题所在。

很多其他演讲者也都认同提纲的好处。提纲可以帮助演讲者理清思路和逻辑顺序，并发现哪些内容是不相干的，哪些安排不妥，哪些问题没有充分展开，可以使演讲者避免信口开河，杂乱无章。

编写提纲是我们在前面讨论的把握题材的最后关键一环。此前我们讨论了如何确定目标（第五章），如何准备资料（第六、七、八、九章），如何组织正文（第十章）以及如何导入结尾（第十一章）。本章我们将探讨如何融合这些要素，撰写演讲提纲。

有些同学不清楚如何在整个准备和演讲过程中安排提纲的编写，请大家参看图12.1。这幅图展示的就是接下来我们要走的三步：一、创建提纲；二、根据提纲编写演讲提示；三、运用参考提示进行演讲。前两步我们将在本章进行讨论，第三步——进行演讲则放到第十四章。（至于课堂演讲，你的老师的安排可能与此多少有些不同。当然，你应该遵照老师的安排。）

西班牙建筑师圣地亚哥·卡拉特拉瓦在讲解他设计的位于瑞典的旋转中心大厦，这栋54层高的建筑绕它的中轴旋转了90度。卡拉特拉瓦的这一灵感来自一个在做旋转运动的人体雕塑。

如何撰写提纲

为什么要撰写提纲，而不直接写出讲稿呢？原因之一是，逐字写出整篇讲稿会堆砌出一大堆足以压垮你的文字材料；更糟糕的是，可能会诱使你在演讲时逐字逐句地宣读演讲稿，这种演讲方法最容易使听众昏昏欲睡。

与讲稿相比，提纲的优点在于结构简明，便于你把握演讲各部分之间的关系。

从本质上讲，撰写提纲就是对信息进行逻辑整理，使其一目了然的一种方法。例如，联邦调查局的罪案指数可归为两大类：

联邦调查局罪案指数

Ⅰ. 暴力犯罪

Ⅱ. 财产犯罪

每一类还可分出具体的犯罪行为：

Ⅰ. 暴力犯罪

　A. 谋杀

　B. 强奸

　C. 抢劫

　D. 重伤害

Ⅱ. 财产犯罪

　A. 入室盗窃

　B. 扒窃

　C. 盗窃机动车辆

　D. 纵火

如果我们愿意，我们还可将A、B、C、D项进一步分类。例如，我们可根据所用凶器的不同将谋杀划分为持枪谋杀、持刀谋杀等等。

下面介绍提纲的格式。

第一步：撰写提纲

摘自某学生关于如何应对失眠的演讲提纲。提纲只罗列演讲内容的基本框架，与演讲稿不同。详尽的提纲（如右图）只用于准备阶段，不应带到演讲台上。

提纲

Ⅰ. 数息催眠法

　A. 吸气数一，呼气数二，以此类推。

　B. 数至十，重新开始。

　C. 不要紧张，要心存感激。

第二步：列出演讲提示

演讲者根据提纲列出演讲提示，以便练习及演讲时使用。提示只包括若干关键词语，但足以提示演讲内容。用提示而不用提纲，使该同学避免犯逐字逐句读稿演讲的错误。

演讲提示

Ⅰ. 数息

　A. 1——吸气，2——呼气……

　B. 10——循环

　C. 勿紧张——感激

第三步：发表演讲

这是演讲原文。借助演讲提示的提示，她的演讲自然、亲切。

演讲原文

“讲一个对付失眠的好办法：数呼吸次数能让你平静下来。吸气数一，呼气数二，一直数到十，再重新开始。呼吸时不要紧张。要放松，要感激地想想，忙了一天，现在终于能歇歇了。”

图12.1

提纲—演讲三步法（课堂演讲中，视教师的具体要求而定）。

选择提纲格式

最常用的两种格式是话题提纲和句子提纲。具体用哪一种，要根据教师的要求而定。有些教师和专业演讲人士主张两种格式都使用——准备初期（忙于理出头绪时）使用话题提纲，后期（加工、润色时）则用句子提纲。

话题提纲

话题提纲
以词或短语作大小标题的组织方法

话题提纲只写出关键词或短语，优点是比句子提纲简易、快捷。上文中的联邦调查局犯罪索引提纲就属于此类。图12.2中也列有话题提纲。

图12.2　有些演讲者使用两种提纲：初稿采用话题提纲，修改稿则用句子提纲。

话题提纲	句子提纲
岗前遴选	岗前遴选
Ⅰ. 自我推介	Ⅰ. 向未来雇主推介自我，是一个展示自己能力的机会。
A. 面试	A. 面试可显示你的热情与责任心。
B. 简历	B. 简历概述了你的个人经历、受教育情况和相关技能。
Ⅱ. 考查	Ⅱ. 考查常被雇主用来淘汰不合格或高风险的求职者。
A. 技能考查	A. 技能考查决定你是否具有工作所要求的资质与能力。
B. 体检	B. 体检决定你的健康状况是否符合工作需要。
C. 药检	C. 药检测试你是否使用可卡因、大麻等违禁药品。

句子提纲

句子提纲
以完整的句子作大小标题的组织方法

句子提纲要求用完整的句子列出演讲的各主次要点（如图12.2）。如果老师没有特别要求，建议以这种格式为提纲定稿格式。原因是：（1）写出完整句子可以迫使你理清思路，形成自己的想法；可以使你抛却模糊、笼统的想法而走向完整、完善的思想。（2）如果有人（如指导教师）帮你修改，句子提纲比仅有词语的话题提纲更易于理解，也更便于帮助你的人提出修改意见。

本书此后的所有提纲示例，包括本章稍后的一则示例，均采用句子提纲这一格式。

提示：句子提纲不是演讲稿，而是演讲要点，真正的演讲需要进一步展开。这意味着实际演讲稿的文字要比提纲的文字多很多。参看图12.1中的例子。

使用标准分支结构

根据标准分支结构，要点用罗马数字标出（Ⅰ、Ⅱ、Ⅲ等）；其下的次级辅证材料要缩进，标以大写字母（A、B、C等）；然后标以阿拉伯数字（1、2、3）；其下的再标以小写字母（a、b、c）；如果还需继续，则用带括号的数字或字母。下面就是提纲的标准模式：

Ⅰ. 要点

Ⅱ. 要点

　A. 次级辅证材料

　B. 次级辅证材料

1. 三级
2. 三级
   a. 四级
   b. 四级
      （1）五级
      （2）五级

C. 次级辅证材料

注意每次次分都要缩进。不过大部分演讲并不需要如此繁复的次分。

避免单一项

任何一个标题要么至少有两个次分项，要么根本不分。换言之，有标题“A”，就至少要有标题“B”；有标题“1”，就至少要有标题“2”。原因很明显：既然次分，怎能只有一部分？如果分橘子，至少要分成两半。如果分完还是一个，就等于没有分。但如果某一项下只有一种情况怎么办呢？我们先来看一种错误的分法：

A. 许多造假者已由伪造纸币转向伪造其他物件。
   1. 伪制信用卡已多于假钞。

B. ……

这种分法是错误的，“A”项只次分为一项是不合逻辑的。对此可以有两种处理方式。

一种是直接去掉单个分类项，将其与所属标题合并：

A. 许多造假者已由伪造纸币转向伪造其他物件：伪制信用卡已多于假钞。

B. ……

另一种方式是不为这一分类项编号，只在提纲中标作“如”：

A. 许多造假者已由伪造纸币转向伪造其他物件。
   如：伪制信用卡已多于假钞。

B. ……

提纲结构

这里所讲的提纲结构与下一节中的提纲示例一致。你的老师对提纲作业的要求或多或少可能会与此有所不同。图12.3 即典型的提纲结构图。

1. 标题。提纲应有标题，但演讲时并不说出来。换言之，不要开篇就说“《一劳永逸地减肥》”，或者是“我的演讲题目是《一劳永逸地减肥》”。

既然不应该讲出，为何还要有标题呢？在课堂演讲中，教师也许只是让你拟写标题作为练习。至于一些非课堂演讲，可能需要将标题提前进行公告。一个好的演讲题目会帮你吸引听众。

标题应当简明扼要，应该是描述性的。换言之，标题应该能清楚地反映演讲内容。例如，“拉拉队队员受伤事件增多”就是一个简单明了的标题。如果想使题目更醒目、引人，可以用一些形象生动的词语，辅以描述性的副标题，如“‘拉’出的痛：拉拉队队员受伤事件增多”。再如：

诀窍小贴士 12.1 如无时间限制，讲话要简短

我们已经讨论过了演讲为什么不能超出时间限制，但是如果没有时间限制怎么办呢——也就是说，如何自己决定讲话的长短呢？最好的建议是：简短，不要长篇大论。用17世纪英国作家欧文·菲尔瑟姆的话来说，每个人"都应该学会简短地讲话。虽然长篇发言可能会使演讲者开心，但对听众却是折磨。意识不到这一点就是无知"。

那么怎样才算简短呢？

- 简短的讲话应该限制在5—7分钟之内——这也是一般的发言长度，特别是如果有好几位发言者时。《商用录像生产者》杂志声称，培训录像的最佳长度是7分钟左右。如果超出这个长度，"大家就会坐立不安，也许这是因为7分钟正是电视广告之间的间隔时间"。
- 即使较长的发言，如宴后发言之类，建议也不要超过20分钟。

如今的听众希望发言越短越好，而他们听到的发言也确实越来越短，也许这是因为电视使得人们习惯于每次只接收少量信息。美国教堂里的讲道曾经都在1小时以上，如今也开始呼吁简短了。今天许多牧师的训道都不会超过30分钟。在普林斯顿神学院讲授布道准备工作的唐纳德·麦克劳德告诉学生们，有效的布道不要超过18分钟。

如果你不确定发言的长度，那么请记住，假如一定要有缺憾，最好是因简短而留下缺憾。如果演讲结束了，听众还巴望着从你口中听到金玉良言，这没有大碍，他们会请你回来再接着讲。但如果发言太长，让大家听得又烦又困，哈欠连天，听众就会抱怨你浪费他们的时间了。

- 捷克行：不可不到的布拉格
- 骗你没商量——如何找个可靠的维修工
- 哎哟！蜜蜂蜇了怎么办

2. 演讲目标和中心思想。在提纲中写明演讲的总体目标、具体目标和中心思想，这样有助于形成主要观点和论据。

3. 导入和结尾。导入和结尾是演讲的重要组成部分，需要特别关注。这两部分都要独立于正文，单独进行编号。

4. 正文。提纲正文部分的各要点都要以罗马数字标出。正文独立于导入与结尾，有单独的编号序列，即正文部分第一条要编为罗马数字Ⅰ。

5. 过渡。第十章中讨论的过渡手法应恰当地穿插在提纲中。过渡部分放在括号中标出，但不进行编号。

凡需要的地方都可以有过渡，但至少在以下三处关键地方一定要有：（1）演讲的导入部分与正文之间；（2）各要点之间；（3）演讲正文与结尾之间。

6. 参考文献。提纲末尾要列出演讲准备过程中参考的书籍、杂志和访谈记录等材料。标准格式中参考文献应以字母顺序排列。如无特殊格式要求，可参照第六章的表6.1。若引用了演讲者个人的经历，也应列出。

参考文献不仅可以向指导教师表明资料来源，还便于再次演讲时重温原来内容或进一步查阅相关资料。

7. 直观辅助工具。如需使用直观辅助工具，应在提纲中予以简要说明，以便教师提出指导意见。

图12.3 这是典型的提纲结构图。此提纲正文部分包括三个要点，实际演讲中也可包括两点或四点。

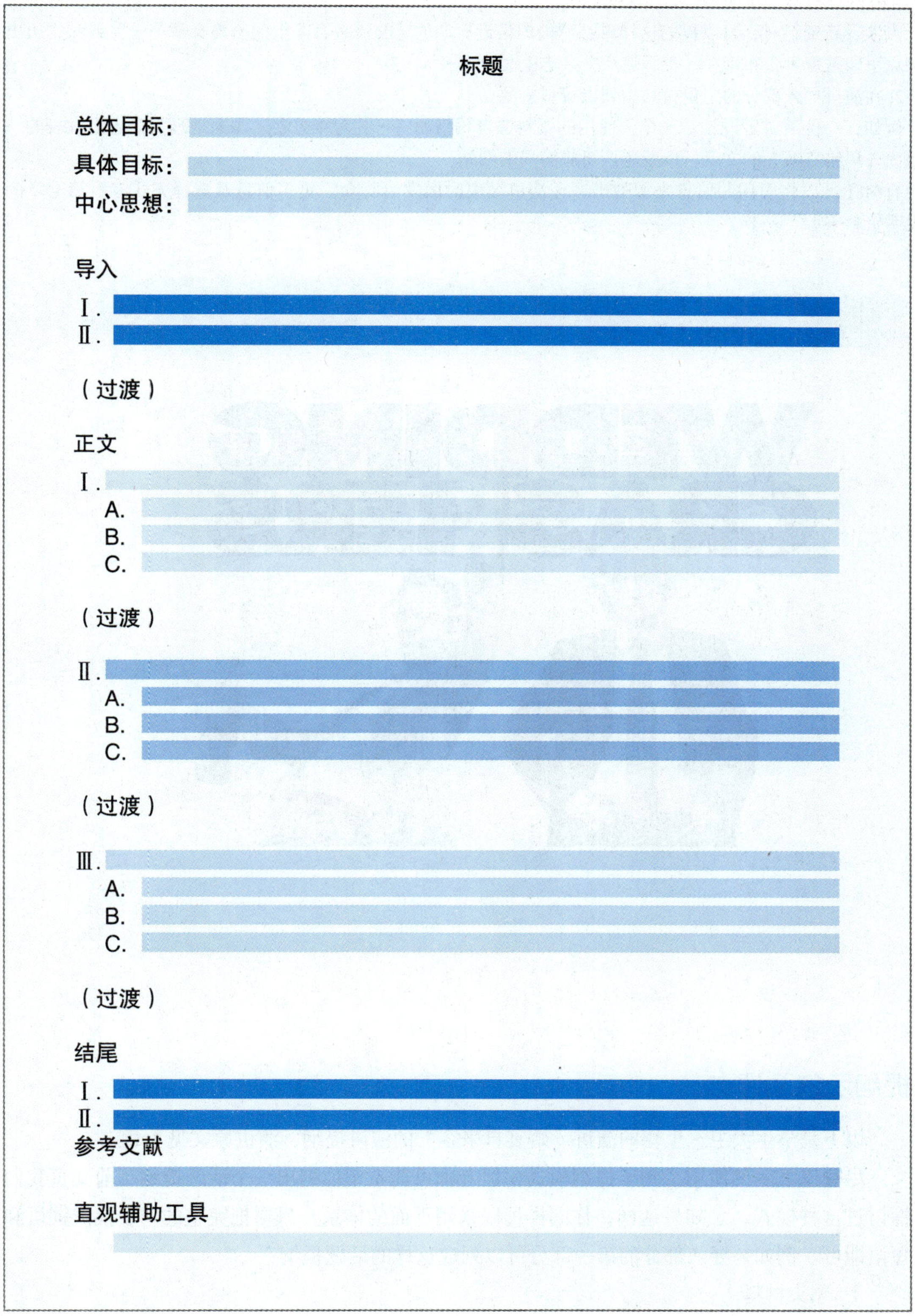

诀窍小贴士12.2 如何说明资料来源

告诉听众你的信息来源可以增强你的可信性。但如果把参考文献一一读出来，又会很烦人。那么怎样才能既说明信息来源，又不妨碍演讲呢？

以下是两点建议，可以单独或同时使用。（课堂演讲中，须征求教师的建议。）

1. 在演讲过程中说明关键数据来源。

当涉及新资料时，可以提前这样讲："根据最近一期的《交流教育》上的一篇文章……"或："历史学家克里斯蒂娜·吉布森在《美国遗产》杂志上写道……"

2. 在演讲导入部分的定位材料中列出资料来源。

例如，一位演讲者说："我今天使用的资料源自玛格丽特·扎考维兹在《国家地理》杂志上发表的一篇题为《玛雅皇城》的文章，以及墨西哥旅游局的网站。"

有时还可以将引用的信息来源列出，在演讲结束时散发给听众。更多信息及选择方式参看第七章的"说明资料来源"一节。

图12.4

一部好莱坞电影引发整个美国竞相模仿。

提纲示例及评点

以下是学生大卫·里德的演讲《婚宴自来客》的演讲提纲，演讲原文见本章末。

尽管以下示例使用了句子提纲模式，但老师可能希望你列出一个话题提纲（前几页我们探讨过这种模式）。如果这样，你同样可以采用下面的体系，只要把完整的句子换成词语和短语即可。例如，导入部分的第一部分可以列成这样的话题提纲：

Ⅰ. 风头材料

A. 电影大获成功

B. 两个混吃的年轻人

C. 类似的不速之客的传言

1. 混吃混喝
2. 跳舞

D. 是否属实?

在下面的提纲中，演讲者使用了话题分类的模式，把材料分为两部分——关于当今美国婚宴自来客的讨论，以及对付婚宴自来客应采取的措施。

评点

将演讲目标和中心思想置于提纲之首，可使演讲者有的放矢。

导入部分单独分类编号。

演讲者使用一张彩色幻灯片引起听众的注意，使大家有兴趣听下去。

演讲者通过传言，引起听众的好奇心，使大家急切地听下去，想知道传言是否属实。

摆明主题可以很好地事先说明演讲主体。

过渡部分放在括号内，不予编号。

正文部分各要点标以罗马数字。

每条要点下的一级标题用大写字母标出。

二级标题用阿拉伯数字标出（1，2，3）。

听众希望知道演讲者的资料来源——这里引用了一家权威报纸。

每层级次分都由缩排体现。

举出全国不同地区的例子，使观众明白这是个全国性的问题。

婚宴自来客

总体目标：提供信息。

具体目标：告诉听众一部好莱坞电影对我们社会的影响。

中心思想：影片《婚宴自来客》使得现实婚宴中的不速之客剧增，但是可以识别并回绝这些不速之客。

导入

I. 风头材料

A. 去年《婚宴自来客》大获成功。（出示照片）［图12.4］

B. 影片描述了两个喜欢混进婚宴混吃喝的年轻人。

C. 传言说这部电影促使很多人假冒客人混入婚宴。

1. 混吃混喝
2. 跳舞

D. 传言是真的吗?

II. 定位材料

A. 我通过报刊文章和对17位婚礼策划师的调查展开研究。

B. 我发现婚宴自来客的现象确实在增多，不过有办法可以阻止。

C. 我将讲解调查的细节。

（过渡：我们首先来看一下美国的情形。）

正文

I. 这部影片无疑煽动了越来越多的婚宴自来客。

A. 婚宴自来客已经存在了几百年，但是影片播映后不久，美国的自来客人数急增。（《华尔街日报》）

B. 17位婚礼策划师全都报告说过去一年中自来客人数增多。

1. 电影播映前，自来客的比率为20%左右。
2. 电影播映后，自来客比率攀升至60%。

C. 自来客喜欢光顾豪华酒店举办的婚宴。

1. 他们喜欢混吃混玩——冷盘、免费酒柜、大餐、跳舞。
2. 波士顿婚礼策划师布赖恩·拉法内利说，客户讨厌给吃白食的人每人花费1 000美金。（《波士顿环球报》）

D. 与电影中情景不同，并非所有自来客都是年轻的男士。

1. 女士和男士一样多。
2. 有的是中年人。
3. 他们的动机包括结识新人，混吃混喝。

E. 有的自来客则是罪犯。

1. 密歇根州的一次婚宴上，自来客从别人钱包中偷走了5 000美元。（《安阿伯新闻》）
2. 肯塔基州列克星敦地区，自来客偷走了更衣室里的钱包。

（《芝加哥论坛报》）

（过渡：看完坏消息，让我们来看看好的一面。）

II. 如果事先有好的计划，可以识别婚宴自来客，并将其拒之门外。

A. 伊利诺伊州的婚礼策划师乔伊斯·波拉可夫给客人寄请柬时附上印有客人名字的门票。

B. 有的策划者使用事先印好的独特的姓名标签。

C. 有时可雇用保安人员防止冒牌客。

1. 斯考特·沃德曼是纽约市华尔道夫酒店社交餐饮总监。

2. 这部电影上映以来，他不得不在舞厅门口安排保安。（《华尔街日报》）

D. 圣·路易斯市的婚礼策划师贝思·威廉姆斯建议请一位朋友把门，赶走自来客。

（过渡：我来总结一下。）

结尾

I. 总结

A. 这部影片上映以来，婚宴自来客增多。

B. 但是，可以通过雇用保安、发门票、准备姓名标签、请朋友把门等方式把他们赶走。

II. 定论

A. 难道新婚夫妇的庆典要让自来客毁掉吗？（出示照片）［图12.5］

B. 不能。只要他们事先做好安排，就能安心地享受他们大喜的日子。

参考文献

Agar, Peggy. “Real-Life Wedding Crashers.” WXYZ Online. 2005. Retrieved 12 Feb. 2006 <http://www.wxyz.com>.

Brown, LeeAnn. The Wedding Book. Bakersfield, CA: Bridal Association of America, 2005.

E-mail survey of 17 wedding planners throughout the U.S. Conducted by Dave Reed. January, 2006.

English, Bella. “Real-Life Wedding Crashers Can Count on Chilly Reception.” Boston Globe 6 Aug. 2005: 13.

Mangalindan, Mylene. “Hollywood's ‘Wedding Crashers'Inspires the Invitationless.” Wall Street Journal 28 Dec. 2005: B1.

Nash, Amalie. “This Wedding Crasher Was in It for the Money.” Ann Arbor News 26 July 2005: 7.

Ogawa, Jillian. “Weddings Often Provide Thieves with Open Invitation.” Chicago Tribune 7 Dec. 2005: W7.

直观辅助材料

电影《婚宴自来客》光盘的封面照片

互联网上找到的一对新婚夫妇的照片

要点之间应有过渡。

使用完整句子，使所有材料清晰、完整。

尽管使用了完整句子，这个提纲并不是要大声读出的演讲稿，而只是要点框架。在这篇演讲中（参见本章末尾的演讲原文），演讲者在要点基础上添加词语，扩展为谈话风格的演讲。

具体细节——如纽约一家著名酒店采取的措施——使得演讲有趣、可信。

结尾前的过渡使听众做好心理准备。

结尾部分单独分类编号。

演讲者总结要点。

结论肯定，充满希望。

参考文献列出了演讲的所有相关资料来源。

文献以字母顺序排列。

第六章中解释了MLA和APA两种文献格式，此处为MLA格式。

描述直观辅助材料，以便教师提出指导意见。

图12.5
如果事先做好准备，新婚夫妇可以尽情享受他们的庆典。

演讲提示

编写完演讲提纲之后，如何使用它呢？用提纲来练习演讲吗？不。把提纲带上讲台在演讲时参考吗？也不是。提纲只是用来组织演讲内容。在练习和发表演讲时，应使用根据提纲编写的演讲提示。

依据演讲提示进行演讲是个好办法，这样你可以大部分时间面向听众，只需偶尔扫视一下要点即可。这可以使得演讲自然而随和。

那么如果不使用提示呢？效果会不会更好？不是这样的。如果不使用提示，你可能会漏掉一些要点，影响演讲内容的逻辑性和条理性。

演讲提示可以使你更有安全感。即使你对演讲内容十分有把握，但在知道自己有提示的情况下，你会更自信、更安心。提示就像一张安全网，当你的大脑出现一片空白，当你想不起要讲的内容时，它会拯救你。

虽然有些人认为用提示意味着智不如人或缺乏自信，但这种看法是没有根据的。许多优秀的演讲者都使用提示，但仍然受到听众敬重。毕竟，使用提示体现的是对听众的尊重，表明演讲者重视这场演讲，并且事先在演讲内容和形式安排上都做了精心准备。真正令听众反感的是那些毫无准备就登台，东拉西扯地说个没完没了、空话连篇的人。

演讲提示原则

阅读下列规则时，可以参照图12.6中的演讲提示示例。

- 提示中与演讲提纲相应的条目要缩排，这样可以加深对演讲结构的记忆；也可以套用提纲的编号方法。有些演讲者只标出提纲中的罗马数字编号，有些则套用所有数字和字母编号。

· 提示仅用纸张或卡片的一面，因为演讲中你可能会忘记看另一面。

· 要尽量简要，所用词语足以提示演讲内容即可。如果文字太多，可能会使你忽略某些要点，或者会使你一直看提示而忘了直视听众。为准确起见，比较长的引文或数据当属例外，可以完整写出。

· 字体要大，要清晰整洁。这样演讲时看起来方便，一看就清楚。

· 写上一些提示语，如“出示图片”、“停顿”等（参看图12.6的提示示例）。用彩笔标明，这样醒目。（用不同的颜色来标明提示也很方便。例如，要点标成黑色，论证材料标成绿色，过渡部分标成蓝色，演讲提示标成红色。）

· 演讲时，仍要用练习时使用的提示，这样你会非常熟悉各项提示的位置。我曾有一次演讲，由于练习演讲时在提示上做了很多涂改，正式演讲前便重写了一份。这种做法是错误的。因为不熟悉新提示，演讲时一些关键词没有起到迅速提示的作用，结果数次卡壳，极不顺畅。如果还用原来的提示，这种情况就不会出现。尽管原来的提示上面标满了各种箭头和增删改动的记号，但我非常熟悉，非常清楚各要点是在什么地方。与此不同的是，新提示在我脑子里的印象却很模糊。

· 不要事先把演讲提示放在讲台上。管理员可能会将其误认为是垃圾而扔掉，前一位演讲者也可能会无意中将其拿起而带走。

图12.6

这是关于《婚宴自来客》的那篇演讲制作的提示卡。这仅是两张样卡。

提示部分提醒演讲者导入时要目视听众，放慢语速。

提示卡采用红色笔迹很有效。

导入 ①

目视观众

慢速！

A. 婚宴自来客

出示图片

B. 两个年轻人

停顿

给每张卡片编号，一旦散落或打乱，也能快速整理好。

演讲者只用了少量关键词来提示演讲内容。

②

C. 传言

——吃喝

——跳舞

D. 真的吗？

常用提示方式

你的指导教师可能会指定某种具体提示方式。如果可以选择，你可以从下面三种中任选其一：

方式1：卡片提示

演讲提示可以写在卡片上，如图12.6所示。

提示卡片（一般尺寸为8厘米×13厘米）大小紧凑，不显眼，持握方便（尤其是在没有讲桌可以放卡片时）。卡片的书写空间很小，能迫使你只写少量关键词，由此避免了因写长句而诱使自己逐词逐句读稿的可能。如果使用卡片，一定要每张都编号，一旦有所散落或打乱，也能快速整理好。

方式2：整页提示

如果使用整页提示，所有提示就可以展放在面前。但这种方式也有弊端：（1）整页纸张的书写空间很大，许多演讲者会不由自主地写上很多内容。演讲中，这些提示往往成了妨碍，因为演讲者看提示的时间太多，使得他与听众进行眼神交流的时间太少。（2）整页提示内容庞杂，往往会使演讲者漏看演讲要点。（3）如果提示是卷起来带到演讲场所的，放在讲桌上可能会打卷，会给演讲造成诸多不便。（4）如果没有讲桌，纸张拿在手里往往会抖动、作响，从而分散听众注意力。（5）整页提示修改不便，修改一处往往得重写所有内容；如果是卡片提示，换一张新卡片，写上更改后的内容即可。

如果有讲桌，你就可以巧妙使用22厘米×28厘米的纸张：只使用最上方1/3的页面，下方的2/3留白。这样扫视提示时就无需低头去看页面底端的内容，不会影响与听众的眼神交流。

小技巧：为避免翻页带来的困扰，用完一页后，顺手轻轻拖放到讲台的一边即可。

方式3：直观辅助工具提示

商务演讲和职业演讲中的一个常用提示方法是使用直观辅助工具（如使用PPT、幻灯片、张贴画等）。这不仅可以直观地把要点呈现给观众，还可以使演讲更为连贯（演讲者不需要低头去看讲桌上的提示）。例如，一位演讲者把她讲的所有要点做成一组幻灯片，其中一张如右图：

延长学年

赞成	62%
反对	26%
不确定	12%

放映幻灯片的同时，她说："在最近的一次调查中，当被问及是否赞成延长孩子们的学年时，62%的家长表示赞成，26%的家长表示反对，还有12%的家长难以确定。我想这足以表明我们应该延长学年。"

这位演讲者就以这种方式一张张地将幻灯片展示出来。她没有制作提示卡片，这组幻灯片就相当于演讲提示。

根据媒体咨询师麦克·爱德哈特和卡洛尔·艾利森的说法，这种方式"可以使你在场内走动，使你看起来更自信。这比一动不动地呆在讲桌后面紧盯着纸片看要好得多"。

使用这种方式时需要注意两点：（1）直观辅助工具不能只用来为自己作提示，而让观众不知所云。也就是说，使用直观辅助工具的宗旨是为了帮助听众理解演讲内容，而不只是为了方便演讲者。图12.6中的提示写在卡片上固然好，但如果制成幻灯片，听众就看不懂了。（2）不要连篇累牍地放映材料。有的演讲者写出讲稿后又一字一句地做成图像材料，播放时洋洋洒洒，长篇大论，让观众心生厌倦。其实只要展示一些关键词和数据就可以了。要保证你的大部分时间是面向听众的。

以上谈到的几种方式也可以结合起来，同时使用。比如，在演讲中可以部分使用卡片提示，部分使用直观提示。

掌握资料

准备提纲时，不要让资料像章鱼那样束缚住你。你要掌握资料，而不能让资料控制你。可以采取下列四项措施以保证对资料的掌握：

1. 如果需要，要随时修改提纲和演讲提示。有的同学误把提纲当枷锁，一旦拟定，就束手束脚，不敢再有改动。提纲应该是一种灵活的辅助工具，完全可以视情况进行调整。

2. 检验提纲。撰写提纲的目的之一就是要检验材料，是否组织合理，是否充分？检验提纲时，可以试问以下问题（在工作中，也可用这些问题来征求同事的意见）：

- 导入是否引人入胜？定位材料是否一目了然？
- 中心思想或要点是否事先作了交代？
- 这些要点是否能够说明或论证主题？
- 要点的组织是否符合逻辑？
- 各要点的辅证材料是否充分，是否冗余？
- 导入、正文、结尾以及正文部分各要点之间过渡是否自然？
- 是否删去了与主题无关的信息？
- 结尾是否总结了要点，重申了主题？
- 结尾是否强劲有力？

3. 检查连贯性。一份书面提纲往往看起来很完善，但在拟写提示和练习时，却发现有些部分之间不协调、生硬笨拙或逻辑混乱。演讲需要行云流水般的顺畅，要让听众很自然地从一点过渡到另一点。如果你的演讲不顺畅，就要调整提纲和演讲提示，直到自己感觉足够顺畅为止。（面对朋友练习时，也可请他们指出演说中生硬和模糊的地方。）

4. 如果可能超时，要删减。写好提示后，练习时要计时。如果超出时间规定（教师或邀请方所设定的），要删减提纲和提示。删减材料是个痛苦的过程，尤其是那些好不容易得来的例子和数据。但是，必须忍痛割爱，即便只是超时5分钟。

演讲原文示例

本章中我们提到了大卫·里德关于《婚宴自来客》的演讲，并分析了演讲提纲和演说提示。以下是他的演说原文，注意真实演讲中的措辞与提纲不同。因为里德是利用演说提示发表的脱稿演讲，这使得他的演讲更加自然、口语化。

婚宴自来客

我们都听说过《婚宴自来客》这部叫好又叫座的影片，它曾经取得过票房第一的好成绩。[演讲者展示如图12.4所示幻灯片]影片讲述了两个年轻人不请自来，屡次混进别人婚宴的故事。

几个月前，我听到传言说，现在真的有人到处“闯婚宴”，贪图便利，蹭吃蹭喝，甚至还蹭个舞伴。真的有这么回事吗？难道人们真的受这部好莱坞影片影响太深，甚至都觉得自己可以到处去做“婚宴自来客”了吗？

就此我作了一些调查。首先我查阅了关于这个话题的一些报刊文章。我还给全国17位婚礼策划师发去了电子邮件进行调查。这样就可以知道他们认为这些谣言是否属实。我的调查表明：没错，这部电影发行以来，越来越多的婚宴已经遭遇或者即将遭遇这些“自来客”的光临。今天我就来给大家讲一些我调查的细节。

我们先看一下总体情况。我调查过的每一位婚礼策划师都告诉我，是的，自从那部影片发行以来，婚宴上自来客的数量猛增。《华尔街日报》甚至也报道说，影片发行后，婚宴自来客急剧增多。当然，婚宴自来客早在几百年前就已出现，但这部影片发行以来，这些自来客人数已经飙升至原来的3倍。

电影播映前，这种事情的发生率为20%左右。电影播映后，这个比率猛增到60%。事实上，60%的婚宴都有不请自来之客。

这些自来客最喜欢光顾的地方是大型的豪华酒店——这些地方人员众多，他们觉得可以混进人群，不被发现。接下来的事情大家就知道了，他们尽情地跳舞，吃冷盘，享受免费食物。

《波士顿环球报》采访了波士顿的一位婚礼策划师布赖恩·拉法内利。他说，客户为婚宴到场的每个人要花费大约1 000美元，因此可以理解客户当然不希望有人混进来吃白食，那等于是被人偷走了1 000美元。

看完那部电影之后，你可能会认为，只有那些赶时髦的小伙子会做自来客，混进婚宴去结识朋友。但事实并非如此。婚宴自来客中的女士并不比男士少，甚至还有中年人。就像电影里那样，有些人只是在婚宴中寻找社交机会，但有的人是为了享受免费酒柜，还有一些人只是来喝饮料。

然而有的人纯粹是来摸钱包的。不幸的是，罪犯总是无孔不入。比如，密歇根州的《安阿伯新闻》报道说，在万豪酒店的一次婚宴中，那些不速之客最终卷走了5 000美元。他们四处闲逛，专门从钱包中偷钱。再比如，据《芝加哥论坛报》去年12月的报道，肯塔基州的执法人员报告说，在列克星敦地区发生了一系列盗窃案件，而这次的自来客干脆到更衣室、试衣间等无人看管的地方去偷钱包。

上面讲到的都是糟糕的方面，下面说说好的一面。虽然自来客的人数增多，但只要你计划周全，多加留意，也很容易把他们拒之门外。

伊利诺伊州的婚礼策划师乔伊斯·波拉可夫就使用了发门票的办法。门票随请柬附上，上面印有客人的名字。他们凭票就可以直接来参加婚宴。一切办妥。显然，如果你手上没票，你就是不请自来。也可以使用姓名标签——提前做好的独特的姓名签，等客人来了之后再发给他们，这样那些冒牌客人就来不及再去仿制。

《华尔街日报》曾采访纽约华尔道夫酒店的社交餐饮总监斯考特·沃德曼。他不得不在每个舞厅入口安排了保安人员，以确保把那些冒牌客拦在门外。

圣·路易斯市的婚礼策划师贝思·威廉姆斯建议，如果你没有请保安，那么就请一位朋友。让他来把门，确保每位来参加婚宴的人都是受邀而来。她强调要请“朋友”，因为毕竟这是婚礼——家庭成员应该在里面参加婚礼，而不是担心有自来客混进来。

那么，让我们来回顾一下上面的内容。很不幸，传言属实。确实有这样的人，他们越来越想做婚宴自来客。好在只要你多留意，事先计划周全，就会把他们拦在门外。你可以使用发门票、准备姓名标签、请保安人员或朋友把门，来确保每位到场者都是应邀而来。

［演讲者展示如图12.5所示幻灯片］难道新婚夫妇们在他们大喜的日子里还要担心有自来客？当然不应该。只要你做好计划，每个人都可以轻松愉快地来享受喜筵——而不受婚宴自来客的打扰。

复习与提高

www.mhhe.com/gregory8

本书的网上学习中心网站备有方便大家学习与复习的资源与工具，如练习测试、重要词语记忆卡和演讲示例录像等。

小结

提纲对演讲者非常重要，如同图纸对建筑师一样：提纲提供了详细的计划，帮助演讲者有逻辑地组织观点，确保没有遗漏要点。

两种常见的提纲有：话题提纲，以词语或短语作标题；句子提纲，以完整的句子作标题。有的演讲者同时使用两种提纲：前期的草稿用话题提纲，润色整理后用句子提纲。

提纲的内容包括演讲题目、演讲目标、中心思想、导入、主体、结尾、过渡、参考文献和直观辅助材料。

完成提纲后，在此基础上准备演讲提示。你有三种方式可选：提示卡片、整页提示和直观辅助工具提示。无论使用哪种方式，都不要写得太多。使用演说提示时只需快速扫视关键词，帮助回忆下文。

整个准备过程中都要掌握材料，必要时对提纲和提示进行修改、删减。检验提纲的力度和连贯性——各部分之间要过渡平稳、符合逻辑。最后，演讲如果有可能超时，应作删减。

重要词语

话题提纲，220　　句子提纲，220

复习题

1. 为什么建议所有演讲都使用提纲？
2. 什么是话题提纲？
3. 使用句子提纲有哪些好处？
4. 提纲包括哪些内容？
5. 文中提到，演讲时不必说出提纲的标题。那么为什么还需要标题呢？
6. 为什么每个分类都至少要有两个分类项？
7. 使用提示卡片有哪些好处？
8. 使用整页的演说提示有哪些弊端？
9. 文中提到，不要在图像辅助材料中使用过多文字说明。为什么？
10. 演讲者如何检验提纲的力度？请至少给出五个问题。

批判性思维技巧

1. 将以下各项归类，并组成一个连贯的提纲。这些项目包括一个题目、四个大标题以及每个标题下的三个小标题。

拼字游戏，照相机，食谱，观赏植物，摄影，彩弹游戏，园艺，数码照，厨具，一年生植物，炉子，兴趣爱好，烹饪，暗室，宾戈游戏，多年生植物，游戏。

2. 将下面的话题提纲改成句子提纲，并为提纲列出中心思想。

研究

Ⅰ. 图书馆

A. 印刷材料

B. 电子数据

C. 视听材料

Ⅱ. 个人资料

A. 经历

B. 访谈

C. 调查

团队协作技巧

1. 小组合作，从以下四个话题中挑选一个写出中心思想和话题提纲。把每项单独写在项目卡或纸片上，小组成员可以尝试不同的排序。提纲至少要包含三个大标题，每个标题下至少要有三个小标题。

（1）汽车司机

（2）快餐

（3）业余活动

（4）健康

2. 小组合作，写一个关于如何有效学习的句子提纲，包括中心思想、至少三个大标题以及每个标题下至少四个小标题。

互联网使用技巧

1. 为了展示并理解如何正确编写提纲和演讲提示，从互联网上找一篇关于新闻媒体的公正和准确性的短文。提炼出文章的提纲，并压缩成简短的演讲提示。

参考方法：可以登录Yahoo! News Full Coverage（fullcoverage. yahoo.com/fc/）查找文章。

2. 写一个关于“天气话题”的话题提纲，包括大小标题。

参考方法：查找原始材料可以登录Librarians'Index on the Internet（lii.org/），点击“Science”（科学），然后点击“Weather”（气象）。

泰·沃托是女子职业高尔夫球协会总干事。他呼吁男子私人高尔夫球俱乐部停止排斥女性会员。身为俄亥俄州律师的沃托在演讲中善于运用语言。例如，在谈及奥古斯塔全国高尔夫俱乐部拒收女性会员时，他这样说："奥古斯塔是私人组织，不接受女性会员是其权利（right），但使用这种权利却是不正确（right）的。"沃托巧妙地运用了一词多义，使他的观点给人留下深刻的印象。

13

演讲措辞

本章纲要

文字的力量
正确选词
使用恰当的措辞
避免使用陈词套语
避免使用性别偏见性代词

准确用词
准确使用指称意义
把握隐含意义
正确使用语法

语言要明晰易懂
用词简单
用词具体
用词精当

语言要生动形象
形象描述
暗喻和明喻

使用修辞手法
头韵
对偶
平行结构和重复

口头语和书面语

本章学习目标

学完本章之后，你应该能够：

1. 说明根据听众和场合恰当选词的重要性。
2. 定义两种玄虚词（委婉语和夸饰语）。
3. 描述口头语和书面语的两点重要区别。
4. 说明准确使用语法的重要性。
5. 说明用词清晰、准确、生动的重要性。

阿拉伯有句谚语："讲话讲得动听，耳朵能当眼睛。"

怎么才能有这种魔法呢？办法就是通过清楚、准确、形象的用词。电视脱口秀节目主持人蒙泰尔·威廉姆斯就有这种魔法。他说：

我患了一种病，不清楚病因，没办法治好，也控制不了疼痛。这种病会夺去我的视力，会使我浑身乏力、失去平衡，使我失语甚至失忆。这种病就是多发性硬化症。

威廉姆斯的话让我们真切地看到并感受到了这种病是多么恐怖：

几乎有70天的时间，每天24小时我的脚都好像着火了一样。我说的可不是好像有点火，而是就像有人拿了一根铁棍塞到发红的炭火里，然后直插进我的脚尖，穿过脚趾，一直插到小腿肚子里一样。

通过这些清楚、形象的语言，威廉姆斯描绘出了多发性硬化症的恐怖，让听众明白了这种病是多么折磨人。

这一章中，我们就来看一下语言的魔力。

电视脱口秀节目主持人蒙泰尔·威廉姆斯在华盛顿特区的记者招待会上发言。他反对缩减用于多发性硬化症、阿尔茨海默氏综合症和癌症的研究经费。画面左侧是来自洛杉矶的南茜·戴维斯，她患有多发性硬化症；中间的是电视名人丽莎·吉朋斯，她的母亲患有阿尔茨海默氏综合症。

文字的力量

如果你目击了一场车祸，你能在法庭上准确地讲述你所看到的情景吗？回答之前，先考虑一个问题：

法庭律师发现，他们仅仅通过提问时的用词就能影响目击证人的证词。为了说明这种技巧的作用，心理学家伊丽莎白·洛夫特斯先让一组人观看了一段两车发生交通事故的录像。然后，他问其中一部分观众："这两辆车是以多快的速度冲撞到一起的？"再问另一部分观众同样的问题，但是把"冲撞"换成"碰撞"。用"冲撞"被问到的观众估测的速度要大大高于用"碰撞"被问到的观众所作的估计，一周之后，他们甚至还会说现场散落着撞碎的玻璃，而事实上录像中并没有碎玻璃的画面。这是为什么呢？因为，比起"碰撞"这个词，"冲撞"意味着更快的速度和更大的破坏力。可见，即使是亲眼目睹，一字之差也足以改变我们的记忆。

一些研究还表明，广告商和零售商也在运用词语的力量：

· 广告公司发现，如果广告中包括一些特定的词语，产品的销量就会上升，如：新、快、方便、提高、现在、马上、奇妙、引进等等。

· 在食品店，标着"75%精"的牛肉比标着"25%肥"的牛肉更受顾客青睐。为什么？因为人们喜欢"精"而不喜欢"肥"。

仅仅词语就有这么大的力量吗？是的，不过词语可不是"仅仅"。作家杜卡斯说过："说'仅仅词语'就像是说'仅仅炸药'一样。"这个比喻很贴切。如果正当使用，炸药可以清理公路上的崩岩；如果滥用炸药，就可能使人致残甚至送命。在演讲中，如果恰当地使用有力的炸药似的词语，能够激起听众的兴趣；但如果使用不当，就会欺骗听众，歪曲事实，甚至毁掉真理。讲道德的演讲者会负责任地使用文字——不是作为欺骗听众的高妙工具，而是形象地描述事实。

我们可以对比一下下面两种筹资手段，来说明道德和不道德的用词：

联合劝募协会告诉得克萨斯州的非营利机构圣安东尼奥儿童服务局的筹资者，如果这个机构能改名为"受虐及流浪儿童紧急庇护所"，他们可能就会募集到更多的捐助。这个名称更准确地说明了该组织的职责。据筹资者说，改名后该机构获得的捐款额增加了40%。

这个改名很成功，因为原来的名称听上去就像一个傲慢沉闷的官僚机构。而新名称表达出了挽救生命的紧迫感。这种做法道德吗？当然，因为它没有欺骗人们。

另外一种情形就大不相同了：

伊利诺伊州的一位州代表在一封筹资信中声称自己曾获得《芝加哥杂志》的"特别认可"，但是却没有说明他其实是被这份杂志评为全州最差的十名立法委员之一。

这位大言不惭的政客也许只会成为人们的笑柄，但他的这种用词方式是不道德的。这不是提供信息，而是欺骗听众。

正确选词

马克·吐温曾说过，正确的用词与基本正确的用词之间的差别就像闪电与萤火虫之间的差别。从下面这篇历史性的短文中，我们能看出马克·吐温的话是有道理的：珍珠港的美国军舰遭日军袭击后，富兰克林·罗斯福总统发表演说要求国会对日宣战，这是他最著名的演说之一。演说原文是由一个助手写的，第一句是：

1941年12月7日：一个世界历史将铭记的日子。

演说之前，罗斯福删掉了"世界历史"，换成了"耻辱"，他的第一句是这样：

1941年12月7日：一个永远不会被忘记的国耻日。（英文原文为"耻辱"，在此酌情译作"国耻"——译者注。）

这已经成为美国历史上最著名的句子之一，同样著名的还有："不自由，毋宁死！"但是，假如罗斯福采用了原来的句子，就不会这样著名了。为什么呢？因为"耻辱"是一个尖刻的词语，夹杂着罪恶和愤怒，这才是对当时情景的正确描述；而"世界历史"则平淡乏味，毫无感情色彩，只能算"基本正确"。这就是闪电与萤火虫的差别。

演讲选词的目标不是要选择多么华丽或者复杂的词语，而是根据不同的听众选择正确的用词。演讲之前，要分析一下听众，问问自己："我的观点要怎样表达才能让大家理解并接受呢？"适于某个听者的词对另一位却可能并不合适。

马丁·路德·金博士是20世纪60年代杰出的民权运动领袖，他就很善于根据不同的听众来选择正确的用词。面对受教育程度较高的听众，他会使用一些复杂的语言和抽象的概念。例如，他在接受诺贝尔和平奖时的致词中说道：

文明与暴力是两个相互对立的概念。

这样的话对于有学问的听众是可以接受的，但如果讲给密西西比州的没有受过教育的佃农，可能大多数人都听不懂。面对这些听众，金博士用的是最简单明白的语言和通俗易懂的例子。例如，在号召美国黑人不畏暴力争取权利时，他用的比喻即使是受教育程度最低的听众也能听懂：

我们必须不断地修筑勇气的大坝，来拦住恐惧的洪水。

对于两种不同的听众，金博士的讲话都是有说服力的。那么，如果听众中既有受过教育的又有没受过教育的，那该怎么办呢？这时，他用那些能够鼓舞和号召在场的每位听众的语言。面对前往华盛顿特区争取美国黑人平等权利的20万示威民众，金博士发表了著名的演说《我有一个梦想》。他激动人心的话语打动了每一个人：

我有一个梦想，有一天我的四个孩子将生活在这样一个国度：在那里，不是以肤色而是以他们的个性来评判一个人。

金博士根据不同的听众对演说进行调整，这不是欺骗。每个优秀的演说家都会根据具体的听众来正确选词。

除了考虑听者，还要注意具体场合的用词。如果在筹资活动上演讲，要用鼓舞人心的语言；在葬礼上，要用庄严恭敬的语言；开动员大会时，则需要振奋人心、激情澎湃的语言。

使用恰当的措辞

一定不要用那些有可能让听众感到受排斥的带有政治、宗教、民族、种族或性别色彩的词语。问问自己："我要讲的会不会冒犯某些听众呢？"如果不确定一个词是否合适，就不要用它。

避免使用陈词套语

避免使用与性别有关的俗套用词，如：小老太、婆娘、黄毛丫头或典型的男性的野蛮之类的说法。尽量避免用带有性别歧视或者和性别有关的职务名称。下面表格中，第一栏中的词有明显的性别之分，作者提倡用后一类中性词。

Original（原词）	Preferred Form（建议用词）
workman（工人）	worker
stewardess（女乘务员）	flight attendant
fireman（消防员）	firefighter
policeman（警察）	police officer
mailman（邮递员）	mail carrier
man-made（人造的）	artificial
cleaning lady（清洁女工）	housekeeper
foreman（领班）	supervisor

洛杉矶作家詹妮特·艾利奥特曾写道："最近我参加了一个会议，会上几乎80%都是年轻女大学生。发言主题是"主修商务交流的学生的职业选择问题"。可是发言人在通篇发言中都用'businessman'（商人，指男性——译者注）来表示公司主管人员。许多听众都很反感他这种排斥性的表达。"

避免使用性别偏见性代词

长期以来，在英语中没有必要区分性别时就用he, him（他），his（他的）来指代一个人。例如："每位司机发动引擎之前都要系上他的安全带。"这里的"他"应该理解为不论男女的所有司机。然而现在，正如加利福尼亚大学伯克利分校的英语教授弗雷德里克·克鲁斯所说："很多（人）感到这些词带有冒犯性，让人联想到女性是二等公民。"

为了避免冒犯听众，可以采用以下三种方法：

1.同时使用男性和女性代词。也就是说，当不确指一个人时，就用他/她（或者她/他）。例如："每位司机发动引擎之前都要系上他或她的安全带。"但是这样做会有一个问题，比如:"每位参加者都要问一下他自己或她自己是否有必要带他的或她的雨伞。"如果这样下去，代词会变得非常繁琐，甚至会分散听众的注意力。这也使得人们更倾向于采用后两种方式。

2. 使用代词的复数形式。简单地说："所有司机发动引擎之前都要系好其安全带。"这种办法比较简易，又不会冒犯他人。

3. 使用代词"你"。例如："无论你何时坐在方向盘前，发动引擎之前都要记得系好安全带。"演讲中，这是最好的办法，不仅简单、不易冒犯听众，而且直接、具体。

准确用词

做到准确用词需要对两种意义敏感——指称意义和隐含意义，当然还要正确使用语法。

准确使用指称意义

一个词的指称意义是它所指的事物或概念，也就是它在字典中的定义。例如，"椅子"就是能用来坐的一件家具。

要准确使用**指称意义**，请记住以下几点：

> **指称意义**
> 一个词所指的事物或概念

注意一词多义现象。例如，"语言形式"可以指"口语或书面语"。如果我让你做一个语言形式的报告，你仍然不清楚是要口语表达还是书面表达。我必须用一个更准确的词，比如"口头表达"，这样才能表达清楚，因为这个词只能指口语的。

注意同样的词对不同的人而言可能有不同的所指。"中年"是什么意思呢？路易斯·哈里斯调查发现，30—34岁的人认为中年是从40岁开始，而40—44岁的人认为45岁以后才算中年。如果"中年"是你的演讲中的一个重要概念，一定要明确界定这个词是指哪个年龄段。

避免使用华丽的辞藻，除非你确定它的指称义。加利福尼亚州雷丁市的演讲者邓尼斯·凯辛格曾去参加一个非常勤奋的员工的退休欢送会，会上有人很赞许地说这个职员是位"superfluous employee"（冗员）。其实这个词是一种侮辱，因为它的意思是不重要的、不需要的人。也许这位讲话者本来是要说“superlative employee”（干将）。

把握隐含意义

隐含意义
词语在字典中定义之外的感情色彩

一个词的**隐含意义**是指它的感情色彩。例如，苗条、瘦和皮包骨都是近义词。它们的指称意义相同，但隐含意义却不同：“苗条”是褒义词，“瘦”是中性词，而“皮包骨”则是贬义词。

无论是听者还是演讲者，都要注意词语所表达的态度。假如有制片人要给道罗莉·佩莱斯议员拍一个纪录片，如果他们要表现一种客观的态度，就会用一个中性词来描述她——立法委员；如果要表现赞许，可以用一个有正面含义的词——国家领导；如果要表示否定态度，则可以用一个有负面含义的词——政客。如果描述她的一次竞选活动，可以用“集会（中性）”、“大会（褒义）”、“纠集（贬义）”。如果她前往中美洲，可以称为“出访（中性）”、“实情调查（褒义）”、“公费出游（贬义）”。

在游说活动中，隐含意义不同的词是大有差别的。多年来，环境保护主义者一直在呼吁人们保护沼泽地，不要填地建房。但是，直到他们把“沼泽”换成近义词“湿地”之后，宣传活动才取得了进展。“沼泽”总使人想起毫无用处的荒地，到处是让人毛骨悚然的动物。而“湿地”则会使人们联想到水草茂盛的、有着珍禽异兽的自然野生环境。

学习隐含意义时，不一定只靠自己的判断。许多字典在单词的定义后面会列出相关的近义词。也可以在互联网上使用搜索引擎，查询各地人们对某些单词或短语的用法。如果想知道单词spunk的隐含意义，可以登录FindArticles.com（www.findarticles.com），输入这个关键词，浏览相关文章，看目前这个词是如何使用的。

正确使用语法

人们犯语法错误通常是因为不经意地模仿亲戚朋友的说话习惯，所以我不会看不起这些人。但是应该明白，在商场和职业生涯中，如果讲话的语法不够标准，那就像体臭和衬衣胸口上的饭渍一样，人们对你的印象会大打折扣。例如：

· 北卡罗来纳州的一名公司主管说：“我没法忍受身边的人讲蹩脚的英语。我绝对不会聘用一个满口说‘I done it’之类语法错误的员工。”

· 加利福尼亚州的一个职员丢掉了一次晋升机会（尽管他比最终得到那个职位的人更有资格），就是因为他有个坏习惯：总把“he doesn't”说成“he don't”。

· 新泽西州的一个公司老板想提拔一位优秀的兼职做全职秘书，他说：“可我就是改不了她说‘youse’（误作‘you’的复数）的习惯。我的顾客接受不了这种错误，因为他们都是和有文化的人打交道。他们会担心，我们说话都这么马虎，那么处理账目也许会一样草率。”

语法错误对你是非常不利的，因为人们也许会怀疑你的智力有问题。他们很少会直接说你的语法让人感到别扭。比如，一个老板也许会觉得，告诉某个雇员他/她的语法没法接受是很尴尬的，这就像告诉一个朋友他有口臭一样令人难堪。于是，这个员工可能永远都不清楚他/她为什么得不到提升。专栏作家威廉姆斯·拉斯贝利在迪拉德大学演讲时，告诉学生们：“比起大学文凭，一口漂亮的英语和一手流利的文笔更能为你打开机会之门……而蹩脚的英语和糟糕的文笔则会关上机会之门，你甚至都不知道还有门的存在。”

商务作家夸特兰·L. 波韦和约翰·V. 塞尔指出，语法错误会影响听众对你的信任：“即使听众非常开明，不会拿语法错误来评定一个人，那也至少会分散人们的注意力。”

据我观察，表13.1中列出的错误最容易破坏人们对你的印象。如果你犯过类似错误，建议你改正这些语法和用法。你所在的学校可能设有一些辅导课来帮助你发现并改正这些错误。你也可以去图书馆找一些关于如何正确使用英语的书籍，或者登录相关网站，如Librarians'Index to the Internet（www.lii.org），再输入“grammar”（语法），就可以找到有用的链接。

表13.1
常见语法错误

Incorrect（错误用法）	Correct（正确用法）
He (or she) don't	He (or she) doesn't（他/她不）
You was	You were（你是……）
I done it.	I did it.（我做的。）
Between you and I	Between you and me（只限咱俩之间）
I had went.	I had gone.（我走了。）
She's (he's) already went.	She's (he's) already gone.（她/他已经走了。）
I been thinking.	I've been thinking.（我一直在想。）
I've already took algebra.	I've already taken algebra.（我已选了代数。）
hisself	himself（他自己）
theirself	themselves（他们自己）
We seen it.	We saw it.（我们看见了。）
Her (him) and me went.	She (He) and I went.（她/他和我去的。）
I come to see you yesterday.	I came to see you yesterday.（我昨天来看过你。）
She ain't here.	She isn't here.（她不在这里。）
She don't love me no more.	She doesn't love me anymore.（她不爱我了。）
He be late.	He is late.（他迟到了。）
I had wrote it.	I had written it.（我已写好了。）
Give me them apples.	Give me those apples.（给我那些苹果。）

语言要明晰易懂

要做到语言明晰易懂，首先思维要清晰条理。用词之前要经过考虑，问问自己：不熟悉这个话题的人也能听懂吗？这一节中，我们来看一下怎样通过简单、具体、精当的用词使得语言明晰易懂。

用词简单

富兰克林·罗斯福总统的撰稿人曾写道：“我们在努力构建一个更具包容性的社会。”这句话被罗斯福总统改为：“我们要建设一个不抛弃任何人的社会。”罗斯福知道，尽管有时候需要用一些夸大的词来表达意思，但善于交流的人总是尽可能地使用简单词语。

那如果要表达复杂的思想呢？难道不需要用复杂的语言吗？不需要那些抽象深刻的词语吗？不需要。读一些文学名著就会发现，简单词语也可以轻松而完美地表达深刻的思想。一些英语文学中的杰作——《圣经》和莎士比亚的作品——都是用简单的词语表达深刻的思想。例如哈姆雷特那段著名的独白（“生存还是毁灭……”），261个词中有205个都是单音节词；亚伯拉罕·林肯的第二次就职演说（“我们对任何人都不怀恶意……”），701个词中有505个单音节词，122个双音节词（威廉·津瑟作过统计）。

自命不凡的演讲者总爱用一些华而不实的词语，以此向听众夸耀自己的学识；为听众着想的演讲者则更多地使用简单词，以确保讲话明白易懂。以下这个例子是两种不同风格的对比：

自命不凡的演讲者：那些对某位重要人物怀有极端负面情感的人们颇为明智的做法是向相关个人披露他们的情感状况。

为听众着想的演讲者：如果你爱的人让你很生气，不要隐藏你的感受，要告诉对方。

用词具体

具体词
描述读者五官可以感知的人和事物的词语

抽象词
描述质量、概念、关系、行为、状态、观点等的词语

具体词描述的是读者能够看到、闻到、听到、尝到或摸到的那些东西——例如气球、玫瑰、枪声、比萨、椅子等。**抽象词**描述的是那些看不到摸不着的思想、性质、事物分类等——例如民主、仁慈、科学等。尽管演讲中少不了一些抽象词语，但还是应该尽可能地少用。要尽量使用具体的词语，这会使语言更加形象生动，也更容易让听众记住。具体词语能把讲话内容变成图像呈现在听众脑海中。例如：

抽象的	具体的
她很富有。	她年收入40万美元，在圣迭戈有一套冬用住房，在瑞士有一套夏用住房，还有四辆跑车。
那天有暴风。	天空灰蒙蒙、阴沉沉的，阴冷潮湿的风刺着我的脸。
响尾蛇很吓人。	响尾蛇的大眼珠子一眨不眨地盯着你。它能一声不响地穿过灌木丛，然后突然蜷缩起来，发出可怕的咔嗒声。

用词精当

在美国，人们引用最多的权威是“they”，例如：

They say that too much salt is bad for you.（据说，吃盐太多有害健康。）

They say that loud sound is not dangerous, as long as you don't feel any pain in your ears.（据说，声音太大并没有危险，只要耳朵不感到疼痛就行。）

不要用模糊的“据说……”，要提供精确的信息来源。如上面第一例，找出可靠的来源：“约翰霍普金斯大学的研究者发现食物中含盐太多会导致……”而对于第二例，一个学生演讲者在查询资料后发现，即使没有带来痛感，过高的声音也会对人的听力造成永久性损伤。这句话中引用的神秘的“据说……”完全是在误导。

故弄玄虚或滥用术语会影响演讲内容的准确性。下面我们分别来看一下这两种情形。

不要故弄玄虚

玄虚词
用以混淆视听、造成误解的词语

有的联邦立法委员或州立法委员要加税时，并不说“加税”，因为这可能会激怒纳税人。他们闪烁其词地说是投票支持“增加政府收入”。

“增加政府收入”就是一种**玄虚词**，一种误导听众、躲躲闪闪、毫无意义或者夸大其词的说法。两种最常见的玄虚词是委婉语和夸饰语。

委婉语 使用委婉语是指用悦耳、温和、礼貌的词语来表达令人尴尬或不悦的事情。如果一位官员谈到处理后的有机营养物，并且说这些东西超出了气味接受的界限，你能明白他是在承认下水道的淤泥发出臭味吗？并不是所有的委婉语都不可用。罗格斯大学的威廉·鲁茨教授说：

委婉语
温和、婉转或模糊的词语，用以代替刺耳、生硬或有冒犯性的词

如果使用委婉语是出于对他人情感的考虑或出于某种社会文化禁忌，那就不是故弄玄虚。例如，在吊唁信中使用“辞世”，是因为不愿对一个处于悲痛中的人说“你父亲死了，我很难过”。委婉地说成“辞世”，也不会误导任何人。而且，这样的委婉语不仅出于对他人的情感保护，还表现出你对悲恸中的人的感情关怀。

但是如果用委婉语欺骗听众，那就是故弄玄虚了。请看这些例子：

- 国家航空公司在提交给股东的年度报告中，把某次飞机失事说成“一架727飞机的‘非自愿更换’”，这是隐瞒事实的用词。
- 2004年，华盛顿特区的官员削减了国家公园的财政预算，他们要求公园监管人称之为“服务水平调整”。
- 英国教师协会的一项运动要求在教室内禁用“失败”一词，而改用“成功受阻”，因为“失败”会打击学生的士气。

有的委婉语可以破解，但有的却很具迷惑性。如果你听说克莱斯勒公司实行了一个职业选择促进项目，你能想到事实是5 000名员工被解雇吗？如果医生谈到一种负面的病人治疗的后果，你能反应出这是指死亡吗？如果一名将军提到皮下组织中的弹道孔穴，你能想象出人身上的弹孔吗？

如果用来掩饰需要解决的问题，就是滥用委婉语。把无家可归的人称为“都市浪人”，如此浪漫的委婉语是否会使大家无视这个本该关注的问题呢？

最好的建议是：出于善意或语言技巧需要时可以使用委婉语，但不要用委婉语来欺骗和迷惑听众。

每年，奥斯卡金像奖都授给那些从获奖提名中选出的好莱坞最佳演员。这当然意味着有“胜者”（如图中2005年最佳男主角吉米·福克斯）和“败者”。组委会不愿使用“败者”一词，便告知发言者改用委婉语“未获奖者”。你认为这个委婉语可以接受吗？

夸饰语 鲁茨教授说：“夸饰语是用来让寻常的事物看起来似乎不同寻常，使普通的东西留下深刻印象，对本来无足轻重的人和事大肆渲染。”例如：

夸饰语
用以夸大所描述的人或事物重要性的词语

- 一则出售二手车的广告用词是曾用车或出售爱车。
- 一家服装店把售货员称为衣橱顾问。
- 一本杂志将老年人称为拥有岁月馈赠之人。
- 一家比萨外卖全国连锁店宣布将称其速递员为配送使者。

有些夸饰词是无大碍的。假如收垃圾的人喜欢自称为卫生工程师，也许我会感慨这种对

诀窍小贴士 13.1 避免使用粗鲁言辞

对于许多听众来说，使用亵渎、淫秽或露骨的语言会使讲话者显得麻木不仁、不够专业、浅薄无知。有的演讲者使用粗鲁的语言，因为他们认为这会给演讲增添趣味，而且“大部分人不会介意”。也许大部分人的确不讨厌这种做法，但不能因此而忽略某些人的反感情绪。（顺便提一下，对于粗话的态度不是一个年龄问题，不是只有老年人反感。每个年龄段都有人在听到粗话后会感到脸上像挨了一记耳光。）

广告主管容·霍夫讲了这样一件事：一次商务演讲中，讲话者试图向一家公用事业单位推销他们公司的服务。这位演讲者满嘴粗话，还时不时蹦出一些公众场合不常听到的脏话。

“在场17 位听众，”霍夫说，“其中一位男士每听到这样的字眼就抽搐一下。我看了他很久。就像隔几分钟就有人拿电棒击他一下似的。他的身体语言试图掩盖这种震惊（他跷起腿、遮住脸、瘫坐在椅子里——可是都不管用）。他在用身体动作回避听到的那些令人厌恶的言辞。”

不巧的是，这位男士正好是该单位的最高代表。毫不奇怪，这家单位拒绝了这位讲话者所在公司的服务。

后来霍夫问到这位演讲者为什么讲这么多粗话。

他说：“哦，大家都喜欢这样。他们一向都是这样说话。”

霍夫心想：“是啊，大家都是，但除了一位不是。”

语言的滥用，但也无可厚非。如果他们觉得那个说法能使这种有益大众却不为人看好的工作显得体面一点，又有什么好反对的呢？问题在于，夸饰词已经快速蔓延到生活的各个方面，造成了误解和迷惑。如果你看到一个悲伤慰疗师的广告，会不会想到那些为失去亲友的人进行安慰、劝导的咨询师？如果这样，你就错了，因为悲伤慰疗师指的是殡仪人员。可谁能想到开掘技师是指挖沟的人呢？谁又能想到通信监控师是指接线员，贸易发件人是指运务员，顾客工程师是指售货员，侵蚀控制专家是指那些洗车的人呢？

我的一个学生曾在一家宠物店做出纳员，但她必须戴一个标有“宠物咨询师”的牌子。她很反感这种夸饰的叫法，因为“它使顾客误以为我可以给他们提供一些如何照顾宠物的建议。一天到晚都有人来问那些我无法回答的问题，真是丢人”。

使用夸饰语可能本来是出于好意，但结果常常让人迷惑不解。除非你确定听众非常清楚而且倾向于用这个词，否则不要随便使用夸饰语。换句话说，你只需直接说明：铁锹就是铁锹——除非你的听众是军方人士，喜欢用它的正式名称：挖壕工具。

不要滥用术语

你能看懂下面一位生物学家说的话吗？

尽管在常规情况下普遍独居，但是当出现人为提供的营养源获取渠道时，浣熊会出现同时聚集的情形。

简单说来就是：

浣熊是单独生活的，但是如果你摆出一些食物，它们会成群地围过来。

术语
某一行业的技术性用语

这位生物学家讲的是**术语**，即某一行业的专门用语。如果你的听众都是同行，你可以用术语。但如果有本行以外的听众，要避免使用术语——如果必须用到某个词，也要给出定义。

鲁茨教授说，很不幸的是，某些演讲者使用术语“不是为了交流，而是为了向听众夸耀他们有多么重要，他们谈论的话题有多么复杂”。结果是“已经谈不上交流，这些术语很快就变得和毫无意义的鸟语没什么两样了”。19世纪的美国医生老奥列佛·文达尔·霍姆讽刺了时人卖弄学问的做法：“我听说这个国家有的（医学）教授‘绑缚’动脉。而别的医生只是把动脉扎起来，也一样可以止血。”

有的演讲者会不自觉地使用术语，他们在工作中已经用惯了这些词，以致忽视了外行人可能根本不清楚它们的意思。有个在医院兼职的学生发表了一篇演讲，内容是关于一个让她很伤脑筋的医疗问题——如何对待“无码”病人。让观众沮丧的是，直到最后的问答环节有人问到“无码”，她才给出了这个词的定义，她还以为每个人都知道这是什么意思。原来“无码”是病情表中的一个标志，表示在病人昏睡并出现不可逆性脑损伤的情况下不采取任何人为的救治措施。

要慎用普通人不熟悉的那些体育用语。例如，如果你说需要“对有组织犯罪进行全场紧逼”，只有熟悉篮球运动的人才明白这个词是指阻止对手前进。

英语对于许多美洲人都是第二语言，所以讲话时要注意避免误解，例如：

有的医生在开药方时建议病人“局部”（locally）用药——用于身体的某些部位，如胳膊。结果，被一些病人理解为“离开本地时不要用药”。（locally可指“局部”，也可指“本地”“当地”等——译者注。）

和运用非本族语听众讲话时，可以通过避开术语、添加同义词或者稍作解释等办法避免误解。

语言要生动形象

生动形象的语言丰富多彩，令人难忘。我们来看三种方法：形象描述、暗喻和明喻。

形象描述

形象描述
在脑海中形成图像的词语

通过**形象描述**可以把抽象的事物描绘成准确、生动的图像。例如，范德比尔特大学的校长E. 戈登·吉在一次大学演讲中说：

我们的文化应该认识到这一点：长期的愤怒会使一个人的心灵变得干涸。愤怒能够毁灭你，这好比是，你为了惩罚身后的人而在自己的胸口猛插了一刀。佛说：“嗔怒如鸩毒。”长久的仇恨会吸干、扭曲人的心灵。请不要以此为乐，这没有任何乐趣可言。

“猛插一刀”“鸩毒”“干涸的心灵”，吉所描述的这些形象非常有力，令人难忘。

你可以通过选择细节、描绘图画来在演讲中进行形象描述。例如，学生演讲者朱利安·马丁这样描绘他两岁大的儿子：

乔希有用不完的精力。无论做什么事情，他只用一种速度——高速。他非常好动，但是从来不知道刹车。你一不留神他就飞奔到街上去了。他的口头禅是“不”！但是，麻烦在于，有时候他说“不”的意思就是“行”。他非常倔强，每天要穿同样的衣服，每顿要吃同样的食物，每天晚上还要听同样的故事。乔希智力有问题吗？没有，他和普通的小男孩一样，正在经历“可怕的两岁”。

通过具体细节，马丁生动地描绘了什么是“可怕的两岁”。

暗喻和明喻

暗喻
通过比较表现两种事物的相似性

描绘图景的两种有效方法是暗喻和明喻。**暗喻**是指把通常用于描述某种事物的词语用来表达另一种事物的修辞方式。例如："敌军的潜艇是巡游在海中准备随时捕食的鲨鱼。"把潜艇比作鲨鱼构成了一个形象、有力的暗喻。语言学家波金和考尼利亚·伊万斯说："暗喻的好处在于言简意赅。"

明喻
通过"如""像"等比喻词比较不同的事物

明喻和暗喻相同，两个相比较的事物之间用"如"或者"像"联系起来。例如："一个拖延了的梦想，就像太阳下晒干的葡萄干。"

明喻和暗喻的使用可以使所描述的事物更加形象生动。以下是选自学生演讲词中的几个成功的例子：

婚姻是一个舒适宁静的港湾，使你远离外面世界的暴风雨。（帕梅拉·史密斯）

雪覆盖在褐色的山丘和田埂上，像是巧克力蛋糕上的糖霜。（约书亚·伯恩斯）

狂躁抑郁症患者就像坐在情绪的过山车上，他们上啊、上啊，一直上到兴奋的顶峰，然后又落啊、落啊，一直落到绝望的低谷——却永远没法停下来。（萨拉·金特里）

混杂暗喻
互不协调的两个暗喻同时使用

要注意避免使用**混杂暗喻**，即两个逻辑上不相符的暗喻结合使用。混杂暗喻会使听众感到迷惑，或者引人发笑。德怀特·艾森豪威尔总统曾说过："日本人需要奋力耕耘，才能从经济的泥水里抬出头来。"这句话构成了一幅不协调的画面，好像农民一边在土地里刨食，一边还得挣扎着怕被溺死。要避免这个问题，可以这样说："日本人需要奋力向前游，才能从经济的泥水里抬出头来。"

前英国首相欧内斯特·贝文曾经用过这样一个混杂暗喻："如果再让这类事情发展下去，你的面包和奶油就会从你脚下被人夺走。"人们会把自己的食物踩在脚下？这句可笑的话可以改成："你的面包和奶油就会从餐桌上被人夺走。"

陈词滥调
使用过度的词或短语

避免使用**陈词滥调**，即那些陈腐俗套、毫无新意的词语。例如：better late than never（亡羊补牢，犹未为晚）；last but not least（最后一条，但却同样重要）；raining cats and dogs（瓢泼大雨）；at the crack of dawn（破晓时分）；throw caution to the winds（暴虎冯河）。讲话中陈言务去，要换成新奇、鲜活的词语。不要说"His tie stuck out like a sore thumb."（他的领带像伸出的受伤的大拇指一样扎眼），可以换成"His tie was as garish as a clown at a funeral."（他的领带像葬礼上的小丑一样花哨扎眼）。

使用修辞手法

修辞手法是指通过巧妙地安排或运用语言使得话语有趣、好记。我们来看四种最常见的修辞手法。

头韵

头韵
一种修辞方法，其特点是连续使用以相同的辅音开头的单词

头韵指连续使用以相同的辅音开头的单词。人们一定喜欢头韵，因为我们的文化中有很多这样的例子：常见表述"baby boomers"（婴儿潮一代），广告语"so soft and silky"（丝丝柔顺），产品名称"Coca-Cola"（可口可乐），电影名称"What Women Want"（《倾听女人心》），电脑游戏"Leisure Suit Larry in the Land of the Lounge Lizards"（花花公子拉瑞-蜥蜴系列），体育运动"Final Four"（四强），还有人名"Gail Gordon"（盖尔·戈登）。

偶尔使用头韵可以为演讲添加文采。例如：We need to help the hungry and homeless survivors of the tornado.（我们需要帮助因龙卷风受灾的忍饥挨饿、无家可归的人们）。但是过分使用头韵则会显得很愚蠢。例如：I detest the puny political pygmies who pontificate piously about pure piffle.（我讨厌卑贱的政治侏儒那些虔诚而武断的纯粹废话）。

对偶

对偶是指将对比鲜明的内容并置在平衡结构中。例如：“他手冷，但心热。”这种平衡和对比能够强调所说内容，使句子鲜明难忘。

对偶
两个对立内容的平衡并置

很多伟大的历史性演说中都使用了对偶，包括前总统约翰·F. 肯尼迪的名言：“不要问你的国家能为你做什么，问问你能为你的国家做什么。”你的演讲中也可以使用这种修辞，例如：

- 我们要的是行动，而他们给的是空话。
- 你说这儿是家——我说它是猪圈。
- 他们不关心人，但他们关心财产。

平行结构和重复

有节奏感的表达形式可以使语言更生动，印象更深刻。一种形式是**平行结构**，即把一系列词语、短句安排成同样的形式。下面例子中的语句经过分行排列显示平行：

平行结构
用相同的语法形式表达同等重要的观点

我们需要一个政府……民有、
民治、
民享。

我们需要这样的家长……诚实能奖励，
捣乱能惩罚，
小事能放过。

另一种节奏技巧是字词和短语的**重复**。例如：“这个提议太疯狂、太疯狂、太疯狂了。”

重复
为了感情效果重复字词或短语

重复和平行结构同时使用可以起强调作用，而且非常动听。例如，学生张梅在演说中讲道：

当今社会谁是真正的英雄？有名的？有权有势的？也许是吧，但是我们不应该忘记那些父母们，他们为孩子们的成功而默默无闻地奉献多年；我们不应该忘记那些好心人，他们为病人甚至是生命垂危的人献出一片爱心；我们不应该忘记那些无私的人，他们为素昧平生的异乡人捐物捐款，救贫救疾。

下一节我们将讨论怎样通过重复主要观点帮助听众记住讲话内容，这里谈的重复是为了感情和节奏效果，可称为“艺术性重复”。

波音公司的伊维特·罗德里格斯曾在她的演讲中使用了重复的手法：

早在公元1世纪，一位希腊哲学家就指出了这个亘古不变的真理：“只有受过教育的人才有自由。”是啊，只有受过教育的人才有自由。有摆脱失业救济、获得高薪职位的自由；有选择有意义的职业的自由；有从我们的经济政治体制中获益的自由。

如果回头大声朗读这段话，你会发现艺术性重复带来的节奏感。

诀窍小贴士 13.2 探究修辞方法

你在演讲中使用过连词叠用的方法吗？

连词叠用是指在较短篇幅中连续重复使用几个连词（如and，or，nor，but），这种重复不是必须的，却能在口头语中产生强烈的节奏感。例如：We shall defend ourselves with soldiers and arms and planes and tanks.（我们要自卫，要动用战士，要动用武器，要动用飞机，要动用坦克）。这句话中也可以不反复使用连词and，但那样就会大大削弱语言的力量。

连词叠用只是众多修辞方法的一种，美国修辞网（www.americanrhetoric.com）上的200多篇音频剪辑（MP3文件）中展示了40种修辞方法。登录该网站，点击"Rhetorical Figures in Sound"（修辞声音），即可学习这些选自演讲词、布道文和影视、歌曲中的录音片段了。大部分的修辞方法都是由古希腊和古罗马的修辞学者最早发现并命名的。

这些修辞方法的名字大多都晦涩难懂，例如"epanalepsis"（回环）、"hypophora"（设问），但是通过阅读具体的方法说明并听一些示例录音，就会发现这些技巧都很容易掌握，而且能够使你的演讲更为丰富。

口头语和书面语

某些演讲者常犯的一个严重错误就是误以为演讲中的口头语和书面语要求相同。尽管这两种交流方式比较相似，口头语却应该有不同的处理方式——比书面语需要更多的解释和重复。散文中，你可以这样写：

作为一名环境预言家，苏珊·詹姆森是一只金丝雀，而不是布谷鸟。

这样简练的句子在散文中是很精彩的。如果读者一下子无法理解，还可以慢慢琢磨。但是在演讲中，听众需要得到解释。例如：

作为一名环境预言家，苏珊·詹姆森是一只金丝雀，而不是布谷鸟。我们可以信赖她。她就像煤矿工人带进矿中探查毒气的金丝雀。如果金丝雀死了，矿工就知道他们需要逃出去了。正像一只金丝雀一样，詹姆森能够可靠地告诉我们环境何时出现危机。她不是一只布谷鸟——那种发出错误警报的鸟。

再看这一段：

为了避免信用卡导致债台高筑，你需要严格自律。当你想买新的DVD并记账时，告诉自己可以从朋友那里借用DVD；当你想挥霍一下请朋友到豪华酒店大餐一顿时，停下来提醒自己你的信用卡账户上将被扣去巨额费用，如果延期支付还要承担高额利息。没有必要欠债。告诉自己："今天享乐，明天就得应付经济危机。"

如果你在文学课上写散文时写成这样，老师可能会指责你用词繁琐，但用于演讲却很合适。在口头交流中，听者需要更多的时间来吸收讲话内容，所以需要通过阐释和重复来扩展内容。（正是由于听众的这种需求，前几章中我们才建议反复重申演讲重点——在引入、主体和结尾等各部分重申。）

重复观点时，你可能会用完全相同的措辞（就像重申中心论点时）。但有时变换措辞会更有效——不仅能使讲话多姿多彩，还利于向不同的听众传达信息。有的听者容易接受这样的表达，而有的听众更易接受那样的用词。产科医生拉西尔·玛塞拉为未来的父母们进行分娩培训时这样说：

我试图用一些医学语言，向受过良好教育的家长表明我是一个保健方面的专家，表明我不是在用简单的语言居高临下地和他们谈话。但是我也不能忘了那些受教育程度较低的人们，所以每当用了医学语言后，我都会用“换句话说”。例如，我可能会这样说：“几乎一半的母亲都会经历产后抑郁。换句话说，她们在孩子出生后感到伤心难过，非常郁闷。”

玛塞拉医生用一种新的措辞重复了她的观点。

威廉·莎士比亚的戏剧中也用了同样的方法，既考虑到了顶层楼座里受过教育的观剧者，也考虑到了戏台周围站着的没文化的“草根阶层”观众。麦克白在谋杀国王之后问道：“大洋里所有的水，能够洗净我手上的血迹吗？”然后他又回答：“不，恐怕是我这一手的血，倒要把一碧无垠的海水染成一片殷红呢。”莎士比亚想表达这样一点：麦克白手上沾了太多的鲜血，甚至能把绿色的海水染红。短语multitudinous seas incarnadine（无垠的海水染为殷红）是说给受过教育的观众的，他们懂得源自拉丁文的这个短语。为了让没受过教育的普通观众也能听懂，他紧接着用直白的盎格鲁—撒克逊英语重复了一遍：making the green one red（让绿色的海水变红）。莎士比亚通过这种巧妙变换进行了重复，使所有观众都明白了他的意思。

复习与提高

www.mhhe.com/gregory8

本书的网上学习中心网站备有方便大家学习与复习的资源与工具，如练习测试、重要词语记忆卡和演讲示例录像等。

小结

语言有着巨大的力量，演讲的选词应该仔细、审慎。要根据具体的听众和场合遣词造句，避免使用晦涩难懂的或可能冒犯听众的言词。

做到准确用词，需要培养对两种词义的敏感：指称意义，即词语在字典中的定义；隐含意义，即词语的感情色彩。

注意正确使用语法。在今天的商业界及各行各业，“蹩脚英语”会让听者怀疑你的智力与可信性。

可以通过选用简单、具体、精确的字词使你的语言明晰易懂。注意两种玄虚词：委婉语——旨在掩饰令人不悦的事实；夸饰语——力图夸大人物或事件的重要性。不要使用某一群体的或某行业专用的术语，除非所有听众都知道这些词的确切含义。

通过运用形象描述、明喻、暗喻、头韵、对偶、平行结构和重复等修辞手法，可使语言生动形象。

口头语和书面语有很多相似之处，但在演讲中需要区别对待。口头语比书面语需要更多的解释，而且需要重复重点。

重要词语

指称意义，239	隐含意义，240	具体词，242	抽象词，242	玄虚词，242
委婉语，243	夸饰语，243	术语，244	形象描述，245	暗喻，246
明喻，246	混杂暗喻，246	陈词滥调，246	头韵，246	对偶，247
平行结构，247	重复，247			

复习题

1. 为什么马丁·路德·金博士要对不同的听众使用不同的措辞？
2. 一个词的隐含意义与指称意义有何区别？
3. 为什么语法错误对于演讲者是一大弊病？
4. 什么是委婉语？试举例说明。
5. 什么是夸饰语？试举例说明。
6. “他的生活就是一阵旋风，充满了各色会议、截止日期与紧急决定。”试将这句暗喻改为明喻。
7. 诗人罗伯特·彭斯说：“我的爱人就像一朵红红的玫瑰。”试将这句明喻改为暗喻。
8. “学识就是一个人思想中的火花，必须不断浇灌。”这句话中犯了哪种错误？
9. “路易丝凋零在那片盛开着百合与紫丁香的土地上。”这句话使用了哪种修辞手法？
10. 应该如何区别对待口头语和书面语？

批判性思维技巧

1. 有的体育队是以飞禽的名字命名的，足球队如费城雄鹰队，亚特兰大猎鹰队，西雅图海鹰队，红色凤凰队；棒球队如多伦多蓝鸟队，圣路易斯红衣凤头鸟队，巴尔的摩黄鹂队。为什么他们要以这些鸟类命名，而不用秃鹫、乌鸦或鸽子等呢？

2. 一本关于汽车修理的书曾以“如何整修（repair）汽车？”为标题做广告，后来广告公司将标题改为“如何修（fix）车？”，销售量上升了20%，这是为什么呢？

团队协作技巧

1. 饭店的菜谱如果将菜名描写得很诱人，如“香辣蒜泥黄油盖浇饭”，就会吸引更多的顾客。小组合作编出一个菜单，至少包括10种菜名。设想你们是饭店经理，尽可能地使菜名更加诱人。

2. 很多年前，一项调查请人们列出他们认为最美丽的英语词汇，其中包括摇篮曲、紫罗兰、查塔努加市。请组成小组，列出组员们认为最美丽的词语。讨论为什么这些词汇美丽，是因为它们的发音听起来很美，还是因为这些词引发的意象很美？如果有时间，请讲外语或学过外语的组员们说说其他语言中美丽的词语。

互联网使用技巧

1. 为了了解某些词是否常用，可以进行词语查找。有的人把来自西班牙语和葡萄牙语国家的美国人称为“Latino”，也有人称为“Hispanic”。要找出今天哪个词更常用，可以用搜索引擎查看词语的使用频率。记下每个词的点击率。哪个词更常用呢？

参考方法：登录Google（www.google.com），输入“Hispanic”检索，再输入“Latino”检索。

2. 如果你要从一个文件里找出你想用的词语，用眼睛扫视文件是很耗时的。一个简便的办法是使用“查找命令”（Control + F），可以直接找到这个词。要学会现代英语中如何使用“invidious”这个词，可以找一篇包含这个词的文章打印出来。

参考方法：使用任何一个搜索引擎，如AltaVista（www.altavista.com），搜索“invidious”。从结果列表中选择一篇文章。打开文件后，同时按住Control和F键，查找“invidious”。你一下子就可以找到了。

阿莱克斯·罗德里盖兹是纽约扬基棒球队的球星。他在迈阿密儿童教育中心落成典礼上的演讲阐述了一些重要的演讲技巧。他没有使用演讲稿，而是目视听众，他的手势自然大方。再请注意他是身着正装——体现出他对听众及这次活动的尊重。

14

演讲

本章纲要

演讲方法

背诵法
读稿法
即席法
脱稿法

声音

音量适中
清晰易懂
富有表现力

非语言交流

着装仪表
眼神交流
面部表情
姿势
走动
使用提示
手势
开头和结尾

问答部分

练习

本章学习目标

学完本章之后，你应该能够：

1. 说明四种演讲方法。
2. 练习并发表脱稿演讲。
3. 在演讲中使用有效的声音技巧。
4. 运用演讲中有效的非语言交流。
5. 开展问答环节，鼓励听众参与。
6. 使用有效的方法练习演讲。

帕特丽莎·彼娜住在宾夕法尼亚州伯克希市，她过去从来没想过要成为一位全国性的公众人物，没想过要在州议会发表演说，或者在CNN、NBC新闻或奥普拉·温弗蕾的脱口秀节目上抛头露面。她的目标就是与家人一起幸福地生活。

然而，一场灾难彻底倾覆了她的生活。一名司机驾车时接听手机，结果车冲过停车标志牌，猛撞到了她的车上。这场车祸夺去了她年仅两岁的女儿摩根·李的生命。

四个月后，也就是2000年初，彼娜做出了一个艰难而勇敢的决定：她要教育公众，要竭尽全力争取立法禁止开车时使用手机。她说："我不希望其他孩子再遭到摩根·李这样的不幸。"

第一次演讲时，彼娜是在颤抖中开始的。她的颤抖很明显，声音软弱迟疑，两眼垂望着地面。但是当她投入到演讲中之后，她却发生了神奇的变化：她不再颤抖，声音坚定有力，她和听众始终保持着眼神交流。在之后的演讲中，她充满活力、令人信服。很多听众被她的演讲感动得流下热泪，并决心付诸行动。一名听众说："今后我一定把车在路边停好后再打电话。"

事后，有人问彼娜是什么让她的演讲变得如此有力，她回答说："我希望每位听众都能从我的不幸中接受教训，不要再发生这样的惨祸。"

在之后的一系列演讲中，彼娜成为了一名公认的优秀演讲家。她和奥普拉·温弗蕾一起出场的节目被反复播放三次，观众高达4 000万。她的努力提高了人们对这一问题的认识——毫无疑问，挽救了很多生命，并促使立法者们行动起来（四个州立法禁止开车时使用手机，十四个州立法禁止某些群体开车时使用手机，如年轻车手或校司机等）。

在读本章时，希望你始终将帕特丽莎·彼娜记在心里，因为她说明了很重要的一点：精彩演讲的关键是要有强烈的与听众进行交流的愿望。尽管彼娜的第一次演讲是在发抖中开始的，但她与听众进行交流的愿望很强烈，所以很快在不知不觉中使用了演讲技巧，而且效果很好。我一再发现：那些没有经过专门指导训练的演讲者，如果深切地渴望与听众交流，几乎总能演讲得很好。通用汽车公司的一位主管R. T. 金曼这样说道："如果演讲者知道自己想说什么，而且真正想说，想让在场的每位听众都懂得他想说的是什么，其他的诸如眼神交流、肢体语言等等，自然就会水到渠成。"

我在此强调沟通的愿望，是希望你能正确地看待本章的内容。下面提到的这些演讲技巧确实非常有用，需要认真学习。但要记住：与听众交流的强烈愿望才是演讲精彩有力的力量之源。

在两岁的女儿去世后，帕特丽莎·彼娜成为了闻名全国的演说家。尽管这并非是其本意，但她希望类似的事情不再发生在其他孩子身上。

演讲方法

现今常用的演讲方法有四种：背诵法、读稿法、即席法和脱稿法。

背诵法

少数演讲者背诵通篇演讲稿，演讲时不用讲稿和提示。但对于大多数人，背诵讲稿的办法是不可取的，因为这种方法有以下缺点：

- 你得花大量时间背诵讲稿。
- 演讲中可能会突然忘记下文，这会使你非常尴尬，甚至惊慌失措。演讲一旦打乱，就很难恢复正常了。
- 即使背下了整篇演讲，你也是靠记忆在讲，而不是用心在讲。这会让听众觉得你冷漠、毫无生气、毫无激情，就像是个机器人。

背诵讲稿确实有一个好处：能事先精确地确定演讲用词。但是这种准确是得不偿失的，本书不推荐这种方法。

读稿法

有的演讲者一字一句地把演讲内容写成发言稿。演讲顾问伊莱恩·斯奈达说这个办法最好用在下面这些场合："在国会委员会听证会或其他正式听证会上作证词，这时你的每个词都会成为永久的官方记录；或者在某一科学或教育大会上宣读论文，你的每句话都将在会刊上发表。"

有的演讲者，特别是那些具有丰富表演或演说经验的演讲者，都会巧妙地读稿。但是大部分演讲者读稿时都不自然，缺乏激情。他们不看听众，讲话时没有适当的表情，而且往往语速过快。

一般不推荐使用读稿的方法。若有必要的情况，可以遵循以下原则：为了便于阅读，打印时使用大号字体，行间距要宽。关键词句使用黄色荧光笔标出。演讲时需要强调的部分加下划线。停顿处插入斜线。反复练习读稿，直到完全熟练为止。如果练得好，演讲时可以经常目视听众，并配合一些手势。因为这个方法通常比较单调，所以要试着让自己的声音多一些激情和变化。总之，不要不加停顿地一口气读完。

即席法

即席发言是指顺应当场情势需求临时决定进行的演讲——没有进行充分准备的时间。例如，没有事先通知就请你给同事讲讲最近去底特律开会的情况，或者在会议上请你解释你工作部门中的某一新流程等。

即席发言可能会带来不小压力，因为你得即刻或在极短时间内作出反应。如果你焦虑不安，要提醒自己听众知道你在做即席发言——他们并不希望你发表字斟句酌的经典讲话。想想积极的一面：即席发言给你提供了一次宝贵的练习演讲技巧的机会。以下是关于即席发言的建议：

首先设计好结尾。如果你不清楚发言要如何结尾，就可能漫无目的地一直谈下去，结尾也许会毫无力度，比如说："嗯，我想就这些吧。"

组织发言内容。可以使用前几章提到的组织模式（例如问题—解决模式），也可以考虑表14.1中列出的某种准备模式。这些模式是即席演讲者多年来的经验总结。

表14.1
即席演讲模式

观点—辅证—结论 ·观点（陈述你的观点——你的主要内容或目的。） ·辅证（提供例子、故事或其他辅证材料来解释或证明你的观点。） ·结论（结尾处重申观点或号召行动。）
PREP方法 ·立场（表明你对某一问题的立场。） ·原因（解释你为何采取这一立场。） ·例子（给出一个例子来解释说明你的论证。） ·立场（总结并重申立场。）
过去—现在—将来 ·要点（说明要点。） ·过去（讨论过去的情况。） ·现在（讨论现状。） ·将来（预测将来可能发生什么。） ·要点（归结要点。）

我们看其中的一种模式，设想你在一家会计事务所工作，上班时间是朝九晚五。你想建议公司错开上下班时间，让每位员工每周有一天可以11点上班，7点下班。在一次员工会议上，你有机会谈谈想法。由于只有几秒钟的准备时间，你决定使用PREP模式（表14.1）。以下是你讲话的纲要：

立场——“如果准许每周实行一次早上11点至下午7点的上下班时间，我相信所有的员工工作时都会更愉快，更高效。”

原因——“按照现行的朝九晚五的作息时间，许多重要事情我们都没法办理。”

例子——“我们没有时间更新驾照，因为州里的驾照审核处只在工作日的早上9点至下午5点办公。”

立场——“每周有一天准许早上11点至下午7点的上下班时间将会提高员工士气，因为这样我们能够把工作和私人事务都处理好。”

不要抱歉。没有必要请听众原谅你准备不充分——大家知道你没有准备时间。

不要仓促。不要连珠炮似的一口气说完，讲话要稳定、平静。在开始时，并且每隔一段时间，都要有几秒钟的停顿，整理一下思绪。如果发言能有所停顿，而且不慌不忙，听众会更信任你——因为这样你显得稳重、审慎。

尽量与别人的发言联系起来。会议上有必要认真听取别人的发言。请你进行评论或发表看法时，可以引用他人的观点，在此基础上进行阐发或者加以驳斥。（顺便说一下，听讲时不认真可能给你带来麻烦。假如你在开会时走神了，突然有人问你：“你认为这个提议如何？”你若说不上来或者答非所问，场面就很尴尬了。）

不要装懂。在会议上或者问答环节，可能会有人请你对一些你毫无所知的问题发表看法。针对这种情况，要直接说“我不知道”。不要不懂装懂地“即兴表演”——东拉西扯，装得好像你知道答案的样子。有人认为承认无知会使别人不再信任自己，其实恰恰相反：如果你不承认自己不知道，而是废话连篇地来掩饰，反而使你显得不真诚和愚蠢。在某些场合，你可以说：“我不清楚这个问题，但我会调查一下，然后尽快给你答复。”

简明扼要。有些即席发言者说得太多，一再重复同样的观点。因为他们担心自己讲得不好，所以竭力弥补；或者是由于找不到巧妙的结束方式。但无论怎样，长篇大论总是于事无补的。简单地说完坐下就可以了。

预想一下可能需要即席发言的情况。计划一下你要说些什么。例如，开完某次大会回来，开车上班的路上在脑海里演练一下：如果老板让你向同事对此行做一个简单发言，你会怎么说。

脱稿法

目前在美国最为通用的办法是脱稿演讲。这听起来似乎是即兴演讲，但并不像许多临场发言者那样手忙脚乱、结结巴巴，而是经过精心准备和反复演练的，是组织完美、论述充分的一席讲话。

脱稿演讲可以参照提示，但这些提示不是逐字逐句的讲话内容，而是若干涵盖了要点的关键词。演说时，边讲边组织语言。偶尔扫一眼提示，提醒下文。但大多时间还是目视听众，用自然交谈的语气讲话。

演讲中，这种交谈的语气很重要，因为这样最便于听众听懂、理解并记住讲话内容。这种语气使讲话变得直接、亲切、真诚，就像在和好朋友说话一样。你的声音是充满生机的、多姿多彩的；你的语言是新奇的、鲜活的。

虽然脱稿演讲的办法很受欢迎，但并不能保证成功。事实上，一不留神就会被绊倒。假如提纲组织得不好，就可能出现思维不连贯，用词含混不清。如果事先练习得少，便可能发现内容杂乱无章，演讲时“嗯”“啊”不断。使用这种方法，必须精心准备，反复练习。

脱稿演讲比读稿更为灵活，便于根据听众的要求作出调整。如果发现听众没听明白哪一点，可以换种方式表达或者插入一些解释说明。假如你是晚宴上的最后一个发言者，而且发觉前一个人的长篇大论已经让大家昏昏欲睡了，就可以压缩发言，删减一些不重要的内容。

声音

有人认为，要想成为优秀的演讲家，必须有一副金嗓子，嗓音浑厚、洪亮，能使听众折服、倾倒。其实不是这样。历史上有些杰出的演说家的声音并不完美。根据时人的描述，亚伯拉罕·林肯的嗓音“又高又尖，毫无乐感，非常难听”，温斯顿·丘吉尔则“结结巴巴，甚至有点口齿不清”。即使今天，我也发现：一位很受欢迎的福音传道者的声音又细又小，某位很成功的电视评论员讲话沙哑刺耳，一位政治领导人讲话时带有浓重的鼻音。然而，他们都不失为成功的演说家。拥有动听的、富有磁性的嗓音当然很好，但对于精彩的演讲来说，还有些更为重要的声音特质：音量适中，清晰易懂，富有表现力。下面我们详细谈一下这些特质。

音量适中

房间大时，演讲的音量也要高一些。可以通过观察后排听众的反应来判断音量是否够大。如果他们都探着身子，满脸疑惑，竭力想听清楚，那么很明显你需要提高嗓门了。有时你可以直接问：“后排坐的各位能听清楚吗？”有时你得大声说话来盖过一些不可避免的噪音，如空调的嗡嗡声，走廊里人们的说话声，宴会上的杯盘交错声，甚至隔壁乐队刺耳的吹奏声。

让大家都听到并不意味着要大喊大叫，而是要将声音送达足够远。如果你从未面对一群人讲过话，或者老师说你在声音传送方面有问题，可以找朋友一起练。找一个空教室，让朋友坐在后排，然后练习用力讲话——但不是喊——尽量使他能清晰地听到。（或者在后排放一个录音机，面向录音机进行练习。）

如果演讲需要使用话筒，应提前到达会场，在听众就席之前测试话筒。把话筒调到适合自己的高度。如果别人讲话时调整过，你讲话前要重新调整。听众不会介意这点拖延。使用话筒时，不要贴得太近，其实离话筒15—30厘米时声音效果更好些。把话筒固定好，最好忘了它的存在。这样你可以自然地讲话，而不需前倾或低头。在大会上，不需要大声地对着话筒喊。职业演讲家阿诺德·尼克·卡特说：“话筒的发明使得我可以用耳语般的声音向18 000人讲话。”

清晰易懂

口语与书面语有很大区别，试看这则新闻：

一些会讲英语的日本丰田汽车公司员工到美国后不得不进行一项特殊的培训，学习“Jeat yet?”就是“Did you eat yet?”（吃过了吗？），“Cannahepya?”就是“Can I help you?”（需要帮忙吗？），他们在日本的英语课上没有学过“Waddayathink?”即“What do you think?”（你觉得怎么样？），“Watchadoin?”即“What are you doing?”（你在做什么？），“Dunno”即“I don't know.”（不知道）。

许多人讲英语时的发声——发音器官发出的声音——都非常懒散、微弱，特别是日常对话中。我们有时会吞音、省音、咕哝不清。平时和朋友说话时，只要不影响理解，发声也不是大问题。但是在演讲中，特别是当听众以英语为第二语言时，发声不好就会影响交流。每个字音都要发得清脆准确才能让听众完全听懂。

如果你有吞音的习惯，可以练习朗读诗歌或散文来提高演讲水平，每天练15分钟，坚持三周。发音时要夸张一些，嘴巴和舌头要格外用力。发辅音要确定，元音可以拉长一些。真实讲话时不需要这么夸张，但这种练习能帮你改掉吞音和咕哝的习惯。

发声不好是由于随便的习惯，发音错误则是因为不知道如何正确拼音。表14.2所列的是一些常见的发音错误。

如果你和大多数人一样，你会用到一些从书本中学到但从来没听过其发音的词。如果只凭自己的猜测来发音，有时候会闹笑话。有个学生在书中读到印第安部落Sioux（/su:/ 苏人——译者注）这个词，但他显然没有听过发音，他把它读作sigh-ox。另一种常见的口误是混淆发音相近的词。例如，我的一个学生讲到，一对男女在考虑结婚时，一定要确定彼此合适后再说出vowels［错把vows（誓言）读作vowels（元音）了——译者注］。（演讲结束后，一位听众忍不住问这位学生辅音对婚姻是否也很重要。）从字典中查出字义和发音就可以避免类似的错误。

表14.2
常见发音错误

	Incorrect（错误发音）	Correct（正确发音）
across	uh–crost	uh–cross
athlete	ath–uh–lete	ath–lete
burglar	burg–you–lur	burg–lur
chef	tchef	shef
chic	chick	sheek
drowned	drown–did	drownd
electoral	e–lec–tor–ee–al	e–lec–tur–al
environment	en–vire–uh–ment	en–vi–run–ment
et cetera	ek–cetera	et–cetera
evening	eve–uh–ning	eve–ning
grievous	greev–ee–us	greev–us
height	hithe	hite
hundred	hun–derd	hun–dred
library	li–berry	li–brar–y
mischievous	miss–chee–vee–us	miss–chuh–vus
nuclear	nu–cu–lar	nu–cle–ar
perspiration	press–pi–ra–tion	per–spi–ra–tion
picture	pitch–er	pick–shur
pretty	pur–tee	prit–ee
professor	pur–fess–ur	pruh–fess–ur
quiet	quite	kwy–it
realtor	reel–uh–tor	re–ul–tor
recognize	reck–uh–nize	rec–og–nize
relevant	rev–uh–lant	rel–uh–vant
strength	strenth	strength

富有表现力

一名优秀演讲者的声音是富有亲和力、表现力的，他的声音有各种不同的变化。表现力有五种因素：

音高和语调

发音的高低称为音高。音高的变化（即语调模式）使语言产生悦耳的音调。比如这句“我相信爱情”，试着用不同的方式说出来——真诚的，讽刺的，幽默的，疑惑的。每说一次你都在用一种不同的语调。

日常对话中，几乎每个人都在用不同的语调强调具体的词。但是公开演讲中，有的人却毫无语调变化，只是单调乏味、咕咕哝哝地说下去，听得大家昏昏欲睡。更糟糕的是，这样的讲话听起来不真诚。演讲者可能说一些很激动的话语，如“这样的罪行是美国可怕的悲剧”。但是如果用一种随随便便的语调说出来，听众也许会怀疑他是否真诚。

如果缺少语调变化，一些关键词可能得不到应有的强调。例如这句话：“史密斯先生去年挣了60万美元，而琼斯先生挣了6 000。” 一个语调平淡的演讲者说出这两个数字可能会让人感到60万和6 000没有什么区别。为了使听众听出二者的差别，演讲者应该着重强调60万这个数目。

诀窍小贴士 14.1　流泪也无妨

我的学生萨拉·莫威莉让我看她写的一份关于疲劳驾驶的演讲提纲，她告诉我她打算去掉其中的一幅照片以及相关的故事，那是关于她的一个因疲劳驾驶而意外去世的朋友。

"为什么呢？"我问她，"那将会是你的演讲中最有感染力的一部分。"

"我担心我会失声痛哭。"她说。

我最后说服她在演讲中保留了这幅照片和这个故事，我告诉她我在发表一篇悼词时曾经成功地使用过一个办法：作为准备工作的一部分，应该接受这个事实，那就是你有可能会感情失控。在口袋里或手里放一块手帕或者纸巾，告诉自己，流泪也无妨，听众会表示同情的。你需要做的只是做好这些准备——事实上我从来也没有用到过手帕。

莫威莉的演讲（课堂演讲），听众可能不会料到会有很深的感情触动，所以我建议她拿一片纸巾在手里，告诉大家："我要给大家讲一个悲伤的故事。我希望我在讲述时不要落泪，但如果我无法做到，相信大家能够理解。"莫威莉听从了这个建议，而她最后也并没有哭起来。

那么假如她真的哭了呢？那又怎样呢？朋友去世了，这是完全有理由哭的。不要害怕流露感情。听众是非常理解的，有的听者甚至会陪你一起落泪。

注意：不要让眼泪使你的演讲草草收场，要振作起来，继续讲下去。

吉米·弗迪斯，原密西西比州州长科克·弗迪斯之子，他在为父亲致悼词时停下来擦眼泪。弗迪斯恰当地在手边预放了一盒纸巾。

响亮和轻柔

除了用足够的音量使每个观众听到外，还可以利用语音的升降制造戏剧性效果或者强调重点。试着说出下面的句子：

［轻柔］我们要向绑匪的要求妥协吗？［变得响亮］决不！

注意到了吗？大声说出最后两个字能够表现出那是你的真正想法。再试着说出这个例子：

［开始时较轻，至句尾逐渐变重］埃德温·阿灵顿·罗宾逊塑造的人物理查德·考利拥有一个男人想要的一切——有财有貌，招人喜欢。［变得轻柔］可他一天晚上回家后却把一颗子弹打进了自己的脑袋。

声音由重变轻可以让听众感受到理查德·考利的外表和真实内心之间悲剧性的差异。

语速

如何确定语速的快慢呢？理想的语速如同理想的车速——要视具体情况而定。每小时90公里的车速在公路上是合适的，在学校聚集区却过快了。同样，某些情况下适合快速地讲话——例如，描述一场惊心动魄的火速追捕行动——但当你解释难懂的技术概念时，最好放慢语速。

新手常犯的一个最大错误是演讲时语速过快。尤其在导入部分，语速一定要慢（除非有特殊安排，比如用一个探险故事开头）。有没有注意到电视剧刚开始时情节进展特别缓慢？已经开始三四分钟了，剧情的重要细节才刚刚开始透露。这样安排一方面是留出时间给那些去厨房拿零食的、还没赶到电视机前的观众，但更重要的是给观众时间调整到故事中来，先弄明白屏幕上演的是什么故事，熟悉一下剧中人物。如果一开场就发生很多事，有很多对话，听众就难以理解剧中的故事。同样，你也需要给听众时间调整到你的讲话中来，熟悉你的声音和话题。如果开场很仓促，大家可能一开始便糊涂了，后面就心不在焉，懒得再费劲地去听你的天书了。

放慢语速——尤其在演讲开始时，要有所停顿——听众会感到你很自信，很有把握，而且很在意大家能否理解。

停顿

阅读书面材料时，标点符号可以帮助你理解材料内容：逗号告诉你需要停顿，句号告诉你句子结束了等等。但演讲中没有标点，听众只能依靠演讲者的语言提示。提示方法之一就是停顿，让听众明白你说完了一个意思，要开始下一个了。听众希望演讲中有所停顿，这可以留出时间来吸收刚刚听到的内容。停顿对你也有好处：可以让你想想下文要说什么。

在重要的观点或故事的高潮之前略为停顿可以有效地制造悬念。例如，学生丝黛弗妮·约翰逊讲述她野营时的一场险遇：

夜已经很深了，我终于钻进睡袋。火已经熄灭了，昏暗怪异的月光洒在我们的营地上。可能睡了一两个小时，我突然惊醒了。有什么东西在蹭我的睡袋。我的心狂跳起来。我从透气的缝隙偷偷望出去。大家猜一猜，我看到了什么？［停顿］

此时的停顿把所有听众的心都提到了嗓子眼儿。是什么呢？是一只熊？是坏人闯进来了？片刻戏剧性的紧张之后，她打破了悬念：“借着月光，我看到一只黑黑的小动物，身上还有醒目的白色条纹。［停顿］原来是只臭鼬。”

停顿还可用来对重要的陈述加以强调。我们看看政治学教授维特·奥提斯在一场关于社区服务的演讲中如何使用停顿：

当我忍不住想批驳那些不同意我观点的愚蠢的傻瓜们时，我总是提醒自己想想小说家彼得·德·弗里斯说过的话：“造化把人放到这个星球上，不是为了让人互相看穿，［停顿］而是为了让人互帮互助，共渡难关。”［停顿］

这些刻意的停顿给听众一些时间来思索引语中所蕴含的智慧。

但有时候，演讲中的停顿可能不是刻意的，而是由于忘记了下文，需要看提示，或者是在脑海里搜索恰当的用词。这样的停顿显得格外漫长，所以你会用一些“嗯”“啊”“哦”

之类的语音填充来填补这一刻的空白。但如果滥用这些语音填充——在部分听众看来——你会显得知识欠缺或准备不足。

当你搜寻一个词时，默不作声就好，不要用“嗯”“啊”这些词。不作声没什么不好意思，听众不会介意。事实上，为数不多的停顿会使听众更信任你，会使你的演讲更加自然、亲切，这样你看起来是在竭力地给听众一个最准确的表述。

会话风格

许多缺乏经验的演讲者在台上时单调刻板、死气沉沉。5分钟后在大厅里和朋友们聊天时他们却非常活跃、亲切。

他们需要做的是把同样的会话风格带到演讲中去。该如何做呢？怎样才能在面对30名听众时像和朋友聊天时一样生动真实呢？如果这些问题困扰着你，可以参考以下两条意见：

1. 不要把听众当作看不清面目的一群人，听众是一个个活生生的人。要找到一对一说话的感觉，有一个小办法：在演讲开始时，看着不同地方坐着的一个、两个或三个人，就像在和他们单独说话一样。当然，不是要盯着每个人看，而是快速扫视，形成会话的语气和态度。随着演讲的展开，再让其他面孔参与到会话中来。

2. 要坦诚自然——但要有感染力。如果在面对一群人时要做到像对朋友讲话一样自然、亲切，就必须加倍努力。这不是指把声音送达更远处让后排的听众听见，而是加强你的声音的心理维度——使声音情感更加饱满、更具感染力。那该怎么做呢？有两个办法：

首先，让激情自然流露。如果话题选得好，你对讲话内容会非常重视，并且渴望与听众交流。当面对听众时，不要拘束，让声音充分传达出你内心的激情。许多演讲者担心如果把自己牵扯到话题中去会显得很可笑。他们说：“这样显得太咄咄逼人了。”其实听众不会这样认为，他们会被你的活力和激情感染。回想一下你听过的演讲，是不是更喜欢那些生动热烈、饱含激情的演讲者呢？

其次，学会放松。有些新手在演讲时声音刻板、表情僵硬，因为他们没有做过放松练习。可以做如下尝试：首先找一个无人的地方（例如家里、林中的空地或傍晚时无人的教室）。至于材料，可以练习正在准备的演讲、朗诵诗歌、读晨报或者即兴演说。说每个词时都尽量夸张、戏剧化。设想你是在竞选总统，正在说服10 000人为你投票，或者设想你正面对500名狂热的听众朗诵诗歌。真正面对听众时，当然不会这么夸张，但是放松练习可以使你打破保守的习惯。这能教会你放松，让激情自然流露出来。

非语言交流

非语言交流是指不借助词语传达信息——而是通过眼神、面部表情、姿势、身体动作，以及声音特征等来传递（正如上一节所谈到的）。

交流顾问罗杰·埃尔斯曾给不少总统候选人提过建议。他说：“如果你的其他各方面不加以配合，那么你的演讲言辞是毫无意义的。某些企业主管站起来后，经常给听众发出怪异的信号。口头禅是‘女士们先生们，我很高兴站在这里’，但是说这些话时他们却盯着自己的脚尖。他们毫无激情，站在那儿好像感到生气、害怕，甚至沮丧。”

埃尔斯还说，尽管词语和非语言动作是有差别的，但是“听众却往往注重视觉信号。他们在潜意识中告诉自己‘他嘴上说很高兴站在这里，但根本不是。所以，他感到不自在或者是在撒谎，或者二者兼有’”。

为了使非语言信号和话语保持同步一致，面对观众时，要通过眼神、面部表情、姿势和语调流露激情。让你的身体动作表明你坚信自己所说的，并希望听众接受你的观点。

如果你真的对演讲抱有热情而且渴望与听众分享，就自然会使用肢体语言，正如我们在本章开头所讲到的。但是你也许会问：“如果我真的不快乐、不自信呢？身体总不会跟着撒谎吧？”这个问题问得好，因为有的演讲确实是极不情愿的。比如，老板要求你向董事会作汇报，或者老师安排你对全班做个口头报告。有时你真的不愿意在众人面前发言，或许是因为前一天晚上没有睡好，没精神、没灵感。这时该怎么办呢？

假装。对，装作对自己和自己的讲话很有自信，装作很乐意站在听众面前，装出很有激情的样子。但是，你也许会问，这不是伪君子吗？这不是强迫身体去撒谎吗？是的，但是我们必须伪装出快乐来应付生活中的种种事务：一场关键的面试，与领导的一次会见，或者与心爱的人的一场约会。如果装作胸有成竹、沉着镇定、满怀激情的样子，几分钟后你会发现伪装变成了真实。我们真的变得自信沉着、富有激情了。

想想那些喜剧演员和每天晚上出现在电视上的脱口秀节目主持人吧，难道他们就总是那样亢奋吗？不，他们和普通人一样，也有心情糟糕的时候，有浑身乏力、沮丧透顶或头疼脑热的时候。然而，他们可以强迫自己去表演，装出激情四射的样子。他们中的许多人都说，大概60秒后，伪装就成为了真实，自己真的变得有激情了。（一点儿建议：如果你没能做到这个转变——几分钟后仍然没有激情——你还是要装下去。）

如何伪装下去呢？如何让身体为你“撒谎”呢？通过学习、使用表达自信和激情的那些身体信号。下文将谈到公开演讲中主要的非语言方面的常识，这将有助于你认识这些信号。

着装仪表

在你开口演说之前，听众已经开始品评你的个人形象并对你形成看法了。所以一定要穿得干净整洁、引人注目。

詹妮特·斯通和詹妮·巴彻主办了女性管理者的研讨班，他们为男性和女性都提出了一些很好的建议：

图为世界卫生组织总干事李钟郁博士，他知道在很多国家就健康问题发表演说时需要穿着讲究。许多人认为穿着讲究的人比穿着随便的人更可信。这位韩国物理学家领导国际社会抗击癌症、艾滋病、疟疾和肺结核。

一般情况下，可以看看听众会穿什么，自己穿得比大家稍微正式一些就可以了。作为演讲者，你需要和听众稍有所区别……

穿着讲究并不只是为了炫耀，这还是对听众的一种认同：因为你们对我来说很重要，所以我穿戴正式一些，以表示对你们的尊重。

不要穿那些会影响交流的服饰。棒球帽可能会妨碍眼神交流，而且有的听众认为这是一种不敬，表明态度不够严肃。

衣着一定要得体。换句话说，不要穿任何可能会分散听众注意力或者冒犯听众的服装。假如一件T恤的前胸上印有粗俗下流或者有争议的口号，就可能在演讲中分散听众注意力，甚至冒犯一些听众。

有的学生不太理解着装的重要性。他们说，要通过品格而不是衣服来评判一个人，难道不是吗？是的，但是在真实生活中，你就是通过衣服来评判的。这看起来似乎不公平，但有时人们认为衣着能够透露出你的性格和能力。一篇关于着装的杂志文章题目是“穿什么和说什么一样重要”。当然这有一些夸张，但关键一点是：穿着不同，结果也大不相同。

眼神交流

95%的时间都要目视听众，5%的时间可以扫视提示。与听众的眼神交流非常重要，原因有三点：（1）这样能够形成你们之间交流的纽带，增进融洽和谐的关系。用美国电影协会主席杰克·瓦伦迪的话来说，这是一种“比喻性的握手”。（2）这能够表现你的真诚。俗话说：“别从不敢正视你的人那里买二手车。”不敢坦诚直视他人，会让人无法信任。想让听众相信你说的话，就要看着他们，不要盯着后墙。（3）这可以使你得到听众的反馈。目视听众会及时地意识到讲话中的失误。假如你说完一句后，有的听众看上去很困惑，那么很明显他们没有听懂，你需要换种方式解释一下。

最妨碍眼神交流的就是过多地看提示，这一般有两个原因：（1）准备不足。可以事先反复练习演讲，做到扫视一眼就能想起下文。（2）过于紧张。有的演讲者准备很充分，没有必要反复看提示。可是他们过于紧张，缺乏自信，为了回避听众而一再地看提示。可以在提示上用红字大大地标出——目视听众——来促使自己改掉这个习惯。

妨碍眼神交流的另一点是分发的材料。正如第九章中所谈到的，在演讲过程中不要分发材料，除非内容非常简短。如果你发给听众一本8页的小册子，就不会有眼神交流了。

眼神交流不是指时不时躲躲闪闪地瞟听众一眼，也不是像自动风扇似的机械地将头转来转去。你应该进行有意义的眼神交流，就像和朋友说话时一样。如果听众较多，最好的办法是和房间里不同地方的三四个人“谈话”（这样看起来是在关注所有听众）。如果听众比较少，就要看着每一个人。职业演讲家丹尼·考克斯每当对一个小群体讲话时都使用锁定的方法：

> 我是从一位钢琴演奏者那里学到的。我无法相信她竟然能吸引一个鸡尾酒酒吧里的所有听众。酒吧里安静得让你难以置信。她看着每一个人，每次眼神接触，她都朝他们微笑。然后转向下一个人，还是微笑。她把每个人都锁定进去。这是一个很好的演讲技巧——也很简单。

面部表情

在演讲中随时都可以通过面部表情来表达适当的感情。一个学生告诉我他打算做一个关于如何应对压力的演讲，其中一个主要的例子是讲在高中时的一场足球锦标赛中，他在最后

诀窍小贴士 14.2　是否及如何使用讲台

工作演讲和社区演讲是否应使用讲台，有经验的演讲者对此意见不一。有人说讲台可以使演讲者更庄严，而且便于摆放提示，特别是在颁奖仪式或葬礼这样的正式场合。也有人反对说，讲台构成了障碍。一位政界人士告诉我："我不希望有任何东西横挡在我和听众之间。"英国演讲顾问克里斯蒂娜·斯图亚特说："我只有1.6米，可有的讲台就有1.2米高。如果听众只能看到我从桌沿上探出脑袋来，我怎么还能成为一名有说服力的演讲者呢？"她说："即使你有1.8米，也尽量站在讲台的一侧，这样你既能看到提示，又能使听众看到你的全身。"

一个常用的技巧是把讲台作为"基地"，每次讲到一个要点时就向左或向右走几步。换句话说，可以扫一眼讲桌上的提示，确认下面的内容，然后走开几步，讲完后再回去看下一点。

如果讲台可以移动，有的演讲者会把它搬开，直接用一只手拿着提示卡片（腾出另一只手做手势）。斯图亚特说，"如果听众很多，讲台不能移动，话筒也是固定的，那就只好站在讲台后面了。如果你个子矮就站在一个箱子上，这样可以使你的上半身露出来"。

某些场合可以安放一个远程或移动麦克风，这样就可以离开讲台走动。

一刻踢进制胜一球的那个激动时刻。当他和我描述那精湛的球技时，他满脸激动；但是当他站到全班同学面前讲同一个故事时，脸上却毫无表情，没有了兴奋，没有了狂喜。因为面部表情与他描述的事件不协调，故事的效果就削弱了。

如果演讲的内容是悲伤阴郁的，就不应该咧着嘴笑；如果话题是欢快的，也不要做出痛苦的表情。但是不论你说什么，脸上都不能毫无表情——而需要生动一些。演讲顾问多萝西·萨尔诺夫说："生动是最好的化妆品，而且不花分文。生动是面部的神采……它不仅来自眼神，还来自你的嘴角，来自整个脸庞。它告诉听众你很乐意在这里——在讲台上，在会议桌边。"那么如何让面部生动起来呢？选一个你很感兴趣的话题，要有与听众交流的强烈愿望，使演讲富有激情和活力。

姿势

好的姿势体现出的是肯定和希望。面对听众时要站得平稳，重心放在两脚之间。你的身体语言应该传达这样的信息："我很自信，我能掌控局面。"这不是趾高气扬，而是要表现出一种轻松自如的机警。

如果站在讲台上讲话，注意不要这样做：不要靠着讲桌，不要无精打采地站在讲桌的一边，不要把脚撑在桌子的基架上，不要和桌子一起前后晃动。

有的人讲话时喜欢坐在桌子边上。这种姿势适合一个小时的课堂演讲，可以给演讲者休息的机会，而且这样的身体语言表现出一种开放性和随意性。但对于简短的演说，特别是公共演讲课上要发表的演说，一定要笔直地站着。站立时会比舒舒服服地坐着时更机警，更有激情。

走动

没必要在整个演讲过程中一动不动地站在某个地方，可以随便走动走动。你可以走到黑板前写一个关键词，或者走到视听辅助屏幕前；也可以偶尔向讲台左右走动，以便站到听众前面的一个新位置。

走动还可以帮助身体消除紧张，也可以在听众感到烦闷、困倦时用来重新引起他们的注意。比起僵硬地呆在一个地方，略有走动可以帮助听众跟上你的思路。

你还可以通过走动来强调向下文的过渡。例如在用承接语向听众表明过渡时，可以向讲台左侧走三步强调你要转移到另一点上。

走动还可以用来突出重点。演讲到关键点时，如果希望充分调动观众，可以在陈述重点时向前走几步。靠近听众是一种无声的信号，表明你非常希望他们能够理解并接受你的演讲内容。

但所有这些走动都应该是目的明确、充满自信的——而不是随意的、紧张的。如果像笼中的老虎一样转来转去，你会扰乱听众注意力，甚至招人反感。不要前后摇摆，不要抖动脚跟。总之，动作是用来辅助演讲而不是妨碍演讲的。

使用提示

在课堂演讲中，老师会告诉你能否使用提示。在工作演讲中，第十二章介绍过的提示方法都是非常可取的，许多职业演讲者都使用这些方法。（即使那些讲话时不参考提示的演讲者通常也备有提示，用来防止思路中断。）

如果你把卡片或纸张带到讲台上，要根据自己的需要合理摆放。有的演讲者把它们叠放整齐，每次只看一张；也有的演讲者把提示铺展开，可以同时看到几张。

不论你使用什么提示方法，谨记前面的提醒：尽量少用提示，95%的时间都要目视听众。

手势

演讲时如何使用双手呢？首先，确保双手不要干扰听众：不要拨弄钥匙或硬币，不要随意翻动提示卡片，不要摆弄手表或首饰，不要拉衣服、拢头发、摸下巴或者抓挠身体的任何地方。双手应该做的就是：想做手势时就可以自由地做，这正像在自然的、不假思索的谈话中一样。为了确保双手能自由地做手势，要注意以下几点：（1）不要用手紧抓讲桌。（2）不要双手紧握提示卡片。（3）不要两手插在口袋里。

如果有讲桌，不要让其遮挡你的手势。有的演讲者把手放在讲桌上，做一些隐隐约约的手势，观众无法看见，这样反而看起来迟疑不决。手势不明显不如干脆不做。

做手势时，整个手臂都要用。英国演讲顾问克里斯蒂娜·斯图亚特说：

> 不要把手缩进袖子里吊在腰间或哆哆嗦嗦做一些心不在焉、毫无意义的动作。我记得我的课上有一位高个子女士，她因为害羞而躬起身子，两手做着微小动作。我们建议她站直了，目视听众，用两臂来表达她的激情。结果非常令人吃惊——她变得那样高贵、引人注目。甚至不用开口，她看上去就像一个自信而风趣的演讲者。

有的演讲需要很多手势，而有的演讲则需要很少或者不需要手势。假如你在描述怎样抓到一条大鱼，可能会不断地舞动双手和胳膊；但如果你在葬礼上致悼词，便不需要太多手势。

大部分手势是自然的，不需要安排——但有时也需要策划和演练。如果你要讲三个重点，可以训练用手指表示三个不同的数字，以帮助听众理解。如果你在讨论两个相反的观点，可以举起左手说“一方面……”，再举起右手说“另一方面……”。

听众越多，你的手势幅度就要越大。福音传道者和政治领导人在巨型会场里使用大幅度的手臂动作是很有必要的：他们要和几百米之外的人们建立联系，而微小的手势在巨大的会场中是看不清的。

关于手势的最后一点：如果你是个不大做手势的人，不用担心。需要你担心的已经够多

萨尔瓦多副总统安娜·比尔马·德埃斯科瓦尔在演讲中用手势补充说明。

了，没必要再为此担心。确保双手可以自由活动（不要死抓提示或讲桌）就可以了，这样当你想做手势、渴望表达时，就能够自然而有力地使用双手。

开头和结尾

交往中的第一印象很重要。例如在聚会上，我们给别人的第一印象往往就决定了他是否会花时间和我们聊下去。IBM的一个主管告诉我，在演讲中，“你只有一次留下第一印象的机会”。当你走上前去说完前几句话后，就已经形成第一印象了。

当你从座位上站起来时，不要叹气、呻吟或者喃喃地表示遗憾。要胸有成竹地走上前去——不要拖着脚走，像犯人上断头台似的。

不要冲上前去——甚至还没到听众前面就开始发言。听众需要时间来适应，这样他们可以清理一下大脑，为你的讲话做好准备。

面对听众时，开口之前先停顿几秒。一言不发——就这么安静地站着。一些缺乏经验的演讲者会惧怕这种安静，他们担心这种可怕的安静会让听众以为他们被吓傻了。如果你有这种顾虑，就放心吧。片刻的安静是所有优秀的演讲者都会用到的一种技巧。这类似于标点符号，区分开前面的事和你接下来的演讲。这种技巧能产生戏剧性效应，使观众形成一种期待。这一刻优雅的安静能树立起你的自信和权威。有时候可能不只需要几秒。假若你在市民活动中心讲话，而且很多人都很晚才到场，那么最好等迟到者都安静下来之后再开始。如果许多听众还在悄声讨论前一场演讲，可以先站着，等待大家把注意力转移过来。

在开场前的片刻安静中，你有机会检查一下提示是否已准备好，或者再回想一下开场白。接下来的一步非常重要。在开口之前，友好、自信地看着听众（如果场合适宜的话请微笑），然后保持目视听众（不要看提示），说出开场白。开场部分要经过充分练习，要不必看提示就能脱口而出。这时的眼神交流非常重要。通过直视听众，你的身体语言就像在说：“我在和你们讲话——我在这儿的演讲不是为了走过场，我希望交流，希望你们能够听到。”

诀窍小贴士 14.3　直接友善地应对干扰

课堂演讲中，听众专心、有礼貌，但在工作中你可能会遇到一些无礼的听众，他们会在你发言时闲聊，影响其他听众。

职业演讲家强调，对这些造成干扰的无理听众不能置之不理。要和他们交涉，但要以一种平和、友好、愉悦的方式。

简单的办法就是停下演讲，目视这些粗鲁的听众（要友好，不要怒视）。这种无声的提醒通常足以让他们停止说话。有时他们身边的听众会注意到你的提醒，并转过头去对他们示意——“嘘”。

佛罗里达州布兰登市的职业演讲家罗塞塔·佩雷兹说，如果你无视那几个说个不停的人，就可能会失去在场听众对你的尊重。她建议：“和他们友好地交涉，对他们说‘你好像有很多问题要和朋友探讨。不知道你是否介意到外面去讲，这样我可以继续我的讲话’。”大多数情况下，这些听众会留在会场，接下来的演讲中他们会出于对讲话者的尊重而保持安静。

演讲顾问桑迪·林沃说，如果听众较多，我会特意把话题温和地引到他们身上，使他们重回到演讲中来。比如我会说：“你同意我说的吗？”如果听众比较少，他们的交谈通常与演讲的话题密切相关，因此不能忽视。如果在15 人左右的商务会议上讲话，我可能会对聚在一起嘀咕的那三个人说：“看来你们探讨的问题很重要。给大家谈谈，好吗？”他们探讨的通常都是需要我进一步阐明或解释的地方，如果鼓励他们说出来，所有的听众都会受益。

有的演讲会被婴儿没完没了的哭声扰乱。即使有听众扭头投来反感的目光，婴儿的父母有时也不肯把孩子抱出去。演员、演讲家斯蒂夫·艾伦曾处理过这样的问题，他说：“作为四个儿子的父亲，我不止一次遇到过这样的境况。对我个人来说，即使几个孩子同时哭叫，我也能讲下去。但我知道对大部分人来说，这太分散注意力了，没法专心地听下去。所以，我建议孩子的父母如果不介意，可以把孩子抱出去——等他不哭了再进来——我相信大家都会非常感激的。”艾伦说听众对这些话报以热烈的掌声，孩子的父母也很乐意地予以了配合。

关于听众问题的更多建议，参看第三章的诀窍小贴士3.3“抵制电子干扰”。

李远新在参加纽约哥伦比亚大学的毕业典礼时抱着她三个月大的女儿莎拉。经常有婴儿被带到演讲会场。如果孩子哭起来，演讲者该怎么办呢？

第一印象很重要，但最终印象同样重要。结尾也需要经过精心演练（尽管不是背下来），要做到不依赖提示。在演讲结束时，停顿片刻，目视观众说："大家还有什么问题吗？"或者："现在我很乐意回答大家的问题。"不要把材料一收，显出一副拔腿要回自己座位的样子——这传达的无声信息是："请不要问我问题。"

问答部分

问答环节很重要，它可以帮助听众澄清问题或者获得更多信息。在课堂演讲中，这一般只占很少一部分时间；但在商务、学术和技术领域的一些演讲中，这却是最重要的环节。其实，有的演讲只是一个前奏，只是热身活动，让听众准备好要提的问题。例如在销售演讲中，讲话者大概只说10分钟，而问答环节会超过一小时，这时听众便开始了刨根问底（"好吧，你说这台机器决不会耗损，但是如果……"）。

许多听众习惯和演讲者互动，会直接在演讲过程中提出问题。在技术性或课堂演讲中，这种打断也许是合适的、可接受的；但在其他场合，这可能会非常烦人。有的问题在稍后的讲话中就会给出答案，听众如果提前提问，就会影响演讲的连贯性。如果你担心演讲被中途打断，应该在演讲的导入部分中声明："我知道大家也许会有些问题。但希望大家暂时保留这些问题，在演讲结束后我将很乐意回答。"

如果没有人进行提问，不要有挫败感。这可能意味着你的讲话面面俱到，听众确实没有什么可问的了。

以下是一些建议：

计划

- 事先确定组织者是否安排了问答环节以及具体的时间分配。
- 事先确定除问题之外你是否还希望听到评论。如果希望，你可以说："我希望听到大家的问题或评论。"（在某些场合，可能不希望有评论，因为这可能演变成没完没了的辩驳而导致离题，以致没有时间回答简短的、便于澄清的问题。）
- 对问答环节要像对演讲本身一样精心做好准备。要写出听众可能问到的问题，并设想你会怎样回答。汤姆·科比是佛罗里达州圣彼得斯堡市的一位主管，他的建议是：请一名助手就你的演讲准备一系列问题，这样可以使你真实地预见听众可能提出的问题。
- 试着去喜欢问答环节，不要把它当成一种折磨。它可以给你提供有效的反馈——帮助你确定听众接收到的信息正是你所要传达的信息。如果发生了一些误解，这是很好的消除机会。

回答问题

- 给听众留出思考问题的时间。有的演讲者结束演讲后，匆忙问一下有没有问题，焦躁地等上3秒钟就奔回座位上去了。其实他们根本没有给听众提问的机会。请大家提问时，至少要等10秒钟。如果你感到确实没有人会提问了，可以说"谢谢"，然后坐下。但如果你发觉听众只是害羞（有的听众想提问但又害怕问题提得"愚蠢"），这时可以鼓励一下。你可以说："大家在思考问题的同时，我先来回答一个许多人都问过的问题……"在一些社区或者工作场合，你甚至可以通过向他们提问来调动听众，例如："你们认为我的提议如何？"

· 当有人提问时，要目视他/她；但是当你回答问题时，要面向所有听众，这样大家才不会觉得被冷落。

· 如果会场比较大，在被提问后可以为没有听清问题的听众重复一遍。重复问题可以使你有时间思考如何去回答。如果问题比较模糊，可以请提问者再解释一遍。

· 不要对某些人称赞“这个问题问得好”或者“很高兴你问到这个问题”，这会使没有受到称赞的提问者感到自己提的是低级问题。

· 如果你不知道某个问题的答案，要坦率承认。在某个具体问题上承认自己的无知不会让听众看不起你；但如果不懂装懂，听众却会小看你。有时你可以向听众求助：“我不知道该怎样回答这个问题，有人能帮忙回答一下吗？”

处理问题

· 如果某位听众指出你论证中的逻辑错误，或者质疑你引用的事例和数据，不要辩驳。如果听众说得有道理，就要承认。你可以说：“这一点提得很好，我会再认真思考一下。”或者：“你说的也许是对的——这些数据可能已经过时了，我会再核查一下，谢谢你的提醒。”这种和解的姿态不仅是坦诚的，也能够赢得听众对你的尊重。没有人期待你是完美的；如果听众发现了你演讲中的错误，并不意味着你所有的努力都前功尽弃。

· 不要让一名听众占用整个问答环节的时间，特别是有很多人都要提问时。如果有人接连不断地提问或者发表长篇大论，要毫不犹豫地打断他，你可以说：“让我们给其他听众一些提问的机会，如果呆会儿还有时间，再回到你的问题。”或者：“关于这个问题的细节我们是否可以在会后单独探讨？”

· 谢绝回答那些不适于在所有听众面前讨论的问题——例如过于私人化的问题，或者需要很长的技术性解释的问题，以免大多数听众感到无聊乏味。针对这种情况你可以礼貌地解释一下原因，把问题引开，例如“这个问题有点过于私人化——我不想探讨下去”，或者“在此讨论细节恐怕要占用很多时间”。有时你可以告诉提问者以后找机会我们可以单独面谈。

· 不要让问答环节无休止地拖延下去。如果你的演讲和问答总共只有一小时，时间到后要果断地结束——即使一些听众还有问题。可以做一个简单的总结（例如“非常感谢今天能有机会和大家一起探讨在车内两侧安装保险气囊的必要性”），然后坐下。如果你是最后一位演讲者，而且你感到部分听众还希望继续提问，这时你可以说：“我的演讲现在正式结束，因为我说过只占用大家一小时时间，可能有的人还有其他事务。不过哪位如果愿意留下来，可以移到前面的座位上来，我们将继续进行非正式的问答环节。”

练习

在写完提纲并在此基础上做好演讲提示后（正如第十二章谈到的），你需要花大量时间来演练。练习、练习、再练习——这是一些演讲新手常会忽略的关键一步。练习可以使你的演讲流利、顺畅、自然；可以增强你的自信，使你胸有成竹。

以下是一些建议：

· 要尽早开始。如果你等到演讲的前夕再准备，就没有足够的时间来构思和润色。在正式演讲之前至少要留出四天时间进行练习。

· 至少要把演讲全文演练四遍——如果有必要，可以再加练习。合理安排练习时间间隔；换句话说，要避免把大部分练习安排在同一天。如果练习与练习之间有间隔，进步会更快。

· 遵循“演练内容，而非词语”的原则；换言之，要按内容要点练习演讲，而不是逐字逐句练习。要谨记脱稿演讲的目的不是背下或读出整篇演讲。每次演讲时（无论是自己练习还是面对听众）你的用词都应该不同，但内容是相同的。

· 练习时要自己计时。如果演讲超出了老师或组织方的规定时间，要对提纲和提示重新删减。

· 练习演讲时要一气呵成，遇到问题可以留待以后解决，不要停下来。一气呵成能够帮你检验各部分的内容安排是否妥帖，各要点之间的过渡是否流畅。

· 有的演讲者发现，对着镜子练习，或使用摄像机和录音机是有效的办法。但无论是否使用这些方式，你都应该在真实的听众面前至少练习一次——请亲朋好友做真实的评价。正如第一章中所谈到的，不要说“看看我做得怎么样”，因为评价者为了不伤害你，可能会说“非常好，我喜欢你的演讲”。最好请他们做具体评价：“请至少指出哪三点做得不错，以及哪三点需要改进。”这样听众就知道这些评价不会伤害你的感情，你也会得到有效的反馈。

· 有的演讲者认为有必要在真实的会场进行试讲。这是个不错的做法，特别是当你需要视觉辅助工具和相关设备时，例如可以练习高影机胶片的操作。

· 除了练习整篇演讲外，还有必要专门演练开头和结尾——这两部分应该讲得流畅、精彩。

· 确保不要在提示上写得太多。用最少的词把记忆的内容串起来即可。用真正演讲时使用的提示进行练习。演讲前不要重新整理标满记号的那份旧提示，因为通过反复练习你对它已非常熟悉了。

复习与提高

www.mhhe.com/gregory8

本书的网上学习中心网站备有方便大家学习与复习的资源与工具，如练习测试、重要词语记忆卡和演讲示例录像等。

小结

精彩演讲的关键是要有与听众交流的强烈愿望。如果演讲者致力于让听众理解自己的演讲内容，通常就会在不知不觉中很好地使用演讲技巧。

演讲方式分为四种：背稿、读稿、即席发言和脱稿演讲。其中，脱稿演讲最为常用，即演讲者在充分准备、反复演练后再以生动的、口语化的方式发表演说。

演讲中，声音要洪亮，要能使大家都听到；语言应该清晰易懂；同时，演讲者的声音要富有表现力，使演讲生动活泼。

非语言交流是指通过个人形象、眼神交流、面部表情、姿态、动作和手势等传达的信息。这些因素表现演讲者的自信，表达对听众的敬重。其中，眼神交流尤为重要。演讲中95%的时间都应该目视听众，保持有效的交流和融洽的氛围，并注意大家的反馈。

问答环节可以帮助听众澄清问题或者获得更多信息。可以事先预测听众的提问，并准备相应的答复。受到听者质疑时不要搪塞，如果不知道答案就说“我不知道”，也就是说不要不懂装懂。

练习是演讲成功的关键一步，要反复演练整个演讲过程，直到能够信心十足地发表精彩的演讲。

复习题

1. 即席发言、背稿法和读稿法有哪些弊端？
2. 成功的脱稿演讲有哪些关键因素？
3. 为什么切忌演讲开始时说得太快？
4. 有效的眼神交流须具备哪些特点？
5. 演讲者要怎样做才能确保双手能自由地做手势？
6. 为什么在熟悉和练习演讲时要逐条记忆而非逐词记忆？
7. 什么样的视觉材料会使你失去和听众的眼神交流？
8. 演讲者应该把演讲完整地练习几遍？
9. 如果听众对你所讲的事情和数据提出质疑，该怎么办？
10. 如果你的语言信息和非语言信息不符，听众会更相信哪方面呢？

批判性思维技巧

1. 作家休·普拉瑟说："如果一个人摘下他的墨镜，他的讲话我才能听得更清楚。"用公开演讲的知识解释这句话。

2. 网球教练发现一种现象叫作"分析就是瘫痪"。运动员如果过于注重正确地握拍，合理地挥拍，反而接不住球。公开演讲者能够从这种现象中学到什么呢？

团队协作技巧

1. 如果你是听众，你认为好的演讲需要具备哪些特点呢？小组讨论，按主次顺序列出六点要求，并讨论为什么前两项比其他各项更重要？

2. 小组成员轮流扮演面试中的求职者，其他成员扮演面试官。尽可能如实地面试，严肃地问答。每个人面试结束后，小组对其语言和非语言表现进行简要评价。

互联网使用技巧

1. 互联网上可以找到很多做手势的图片和视频。找出一张适于演讲使用的手势图片打印出来，并写一段文字说明为什么这是有效的演讲手势。

参考方法：登录Google（www.google.com），选择"Images"（图片），搜索关键词"gesture speaker"（手势）。

2. 听众的手机铃声或接听电话的声音会影响演讲和演出。演讲者或表演者应如何恰当处理这些情况？在互联网上搜索三种应对方式。

参考方法：登录Google（www.google.com），输入关键词"cell phone rude audience"（使用手机的无礼听众）。

彼得·辛寇帝是纽约市哥伦比亚大学的学生，也是一名世界知名的钢琴家和演唱家。他把自己喜爱的一些钢琴技法教给一组六年级的音乐爱好者，然后他让每名学生在钢琴上亲自演练。先解释一个过程，再让听者去亲身体验，这是信息类演讲中的一个有效策略。

15

信息类演讲

本章纲要

信息类演讲分类
定义性演讲
描述性演讲
过程性演讲
说明性演讲

信息类演讲原则
联系听众切身利益
内容要生动有趣
估测听众的知识面
用熟悉解释陌生

信息类演讲示例
提纲及评点
演讲原文

本章学习目标

学完本章之后，你应该能够：

1. 学会准备信息类演讲。
2. 能够识别四种不同的信息类演讲。
3. 说明如何使信息有趣、易懂。

2004年12月26日，印度洋大地震引发南亚海啸，导致232 000多人遇难，成为人类历史上最为惨重的灾难之一。死亡人数众多的原因之一是印度洋地区的海啸极为罕见，当地大多数民众并不了解预警信息。

在泰国南部，几乎每处接纳游客的海滩都有人员伤亡，而只有普吉岛的迈考海滩例外，那里无一人受伤。这要归功于反应敏捷的10岁英国小女孩蒂莉·史密斯。当时她正在跟父母一起度假，后来她回忆说："当时我在海滩上，海水一下变得怪怪的，有好多气泡，然后海浪突然涌了上来。"因为在学校学过关于海啸的知识，蒂莉知道10分钟之后汹涌的海浪就会接踵而至。她开始朝父母和其他人大喊"赶紧离开海滩"。一开始并没有人理睬她，但蒂莉坚持不懈，她急切地给人们描述板块运动，说海底发生了地震，并且说海啸很快就会来袭。

她母亲后来回忆说："我并不知道什么是海啸，但看到女儿那样惊恐，我相信一定有可怕的事情要发生。"蒂莉的父母找到海滩的监管人员，并说服他们组织当时海滩上的上百人紧急撤离。

几分钟之后，海啸席卷而来。迈考海滩上的游客安然渡过灾难，而邻近的其他海滩则由于没有预警而伤亡惨重。有的家庭甚至全家遇难。

在英格兰，蒂莉·史密斯被誉为英雄（一家伦敦报纸的头版头条称其为"海滩天使"），不过在事后接受采访时，蒂莉将荣誉更多地归功于她在英格兰奥克肖特的地理老师安德鲁·科尔尼。灾难发生的几周前，科尔尼刚刚给蒂莉和她的同学们讲解了关于地震和海啸的知识，教他们如何识别海啸的前兆。

据《国家地理新闻》称，地理课在英国学生中并不受欢迎，很多地理老师讲课都令人昏

一年后，蒂莉·史密斯因其在亚洲的英勇行为被邀至位于纽约市的联合国总部做嘉宾。

昏欲睡。假如科尔尼是这样一位老师，在讲到海啸知识时蒂莉也许会打瞌睡。庆幸的是，科尔尼是一位很棒的演说家，他用有趣的材料吸引了学生，课堂充满了激情活力。他用直观的图像材料来帮助解释难懂的概念，而且在课堂上要求学生作出反馈，以确保他们理解并把握了主要内容。

蒂莉·史密斯值得被称为英雄。假如她没有发出预警，迈考海滩上的一百多人也许都会遇险。安德鲁·科尔尼也同样值得赞颂。如果他的地理课不是那样引人入胜、明了易记，蒂莉也不会成为“海滩天使”。

科尔尼的地理课正是信息类演讲的一个例子。如果演讲成功，这种交流将会丰富你的生活——有时甚至会挽救你的生命。

信息类演讲的目的就是传布知识、促进理解，并且帮助听众记住重要的事情。你的任务是传授——而不是倡导；是陈述事实——而不是表述观点。

在这一章我们将谈到四种信息类演讲，并提出一些建议使你的演讲更为清晰、有趣、好记。

信息类演讲分类

信息类演讲可以用多种不同的方式进行分类，但本章我们主要学习最常见的四类：定义性、描述性、过程性和说明性演讲。

定义性演讲

你知道什么是联觉吗？许多人都不清楚，那么我们来看看词典中的定义：“某种感官刺激引起另一种感觉的现象。”

还是不懂我在说什么吗？下面详细阐释一下：

· 神经学家理查德·西托维克说，每一百万人中有两人会出现感觉融合，就是说他们能够尝到形状，听到颜色或者看到声音。“例如音乐不只是一种声音和曲调，而能使他们在眼前看到烟花……当然不是在想象中看到。”

· 一位名叫克里斯汀的妇女能够尝到单词，味道还会根据拼写的不同而变化。例如“Lori”尝起来像橡皮擦，而“Laurie”尝起来像柠檬。

· 西托维克说有联觉的人并非不正常，但在儿童时期他们却总是怕自己不正常，常遮掩自己敏锐的感觉。纽约的一名艺术家卡罗尔·斯蒂恩回忆道：“我7岁的时候，有一次和我的小学同学一起回家，当时我们可能刚开始学拼写。我说字母A的粉色真漂亮。她一言不发，然后看着我说‘你这人可真怪’。从那时起到20岁我再没提过一个字。”

这些例子和引文构成了**扩展定义**，它比字典中的解释更丰富、更有意义。**定义性演讲**——对一个概念进行扩展定义，使听众通过充分、丰富的细节来把握它的含义。字典中的定义一般很难给人留下深刻印象，可能过眼即忘，而扩展定义能够使人牢牢记住。以下例子是定义性演讲的一些具体目标：

· 给“勒德分子”下定义，将其19世纪时的本义和今天的用法进行对比

扩展定义
对词语的意思做更丰富、详尽的解释

定义性演讲
口头表述某一概念的扩展定义

- 向听众解释非裔美国人的精神节日“宽扎节”
- 向听众解释美国政治中的“政党分肥制”
- 向大家解释“人工智能”

我们在第八章所谈到的所有辅证材料（例如故事、例子、生动的形象、数据等）都可以用于给话题下定义。美国马里兰州摩根州立大学的罗莎娜·哈塞尔把医疗事故定义为“因治疗导致的所有损伤”，并通过两个例子和令人忧心的权威数据进行阐释。

- 巴尔的摩的威利·金本来应该截断右腿的膝盖以下部分，但在手术中，医生却误切了其左腿。
- 一位名叫玛莎的妇女去纽约的一家医院接受最后一次化疗。她本来就要战胜癌症了，可医院却用错了药，几天之后她死了。
- 哈佛大学公共健康研究所的一项调查显示“每年大约有130万的美国人受到意外的、致残性医疗伤害，其中大约有 198 000人因此而丧命”。

给一个话题下定义的最好方式就是通过与类似的事物进行比较或对比。例如在定义什么是虐待儿童时，最好能对比一下虐待和严厉但出于爱意的管教有何区别。

描述性演讲

描述性演讲
对人物、地点、物体或者事件进行口头描述

描述性演讲是对人物、地点、物体或者事件进行生动形象的描绘。和其他演讲一样，描述性演讲应该有中心——而不能只罗列单纯的事件或现象。以下例子是描述性演讲的一些具体目标：

- 向听众描述如何发射太空飞船
- 向听众描述典型的美国联邦调查局式的卧底行动
- 向听众描述一家大医院里急诊室的工作条件
- 向听众描述人权运动领导人罗莎·帕克斯生活中的精彩章节

在对物体和事件进行描述时，可以使用空间顺序模式。下面这份描述新西兰的演讲提纲就使用了这种模式，演讲者从南到北逐次讲来：

具体目标：向听众描述新西兰地理特征的多样性。

中心思想：新西兰两个岛上的景色比世界上任何其他国家的景色都具有多样性。

要　　点：Ⅰ. 南岛更冷，因为更靠近南极——令游客想到挪威。

A. 南阿尔卑斯山脉，山峰被白雪覆盖，高达3 047米，绵延整个岛屿。

B. 峡湾、溪流、湖泊丝毫未受污染，美得令人惊叹。

Ⅱ. 北岛就像是欧洲和亚洲的浓缩。

A. 城市令人想到意大利的优雅。

B. 山峰和葡萄园使人想起法国。

C. 活火山就像菲律宾群岛上的一样。

D. 最北端的沙滩和茂盛的热带雨林恰似夏威夷。

对一个人进行描述，不论他去世了还是健在，都会是一场非常吸引人的演讲。你可以使用时间顺序模式，例如在关于农业劳动者联会的创办者多洛雷斯·赫瑞塔的一场演讲中，你可以按照事件发生的顺序来讲述她的生平大事。或者使用话题分解模式，强调她生涯中的三个特点：

具体目标：向听众描述多洛雷斯·赫瑞塔的生平和成就。

中心思想：多洛雷斯·赫瑞塔是美国历史上最有影响力的劳工领导者之一。

要　点：Ⅰ.作为美国农业劳动者协会的创办者之一，赫瑞塔致力于改善流动农业工人的工作条件。

Ⅱ.她首次把非暴力联合抵制策略引入美国。

Ⅲ.尽管赫瑞塔提倡非暴力，她本人却有很多不幸的遭遇。

A.她曾被捕20多次。

B.1988年她险些死于一名警察的警棍之下，她的两根肋骨被打断，脾也被打裂。

过程性演讲

过程性演讲用来解释做某件事情的步骤和阶段。这类演讲分为两种。第一种是为观众演示过程（有时也称为演示性演讲），使他们之后能够自己运用这一技巧。以下是这种演讲的一些具体目标的例子：

过程性演讲
用口头演讲解释某事的做法或某物的运作方式

- 教会听者如何去除衣服上的污渍
- 向听众演示如何发动汽车
- 给听众示范如何采购并使用海水养鱼缸
- 教会大家被蜜蜂蜇后应如何处理

第二种过程性演讲中，演讲者只提供信息，说明“某事是如何做的”或“某物是如何发挥作用的”。演讲者的目的是向大家解释一个过程，使听众理解，但不一定要他们自己去做。例如，演讲者讲解制假钞的步骤，并不是让听众自己去这样做，而是为了满足大家的好奇心以及教给大家如何辨认假钞。以下是这种演讲的一些具体目标的例子：

- 向大家解释导盲犬是如何训练的
- 向听众解释医生如何通过激光进行不流血手术
- 向大家解释复活节岛上的古代雕塑家是怎样完成巨型雕塑的
- 向听众解释天文学家如何发现未知行星

过程性演讲中需要注意：

1. 确保涵盖所有步骤，包括非常明显的步骤。一位律师买了一个大鱼缸放在他的新办公室，又去宠物店花数百美元买了一种奇异的热带鱼。他回到办公室，向鱼缸里加满水，然后把鱼扔了进去。结果所有的鱼都死了。他打电话给宠物店，才知道鱼缸说明书忽略了一条，即没有说明自来水必须先存放24小时，待氯气挥发后，才能把鱼放进去，不然鱼会因氯气中毒死亡。鱼缸说明书的编写人员以为所有养鱼者都明白这一点，但这种认识是错误的。

不要忽略那些你认为人人皆知的信息。要说明所有步骤，即使是非常简单明了的步骤。

你认为显而易见的东西对于听众却未必如此。

2. 尽可能使用直观辅助工具。因为过程通常都很复杂，所以最好使用直观辅助工具来帮助听众理解并记住所讲内容。最有效的直观辅助工具就是演示：一边讲解，一边实际示范你所讲的过程。假如你要教给大家心肺复苏术（CPR），可以在讲解时利用人体模型来作示范。

演讲现场不可能示范的过程可以用录像。一位演讲者在讲到如何制作陶器时，先是尽可能地演示了她能够做的步骤，然后用录像展示了其余的流程——把陶器窑干、上釉等等。

3. 尽量调动听众跟着做。如果能让听众跟着做，演讲者不仅利用了听者的听觉和视觉，还调动了他们的触觉和动作。中国的一句古谚语说得好："听过不如看过，看过不如做过。"

心理学家已经证明这条谚语是极有道理的，他们发现在获取信息的三条途径中，听觉是最微弱的，视觉略为好些，身体动作则是最有力的方式。最好的办法是把三者结合起来。例如，当你在讲解如何做伸展活动时，可以一边演示（视觉）一边解释（听觉），然后再请每位听众站起来做一遍（身体动作）。有时观众在椅子上坐着也能参与互动；假如你的演讲是关于手语，你可以一边演示一边请观众跟着做。

注意：如果要把身体动作引入课堂演讲，需经过教师的许可。在校园外做社会演讲时，要准确判断。确保你要求的动作不会让某些听众感到尴尬、别扭。假如听众席上有残疾人，他们方便做这样的动作吗?

4. 语速要慢。时刻记着你讲的内容大多都是听众不熟悉的。假如你在给大家讲解如何做皮带，可能你闭上眼睛都能做出那些动作，但对一些听众来说则是完全陌生的。所以你要放慢语速，并且在必要时重复要点。给听众足够的时间来理解你的话，并形成心理意象。

5. 讲到难点时提醒听众。当你要讲解比较难懂的步骤时，要用一些过渡语提醒听众。例如，可以说"下一步比较麻烦"或"下面是最难的一步"等。这样可以提醒大家下一步需要特别注意。

过程性演讲示例

学生马库斯·布朗做了一个关于如何辨别有毒植物的演讲。布朗讲解步骤时，指着一张幻灯片（如图15.1）。

如何辨别有毒的常春藤

几年前的一个夏天，我背着背包到山区旅行。第一天傍晚，我们停下来搭建过夜的帐篷,我去找了一些烧篝火用的柴禾。我一定是碰到了有毒的常春藤，第二天早上我的胳膊上突然出现了好多皮疹和水泡，皮肤又烫又痒，足足过了四周才好。

为了此次演讲我特意请教了美国农业部的一位植物学家尼娜·吉莱斯皮，他说有毒的常春藤是美国唯一一种最为常见的过敏反应原。那么你知道如何鉴别它们吗？吉莱斯皮博士说，你不可能一眼就认出来，因为它们看起来和其他的植物一样，而且它们的叶子有很多不同的形状、颜色和纹理。例如，它们有的亮有的暗，有的呈暗绿色有的呈浅绿色。

那么有没有可能把这个"坏蛋"鉴别出来呢？当然有，你可以通过以下三个步骤鉴定你看到的是不是有毒的常春藤。

首先，看这种植物是否有叶簇，是否每团叶簇都有三片叶子。有毒的常春藤通常有三片一组的叶群。就像老民谣里唱的："三片叶，惹不得。"

第二，看每团叶簇的顶部是否有一片叶子，我们把这片叶子称为顶叶。它的叶柄通常比下方的两片叶子的叶柄要长。如果叶柄顶端没有这样一个单片的顶叶，你看到的就不是有毒的常春藤。

接下来是第三步，看顶叶的下方是否还有两片对生的叶子。所有的有毒常春藤叶柄底部都有两片叶子。而且两片叶子对生，叶柄也较短。

如果你面前的植物满足以上三点，那么毫无疑问，你看到的正是有毒的常春藤。我们来回顾一下这三步：首先，要看它的叶簇是否只有三片叶子；第二，看较长的叶柄上是否有单生的顶叶；第三，看下方较短的叶柄上是否有两片对生的叶子。

如果你确定自己看到的正是有毒的常春藤，我希望你知道下一步该怎么办：离得远远的，别惹这家伙。实话和你说："一旦碰了它，真是让你活受罪。"

图15.1

这张幻灯片展示的是一团有毒的常春藤叶簇，它的三片叶子通常都排列得非常独特。

说明性演讲

说明性演讲（也称口头报告或讲座）用来向听众解释某种概念或情形。对于此类演讲，老师可能会让你选一个不太熟悉的话题，然后通过这样的演讲展开研究，掌握相关知识。

说明性演讲
解释某种概念或情形的口头演讲

说明性演讲可能包括定义性、描述性和过程性演讲的许多特点。例如，假如你要讲解保释制度是如何运作的，你可能是在解释一个过程。说明性演讲的不同之处在于它需要通过书籍、文章、访谈等展开深入研究，而不能只依赖个人经验。

以下是说明性演讲的一些具体目标的例子：

- 向听众讲解关于海豚的智力研究的新进展
- 向听众解释工作场所中药物检测的性质和范围
- 向听众讲解消费者如何在小额索赔法庭上进行诉讼
- 向听众解释二战期间拘禁日裔美国人的原因和影响
- 向听众讲解目前法庭上如何使用DNA证据

说明性演讲通常是通过话题分解模式来组织的。正如第十章中谈到的，借助逻辑思维和常识，利用话题分解模式把中心思想划分成若干要点。下面这则提纲就是一个话题分解模式的说明性演讲：

具体目标：向听众说明流沙的危害。

中心思想：流沙几乎在美国的各个州都可以见到，是自然界的一种可怕陷阱；如果采取正确措施，人们可以成功自救。

要　　点：Ⅰ. 流沙正像电影中描绘的那样可怕。

A. 吞噬人类。

B. 吞噬汽车和货车。

Ⅱ. 流沙具有迷惑性。

A. 表面上和周围的土地没什么区别。

B. 表面之下却是地下泉水上涌而形成的“沙泉”。

Ⅲ. 如果不慎踏入流沙，可以采取以下四步来自救：

A. 扔掉背包、外套等额外负重。

B. 仰面躺下，使自己“漂浮”起来。

C. 双臂伸开，放在流沙上。

D. 动作要像蜗牛一样，缓缓地滚到坚实的地面。

注意这个提纲同时包含了描述性（Ⅰ）、定义性（Ⅱ）和过程性（Ⅲ）因素。

信息类演讲中的另外一种有效模式是陈述原理模式，即列出某种情形或事件的原因。学生马利沙·格林鲍姆在关于丢车的一次演讲中使用了这种模式，以下是她的演讲提纲的主要内容：

具体目标：告诉听众为什么旧车比新车更容易丢。

中心思想：在北美，丢的最多的车是用了大约10年的丰田和本田。

要　　点：

（原因1）　Ⅰ. 由于对旧车零部件的需求很高，偷旧车比偷新车更有利可图。

（原因2）　Ⅱ. 新车有复杂的安全设置，很难撬开。

（原因3）　Ⅲ. 旧车的车主更粗心，容易忘记锁车。

还有一种模式是谬误—事实模式，也称为假想—真实模式。学生鲍勃·麦杰在批驳关于营养的三个常见错误观点时，使用了这种方式：

具体目标：向听众传达真实信息，改变大家对营养的三种常见误解。

中心思想：鸡蛋、加香料的食物以及冷冻蔬菜并非所说的那样缺乏营养。

要　　点：

（谬误）　Ⅰ.“鸡蛋有害”是一种误解。

（事实）　A. 鸡蛋的“恶名”是由于它的胆固醇含量高，但重要的是血液中的胆固醇含量而不是食物中的含量。

B. 饱和脂肪酸是导致血液中胆固醇含量偏高的主要原因。

C. 鸡蛋的饱和脂肪酸含量低，所以不是血液中胆固醇含量偏高的主要原因。

（谬误）　Ⅱ.“加香料的食物对胃有害”是一种误解。

（事实）　A. 医学研究发现，含香料较多的墨西哥和印度食品不会造成胃壁损伤或发炎。

B. 印度的一项医学实验发现，无论吃含香料食物还是吃清淡食物，胃溃疡病人的痊愈比例是相同的。

（谬误）　Ⅲ.“冷冻蔬菜不如新鲜蔬菜有营养”是一个误解。

（事实）　A. 速冻可以保留营养。

B. 事实上，如果新鲜蔬菜在货架上摆放时间过长，速冻蔬菜反而更好些。

信息类演讲原则

信息类演讲中，要尽量使信息清晰、有趣、好记。要实现这一目标，在遵循本书前文所谈原则的同时，还要遵循以下原则：

联系听众切身利益

许多听众对待演讲都有这样一种心态："我为什么要听？我为什么要关心？和我有什么关系？"演讲中最好的动员力量就是和他们生活息息相关的演讲内容。

假如你在进行过程性演讲中向听众展示如何清理电脑。你认为大家听到你的题目后会作何反应呢？

他们可能会说："无聊！我听这些东西干什么？"

所以，最好的办法就是联系他们的切身利益：

设想你整个周末都坐在电脑前，写一篇很长的研究论文。你很快就要完成了，而电脑却突然死机了。不仅死机，你的整篇报告都被删除了。更糟糕的是，你还需要付给维修工250美元的修理费。

如果没有清理、维护你的电脑，这件事就有可能发生在你身上。今天我来教大家一些简易的步骤，帮助你对电脑文件进行安全防护，并省去维修费用。

现在听众明白了你的信息和他们的生活有关系，就会打起精神认真听讲了。

内容要生动有趣

全国知名的电视电台记者尼娜·托滕伯格说，精彩的演讲的关键是"内容有趣"。

许多演讲都非常无聊，因为演讲者都是泛泛而谈，讲得乏味、模糊。要使演讲生动，应该少用概括性词语。并且每当出现概括性词语时，都要用丰富的具体信息来补充，例如举例子、讲故事。下面是学生卡罗尔·陈在演讲中做的一个概括性陈述：

体育比赛中和赛后针对裁判的暴力事件正在不断上升。

为了使这个事实引起听众的兴趣，陈简要描述了发生在美国的一些典型事例：

- 去年一月，裁判鲍勃·韦斯特因为一次犯规进攻取消了来自华盛顿州斯波坎市的一名高中摔跤选手的参赛资格。这名17岁的运动员用头部狠狠地撞向韦斯特，韦斯特当即被撞得昏了过去。
- 去年夏天，得克萨斯州洛弗兰德市的一群年轻棒球选手在被逐出俱乐部联赛后殴打场上裁判；这名裁判被打伤肋骨，而且缝了四针才缝好嘴上的伤口。
- 在费城，一个身高1.93米的高中篮球明星在被逐出比赛后挥拳猛击身高仅1.69米的裁判。

听完这些例子后，大家会发出疑问，为什么这种攻击会变得如此频繁呢？于是，陈解释道：

根据《纽约时报》的推测，年轻运动员常在电视上看到高薪职业运动员对裁判进行言语或人身攻击。但结果呢？他们只是被温和地数落一番，或者处以小额罚款了事。这就促使孩子们去模仿他们的英雄。

注意：要给出细节，但不要过多。过于繁琐会使听众感到厌烦。法国哲学家伏尔泰说：

诀窍小贴士 15.1 长时间演讲，要准备丰富多样的活动

如果老板安排你在周五下午组织一个三小时的研讨会，会议内容是向新员工讲解一些重要流程，你会怎么做？会不会滔滔不绝地讲三个小时？应该不会，除非你想让大家都睡着。

时间较长的演讲，要安排丰富多样的活动，以使听众保持清醒状态、集中注意力。下面是一些可供采用的小技巧：

1. 邀请听众参与。

可以每隔一段时间或者在整个演讲过程中鼓励听众提问，或作出评论。让听众扮演积极参与的角色，而不是一动不动地坐三个小时，这样可以使大家活跃起来，不至于心不在焉。

2. 尽量使用直观辅助工具。

直观辅助工具可以使演讲活跃、丰富，可以阐明或强调要点。

3. 中间要休息，喝点咖啡，做做伸展活动。

长时间讲话的法则之一就是每隔45分钟休息15分钟，即便听众看起来还不困也是这样。换句话说，不要等到大家困了再休息。如果你等到大家困得直点头，那么接下来的一天中他们都可能兴趣全无了。休息时一定要讲清集合的时间；时间到后，要礼貌但坚决地提醒那些走散的人回到座位上。如不提醒，15分钟的咖啡时间可能拖延至半个小时。

4. 随机进行提问。

如果你的演讲是讲座形式，可以借用随机提问的教学方式。这可以使听众振作起来，因为他/她会想："我最好注意听着，也许下一个就叫到我了，别叫到的时候正走神呢。"提问之后可以再点名。（如果你先点名再提问，在场的其他人就会松一口气，不会认真听问题了。）

5. 鼓励听众做笔记。

有的演讲者在讲话开始前分发纸笔，希望听众记下要点。这样做还有一个附带的好处：做笔记能够帮助听众保持警觉，一边听一边动脑子。

"烦人的秘诀在于样样都告诉你。"要对材料进行剪辑：不要把收集到的14个例子都摆出来论证一点，列举两三个就够了。

估测听众的知识面

要在演讲前深入分析听众情况（如第四章中谈到的），确定他们知道哪些、不知道哪些。这可以使你免犯两种常见错误。

1. 不要讲听众已知的信息。银行主管露丝·约翰逊·鲍格斯说："我一生中最浪费时间的一件事情就是去听演讲却听不到新东西，演讲者所讲的都是大家全都知道的。"

为使自己不犯同样的错误，约翰逊-鲍格斯在演讲之前会采访几位听众，以确保她的讲话会符合听众的需求。她说："我通常会问：'我讲些什么才能对你有帮助，而不会浪费时间呢？'"

2. 不要讲听众听不懂的话。避免使用听众不理解的词语、概念或典故。犯这样的错误通常是由于误认为听众拥有某些共同知识。最近的调查发现，许多美国人缺乏前辈们具有的一些常识。例如：

- 1/7的美国成年人在世界地图上找不到美国。
- 盖洛普测验请18—29岁年龄段的美国人指出一些著名历史人物的国籍。令人惊讶的是，66%的人不知道温斯顿·丘吉尔是英国人（或大不列颠人），49%的人指不出拿破仑·波拿巴是法国人，37%的人不清楚英迪拉·甘地是印度人，21%的人说不出阿道夫·希

特勒是德国人。

- 美国国家科学基金会发现，25%的美国成年人不知道光波比声波传播速度快。
- 1/3的美国成年人不知道第二次世界大战中与美国作战的是哪些国家。

如果事先发现听众不知道什么，可以对一些词语或概念进行必要的定义，可以提供一些背景信息或例子。

如果听众比较混杂——有人懂这些概念而有人不懂，怎么办呢？怎样才能不让那些已经明白的人们感到这些解释是在侮辱他们的智商呢？有时，可以用比较随意、隐蔽的方式来提供信息。例如你打算在演讲中引用阿道夫·希特勒的一段话，许多大学生都知道希特勒是谁，但也有一些人不知道。为了使后者明白，而又不侮辱前者的智商，你可以这样说："1920年，阿道夫·希特勒还远未登上德国政坛，还远未将德国拖入第二次世界大战。那时，他就做了这样的预言……"你可以通过这种间接的方式不知不觉地提供背景知识。

但有时，却需要演讲者直截了当地下定义或作解释。如果在一场关于经济周期的演讲中定义"经济衰退期"，就要讲得直接、清楚。只要演讲能够提供新信息，这些定义不会冒犯有见识的听众；事实上，他们也许还希望通过这个机会来证实自己对这个词的理解是否准确。

用熟悉解释陌生

一名以色列官员到美国争取美国增加对以色列的军事援助。他为准备演讲而聘请的美国顾问多萝西·萨诺夫提出了以下建议：

> 如果描述以色列最狭窄的地段，不要说"以色列非常狭窄，我们会很容易受到袭击"，美国人不会明白的。你要说："以色列非常狭窄，如果开车在公路上行驶，只需20分钟就能从它的一侧到达另一侧。"

萨诺夫的建议很有道理。在解释或描述听众不熟悉的事物时，要通过比较、对比和类比等方法，与他们熟知的东西联系起来。假如你说，墨西哥阿卡普尔科市的跳水者从36米高的地方跳下，让游客大为惊奇。这些数据是没有感染力的，除非你说36米相当于从11层高的楼顶上跳下来。

同样，为了向听众形象地描述龙卷风内部的情形，戴尔·希金斯说："龙卷风的风漏就像你往下水道倒水时形成的涡旋一样。"因为每个人都见过水流入下水道时打转的样子，所以这个比喻能够帮助听众想象出龙卷风的涡旋。

信息类演讲示例

乔·浩特进行了一次关于类人机器人的演说。以下是演说的提纲和演说原文。乔·浩特使用了时间顺序模式——简略提及过去，解释现状，再预料将来。

提纲及评点

评点

类人机器人

总体目标：提供信息。

具体目标：告诉听众类人机器人现在和将来能够做什么。

中心思想：类人机器人在本世纪还不太可能达到人类的智力和能力水平。

导入

演讲者用一张诱人的历史照片吸引听众的注意力，引起他们的兴趣。

I. 凤头材料

A. 瑞士工程师保罗·瓦滕斯伯格50多年前发明了第一个机器人。（出示照片）［图15.2］

B. 因为它看起来像人，所以称为类人机器人。

C. 它的样子很吓人，让人担心它会像弗兰肯斯坦的怪物一样统治世界。

II. 定位材料

A. 今天的机器人不再吓人，但是令我们好奇。

1. 它们有何能力?

2. 它们会成为正常的公民吗?

事先说明演讲主题可帮助听众跟上演讲者的思路。

B. 我将告诉大家现在的机器人能做什么，它们在将来又能做什么。

（过渡：我们首先来看现状。）

正文

I. 今天的机器人主要用于娱乐。

A. 你可能在电视上见过丰田生产的会吹小号的机器人，见过会唱歌跳舞的玩具机器人。（出示照片）［图15.3］

B. 在世博会上，一个女性机器人在一个信息亭工作。（出示照片）［图15.4］

1. 她会四国语言，能掌握40 000个词汇，能回答2 000多个问题。（《澳大利亚信使报》）

关于机器人的具体细节使得演讲丰富有趣。

2. 她能够做出人类的表情，如使眼色、眨眼睛。

3. 她会像人类一样优雅地转动头部、胳膊和上身。

在提纲中，材料来源放入括号内。在实际演讲中，演讲者把这些名字穿插到讲话中。

C. 阿西莫是本田汽车公司制造的第一个能够像人类一样行走的机器人。（《新科学家》）（出示照片）［图15.5］

1. 它会优雅地走路、转身、上台阶。

2. 它能执行语音命令，如递咖啡、取邮件、开灯、开启瓶盖等。

3. 它能将客人领进房间。

4. 如果你跟它打招呼说“你好”（用日语），它会回答说“你好”。

5. 它可以以每年166 000美元的价格租用。

D. 尽管类人机器人非同寻常，但它们今天还不能和人类的能力相提并论。

（过渡：我们对将来有何期望？）

II. 专家说，拥有真正的人类智能的类人机器人不可能在本世纪出现。

演讲者及时预料到，如果不作解释，有的听众会对这个问题产生疑惑。

A. 如果你听说过机器人研发领域的巨大进展，这个预言也许会令你吃惊。

1. 机器人设备可以焊接零部件，操作手术，清理地毯，修剪草坪。（出示照片）［图15.6］

2. 不久的将来，这些设备就可用于帮助残疾人行走。
3. 尽管这些设备都很令人吃惊，但它们都还不是类人机器人（我的主题）。

B.《论智能》的作者杰夫·霍金斯说，一个智能的类人机器人很难制造，因为工程师不可能教给它常识、创造力和灵活性。

引用权威专家能增强演讲者的可信度。

C. 卡内基梅隆大学机器人研究所的里德·西蒙斯举了系鞋带的例子。
1. 这对于人类来说很简单，但对于机器人来说却很难。
2. 它要求大量的数据分析和对反馈作出反应的能力。

D. 机器人甚至达不到婴儿的能力水平：它们不能区别地板上的影子和洞口。（《国家地理》）

将婴儿和机器人的能力形成鲜明对比。

E. 机器人最欠缺的部分是社会交往能力。
1. 肯·戈德堡是加州大学伯克利分校的工程学教授。
2. 他说“机器人不懂得聊天、品酒或调情”。

使用有趣的引语是个很好的说明方法。

F. 艾恩德霍芬科技大学的克里斯托夫·巴特尼克说机器人“还很笨”。
1. 它们要模仿人脑的灵活和功能水平，可能还需要数百年时间。
2. 这在本世纪是不可能实现的。

G. 在不久的将来会有进展吗？
1. 我们将看到改进后的娱乐型机器人会初见成效，它们会掌握更多的词汇，模仿更多的面部表情。
2. 但我们不会看到大的进展。

演讲者预料到听众想知道什么——比如，在未来几十年是否会有大的进展。

（过渡：我们来总结一下。）

结尾

I. 总结
A. 类人机器人目前主要用于提供娱乐。
B. 它们在本世纪还不可能达到人类的智能水平。

演讲者总结了要点。

II. 定论
A. 假如你打算买个机器人来打扫房间、做饭，很抱歉我让你失望了。
B. 但是我们必须面对现实。
C. 汉斯·莫拉维克说：“我们今天最好的机器人，思维水平也不过和昆虫差不多。”

用有趣的引语结尾使人记忆深刻。

参考文献

演讲者引用了多种资料：书籍、文章、专家采访等。

Bekey, George A. Autonomous Robots: From Biological Inspiration to Implementation and Control. Boston: The MIT Press, 2005.

Dario, Paolo, and Raja Chatila, editors. Robotics Research . Heidelberg, Germany: Springer, 2005.

Fountain, Henry. “The Art of Building a Robot to Love.” New York Times 5 Mar. 2006: WK-16.

Goldberg, Ken, professor of engineering, University of California, Berkeley. E-mail interview. 27 Feb. 2006.

Hawkins, Jeff. On Intelligence. New York: Owl Books, 2005.

“Humanoid RobotGets Job as Receptionist.” NewScientist.com. 13 Dec. 2005. Retrieved 28 Feb. 2006 < http://www.newscientist.com>.

Moravec, Hans, Robotics Institute, Carnegie Mellon University. E-mail interview. 27 Feb. 2006.

Simmons, Reid, Robotics Institute, Carnegie Mellon University. E-mail interview. 27 Feb. 2006.

Suplee, Curt. “Robot Revolution.” NationalGeographic. Com. 2005.

幻灯片中的照片能够帮助听众直观地看到演讲内容。

Retrieved 28 Feb. 2006 <http://www.nationalgeographic.com>.

"With Four Languages, This Robot's No Dummy." The Courier-Mail (Brisbane, Australia). 10 Mar. 2005: 17.

直观辅助材料

一张早期的类人机器人照片
丰田生产的吹小号的机器人照片
世博会上的女性机器人照片
机器人阿西莫的照片
机器人正在焊接零件的照片

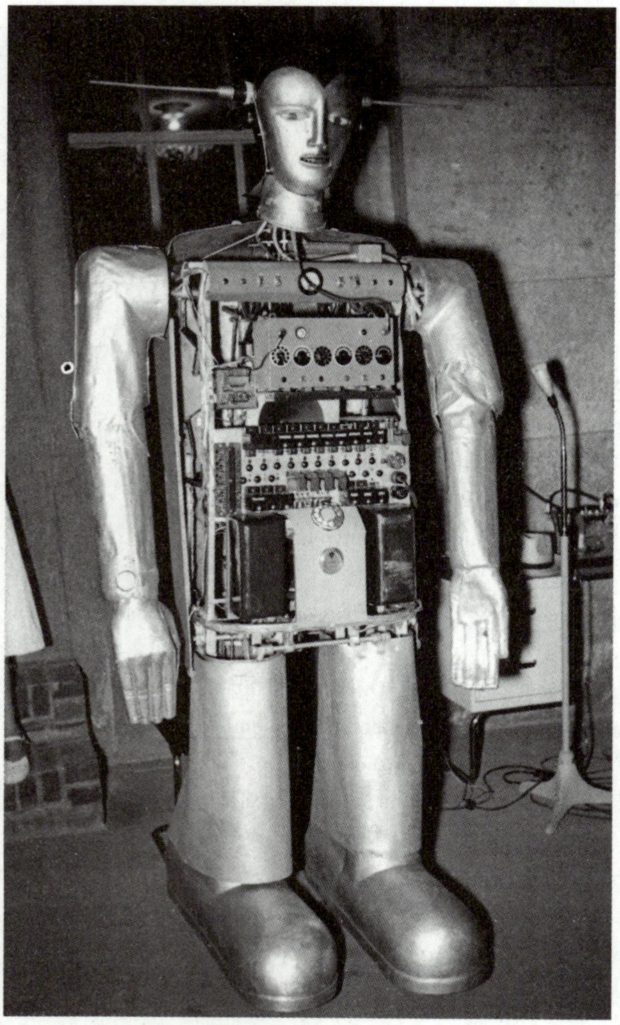

图15.2
早期的机器人曾引起人们的恐惧，人们担心它们会像弗兰肯斯坦的怪物一样统治世界。

演讲原文

以下是乔・浩特的演讲原文。

类人机器人

50多年前，瑞士工程师保罗・瓦滕斯伯格发明了第一台类人机器人。［演讲者展示如图15.2所示照片］ 称为“类人”是因为……看，它看上去就像人一样。第一台类人机器人长相恐怖，非常吓人，而且还曾引发一些质疑：它们会不会像弗兰肯斯坦的怪物那样出来统治世界呢?

今天的类人机器人就远不如当时那么吓人了，但它们确实引发了许多问题：它们能干什么呢？将来会不会成为社会不可缺少的一部分？今天我在这儿来做一些回答。这里我要讲述类人机器人的过去、现在以及未来。那么，我们先从现状说起。

今天的类人机器人主要用于娱乐。［演讲者展示如图15.3所示照片］我相信你们有的人已经见过丰田生产的会吹小号的机器人。我相信你们还见过一些玩具机器人会唱歌、会跳舞。［演讲者展示如图15.4所示照片］但是不止这些，在日本举办的世界贸易博览会上，日本一家公司制造了一台类人机器人来管理信息亭。据《澳大利亚信使报》报道，这个机器人懂得四种语言，能掌握40 000个词汇，还能够回答2 000多个问题。据观察者说，它的头部、胳膊和上身都可以自由活动，像人类一样优雅。它还可以模仿很多人类的动作，比如在回答问题的时候使眼色、眨眼睛。

［演讲者展示如图15.5所示照片］几年前，本田汽车公司生产了第一台可以像人一样走动的类人机器人——阿西莫。据《新科学家》杂志称，阿西莫外形优雅， 可以转身，可以上台阶；它拥有语音识别系统，

图15.3

今天的大多数类人机器人都用于娱乐，如丰田的小号手机器人。

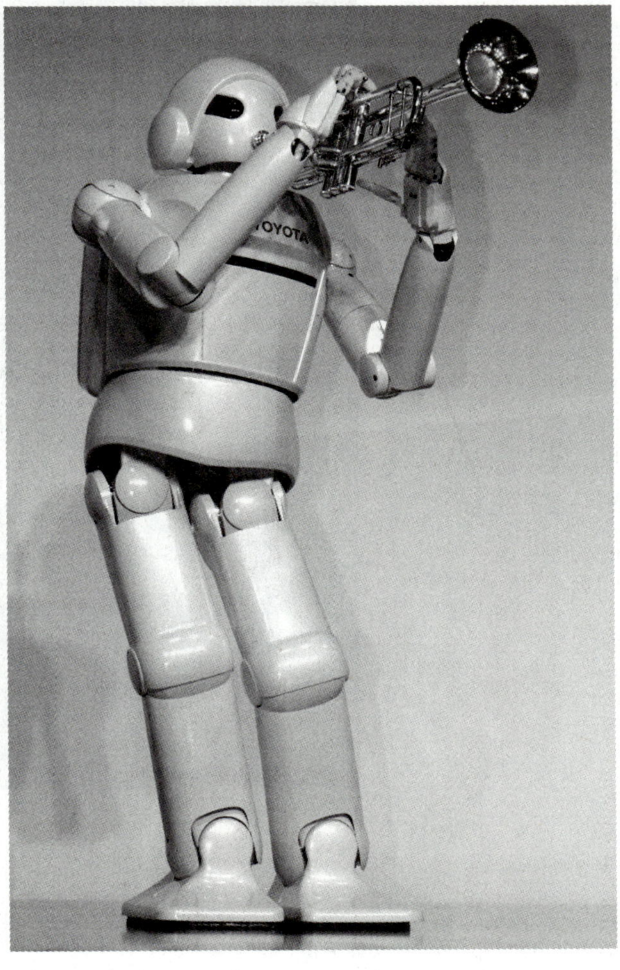

图15.4

你可以和这个机器人用四种语言对话。她掌握了40 000个词汇，能回答2 000多个问题。

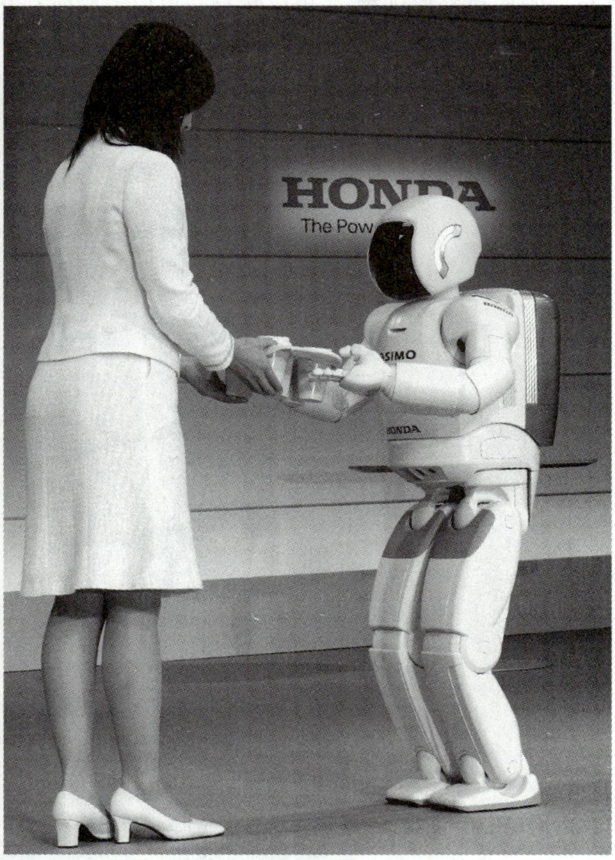

图15.5

阿西莫可以递咖啡，还可以做很多其他工作。

能够执行命令，它会给你递咖啡、取邮件、开灯或者打开一瓶水；它能够把客人领进房间，如果你在客厅里跟它打招呼说“你好”——但要用日语——它也会对你说“你好”。当然，它完全可以租用——每年166 000美元。

看来今天的类人机器人真是不一般，不过它们仍有很长的路要走。那么，我们来展望一下未来。事实上，要制造出拥有人类智力水平的类人机器人，这在本世纪是希望不大的。我知道，这似乎有点让人吃惊。我们正在亲历机器人技术领域的一次革命。［演讲者展示如图15.6所示照片］我们已见过机器人能够焊接多种工业设备的零部件。我们现在的机器人还可以在医院做精细的外科手术，能够用真空吸尘器清理地毯，修剪草坪。在今后几十年，我们希望能看到可以完成专门任务的机器人，比如帮助残疾人行走。那样就太棒了。但这样的机器人并非类人机器人，这才是今天我要说的。

杰夫·霍金斯是《论智能》一书的作者，他坦率地说，制造一台智能化的类人机器人太难了。工程师不可能赋予它们常识、创造性和灵活性，而这些都是人脑的关键特质。卡内基梅隆大学机器人研究所的里德·西蒙斯举了系鞋带的例子。系鞋带对人类来说很简单，其实却需要大量的数据分析以及对不同类型的反馈作出反应的能力。《国家地理》杂志还举例说，机器人无法区别地板上的影子和洞口，而12个月大的婴儿都能做到这一点。机器人最大的缺陷在于缺乏社会交往能力。加州大学伯克利分校的工程学教授肯·戈德堡说：“机器人不会聊天、品酒，不会调情。”

荷兰艾恩德霍芬科技大学的克里斯托夫·巴特尼克甚至说机器人“还很笨”。机器人要模仿人脑的灵活和功能水平，可能还需要数百年时间。当然这在本世纪是没有指望了。在不久的将来，它们在娱乐领域的发展将会初见成效，这是毫无疑问的。它们会掌握更多的词语，会有更微妙的面部表情。但是除此之外，我们不能指望太多，类人机器人和人类之间的差距是不会消失的。

那么，总结一下我今天给大家讲的内容：类人机器人能为我们提供娱乐。除此之外，不能指望在未来百年会取得飞跃性的进展。假如有的人想买个机器人来清理房间或做饭，那么今天的演讲也许让你失望了，很抱歉。但是，这就是事实。著名机器人研究员汉斯·莫拉维克说得好：“我们今天最好的机器人，思维水平也不过和昆虫差不多。”

图15.6

机器人设备可以用于焊接，但它们不等同于类人机器人。

复习与提高

www.mhhe.com/gregory8

本书的网上学习中心网站备有方便大家学习与复习的资源与工具，如练习测试、重要词语记忆卡和演讲示例录像等。

小结

信息类演讲的目的就是传播知识、促进理解，并且帮助听众记住重要的事情。本章讲到了四种信息类演讲：

· 定义性演讲是对一个概念进行扩展定义，使听众通过充分的、丰富的细节来把握其含义。

· 描述性演讲是对人物、地点、物体或者事件进行生动形象的描绘。

· 过程性演讲用来解释做某件事情的步骤和阶段。

· 说明性演讲用来向听众解释某种概念或情形，需要展开深入研究。

进行信息类演讲时，记住以下原则：（1）尽可能使演讲联系听众的自身利益。向大家清晰地展示你的演讲内容和他们个人生活的紧密联系。（2）不要泛泛而谈，要用例子和故事使演讲生动而活泼。（3）估测听众的知识面，既不要讲他们已知的东西，也不要讲难于理解的内容。（4）联系熟悉的事物来解释或描绘听众不熟悉的事物。

重要词语

扩展定义，277　定义性演讲，277　描述性演讲，278
过程性演讲，279　说明性演讲，281

复习题

1. 什么是扩展定义？为什么在演讲中扩展定义比字典定义更适用？
2. 在关于航天员萨丽·莱德的生平和成就的演讲中，哪种组织模式更合适？
3. 过程性演讲分为哪两种？
4. 为什么过程性演讲要包括所有步骤，最明显的步骤也要包括在内？
5. 过程性演讲中，什么时候应该提醒听众？
6. 如果发表演讲改变人们对狼的错误认识，最好选择哪种组织模式？
7. 为什么应尽可能地将演讲内容联系听者的自身利益？
8. 为什么在信息类演讲中要特别注意笼统和具体的差别？
9. 如果有的听众知道某个术语的含义而别的听众不知道，该怎么办呢？
10. 一位演讲者说：“抽烟抽得凶的人，他们的肺部就像黑色的熏肉。”这位演讲者用了信息类演讲中的哪种原则？

批判性思维技巧

1. 一位学生要教同学们如何进行心肺复苏（CPR），演讲一开始他就问：“有多少人知道心肺复苏？”所有人都举起了手。这个学生犯了什么错误呢?

2. 一张宠物狗训练课的宣传材料上说：“训练出一只听话的狗需要时间和反复练习。有规律地反复训练，你的狗就会学得更快。但是，不要让它练得烦了。要让你的训练活动好玩、有趣。”你认为这个建议适用于人类吗？为什么?

团队协作技巧

1. 如果讲得不好，下面的这些题目可能会很枯燥。组成小组，讨论如何让这些话题变得有趣。

（1）教学法

（2）公民身份

（3）运输

2. 本章建议尽可能地把话题与听众的自身利益联系起来。小组讨论以下话题，如何才能使听众不产生疑惑：“这和我有什么关系？”

（1）社会安全

（2）破坏雨林

（3）对职员的秘密语音监听

（4）太阳能

（5）无家可归者

互联网使用技巧

1. 找出一篇关于“cybercrime”（网络犯罪）的扩展定义的文章并打印。

参考方法：登录Yahoo's Full Coverage archive of articles（news.yahoo.com/fc），输入关键词“网络犯罪”。

2. 本章建议将演讲与听者自身利益联系起来。找一篇文章，说明鱼类的汞中毒已经危害到人类。

参考方法：登录Google（www.google.com）或其他搜索引擎，输入关键词：“fish”（鱼）、“mercury”（汞）和“poisoning”（中毒）。

秘鲁第一夫人伊莲娜·卡普正在秘鲁农村地区进行演讲。她在努力说服全国民众对男女两性要同工同酬。“妇女干活儿和男人一样辛劳……得到的报酬却比男人少，”她说，“这种状况要改变。”（背景中是穿着印度传统服装的青年。）

16

说服类演讲

本章纲要

说服类演讲
影响观点
激发行动

组织模式
激发行动模式
问题—解决模式
陈述理由模式
优势对比模式

说服类演讲示例
提纲及评点
演讲原文

本章学习目标

学完本章之后，你应该能够：

1. 学会准备说服类演讲。
2. 识别两种主要的说服类演讲。
3. 识别说服类演讲的四种组织模式。

“这些孩子让我非常心痛。”新墨西哥州首府圣菲的戴安娜·格兰尼托曾这样说。

她指的是美国每年待领养的130 000名孤儿。他们由于已超过3岁或者患有残疾而找不到愿意领养的家庭。换句话说，他们不是那种受领养家庭青睐的可爱的孩子。

格兰尼托于2001年开始担任新墨西哥州的儿童领养协调员，当时她急切地寻找一种方式让社会认识到这些“不宜领养”的孩子的真实的一面——他们非常可爱，应该拥有一个温暖的家庭。

后来她想到一个主意：说服专业摄像师奉献他们的时间和才干为这些孩子拍摄漂亮的、高质量的照片，从而抓住每个孩子的气质和个性特征。她联系了她所听说过的每一个摄像师，并从中招募到了数10名志愿者。接着，她又说服一家艺术展览馆免费陈列这些照片。

后来，格兰尼托创立了一家流动的爱心展览馆，在新墨西哥州的多个城镇展览，并且在全州各地发表演说，劝说人们参观该馆。努力的结果令人欣慰。“这些照片抓住了每个孩子独特的闪光点——由于长年被忽视，这些特点有时不易被发现。”专栏作家罗斯玛丽·兹巴特写道。受这些照片的感染，几十名家长已经决定领养一些孩子。格兰尼托成功的消息很快传到了其他州，她又帮助60多个城市建立了类似的展览馆。俄克拉何马州的塔尔萨市在开办爱心展览馆的第一年就安置了29名儿童；康涅狄格州的哈特福德市在第一年安置了19名；佛罗里达州的坦帕市也帮助20个孩子找到了领养家庭。

说服
影响、改变或强化听众的观点、态度、信念或行为

戴安娜·格兰尼托的故事显示了**说服**的力量——影响、改变或强化人们的想法、信念或做法。一生中你会面临许多说服的任务，可能是两人之间（例如说服一位银行主管给你贷款买车）、可能是面对一个小群体（例如说服同事和你一起表达对工作条件的不满）、可能是面对众多听众（例如说服你的俱乐部在某个地点举办年度野餐）。本章我们将探讨说服类演讲的种类和组织模式。下一章我们将探讨展开说服类演讲的技巧。

通过说服的力量，新墨西哥州首府圣菲的戴安娜·格兰尼托给那些“不宜领养”的孩子提供了很好的机会。

说服类演讲

为了理解说服类演讲，最好先来考虑一个问题：说服类演讲和信息类演讲的区别是什么？

信息类演讲是为了传达事实、细节，而说服类演讲是为了使听众形成某种观点、信念、态度或采取行动。

典型的说服类演讲也包括与信息类演讲非常接近的部分，这是因为说服类演讲者在进入正题之前通常要利用信息类演讲来提供背景知识。

为了说明这两类演讲的区别，我们以氢动力汽车为例。若是信息类演讲，只需要提供事实，如引擎如何工作，氢的成本是多少等信息；若是说服类演讲，也需要提供同样的信息，但同时还要去影响听众。为了影响听众的思想，应该说服大家确信氢动力汽车比汽油动力汽车更优越；为了影响听众的行动，应该说服大家去购买、驾驶氢动力汽车。

说服类演讲可以有许多分类方式，比较简便的办法是根据两种不同目标来划分：（1）影响观点；（2）激发行动。这两种分类有时会发生交叠（例如，通常你需要先影响其观点，才能激发起行动）。

影响观点

影响观点演讲是为了说服大家在某一问题上采取和你相同的立场。（如果听众事先同意你的观点，你的任务就是深化大家已有的认识。）

> **影响观点演讲**
> 旨在为某一概念或提议获得思想上的赞同

以下是影响观点演讲的一些具体目标：

- 说服听众相信，员工带薪休假可以有效避免工作倦怠或士气低落
- 说服听众相信，应该允许天才儿童进入大学学习
- 说服听众相信，移民始终在促进美国社会和商业的繁荣

辩驳性演讲是影响观点演讲中的一类，目标即驳倒你认为有误的说法。你可以反驳另一位演讲者的说法，也可以反驳你认为有误的常见观点和想法，如一名学生批驳“智障者是无用劳动力”的流行论调。

> **辩驳性演讲**
> 旨在对他人提出的概念或提议加以辩驳

下面是辩驳性演讲的一些具体目标：

- 让听众相信，酗酒不是道德缺陷，而是一种疾病
- 让听众相信，移民火星的想法有可能实现，并不可笑
- 让听众不要相信那些所谓能预见未来的特异功能者

驳论时，驳倒与事实相关的看法要比推翻根深蒂固的观点容易。如，你要驳倒“红糖比白糖更天然、更健康”的说法，你可以引用营养专家的话，指出红糖只是白糖加了少许糖浆和焦糖来着色，所以并不含更多营养。因为你的话有可证实的化学事实依据，便很容易完成说服任务。但假如你要使听众相信“孩子不应该由父母抚养，而要交给以色列的基布兹那样的公社来抚养”，那么，大家可能会认为你的观点有一定价值，但却很难动摇他们根深蒂固的信念：“孩子应该在父母的看护下成长。”这样的核心观念是很难改变的。

激发行动

激发行动演讲
用口头演说号召听众行动起来

与影响观点演讲一样，**激发行动演讲**也是说服大家支持你的观点，但它还有更具挑战性的任务：激发人们行动起来。你的目标是让听众以三种方式作出回应：开始某种行为（开始学习急救课程、开始投资股票市场、开始定期进行汽车保养），继续某种行为（继续献血、继续支持某一政党、继续吃低脂肪食物），或者停止某种行为（停止吸烟、停止追尾、停止透支信用卡）。

下面是一些激发式演讲具体目标的例子：

- 说服听众在请愿书上签字，要求75岁以上的司机每年复审驾照
- 说服听众多吃鱼作为蛋白质的主要来源
- 说服听众尝试激流泛舟
- 说服听众尊重艾滋病人
- 说服听众查看信用评级公司和政府部门为他们汇编的计算机材料

有时你希望听众立即采取行动（如“请在今天的选举中为我的候选人投票”），有时你只希望他们在将来的某个时间作出响应（如“当你看到有儿童在骑车时，请放慢车速，小心驾驶”）。

下面是一些关于号召行动的建议：

不要暗示，要明确提出你希望采取的行动。不能只是摆出事实，认为听众自己会推理出该怎么做，必须准确地说出你希望他们怎么做。

如果你面对一对夫妇讲到目前缺少收养孤儿的父母；不要仅仅赞扬收养孤儿是种美德，希望他们某天会主动去这样做，而是要告诉这对夫妇请他们去收养孤儿（并告诉他们如何收养，在哪里登记）。

福特汽车公司的创始人亨利·福特晚年时曾与一个相识多年的保险商聊天。福特从没有给过他业务，这位既困惑又伤心的保险商终于忍不住问道：“你为什么从来不从我这儿买保险呢？”

福特回答：“你从未要我买啊。”

英国有句古谚语“不求故不得”。里士满大学的杰里·塔沃博士说，许多演讲者“都不愿‘叫卖’”。他们似乎天真地认为，只要给听众摆出相关事实，再加一点劝告，一切都会自然而然地发生。这些演讲者并没有意识到，条件适当时，劝说就能够转化为行动。

尽量在听众离开前得到一些响应——即使是很小的、象征性的行为。下面是激发行动演讲中常见的情形：

设想你在做一个激动人心的演讲，主题是关于“贪婪的偷猎者和象牙商贩屠杀象群的问题”。演讲结束时你号召所有听众回去后给联合国秘书长写信，呼吁国际社会齐心协力拯救大象。你号召大家回去后给亲友打电话，并鼓励他们这样做。听众离开时情绪高涨，发誓回去后会写信，会打电话。但不幸的是，只有极少数人真正去做了。人人都有良好的愿望，但生活是忙碌的，总有很多急需处理的个人事务。一两周后，誓言就忘干净了。

这并非指不让听众在将来作出回应。鼓励听者在明天、下周甚至明年再采取行动没什么错，但同时要请他们当下就做一些事情——在离开会场之前、在热情冷却之前，你可以说：“退场的时候，请大家在房间后面的请愿书上签字。”如果时间允许，最好传阅请愿书，请大家在起身离开之前签字。

趁热打铁会带来明显收效。研究者已经证实，如果说服一个人迈出确定的一步，即使是在请愿书上签字这样的小事，你也为你推动的事业赢得了这个人的承诺。现在他/她已经投入了时间和精力。如果有人再劝说他/她信奉相反的观点，他/她一般不会轻易改变（当然，除非有强有力的辩驳）。为什么？因为人类有一种强烈的保持一贯性的需求。左右摇摆与签字这样的行为是不一致的。

下面我们学习一些获得现场回应的方式，以促进听众对你立场的支持。

- 请愿书。有的人可能不赞成这种办法，认为请愿书都是老一套了，而且政府官员常常直接就把它们扔进了垃圾箱。我不同意这种看法。请愿书有时在促使政策改变方面效果很好。如果一个美国议员回家后接到一份500人签字的请愿书，他/她会熬夜来看——这可是500张潜在的选票。立法者和官员在收到厚厚一叠请愿书后通常会调整立场。即使官员的反应不像你想象的那样，请大家在请愿书上签名也不是无用的形式，因为你已经赢得了听众对你观点的承诺。
- 举手表态。杰里·塔沃博士说："研究发现，即使是举手表态这样小小的举动也比通常的无声赞许有更持久的效果。"要求举手表态时，一定要确保大多数听众都乐于公开表态而不会尴尬。
- 登记表。对于像志愿工作这种将来的活动，可以请人们写下名字和电话号码。这种做法很有效，因为以后即使他们的热情消退了，当接到电话时，多数人也会信守承诺，提供帮助。
- 书面计划。有的演讲者会传发纸笔，请听众写下他们听完演讲后打算采取哪些行动。当然，他们希望听众把这看成对自己的承诺，带回办公室或家里，并最终采取行动。（尽管这种办法听上去不怎么样，但表明想法并写在纸上会坚定一个人的决心。）

不要胁迫听众。尽管得到听众的行动很有必要，但不要威逼、胁迫、控制或乞求听众。不要特意凸显不肯行动的听众，使他们感到尴尬。施加压力会使听众愤怒，他们可能会因此而不支持你的观点。

组织模式

有效地组织演讲能够增强你的说服力。第十章中谈到的组织方式都可以使用，而以下四种方式对于说服性演讲尤为有效：激发行动模式，问题—解决模式，陈述理由模式，优势对比模式。

激发行动模式

激发行动模式是阿兰·H. 门罗教授提出的一种常识性说服方法。这种方法非常有效，特别是当你想出售某件商品或某种服务时，或者想动员听众采取某项具体行动时（为你的选举人投票或捡起垃圾等）。它的好处是适用于任何群体——无知的、敌对的、漠视的、中立的或赞同的。这种方式包括以下五步：

激发行动模式
说服听众接受某一提议的一系列步骤

1. **注意。**开始导入时就抓住听众的注意力，正如第十一章中所说的。
2. **需求。**向听众说明有一个严重的问题需要采取行动。
3. **满足。**提供一个满足需求的解决方案，并展示这个方案如何运作。

4. 形象化。描绘结果情形。可以做正面描述：帮助听众想象采取你的方案后会出现哪些好的情形。或者做反面描述：向他们展示如果不采用这个方案会发生怎样的不良后果。

5. 行动。请听众采取行动时要说得具体："请在请愿书上签字"或"请给您的立法委员写信——这是他们的地址"或"您下午可以到211室自愿加入"。

下面这个例子是一则经过了压缩的演讲提纲。经过删减后的提纲便于我们集中地看到动机顺序的几步：

导入

I. 在佛罗里达，一名冒牌医生在手术中误用麻醉术，导致病人陷入昏迷，最终脑死亡。

II. 让我们来看看美国有多少江湖郎中，我们又能做些什么。

注意

正文

I. 美国众议院的一个小组委员会调查发现，美国有多达10 000名医生持有国外假证机构（有名无实的医学院校）发的伪制学位证。

需求

II. 议会应该成立一个国家证书鉴别办公室。

A. 该办公室要调查并列出世界上哪些医学院是合法的，哪些是冒牌的。

B. 通过该办公室发布的清单，各医院和医学委员会能够鉴别所有医生的证件。

满足

III. 你可以确定为你治疗的医师和你喜爱的医生不是冒牌医学博士。

形象化

结尾

I. 通过成立证书鉴别办公室，议会可以使病人免受江湖郎中之害。

II. 请在请愿书上签字，请愿书将送到立法者那里，促使其尽快成立全国证书鉴别办公室。

行动

另一篇使用激发行动模式的演讲参见本章结尾的演说提纲和演讲原文。

问题—解决模式

问题—解决模式
分析问题并提出解决方案的材料组织模式

对大多数听众而言，最具说服力的演讲是**问题—解决模式**。你先指出某个问题存在，再提出一种解决方案。如果听众没有意识到这一问题的存在或其严重性，这种模式尤为有效。以下提纲节选自学生亚当·科恩的关于一个较严重的全国性问题的演讲：

具体目标：说服听众支持更加严格地执行童工法。

中心思想：更严格地执行童工法将会减少少年儿童的死亡和受伤事件。

诀窍小贴士 16.1　通过角色模拟改变行为方式

如果你是饭店老板，希望服务员友好地对待那些脾气暴躁的顾客，你可以敦促他们友好些，可以让他们观看培训录像。但这些都不如让员工们进行角色扮演效果好。也就是说，你可以按阶段模拟情景：一人扮演发牢骚的顾客（“这份沙拉里怎么这么多调料啊？”），一位服务员表演正确的回应（微笑着说“对不起——我给您换一份”）。每位服务员演完之后再进行评价，如果有问题，可以请他/她再来一遍。

研究已经证实，角色扮演可以有效地修正行为。例如，教育者在印第安纳州、堪萨斯州和密苏里州的400多所初高中学生中使用角色扮演进行毒品预防教育，教会学生们如何抵制趋同心理压力。例如他们学到，如果有一个朋友说：“你要是不敢试试这个可卡因，你就是胆小鬼。”他们可以回答：“我要是就为你这句话去试，那才是胆小鬼呢。”五年的跟踪调查表明，参与角色扮演的学生比其他学生吸毒的可能性小20%~40%。

参与角色扮演时，可以进行录像。你可以和你的培训师一起观看录像，探讨模拟的成功与不足。

要　点：

（问题）Ⅰ. 很多少年儿童因非法从事成年人的工作而致死或致残。

A. 美国每五天有一位儿童死于工伤。

B. 每年有大约210 000名儿童受伤，其中约70 000名儿童受重伤，需送急诊室急救治疗。

C. 有的雇主雇用未成年儿童从事危险工作，诸如盖屋顶、采矿、伐木、切肉和建筑等等。

（解决）Ⅱ. 联邦政府应该加强现有童工法的实施力度。

A. 目前任何人违反童工法都不会坐牢。这种状况要改变，对于造成严重伤害的案件联邦检控官应当进行刑事起诉。

B. 目前政府对违规者一般都免除罚款。这种状况也要改变，政府应当对每起违规事件处以最高40 000美元的罚款。

演讲中，科恩在第一条要点下列举了关于童工悲剧的新闻报道，这是为了向听众说明，这一问题比一般人想象的要严重。第二条要点下，他给出了具体例子，说明如何实施这些法律。

第八章和第十七章结尾的演讲示例即采用问题—解决模式，请参看所附演讲原文。

陈述理由模式

陈述理由模式是主题分解模式（第十章中谈到的）的一种变体，就是给出演讲者论点的理由。这种模式可用于任何说服类演讲。如果听众倾向于你的立场，但需要更充分的理由，这种方式会更为有效。急诊医师格兰达·奥尼尔通过调查问卷得知，她的听众对因特网上外国公司销售的药物有疑虑，但不清楚危险究竟有多大。所以她的任务就是给出理由，使大家不受因特网广告商的蛊惑。下面是她的演讲提纲概要：

陈述理由模式
主题分解模式的一种变体，由演讲者给出理由，论证观点

具体目标：说服听众拒绝网上外国公司出售的未经检验的药物。

中心思想：网上外国公司出售的未经检验的药物通常没有药效，并且有危险。

要　点：

（理由1）Ⅰ. 某些网上药物包含很少甚至没有所宣传的有效成分。

诀窍小贴士 16.2　将劝说视作长期过程

工作中的劝说通常需要很长时间——几周、几月甚至几年。许多成功的说服者都把他们的任务视为一个持续的过程，逐渐地影响他人并朝目标推进，而不是一劳永逸地让人马上作出决定。

乍看起来，这似乎和本章前面所谈到的“直接请听众采取行动相矛盾”，但其实并不矛盾。在许多场合都可以请听众马上采取行动，比如请大家为你的政治候选人投票。但有时候可能需要你和听众长期打交道，一次性的劝说往往不如长期努力，请大家慢慢作出决定更为有效。假若你刚得到一份新工作，你希望劝服上司允许你在家中做大部分的工作。如果你突然提出这个要求，可能会遭到拒绝。你可以循序渐进，偶尔在家里完成一些项目，表明你在家中也能有效地完成工作。一年后，上司也许对你的表现非常满意，就会同意你的要求了。

商界中能够成功做到长期说服的人都是很好的倾听者，他们会尽可能地了解客户，然后与其友好地合作。设想一个房地产商遇到一对年轻夫妇正在寻购一套住房。这个房地产商不会着急地把手头的房子推销出去，她会很精明地去结识这对夫妇，并且真正倾听他们的需求。他会向这对夫妇展示各式各样的住宅，记下他们的喜恶。一段时间后，这个地产商会为这对夫妇找到一所称心如意的房子。这样做不仅符合职业道德，还会有长期收效：这对夫妇会向朋友们介绍说这位房地产商很棒，不咄咄逼人，肯花时间倾听而且能耐心地给客户找到满意的房子。

你的劝说成功与否通常归结为一个关键问题：你是否可信？不论是观点、产品还是服务，人们在买账之前都希望确定你能否给他们指出正确的方向。证明你的可靠性需要一段时间——这也是为什么长期影响比短期说服更有效的另一个原因。

（理由2）Ⅱ. 某些网上药物可能与其他药品发生有害的相互作用。

（理由3）Ⅲ. 某些网上药物会加重病人病情，甚至导致死亡。

奥尼尔演讲时在每条原因下都列举了例子和数据。

优势对比模式

优势对比模式
表现某种概念或方法的优越性的组织模式

如果听众已经认同你所提到的问题，但不确定哪种方案更好，你可以用**优势对比模式**说明你推荐的方案比其他几种更为优越。假如听众同意你的观点，认为罪犯应该受到惩罚，但不确定坐牢和其他惩罚方式（例如缓刑、家居隔离、社区服务）哪个更好，如果你倾向于后者，可以采用优势对比模式：

具体目标：说服听众同意非暴力罪犯不应送进监狱，而应该采取其他的处罚方式。

中心思想：比起坐牢，对非暴力罪犯采取其他处罚方式更有利于社会和罪犯本人。

要　　点：

（优势1）Ⅰ. 采用其他处罚方式，平均每个犯人每年可为纳税人节省19 000美元。

（优势2）Ⅱ. 采用其他处罚方式可以避免犯人在监狱中学到犯罪手段以及出狱后怀恨社会。

（优势3）Ⅲ. 采用其他处罚方式可使犯人以后容易找到工作，而不必背着曾经被判刑的包袱。

每一条要点都表明了其他处罚方式相对于判处坐牢的优势。

说服类演讲示例

通过使用激发行动模式，劳拉·瓦尔培说明消费者应该制止多收费现象。以下是她的演说提纲及提纲评点。注意激发行动模式的五个步骤。

提纲及评点

评点	多收你的钱了吗？
	总体目标：说服。 具体目标：说服听众举报多收费的商家。 中心思想：如果人们举报扫描仪高计价现象，所有消费者都会受益。
	导入
在**注意**阶段，演讲者提出了一个挑战性的问题。	I. 风头材料 A. 你每年多花了350美元吗？ B. 在美国，由于商家的错误，每个成年消费者每年要损失350美元。（联邦贸易委员会）
通过展示照片和解释技术性过程，演讲者确保所有听者，包括外国听众都能懂得文中用到的术语。	1. 杂货店、药房，以及其他收银台都有这种错误发生。（出示照片）［图16.1］ 2. 扫描仪用来扫描条形码。 3. 如果扫描仪计价高于标价，你就被多收费了。
	II. 定位材料 A. 联邦贸易委员会的克劳迪娅·法雷尔讲了一些例子。 1. 佛罗里达州的一家办公用品商店，对一个标价17.99美元的电涌保护器收费53.99美元，多收36美元。 2. 在西雅图的一个汽车零件商店，有位顾客买了一套扳手，被多收20美元。 3. 在密歇根州的一家杂货店，有人买了一瓶酒，被多收了4美元。
演讲者说明了演讲的中心思想。	B. 多收费可以被制止。 C. 举报违规行为，帮助自己和其他消费者。 （过渡：我们来看一下为什么你需要采取行动。）
	正文
在**需求**阶段，演讲者在第一要点中全面说明了问题。	I. 多收费现象在美国非常普遍。 A. 由于扫描仪计价错误，消费者每年大约损失10亿—25亿美元。（《纽约时报》）
在这个提纲中，演讲者将材料来源写在句末的括号内，实际演讲时再穿插到演讲中。	B. 芝加哥消费者服务部经调查发现，78%的药房对顾客多收了费用。（《芝加哥太阳报》） C. 亚利桑那州度量衡署最近一年进行的1 335项调查中，1/4的商品的扫描价格高于商店标价。（美联社）
完整的句子提纲能有效帮助演讲者组织材料，而在实际演讲中不应照读提纲，而只使用根据提纲列出的简短的提示卡片。	D. 亚利桑那州有关机构发言人史蒂夫·迈斯纳说，问题不在于扫描仪的技术。 1. 如果出现错误，不要怪商店的扫描仪，而应该怪数据库。 2. 商店的员工应该根据确切价格随时更新数据库。 3. 只有数据库中的价格出现错误时，结算处才会弄错。

在**满足**阶段，演讲者指出了解决办法以及如何操作。

（过渡：你该如何对付这个问题呢？）

II. 应该举报多收费的商家。

A. 不要仅限于要求退款。

B. 要举报。

1. 登录消费者行动手册网站（consumeraction. gov），可以看到当地和各州有关机构的列表。（出示幻灯片）［图16.2］

2. 发电子邮件或打电话举报。

3. 如果当局收到大量投诉，就会进行调查。

使用具体数据，表明演讲者对这一话题做过仔细研究。

C. 州政府能够并且将会采取行动。

1. 亚利桑那州的违规商店在12个月内被罚款10万美元。（亚利桑那州度量衡署）

2. 威斯康星州的兰迪超市因扫描仪计价违规被罚款4.4万美元。（《新杂货商》）

3. 加利福尼亚州对全美第二大食品连锁店——艾伯森罚款185万美元。

引用权威可以提高演讲者的可信度。

D. 被罚款的商家通常会加以改正。

1. 加州圣迭戈县专员凯瑟琳·萨那对一家体育设施连锁店狠罚54万美元，这促使该店立即纠正了扫描程序。

2. 萨那依赖于消费者，她敦促每一位消费者举报多收费行为。

（过渡：我们来看一个案例。）

在**形象化**阶段，演讲者说明了举报行为的有效性。

III. 采取行动有利于自己和其他消费者。

A. 三年前，洛杉矶县发起了一项旨在消除扫描仪高计价的运动。（《洛杉矶时报》）

B. 很多顾客投诉兰开斯特的家得宝店。

1. 当局派出卧底督察，前去该店购买了一个11升的农药喷雾器。

2. 他支付了34.97美元，这几乎是标价的3倍。

3. 该店被罚款4 000美元，还不得不在窗户上贴出告示，承认他们有多收费的违规行为。

4. 罚款和那张令人难堪的告示促使该商店改正了违规的做法。

C. 洛杉矶的官员称，活动开展三年来，有1 500多家商店被罚款。

1. 多收费现象急剧减少。

2. 当局称，这项活动大约每年为消费者挽回几千万美元的损失。

在**行动**阶段，演讲者告诉听众具体应该怎么做才能解决多收费问题。

D. 我恳请大家采取行动，因为如果投诉能促使商家改正违规行为，我们消费者就不会蒙受损失。

1. 核查收据，注意是否存在多收费现象。

2. 及时向消费者权益保护机构举报违规行为。

（过渡：我来总结一下。）

结尾

演讲者总结了演讲中的要点。

I. 总结

A. 多收费现象很猖獗。

B. 消费者的投诉可以促使有关机构进行调查。

C. 被罚款后，商家通常会改正行为。

D. 最终的受益者是你——消费者。

II. 定论

A. 在演讲开始，我问大家是否多花了350美元，这是每个消费者每年的平均损失。

演讲结尾对每位听众提出了期待。

B. 下次发现多收了你的钱时，想想这350美元，然后投诉吧。

参看第六章学习如何准备参考文献。

参考文献

Davenport, Paul. "State Inspections Find More Overcharges on Scanned Prices." Associated Press Newswire 24 Nov. 2005. Retrieved 8 Mar. 2006 <http://www.kvoa.com>.

Farrell, Claudia. Office of Public Affairs, Federal Trade Com-mission, Washington DC. E-mail interview. 8 Mar. 2006.

Herman, Eric. "$100 Tomatoes Feed Crackdown on Over-charging." Chicago Sun-Times 4 Feb. 2006: 5.

Maeshiro, Karen. "Home Depot Will Pay for Error Store Overcharged Undercover Inspector." Los Angeles Daily News 8 Dec. 2004: 1.

"Making Sure the Scanned Price Is Right." Federal Trade Commission 2006. Retrieved 10 Mar. 2006 <http://www.ftc.gov>.

"Roundy's Agree to Pay Forfeiture Due to Overcharges." Progressive Grocer 25 Jan. 2006. Retrieved 10 Mar. 2006 <http://www.progressivegrocer.com>.

Whitaker, Barbara. "What, You Got a Problem Paying $102.13 for 2 Tomatoes?" New York Times 28 Jan. 2006: B5.

直观辅助材料

一张收银台和扫描仪的照片

显示机构网址的幻灯片

演讲原文

下面是劳拉·瓦尔培的演讲原文，注意演讲者只是用了提纲的大意，而没有沿用具体的措辞。脱稿演讲中，演讲者不是读稿或背稿，而是参照简短的演说提示。

多收你的钱了吗?

你每年要多花350美元吗?

据联邦贸易委员会估计，由于商家的错误计价，每个成年消费者每年要蒙受高达350美元的损失。［演讲者展示如图16.1所示照片］杂货店、药房，以及其他各种零售场所的收银台都有这种错误发生。大多数商店结账时使用扫描器扫描条形码，如果扫描价格比商店标价高的话，那么消费者就多花了钱。

联邦贸易委员会的克劳迪娅·法雷尔讲了一些例子：最近在佛罗里达州的一个办公用品商店，有位消费者买了一个电涌保护器。她付了53.99美元，而标签价格为17.99美元，这就多收了36美元。在西雅图的一个汽车零件商店，有位顾客买了一套扳手，被多收了20美元。在密歇根州的一家杂货店，有人买了一瓶酒，被多收了4美元。我们有办法制止这些多收费现象吗？当然有。今天，我希望大家能帮助制止这些现象并举报违规行为。下面我们来看为什么我们需要采取行动。

多收费现象很常见——在美国它每天都会发生。据《纽约时报》称，由于扫描器计价错误，美国人每年大约损失10亿—25亿美元。《芝加哥太阳报》报道，芝加哥消费者服务部

图16.1

如果所购物品扫描出的价格高于价格标签上的，你就被多收了钱。

图16.2

消费者可以打电话或发E-mail给本地及州消费者保护机构（机构网址见图中幻灯片）。

经调查发现，本市有78%的药房由于扫描计价错误而对顾客多收了费用。据美联社报道，在最近一年中，亚利桑那州度量衡署调查了1 335项商品，其中1/4物品的扫描价格高于商店标价。

亚利桑那州有关机构发言人史蒂夫·迈斯纳说，问题不在于扫描仪的技术。如果出现错误，不要怪商店的扫描仪，而应该怪数据库。商店的员工应该根据确切价格随时更新数据库。只有数据库中的价格出现错误时，结算处才会弄错。

那么该如何解决这个问题呢？你应该举报多收费的那家商店。有些人认为，只要要求退款就行了。退款当然是应该的，但是也应该采取进一步措施，应该提出申诉。［演讲者展示如图16.2 所示幻灯片］如果你登录消费者行动手册网站（consumeraction. gov），可以看到当地和各州有关机构的列表。你可以给他们发电子邮件或打电话，如果有关机构收到很多针对某家商店的投诉，就会对其进行调查，并处以罚款。

我们看看这些机构有哪些行动。亚利桑那州度量衡署在12个月内对违规商店处以罚款共计10万美元。据《新杂货商》杂志称，威斯康星州当局因扫描仪计价违规而对该州的兰迪超市处以4.4万美元罚款。而在加利福尼亚州，全美第二大食品连锁店——艾伯森因扫描仪超额计价而被狠罚185万美元。

对商家罚款往往能给他们敲个警钟，提醒他们规范自己的行为。加州圣迭戈县专员凯瑟琳·萨那最近对一家屡次违规的体育设施连锁店处以54万美元的罚款。这使得该店立即采取措施纠正扫描仪程序。萨那对积极举报的消费者表示赞扬。她说，她的工作很大程度上依赖于消费者，她还敦促每一位消费者要举报多收费行为。

我们来具体看一个案例。这可以帮助大家看明白，采取行动会给你和其他消费者带来多大的回报。据《洛杉矶时报》报道，三年前洛杉矶县发起了一项消除扫描仪高计价的运动。在整个活动中，他们发现很多顾客投诉兰开斯特的家得宝店。因此，当局派出卧底督察，前去该店购买了一个11升的农药喷雾器。店家收取了34.97美元，而这件商品的标价为12.15美元。扫描计价几乎是标价的3倍。事后当局对该店罚款4 000美元，还勒令商家在窗户上贴出告示，承认他们被发现有多收费的违规行为。这次罚款和那张令人难堪的告示促使该商店改正了违规的做法。洛杉矶的官员称，活动开展三年来，有1 500多家商店被罚款。这使得多收费现象急剧减少，大约每年为消费者挽回几千万美元的损失。

如果商家规范他们的行为，我们消费者就不会再蒙受损失。所以，我希望大家都能采取行动：注意细心核查购物收据，看商店是否多收了你们的钱，并要及时向当地或本州的消费者权益保护机构检举多收费现象。

现在来回顾一下我们谈过的内容。在美国普遍存在由于扫描仪计价错误而多收费的现象。如果人们举报这种违规行为，就能促使政府机关展开调查，并处以罚款。如果商家被罚款，那就是给他们敲响了警钟，他们就会改正这种做法。最终，作为消费者的你们将会受益，将来就不会再被多收费。在演讲一开始，我问大家是否损失了350美元。下次发现多收了你的钱时，想想这350美元，然后投诉吧。

其他说服类演讲，请参看第十章、十一章、十七章的演讲范文。

特别技巧

如何使用发放材料

在工作场合，当你完成演讲坐下来后，不要误以为你的演说任务已经完成了。

得克萨斯州奥斯汀市的电脑顾问吉姆·塞默说："无论结束时你的演讲让在场的人多么印象深刻，多么心悦诚服，你的演讲都没有大功告成。他们还没有把演讲内容带给他们的员工、上司、工程师、销售人员以及其他人员。如果你希望听者至少有你一半的说服力，而且能够正确地复述你的演讲内容，你就需要给他们提供必要的装备使得他们能为你完成说服任务。"

这些内容可以包括在问答环节结束后（而不是之前）分发的"后续材料"，但要确保每位听者都有一份。

图16.A是学生丹尼尔·奥布莱恩的一篇关于疲劳驾驶的演讲的部分发放材料。

发放材料应包括以下内容：

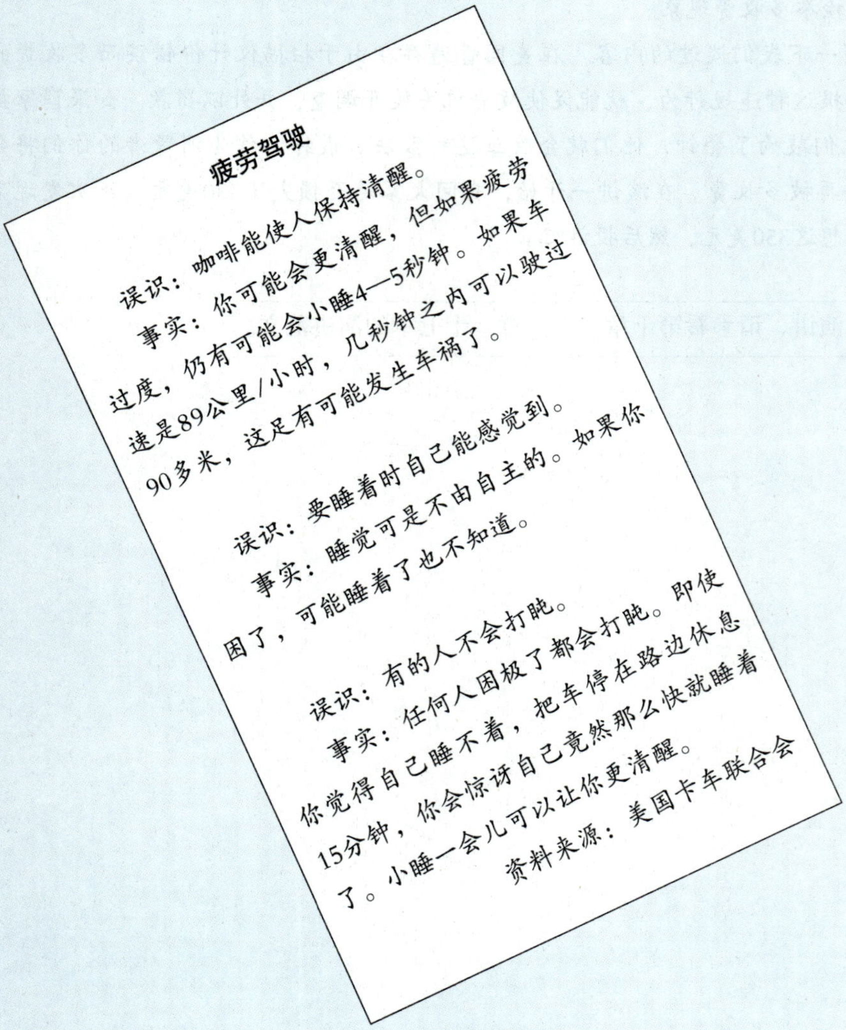

疲劳驾驶

误识：咖啡能使人保持清醒。

事实：你可能会更清醒，但如果疲劳过度，仍有可能会小睡4—5秒钟。如果车速是89公里/小时，几秒钟之内可以驶过90多米，这足有可能发生车祸了。

误识：要睡着时自己能感觉到。

事实：睡觉可是不由自主的。如果你困了，可能睡着了也不知道。

误识：有的人不会打盹。

事实：任何人困极了都会打盹。即使你觉得自己睡不着，把车停在路边休息15分钟，你会惊讶自己竟然那么快就睡着了。小睡一会儿可以让你更清醒。

资料来源：美国卡车联合会

图16.A

学生丹尼尔·奥布莱恩在演讲结束后给听众分发了一些可以带走的材料，这一页列出了他没来得及提到的一些内容要点。

1. 总结。对关键内容进行浓缩利于听众日后回想要点，也能给没有到场的人（塞默提到的“其他人员”）提供很好的摘要。总结一定不要超过一页，因为冗长的摘要可能会被事务繁忙的人忘掉或扔掉。如果你分发一叠材料，要把总结放在首页。

2. 图表。拷贝关键的图表、图形或图画可以提供图像辅助。

3. 新内容。如果你需要20分钟才能讲完，但令人沮丧的是你只有5分钟的讲话时间，可以在演讲中集中讲几点，把其余的内容放到发放的材料中。这样如果听者渴望了解更多内容，就能很方便地获取。

4. 文献来源。演讲中，你可以说：“我没有时间一一列举所有文章、书目等信息来源，但演讲结束后我会给大家分发一份参考文献。”这样的文献列表不仅有助于听众进一步研究这一话题，还可以表明你是一个严谨的、力求准确的研究者。

5. 文件夹。如果分发纸质的材料，可以考虑使用带标签的文件夹，这样听众可以简便地把材料存放在文件柜里。（有时候人们找不到放的地方就会把材料随手扔掉。）

6. 样品和多媒体材料。样品可以明确地提醒你演讲信息。如果含有重要内容，光盘和录像等材料是非常有用的，但如果只是高科技的“小玩意”，就免了。

所有重要演讲都应有发放材料。就像扔进水塘的石块会激起涟漪，发放材料可以产生连锁效应，使演讲内容传出会场，影响更多的人。

复习与提高

www.mhhe.com
/gregory8

本书的网上学习中心网站备有方便大家学习与复习的资源与工具，如练习测试、重要词语记忆卡和演讲示例录像等。

小结

说服——使人们以某种方式思考或行动——是演讲者最常见的目标。说服类演讲主要可分为两类：影响观点的演讲和激发行动的演讲。

影响观点的演讲中，主要目标是说服人们接纳你的观点。这种演讲还包括辩驳性演讲，即驳倒你认为有误的观点、见解。

激发行动的演讲中，要准确地告诉听众你希望他们采取什么行动。尽可能让大家立即采取一些行动，即使是很小的、象征性的行动。

说服类演讲有许多组合模式，最为有效的有四种：激发行动模式，问题—解决模式，陈述理由模式，优势对比模式。

重要词语

说服，296　影响观点演讲，297　辩驳性演讲，297
激发行动演讲，298　激发行动模式，299　问题—解决模式，300
陈述理由模式，301　优势对比模式，302

复习题

1. 辩驳性演讲的目标是什么？
2. 激发行动的演讲中，为什么要努力使听众立即采取行动？
3. 举出三种能让听众在现场立即采取的行动。
4. 激发行动模式中“需求”一步的目标是什么？
5. 激发行动模式中“满足”一步的目标是什么？
6. 激发行动模式中“形象化”一步的目标是什么？
7. 激发行动模式中“行动”一步的目标是什么？
8. 如果听众还不清楚某一问题的严重性，应该采取哪种组织模式？
9. 什么时候使用陈述理由模式最有效？
10. 什么时候使用优势对比模式最有效？

批判性思维技巧

1. 慈善机构经常这样告诉筹资者：“如果人们拒不捐款，可以请他们象征性地捐一点，比如1美元或25美分。”这个办法有时能有效地为组织赢得支持，因为它遵循了本章提到的一个重要的说服技巧，是哪种技巧呢？

2. 以下所选的一部分提纲（演讲中的两个要点）使用了哪种组织模式？

Ⅰ. 汽车偷窃事件在全美国呈上升趋势。

Ⅱ. 如果车主采取一些防盗措施，盗窃事件就会大幅下降。

团队协作技巧

1. 组成小组，简要创作一个采用激发行动模式的电视商业广告，可采用以下话题：

（1）购买某种品牌的牙膏

（2）在某个矿泉疗养地或健身房锻炼

（3）向红十字会献血

（4）购买一款手机

2. 本章提到了角色扮演的重要性。组成小组，讨论并列出听众可能出现的一些干扰行为。然后轮流扮演演讲者，其他成员扮演听众做出不礼貌的行为。演讲者的任务是坚决而友好地处理这种情况。每位演讲者对干扰者作出处理后，小组讨论其在语言和非语言方面的表现如何。

互联网使用技巧

1. 你可以经常在报纸或杂志的文章中找到很多关于热点问题研究的信息。在互联网上找一篇探讨“有机食物比其他食物更有营养吗？”的文章。

参考方法：参照第六章表A.3，登录“全文收集”一栏下列出的某个网站。

2. 互联网上有丰富的资源可以作为听众的后续材料。找出并打印一份图表，说明“lift”（提升）的概念是如何使人们实现飞翔梦想的。

参考方法：打开表9.1“网上免费多媒体资源”中所列出的网站，使用关键词：+airplane + lift + wing。

可信性是说服过程中最重要的因素之一。演员艾希瓦娅·雷在劝说印度人签名捐献器官。她的演说具有很高的可信度，因为印度人们知道她在身体力行。几年前遭遇一场几乎致命的车祸时，她就成为注册的器官捐献者。假如她当时去世了，她的器官就会被移植，用来挽救其他人的生命。

17

说服策略

本章纲要

熟悉听众
分析听众
使用说服阶段表
规划策略

建立信任
说明你的权威性
精确
表现你的开明
与听众寻求共识

提供例证

严密推理
演绎
归纳
逻辑谬误

激发动机
若干常见动机
如何激发听众的动机

唤起激情

说服类演讲示例
提纲及评点
演讲原文

本章学习目标

学完本章之后，你应该能够：

1. 说出如何分析听众，如何使用说服等级。
2. 说明在说服性演讲里如何在听众中树立可信性。
3. 说明如何在说服性演讲中组织证据。
4. 识别说服性演讲中演绎和归纳的逻辑方法。
5. 鉴别八种逻辑谬误。
6. 为说服性演讲选定动机。
7. 说明如何在说服性演讲中唤起听众激情。

大约1/3的美国青少年在乘车时不系安全带。根据大众汽车制造商的调查，这些青少年认为系安全带“不够酷”。不幸的是，其中有些人为此付出了惨痛的代价。2005年有5 489名美国青少年死于车祸。据专家判断，如果他们系了安全带，他们中间有3 371人本可幸免于难。

设想你在准备一场演讲，要说服高中生使用安全带。你的首要目标就是那1/3拒绝扣上安全带的听众。图17.1的两种方式中，你认为哪种方式更具说服力？

答案似乎很简单，第一种方式好像更能唬住学生。但信不信由你，研究结果表明第二种方式更有效。

这怎么可能呢？罚单怎么会比死亡的威胁还可怕呢？研究发现，第一种方式对于具有逆反心理的青少年是无用的。这些孩子认为他们是不会死的，死亡对于他们来说太遥远、太抽象了——那只发生在别人身上。而另一方面，被开罚单，再回去面对父母——这就是另一回事了。他们可能会想：“一群大盖帽跑来跑去，说不定就罚到我头上了。老爹会宰了我的。我还是扣上得了。”

图17.1

对于旨在说服年轻人系上安全带的演讲，哪种方案更有说服力？

第一种方式

一位演讲者讲述了威斯康星州迪尔菲尔德的玛莉·莱因哈特的故事。图为17岁的莱因哈特来到路旁的标志处。由于车祸，长久以来与她相亲相爱的男友和另外两位朋友把生命留在了这里。当时莱因哈特也在车中，但她只受了一点擦伤。同行四人中，只有她系了安全带。警察说如果其他人也系安全带，就不会从车里被甩出去了，可能也只是受点小伤。

第二种方式

在一些州，警察可以对没有系安全带的驾车者开具罚单。设想这些州中有位演讲者对青少年说：“这一地区的警察已全力出动，要对不系安全带的驾车者开罚单。如果你被罚到，要交罚金，保险费还可能会提高，而且必须回去向父母解释情况。”

数十年来，教育人员和治安人员采用的都是类似于第一种方式，试图改变逆反孩子的行为，但收效甚微。经过不断摸索，他们发现第二种方式似乎是唯一能够奏效的办法。（当然，我们说的是相对的收效——对于有些年轻人，两种办法都不管用。）对比一下“严厉”的州（抓住不系安全带的就狠命地罚）和“宽松”的州（很少或基本不罚），就能发现第二种方式的收效了。随机抽查表明，比起“宽松”的州，在“严厉”的州中，青少年系安全带的比例要高很多。而且毫不奇怪，“严厉”的州中的青少年车祸死亡率更低。

安全带的问题表明，说服类演讲绝不仅仅是把你自以为逻辑、有效的理由堆砌起来。要促使人们以某种方式思考或行动，你必须明白如何触动他们。有的学生误认为这是操纵听众。其实这是要去发现听众是什么样的人，去满足他们的需求与兴趣。

本章我们将探讨说服类演讲中常用的一些说服技巧。下面六个关键问题，可以用来准备这类演讲：

- 我的听众是谁？
- 怎样才能使自己和所讲的观点更可信？
- 什么例证更可能说服听众？
- 哪种劝说形式更令人信服？
- 怎样才能激发听众的兴趣？
- 怎样才能唤起听众的情感？

下面我们详细探讨一下这几个问题。

熟悉听众

正如安全带一例所表明的，说服的第一步是理解听众。要真正理解他们，你必须明白他们的立场，然后体会他们的立场，设身处地地从他们的视角来看世界。只有这样，你才有可能使他们跟着你走，使他们改变立场。

以下是如何理解听众的一些方法：

分析听众

如何搞清听众的立场呢？可以使用第四章讨论的技巧。采访若干听众来确定他们对你的话题了解多少，看大家是什么想法、什么态度。可以利用问卷调查了解每位听众的情况。

使用说服阶段表

可以使用表17.1的说服阶段表来分析听众。演讲之前，在阶段表上标出听众离你的具体目标的距离。然后标出你希望演讲结束后他们达到什么阶段。明确出发点和合理的终结点能够使你把演讲和听众联系起来。

表17.1　**说服阶段表**

1	2	3	4	5	6
尚未意识到问题	意识到问题，但持相反观点	意识到问题，但比较漠然	对话题熟悉、感兴趣，但持中立态度	赞同	准备采取行动

假如要说服听众采取措施避免在机场丢包，如果你认为大家已经处于第六级（准备采取行动，如收好贵重物品等），那很可能就错了。他们也许只处于第一级（还没意识到丢包多么频繁、常见）。如果这样，你就要从第一级开始，向第六级靠拢。

设定一个现实的目标。不要因为听众达不到第六级就灰心丧气。对于某些听众，能帮他们从第一级进到第五级就相当不错了。而对于另一些听众，能说服他们从第二级升到第四级也算是很成功了。

规划策略

有可能所有听众恰好同属某一阶段，但通常都是参差不齐——可能会有16人反对，15人漠然，8人原本就同意等等。（你可以在表17.1中用彩笔把各部分听众标出来——例如，持反对态度的用红笔标出起始点和终结点，中立的用蓝笔标出，赞同的用黑笔标出。）

如果听众几个阶段都有，应该针对哪一阶段呢？简单的回答是：尽量满足每个人的需要。这个目标听起来令人钦佩，但却并不总能实现。通常会有很多需要优先考虑的事项和变数，你无法完全掌握。例如做一次技术性很强的演讲，你了解到有3位听众对这个话题一无所知，而其余19位都非常熟悉。如果只有10分钟的演讲，把大部分时间用来给那3位介绍基础知识就太不明智了。但如果情形颠倒一下，有19位不清楚，3位清楚，当然就要关注大多数人。

最好的办法是：努力满足所有听众的需要，如果难以做到，就选择最重要的那批听众。假如你在说服一些有房者从你的公司购买抵押保险，你的主要演说对象是那些倾向于购买但还不确定去哪家买的听众。不要用全部时间和精力来争取那些坚决不买保险的固执听众。

尽管满足不同群体的需要很困难，但还是有一些策略可供参考。我们来看一下如何利用说服阶段来劝说起点属于六个不同阶段的听众。请参看表17.2的示例。

1. 尚未意识到问题。对于那些对话题一无所知的听众，要先解释情况，说明为什么你的观点很重要。在之后的演讲中再说服他们接受你的观点。

2. 意识到问题，但持相反观点。找出听众反对的原因，并加以辩驳。如果听众对某观点持怀疑或敌对态度，比较巧妙的办法是在演讲结尾再揭示中心思想（在本章后面的归纳推理一节里会谈到这点）。

要尊重反对者和他们的意见，决不侮辱或贬低那些持异议者；挖苦或寻衅的话语会使人产生戒备心理，使其更坚定原有的观点。要努力说服这些人，但如果不成功，能够让他们向你这边靠拢一点也是不小的收获。有时你能指望的也就是在听众的心里撒下怀疑的种子，说不定哪一天它们就会发芽，生长，开花结果，使他们彻底转向你的这一边。

3. 意识到问题，但比较漠然。“无所谓”是这部分听众的态度。要打破他们冷漠的外壳，就要让他们看到所谈问题与他们的生活息息相关。

4. 对话题熟悉、感兴趣，但持中立态度。这部分听众不需要过多的背景信息，你可以单刀直入地讲你的观点是正确的，并优于其他观点。

5. 赞同观点。对于持赞同态度的听众，要坚定他们的看法；如果可能的话，给出新的赞同理由。尽管他们同意你的观点，但有的听众可能并没有考虑或支持过任何行动计划，这时你的任务就是说明你的计划是最佳的行动方案。

6. 准备采取行动。对于旨在激发行动的演讲，你希望听众达到的就是这一步（尽管并非

诀窍小贴士 17.1　不要企盼人人满意

美国历史上最伟大的演说之一——《葛底斯堡演说》——在亚伯拉罕·林肯的一些同时代人看来是一个失败。演说后的第二天，《芝加哥时报》的一篇社论说："我们把这个人指给有头脑的外国人说他是美利坚合众国的总统，可是他那愚蠢、呆板、乏味的讲话会把每个美国人羞得满脸通红。"

职业展望公司在全美赞助商务演讲和研讨会，该公司请听众对每个演讲者进行评判。从来没有一个演讲者能获得100%的满意。不论讲话的是谁，无论话题是什么，至少都有2%的听者不满意。即使演讲者广受欢迎、口吐莲花，最多也只能取悦98%的人。

在工作中尽量去满足所有听众的需要，但是请记住，即使你能发表一篇像《葛底斯堡演说》那样伟大的演讲，仍会有2%的人是难以被说服的。

表17.2　使用说服等级

情景：这是一篇说服性演讲，旨在请听众支持减少旅店、汽车旅馆房间内的偷窃事件。

等级	策略	例子
1. 尚未意识到问题	解释问题	"每年旅店及汽车旅馆失窃物品的价值高达一亿美元。被窃物品不只是毛巾，还有熨斗、烫衣板、电吹风、床单、毯子、枕头、墙式电话、咖啡壶、台灯、镜子、油画和电视遥控器等。"
2. 意识到问题，但持相反观点	反驳对方观点或方案	"你也许认为找警察就能解决问题，但这是不现实的。警方没有时间调查、起诉在他们看来情节轻微的犯罪行为。"
3. 意识到问题，但比较漠然	表明话题影响到听者的生活	"这种偷窃看起来无足轻重，但根据美国旅店与汽车旅馆联合会的估计，这使得旅店和汽车旅馆不得不多收10%的房费。也就是说，因为这些偷窃，你我必须付更多的钱。"
4. 对话题熟悉、感兴趣，但持中立态度	表明你的提议是最佳解决方案	"我建议旅店和汽车旅馆可以在客人入住时收取100美元的押金。退房时可以快速检查房间，如果没有丢失东西，就退还100美元押金。"
5. 赞同观点	坚定现有的看法，给出新的支持理由	"这个提议不会给诚实的人带来不便，而且能保证我们入住时不需要打电话向前台要咖啡壶，来补上前位房客偷走的那只。"
6. 准备采取行动	指出何时、何地、如何采取行动	"今天大家离开之前，请在倡议书上签字，我在倡议书中详细说明了这个提议，并将把复印件寄到各大旅馆和汽车连锁旅店的总部。"

每个听众都能走到这一步）。要告诉大家何时、何地及怎样采取行动。

正如前文所说，如果听众在说服阶段表上的起始点不同，通常很难（甚至不可能）满足所有人的需要。但有时这也能够做到。表17.2中的所有例子都可以融合到同一篇演讲中，以满足六个等级听众的不同需要。

建立信任

四年制大学中的学生可以三年就获得学位吗?

如果你十年前问这个问题，几乎所有学校的回答都是“不行”；但今天，越来越多的大学说“可以”。

是什么导致了如此巨大的政策变化呢?

十年前，美国两所顶尖院校的校长——斯坦福大学的杰哈德·卡斯普和欧柏林学院的S. 弗雷德里克·斯塔声明，他们认为应该允许三年制。斯塔说：“有些非常优秀的学生，他们完全有能力在三年内修完文学学士学位要求的所有课程。”

在他们开口之前，大多美国教育家都认为三年制的学位是荒唐的，会使学生缺乏必要的准备和能力。两位校长表态后，许多（但并非所有的）教育者都改变了看法。他们也许是这样想的：“既然斯坦福和欧柏林的校长都认为三年制并不荒唐、有害，也许我们也该考虑一下。”

这种明显的转变归功于两位校长极高的可信度。由于他们的个人名誉和学校的威望，人们认为他们是博学的、可信的。

这件事说明了可信度的力量——人际交往中说服力的一个重要来源。在接受你的观点之前，听众要先判断你是否可靠、可信和有能力。

在工作中，如果要说服很了解你的人，你的可信度就归结为人们对你的人品的评价。如果你向来诚实、正直、有能力，演讲时便具备很多优势。如果正好相反，你讲话时就要背着沉重的包袱了。

在演说过程中，如果演讲饱含激情、思路清晰、组织合理、言之有据，也能提高可信度。此外，还可以通过以下办法来树立可信度：

说明你的权威性

如果你拥有某些专业知识技能，一定要让听众知道——当然，要以谦虚的方式。不要吹嘘，说出事实即可。描述你的专业技能可以增强可信度，因为这表明你有亲身经验。它说明：“我到过那里——我知道自己在说什么。”学生劳伦·施莱佛就是这样在演讲中增强自己的可信度的：

深海潜水并不危险——如果你遵守所有的安全规则的话。我本人就曾有过50多次潜水经历。我觉得很安全，因为我每次都非常小心。我从不允许自己疏忽松懈或过于自信。

施莱佛说明自己的潜水经历非常重要，这可以增强她讲话的可信度。注意她如何以一种谦逊的方式插入了个人背景。

如果你缺乏相关的亲身经历，而必须依赖他人的权威，那么说明你的信息有可靠来源也能提高你的可信度。例如，在谈到电脑将能像人一样思考时，唐·斯坦福知道，作为一名学生，他的话是难以置信的。所以他说道：

我的资料源自帕特里柯·温斯顿博士，在过去十年中，他一直担任麻省理工大学人工智能实验室的主任。我们来看一下温斯顿博士所做的一项实验……

通过引用知名权威，斯坦福使他的演讲立刻具有了可信度。

精确

对事实和数据的马虎态度可能会削弱演讲的可信度。在一场关于虐待儿童的演讲中，一名学生说55%的美国家长都虐待儿童——在问答环节许多听众都表示这个数字很可笑。（几天后，这名学生羞怯地承认，原数据是5.5%左右，而不是55%——忽略了一个小数点，结果就谬以千里了。）如果听众发觉你在某一点上弄错了，即使是一个细节也会使他们对你其余的讲话产生怀疑。

影响可信度的另一种做法是过于简单化。一位学生讲到食用全麦面包的好处，他说："在18世纪，富人们吃精制的白面面包，于是变得病弱不堪。而穷人们吃的是全麦面包，于是越来越强壮。最终，穷人们在世纪末发动革命，推翻了富人。"尽管饮食对于18世纪的健康和疾病有一定影响，但说面包是当时撼动世界大革命的主要因素就难免过于简单化了。这涉及许多复杂的社会和经济因素。如果这样简单化，当然无法让听众相信你。

表现你的开明

切斯菲尔德勋爵曾说："如果你要说服别人，就要先试着说服自己。"换句话说，要表现出你是一个理智的人，思想开明，乐于接受新事物，而且也不排除犯错的可能。这不仅是道德问题，也很有利于树立可信度。听众不会信任那些狂妄的、自以为无所不知的、死不认错的人。

在一场社区演讲中，帕特里柯·卡尔德维尔讲到，家长有权不送孩子上学，而在家里教育他们。她先举例说明，接受家庭教育的孩子在大学里可能更出色，然后她又表现出开明的一面，谈到有的家长可能是不称职的老师：

几个月前，芝加哥发生了一件广为报道的事，权威机构对拒绝送孩子上学的一对夫妇进行起诉。这对夫妇所谓的家庭教育是让孩子们——分别为7岁、9岁、10岁——整天干活，而不教他们读写。

举出这样一个与主题（有的家庭教育比学校教育更成功）相反的例子是不是很愚蠢呢？不，她继而说到，糟糕的家庭教育很少见，而且州政府的定期审查也可以避免这些现象。这种让步不仅无损于她的论证，反而起到了强化作用，因为这向听众表明她是一个公正可信的人。如果你是听众，难道不觉得她比一个坚信所有家长都能教好孩子的人更可信吗？

在问答环节做到开明尤其重要。我见到过很多演讲者在演说时做得很好，但是在接受听众提问时却变得顽固、戒备重重。他们拒不承认错误，对听众的正确观点也毫不退让。这些演讲者大大降低了他们的可信度，演讲的说服力也大打折扣。

与听众寻求共识

在宴会上当你被介绍给别人时，你会试着找出你们之间的共同点。你们会互相询问（"你学什么专业？""你来自哪儿？"），直到找到一个共同话题。通常为你作介绍的人

为什么听众起初不相信戴安娜·费什？请从文中寻找答案。

会帮你们找到共同点（“里克，来认识一下米歇尔，她和你一样喜欢足球。”）。我们试图寻找共同点是因为这样不仅能找到话说，还会使彼此间的相处更自在。

在演讲中，听众更尊重、信任那些和他们相像的演讲者，所以你要表现出你和大家至少有一定程度的相似。这不是指要在立场上妥协，而是突出你和听众共有的特点。例如，在提倡枪支管制时，你知道有一半的听众不同意你的立场。你可以这样说：

今天的话题是枪支管制。我知道在场有许多人会反对我的立场，但希望大家听完我的演讲，看我说的是否有点道理。尽管我们可能在这个问题上有分歧，但我们至少有一点是一致的：我们都希望看到社会上的暴力事件和持枪犯罪事件减少些。

上述这席话，不仅指出了你们的共同基础（反对犯罪），还能促使听众平等对待不同观点。

树立可信度的一种好办法是融入到听众中去，告诉听众你有着（或有过）和他们同样的经历或感受。戴安娜·费什是北卡罗来纳州阿什维尔教会医院减肥手术项目处主任，她两年之内把体重由135公斤减到48公斤。她现在正在向病人推介这一手术。她的工作内容包括向患有肥胖症的听众讲解减肥的多种方法。

她的第一次演讲几乎以失败告终。她讲话时，大家双臂交叉着毫无反应，这让她非常失望。她提问时，听众席一片沉寂。后来她意识到听众对她的亲身经历一无所知。也许他们望着她时在想：一个苗条的女人怎么能体会胖人的身心之苦呢？所以费什告诉大家，她的体重曾经接近140公斤，与大家一样体验过痛苦的过程。这样听众一下子就活跃起来了。有的人甚至一阵惊呼，大家开始热烈地提问。

现在费什在每场演讲一开始就讲述自己的故事。听众发现她也有过和他们一样的经历时，就更相信她在治疗肥胖方面有独到经验了。

提供例证

在演讲中表达观点时，不能只说“相信我”或“我确信我是对的”。听众需要例证。演讲者可以用我们在第八章中提到的各种形式的例证：故事、数据、例子、证词等等。讲到每个要点时，要选用最有可能向某些听众证明这一观点的例证。问问自己这些问题：

1. 例证准确吗？错误的信息会削弱整篇演讲的可信度。
2. 例证是最新的吗？1936年医学界的一项研究报告几乎毫无疑问是过时了。
3. 例证典型吗？某位运动员可能因为每天喝五杯香蕉奶昔而取得成功，但这种饮食在其他运动员中也很普遍吗？还是全世界只有他一个人这么做呢？

以下是使用例证的一些小技巧：

选择可信赖、有声誉的例证来源。有次看电视新闻时，我听到一件让人吃惊的事：

纽约的一位医生说有位病人只要听到电视节目《今宵娱乐》的主持人玛莉·哈特的声音就会癫痫病发作。而只要不看这个节目她就变得正常了。

我的第一反应是完全不信。这简直是胡扯！听一个人的声音怎么会引发癫痫呢？但随后新闻主持人补充说：

这位妇女是《新英格兰医学杂志》上一篇文章的研究对象，文章作者是纽约奥尔巴尼医学院的神经学教授文坎特·拉马尼博士。

这下我相信这个故事了，和刚才不相信时的反应一样快。为什么呢？因为《新英格兰医学杂志》是全世界最有威望的医学杂志之一，除非编辑认为文章内容可靠、据实，否则是不会刊登的。

如果列出可靠的证据来源——尤其是对于难以置信的事——会大大提高对听众的说服力。演讲者一定要给出详细信息；不要说“一位法官”，而要给出她的名字和头衔：“莎容·布朗，联邦最高法院首席法官”。

提供多方例证。有时候一个例子或数据就足以支撑论点，但大多数时候需要多方的例证来说服。

尽量讲述生动的亲身经历。设想你在准备一场关于酒后驾车的演讲。如果你要让听众相信每个人都可能成为酒后驾车的受害者，你会选用下面哪一则例证呢？

1. 用令人伤心、震惊的细节讲述某次车祸中一位醉酒司机撞上了你的车，夺走了车上一位乘客的生命。
2. 列出数据：美国每年有25 000人死于酒后驾车导致的车祸。

也许演讲中你会同时用到这两个例子，但对许多听众来说，第一个例子更有说服力。你也许会问，难道就这一件事比25 000人的数据还有说服力吗？心理学家数十次的实验均表明，演讲者生动地讲述一场亲身经历要比统计数据有力得多。社会心理学家埃利奥特·阿伦森这样写道：“一般说来，在同等条件下，生动、清楚的亲身事例要比一堆统计数据更能震撼人心。”

在说服性演讲中使用多方例证时，请记住最有力的证据也许就来自你的亲身经历。

严密推理

推理是指在逻辑思考的基础上得出结论的过程，是日常生活的一部分。如果你看到天上乌云密集而在散步时带了一把伞，就是使用了逻辑推理来避免被即将到来的大雨淋湿。尽管人们并不总是逻辑的、理智的，但使用逻辑推理往往更容易把人说服。

我们来看两种通用的推理方法和一些常见的逻辑谬误。

演绎

设想你驾车行驶在高速公路上，时速超过限制24公里。突然你发现广告牌后面停着一辆警车，当你飞驰而过时，你注意到警车上有探出的雷达仪器。你放慢车速，但是你知道已经晚了：你一定会被拦住。果然，你从后视镜里看到另一辆警车闪着警灯：警察在示意你停到路边。

你怎么知道自己会被拦住呢？通过演绎——从概论到（概论的）具体事例到结论的一连串推理。在形式逻辑中，这串推理被称为三段论。即：

诀窍小贴士 17.2　辩论要理性公正

假如老板知道你很反对一项政策提议，她请你在下次员工会议上与一位同事辩论这一问题。你的上策是什么呢？你会理直气壮、不留情面地大加批驳，冷嘲热讽地将对手驳得体无完肤，然后满腔义愤地宣布你的观点是正确的吗？不，这个办法听起来不错，但其实效果恰恰相反。

道格拉斯·亨特教授说：“胜利不是光靠气势。缺乏经验的辩论者会由于支持一方的观点而无视对方的理由。他们过于咄咄逼人，会让听众感到他们是怪人。”相反，优秀的辩论者“通常都很审慎、礼貌、理智……他们能够理解、预测，甚至同情对方的观点……听众会认为他们是理智的人，他们的判断是可靠的”。

避免恶意中伤——即针对某人的不公平、无根据的谩骂或奚落。例如，一位讲话者在关于空气污染的公开演讲中把环保主义者讥为“想到正在死去的蝴蝶就潸然泪下的采蘑菇者”。如果你抛出这样带刺的话语，赞同你的人们也许会大笑，并为你的机智鼓掌。但是那些中立的以及持反对态度的人们（那些你真正要争取的人们）也许就不再相信你说的一切了。事实上，你的不公正反而会使对方获得同情。

演讲是政治活动中很重要的一部分。图为律师琳达·阮在与学校董事会成员麦迪逊·阮竞争加利福尼亚州圣何塞市的理事会席位。琳达·阮在辩论时使用了手势。（后来的选举中麦迪逊·阮获胜。）

大前提（概论）：超速驶过测速雷达监测点的司机会被警察拦下。

小前提（具体事例）：我经过测速雷达监测点时超速了。

结论：所以，我会被拦下。

三段论的力量

三段论的演绎法是演讲者在说服听众时常用的有力工具。如果你能说服听众接受大小前提，那么接受结论就是顺理成章了，听者会因为其符合逻辑而接受。

直到1906年去世，苏珊·B. 安东尼始终都是为妇女争取选举权的杰出斗士之一。直至1920年通过宪法第十九条修正案之后，妇女才在全国范围获得选举权。在全美做演讲时，安东尼都把演绎逻辑作为她的说服策略。如果把她的演讲的核心用三段论的形式表示出来，就是这样：

大前提（概论）：宪法赋予每个美国公民选举权。

小前提（具体事例）：妇女是美国公民。

结论：所以，妇女享有选举权。

今天看来，这个三段论非常简单明了：安东尼怎么没能说服所有听众呢？别忘了19世纪很多人只把妇女视为二等公民。在演讲中，安东尼不得不努力说服人们接受大小前提。她争取过来的人们都是由于逻辑的力量而不得不接受她的结论。

在演讲中，只有大小前提都成立而且都被听众接受时，演绎逻辑才有说服力。听众会接受下面这串推理吗？

大前提：心血管运动能够提高视力。
小前提：慢跑是一种心血管运动。
结论：所以，慢跑能提高视力。

以上小前提是成立的，但大前提不成立，所以结论也是错误的。听众不会接受这样的结论。

如何使用三段论

三段论对你有什么用呢？在准备说服性演讲时，可以以两种方式使用三段论：

1. 将听众的推理表述成三段论的形式有助于你安排说服策略。假如你在准备一场演讲，你想说服同学们以网上拍卖的形式买卖商品。通过访谈，你得知大多数同学不愿用网上拍卖这种形式。你可以在纸上把他们的推理转写成三段论的形式：

大前提：应避免进行可能带有欺诈性的财务交易。
小前提：网上拍卖是可能带有欺诈性的财务交易。
结论：所以，应避免进行网上拍卖。

通过分析这个三段论，你发现最好的切入点是听众的小前提。那么你主要的驳论就是：网上拍卖有很多防止欺诈行为的安保措施。例如，潜在的买主可以通过阅读以前买家的评论调查卖方的信誉记录。

通过研究听众的思维建构，你就更有可能推倒谬论的墙垣。

2. 将自己的思想整理成三段论有助于建立说服框架。三段论并不能套用到所有演讲中，但有时却不失为一个便捷的说服框架。仍以拍卖为例，你可以构建以下的三段论：

大前提：诚实可靠的拍卖对顾客来说是非常合算的。
小前提：网上拍卖是诚实可靠的。
结论：所以，网上拍卖对于顾客是合算的。

如果你能让听众认可大小前提的真实性，逻辑的力量就能使他们接受这个结论。

归纳

演绎是从一般到具体，而归纳是从具体到一般。设想你是一名儿科医生，一月的某个早晨你在诊室里救治病人：

- 患者一：9岁，症状是流鼻涕、咽喉痛、头痛、肌肉酸痛，高烧39.4 ℃ 。
- 患者二：7岁，有相似症状，高烧38.8 ℃。
- 患者三：相同症状，高烧38.6 ℃。
- 患者四：相似症状，高烧39.1 ℃。
- 患者五：相似症状，高烧39.4 ℃。

根据你接受的医学教育，你明白这是典型的流行感冒（或流感）症状。你知道流感是一种典型的传染性疾病，会感染社区中很多人，而且通常是在冬季。根据所见到的情况，你归纳推理出你的社区正在经历一场流感。你通过具体事例（或个案观察）得出一般结论。但是在得出结论时，还需要一个归纳跃变。不能只从你的五位患者那里就断定有一场流感。也可能确实是你所归纳的那样，但你的结论仍然是不确定的（直到县卫生部门根据更多证据宣布这确实是一场流感），因为不排除这五位患者有其他病因。也许疾病是由严寒或某种新型病毒引起的，也许接下来的一周再没有类似症状的患者前来就诊。当然，很有可能流感就是病因，但重点是归纳不同于演绎，它得不出确切的结论，而只是极有可能的结论。

归纳的用处

归纳法被科学家广为使用，他们通过个案观察提出假设。例如，他们观察到悉尼、东京、开罗、罗马、哥本哈根、蒙特利尔、利马、墨西哥城、洛杉矶等地的气温每年都在升高，于是就会通过归纳跃变得出全球气温都在升高的结论。

归纳法往往会产生有用的发现。二战期间，英国战斗机的机舱盖是塑料制的。战斗中，有时舱盖会被打碎，塑料碎片会卡在飞行员的眼睛里。一位英国医师通过对多个飞行员的观察发现，塑料碎片不会损伤眼睛或引发感染。这项发现导致了塑料人造透镜的发明，包括隐形眼镜。

如何进行归纳论证

一些公开演讲者通过以下三步进行归纳论证：（1）提出问题；（2）尽可能多地收集具体例证来回答这个问题；（3）在例证的基础上得出结论。请看下例：

问题：烟雾探测器能救人命吗？

例证：

第1条：俄亥俄州辛辛那提的佩恩一家五口从他们失火的房子中逃出来，毫发无伤——幸亏烟雾探测器拉响了警报。

第2条：加利福尼亚州奥克兰市的一家疗养院毁于大火，多亏了烟雾探测器，院里的49人全部生还。

第3条：密歇根州迪尔伯恩市的一位母亲和她的两个孩子从大火围困的三层楼中被救出——烟雾探测器惊醒了这位母亲，她立即拨打了911。

结论：烟雾探测器能够救人性命。

这些证据就够了吗？不。尽管到现在为止归纳推理是很有力的，但你必须证明所举的例子不是孤立的偶然事件。例如，你应该列出统计研究成果：

· 在对392起夜间房屋着火事件的调查中，78%的住户说如果没有烟雾探测器的警报，他们可能早就没命了。

· 美国每年有5 000人死于房屋着火。据国家安全局估计，其中84%的人是由于家中没有安装烟雾探测器，或探测器不能正常运转（包括电池没电）。

使用归纳推理时，只有充分的证据才能说服听众。如果证据不足，结论也就站不住脚。在上例中，如果模糊地说“烟雾探测器的制造商向我们保证他们的产品能够救人命”，你的证据就是不堪一击的，不足以支撑结论。

何时使用归纳推理

归纳推理可以完整或部分地应用于任何说服性演讲，而用于以下两种情形时尤为有效：

1. 如果听众对你的观点可能持怀疑或敌视态度，考虑使用归纳推理法。本书前面曾建议在演讲的导入部分就要言明中心思想，但有一种颇为重要的情况例外：如果听众可能对你的观点做出负面反应，明智的办法是引导听众进入归纳链，将中心思想留到演讲末尾再透露。

学生雪莉·弗格森试图说服演讲班的同学们购买杀毒软件。但她猜想同学们可能不太乐意花钱去买一个大家都认为无用的东西，于是她把中心思想放在了演讲的最后：

我从12岁开始使用电脑，但从来没有担心过电脑病毒。我认为自己被电脑病毒感染的几率简直微乎其微，就像在州际公路上开车被陨石砸到一样。

但是两个月前，我的好运到头了。我打开了朋友发来的电子邮件附件中的一幅卡通画，第二天病毒就把我硬盘上的资料一扫而空了。我没有为文件做备份，里面所有的笔记和研究材料都丢了。

我的一个朋友也打开了同样的卡通画，但他的电脑发现并删除了病毒，没有造成任何损失。原因是：我的朋友曾花35美元购买了杀毒软件。

然后，弗格森又讲了许多其他人的类似经历——没有安装杀毒软件的电脑都遭受损失，而有杀毒保护的都安然脱险。最后，她终于点明主题："为了保护电脑数据，你应该购买杀毒软件。"

她的例证归纳显然很成功，因为大部分同学在评估表上都回应说他们接受弗格森的观点，应该买杀毒软件。

归纳推理使听者保持开放的思维。因为他们亲眼看着你一步步地进行论证，当最终的观点呈现出来时，他们会更加尊重和理解这个观点。当然，并不是说他们总会同意你。但比起在导入部分说明观点，这样的方式会使那些反对者更容易看到你讲话的道理所在。

2. 如果想表现发现的出人意料，可以使用归纳推理法。把听众引入归纳逻辑是非常有趣、令人激动的。杜马尔产品公司的销售人员在贸易展上出售去粘剂Un-du时，他们首先展示这款产品去除粘物（标签、标价牌、遮蔽胶带、保险杠上的贴纸、口香糖等等）的能力非常干净利索。在奇妙的演示中，他们用Un-du 把银色宽胶布和单层的手纸分开来，两件都毫无损伤，而且几秒钟后晾干的胶布又有粘性了。在这些令人眼花缭乱的表演之后，演示者准备说出本意了——"Un-du是市场上最好的去粘剂"——并希望听众购买这款产品。现在出手就容易了，因为"人人都大为惊叹"（《纽约时报》语）。

小技巧：如果你记不住演绎和归纳的区别，可以记着它们是朝着相反的方向发展。演绎（联想推演的含义）是从一个通论推演开：它是从一般到具体，把一般规则应用于具体事例。归纳（想想"归"字的含义）是回归，或归向一个通论：它是从具体到一般，累积具体事例，指向一般结论。

逻辑谬误

谬误是指导致论证不成立或不可信的推理错误。要学会识别谬误，这样可以避免以下两点：（1）在自己的演讲中不会出现谬误，有道德感的演讲者不会故意误导听众；（2）在听演讲时能够不受他人误导。以下是常见的几种谬误：

草率下结论

草率下结论是指证据不足就得出结论。假如你给朋友介绍了一位新的歌手，后来他下载了这位歌手的一首歌用随身听来听。他很不喜欢这首歌，于是第二天他告诉你这位歌手"毫无希望"。原来他下载的是一首别人翻唱的这位歌手的歌。你的朋友应该多听几首歌曲再下结论，也许就会有不同的看法了。

草率下结论也称为"一刀切"，因为过于概括、过于绝对，结论便不够准确、公正。这种结论通常包括"总是""从不""所有""没有一人"等词语。在讲到被忽视的美国老年人时，一名学生说："美国是世界上唯一对年迈的家庭成员不尊重的国家。在其他国家，老年人都因其年长和智慧而受到尊敬。"

这位演讲者的出发点很好——我们需要更好地照顾老年人——但是他的说法如此偏激，难免降低了他的可信度。难道所有美国人都对老年人毫不尊敬吗？有的美国人还是很尊重老人的吧！就算他的指责成立，又怎么能说美国是唯一的忽视老年人的国家呢？他研究过卢森堡、斯里兰卡等国家的情况吗？

为了使论证更为合理、准确，演讲者需要修正他的说法："有的美国人没能给予家中的老人应有的尊重和关心。"这种概述就可以为大多数听众接受了。

熏青鱼

据说在17世纪的英格兰，罪犯如果被猎犬追捕，他们会在路上拖一条熏青鱼，以此迷惑猎犬改变跟踪方向。

熏青鱼在这里是指把听众的注意力从真正问题转移到不相干的问题上。这个把戏通常被用于政治辩论中。例如，一位立法者建议法律保护加州秃鹰，反对者辩驳说："我们最迫切关注的是人的问题，哪有时间考虑鸟？我们先别心急火燎地关注动物，还是先关心关心那些无家可归的人吧。"

这种谬误还用于法庭论战中。假如某家烟草公司因危害公众健康被政府起诉，公司律师可能会把陪审团的注意力转移到另一个问题上："陪审团的女士们、先生们，政府说烟草有害，可他们对酒却闭口不谈，对每年死于酒后驾车者的20 000人闭口不谈。我可没看到政府起诉威士忌制造商。"使用这种伎俩有时也能打赢官司，但是有道德感的演讲者不会这么做。

人身攻击

有的演讲者不是靠反驳观点而试图以人身攻击赢得辩论。例如："菲茨罗伊一生都生活在奢华的上流社会，让他来讲政府帮助穷人，我们怎么能相信呢？很明显，他对贫穷一无所知。"这种人身攻击（也称针对个人的辩论）是不公正、不道德的。评判菲茨罗伊的观点应该看他的论证是否合理，而与他的任何私生活无关。

人身攻击常在法庭上用来破坏证人的可信度（"陪审团的女士们、先生们，这位证人承认他是无神论者，我们怎么能相信他说的是事实呢？"），或破坏政敌的信誉（"对方至少在拉斯维加斯赌过五次，你希望这样的一个人掌管你的税款吗？"）。尽管这种技巧有时会奏效，但是有道德感的演讲者是不会这样做的，不仅因为这样不诚实、不公平，而且有时候弄巧成拙，使审慎的听众不再尊重这个演讲者。

伪因

注意伪因谬误——因为两件事的发生时间相近就认为它们之间存在因果关系。一位总统上任四个月后失业率上升了一个百分点，我们能说是这位总统的政策导致了失业率上升吗？也许如此，但也可能是其他原因导致的——例如前届政府的经济政策。

演讲者对复杂问题的原因交待得过于简单化也有可能出现伪因谬误。例如，一位演讲者说引发癌症的唯一原因是消极的情绪。这种解释非常简单易懂——但却是错的。也许某天研究显示消极情绪确实是癌症的诱因之一，但医学研究者表示没有任何一种病因是引起癌症的唯一原因。这种病也许是多种因素相互作用的结果，包括遗传倾向、免疫系统敏感性、致癌病毒、环境刺激等。癌症太复杂了，不可能用一个原因解释清楚。

使用未经证实的假设

有些演讲者随意使用未经证实的说法。假如一位演讲者告诉听众："由于远程学习比传统课堂教学更为有效，大家都应在家中通过电脑学习大学课程。"这似乎是说远程教育的优越性已是公认的事实，而事实上许多人都不这么认为。有道德感的演讲者会首先论证远程教育的优势，再鼓励大家进行支持。

使用未经证实的假设（也称为"回避正题"）会使细心的听众极为反感。他们会感到演讲者在诱骗他们赞同自己并不相信的观点。

错误类比

错误类比是指演讲者夸大两种事物的相似之处。例如，有人说人类不应该再食用麦子这样的谷物，因为这类谷物会使人肥胖。他们用牲畜来作类比，养肥牲畜的最好办法就是喂它们谷物。因此，他们总结说，吃麦片和面包的人都会变肥胖。科学家指出，尽管牲畜和人类在某些方面相似（都有眼睛、心脏等），但是二者的胃和其他消化系统处理营养物质的方式相差很大。科学家指明，在营养方面拿牲畜和人作类比是错误的。尽管过多食用卡路里含量高的食物会使人发胖，但是适量食用谷物是有益无害的。

再看另一个错误类比：“我们能通过卫星与地球另一边的人们有效地交流，那么父母与孩子在家庭这个亲密的环境中沟通应该很容易。”仔细推敲会发现这个类比是不成立的。卫星通讯是纯粹的广播电视信号发射技术问题，而家庭成员间的沟通要复杂得多，包括科技之外的一些微妙的心理活动。

非此即彼

非此即彼谬误是指演讲者对本来有多种可能的情形只给出了两种选择。例如：“要么我们停止世界人口增长，要么我们就会面临大范围的饥荒。”难道没有第三种选择了吗？例如在发展农业的同时减缓人口增长。

非此即彼的说法会使讲话者显得不够理智和武断。许多问题应该看作是多种色彩的复杂糅合——而非红绿分明的简单选择。

稻草人

为了赢得辩论，有的人会创立一个稻草人靶标，即把对方的观点漫画化，然后轻而易举地将其击得粉碎。例如，一家发送垃圾邮件的公司的老总争辩道：“那些试图用法律禁止垃圾邮件的人在违反自由权，他们想限制网络言论自由，想剥夺我们与公众交流的权力。”

这个人对反垃圾邮件者的描绘准确吗？当然不准确。大多数反对垃圾邮件的人是支持网络言论自由的，他们只是不想看到电子邮箱里那些每天不请自来的垃圾。像垃圾邮件制造商这样的演讲者造出了一个稻草人，使自己看起来好像是胜利者。但是，细心的听众会识破这种骗局，继而丧失对他们的信任。

激发动机

动机是指促使人们朝某个目标努力或者改变某种消极状态的需要、愿望或动力。人们有数以百计的不同动机，包括爱、幸福、健康、社会认可、经济安全、历险和创新等。如果告诉听众你的观点如何能满足他们的这些需求和愿望，就能增加你说服他们的概率。请看下面这几位学生是如何在演讲中激发听众动机的：

- 为了筹款给非洲的饥民买食物，李安妮·华盛顿呼吁道：大多数美国人都应该来帮助那些比自己不幸的人们。
- 为了说服听众在车内坚持使用安全带，杰森·布拉德利的理由是：人们都应该保护自己不受伤害。
- 为了说服听众投资房地产，格兰达·约根森利用了人们渴望经济安全、追求财富的心理。

若干常见动机

我们来看看听众怀有的一些常见动机（以下列表只是部分内容——还有几十种其他动机）。

· **爱和尊重**。人们希望去爱和被爱，希望有好朋友，希望在工作和家庭中受到尊重。

· **健康**。听众希望远离疾病，健康长寿。

· **安全**。人们不希望受暴力侵害，不希望使用有杀伤性的产品。

· **成功**。无论男女，大多数人都希望获得某种成功，尽管他们对这个词的个人定义有所不同：对于有的人，成功意味着赚一百万美元；而对于另一些人，成功是指成为乐队中最棒的小提琴手。

· **经济安全**。大多数人希望一定程度的经济安全，而至于有多少钱才算安全，看法则不尽相同。

· **自我提升**。大多数人希望提升自己，这可以是学会一项新技能，也可以是更好地处理生活中的问题。

· **娱乐**。无论哪个年龄段的人都希望能摆脱工作的压力和疲惫，能去度假、看看电影，或者去高级酒店吃饭等。

· **利他**。许多人都真诚地希望帮助他人，无论是通过在小区献血还是给远方那些挨饿的孩子寄送食物。

常见的一种动机分析模式是已故美国心理学家亚伯拉罕·马斯洛创立的马斯洛需求等级序列。如图17.2所示，这一等级列表最底部的是人类最基本的需求，由底部至顶部需求越来越复杂。

理想化的生活旅途是一个逐级攀登的过程。一旦你的基本需求（食物、水等）获得满足，就可以关注第二等级需求了，例如居住、安全的需要。这些需求一旦满足，你就可以寻求第三级需求（被家人和朋友关爱、接受），之后就是第四级需求（尊重、认可和成功的需要）。最后，最高级的是自我实现的需求，即充分发展人的潜能。

然而，在日常生活中，大多数人并不是严格按照由底部至顶部的顺序来发展，而是在低级需求和高级需求之间反复。马斯洛认为，低级需求应当优先获得满足。假如你睡眠不足，又生病了（最低级需求），可能就没有精力去从事拉小提琴这样的创造性活动了（最高级需求）。

演讲中，马斯洛的需求等级可以用来分析听众。设想你想劝说听众在网上从一家国际杂货

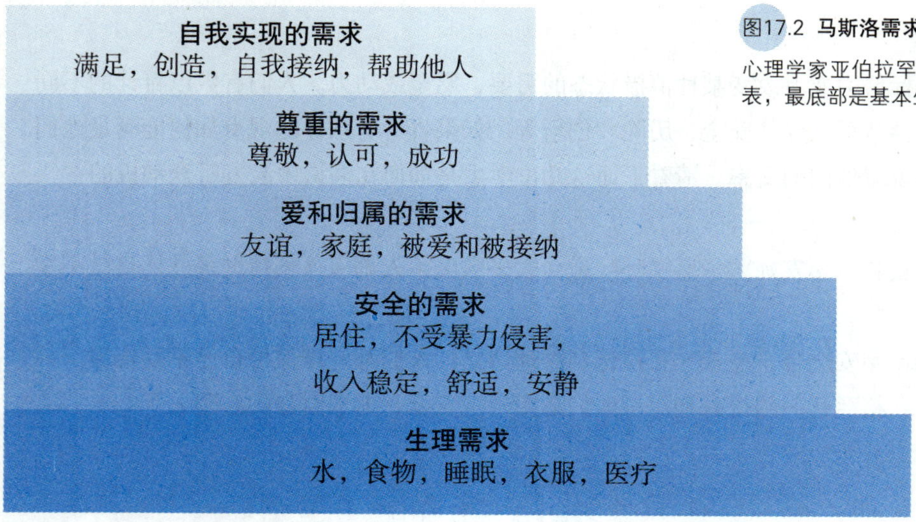

图17.2 **马斯洛需求等级序列**

心理学家亚伯拉罕·马斯洛将人的动机归纳为一个等级列表，最底部是基本生理需求，顶部是自我实现的需求。

商那里订购外国食品，以支持那些与商家分享利润的发展中国家的穷苦农民。研究听众时，你会发现不同的需求：购买这些食物可以满足“帮助他人”的需求，所以你要强调对农民的好处。但是还有个问题：每个人都需要财产安全感，有的听众会担心自己的信用卡卡号被盗用。所以你还需要向听众保证这家商铺信誉度高，并且使用了信用卡防盗安全系统。

如何激发听众的动机

激发听众动机可参考以下建议：

关注听者的需求，而不是你自己的需要。设想以下情形：

在一家都市大报社，史密瑟斯是体育版编辑，帕克思是商业版编辑，她们的部门都面临同样的问题：缺人手。就是说，她们和下属都劳累过度、压力很大。于是，两个编辑都去找上级理事会，要求再雇些新记者。

提要求时，史密瑟斯告诉董事会，她和她的员工们总是极度疲惫，因为工作时间过长、工作量过大。

帕克思则用了不同的方法。她说如果她的部门能再雇些新记者，就能扩大新闻报道面，这样就会吸引更多的人订阅报纸。

哪个编辑更可能成功呢？帕克思——因为她从理事会的需求着手（提供高质量的新闻报道，提高报纸销售量），史密瑟斯只关注自身的需要，便削弱了说服力度。

激发多种动机。尽可能同时激发多种动机。如果一种动机说服不了听众，另一种也有可能打动他们。假如你建议听众养成骑车的爱好，表17.3列出了可能用到的一些动机以及激发方式。

给出多种动机能够增加说服听众的可能性。比如，一个身体很棒的听众也许对前三种动机不感兴趣，却可能被后三种中的某一条打动。

选定最强有力的动机。在分析听众时，问问自己：“对于这些听众，我能激发的最有力的动机是什么？”然后决定如何将这些动机用于说服策略中。

表17.3　**动机与诉求**

动机	激发方式
感觉良好	骑车能够化解压力，使你精力充沛、心情愉快。
体态优美	骑车能够消耗卡路里，是控制体重的方式，能够增强腿部肌肉。
长期健康	骑车是很好的心肺运动，能够预防心血管疾病。
友谊	骑车是进入骑车者世界的通行证，你很容易就可以和其他骑车的人们攀谈起来，总能交到新朋友。骑车也是一种可以和老朋友一起分享乐趣的活动。
历险	骑车可以使你探寻偏僻的地方，在一天之内能到远处旅游，能体验从陡峭的山路上狂飙而下的快感。
竞争	如果你喜欢竞争，几乎每个城镇都有自行车赛。

玛莎·拉姆齐是一家手机公司的代表，她试着用多种动机赢得顾客。例如，她会指出乘车时备有电话很方便。但是，她认定最有效的动机是安全因素，因此在销售中她会强调安全："我告诉他们'如果你的家人被困在危险或偏僻的地方，或者遇到坏人威胁，手机能够挽救你的生命。就把你每月的话费当作保险费吧'。"

预见相互矛盾的需求。分析听众的动机时，问问自己："我要强调的这些需求会不会和他们其他更迫切的需要相矛盾呢？"如果是这样，要在演讲中明确面对这个问题（换句话说，不要装作这个问题不存在）。假如你劝说听众投资股市，通过分析你知道听众渴望简单快捷地赚到钱，但同时他们又极不情愿拿自己的积蓄去赌运气。为了赢得听众，你需要承认他们这种矛盾心理，同时让大家去克服它。（也许你可以说："我知道许多人担心投资股市是一种赌博——像掷骰子一样有高风险——但你们考虑过选择共同基金这样的低风险投资吗？"）

唤起激情

激情是被激荡起来的感情，既有正面的（欢乐、关爱、喜悦），也有负面的（恐惧、愤怒、悲伤）。你可以通过唤起听众的激情号召大家行动起来。

那么如何唤起激情呢？通过辅证材料（如煽动性的故事）或有力的语言（如生动的比喻）。

以下是选自学生拉尔夫·巴恩斯关于残疾人遭遇的一段演讲，看他是如何使用情感力量的：

康涅狄格州哈特福德市的特里萨·戴尔扎托今年35岁，由于颈部以下瘫痪，她住在公共住房，靠社会保证金度日。去年圣诞节前夕，她坐着轮椅去沃尔玛超市购物。她到服务台前解释说自己不能抬胳膊，并请求帮助。一个18岁的职员被派去帮她从货架上拿东西放进手推车里。当戴尔扎托准备付钱时，这位职员帮她从钱包里取出借记卡送到收银台。但是——也许你不信——这个职员竟然没把卡还回来。她和17岁的表妹一起拿卡去疯狂购物，狂买了400多美元的东西。后来她们被逮捕，被指控盗窃罪，但钱已没了。这场盗窃把戴尔扎托的积蓄洗劫一空。她告诉《哈特福德报》："我已经到了崩溃的边缘。这件事几乎让我没法自立了。"你能相信竟然有人这么无耻吗？尤其是在圣诞节的时候！

这个故事有效地触发了听众的愤怒，这也是他们了解残障人士遭遇恶行后应有的情感反应。

以下是对如何唤起听众激情的一些建议：

动之以情还须晓之以理。只以激情感人是危险的，因为这只给听众提供了一个赖以相信的片面理由。请看下例：

两个演讲者在辩论对犯有谋杀罪的人处以死刑是否道德。第一个演讲者反对死刑，他集中表现电刑的恐怖，向观众展示可怕的图片，描述那烧焦的皮肉和漫长的煎熬。第二个演讲者爽快地承认了电刑的野蛮，但指出可以通过更人性化的药物注射法处死犯人。他为死刑进行了哲学和道德辩护，又通过描述受害者及其家人的遭遇唤起听众的同情。从听众最后的评价看来，很明显那些事先持中立态度的人被第二位演讲者说服了。

这是个有争议的问题，无论你持哪种观点，都应该认识到第一位演讲者败在只诉情感，而对方则技高一筹。反对死刑还有很多有力的论据；如果他能充分利用这些论据——再加上感情的力量——本来可以赢得听众更多的支持。

尽管听众可以被感情动摇，但他们还是希望自己理智一点。他们需要理由来解释内心所经历的感动和激情。如果既能动之以情又能晓之以理，效果当然比只用一种方式要好得多。

学会利用恐惧心理。多年来，沟通者一直在探究需要引发多大程度的恐惧才能说服听众。例如，你试图劝服听众不要在公路上追尾，是用车祸死亡率图表这样不太恐怖的视觉材料呢，还是用某个车祸受害人血腥恐怖的彩色录像呢？哪个会更有说服力？研究者倾向于后者。心理学家埃利奥特·阿伦森写道："大量实验数据表明……人们在交流中经受的恐惧越多，他们就越可能采取积极的防范措施。"研究还表明，如果极恐怖的信息能辅以具体的防备指导，效果会更好。例如，如果能在对于狂犬病的恐怖介绍后说明如何预防这种病，那会更有说服力。（以上内容只适用于成人——对于本章开头提到的那些血气方刚的年轻人并不管用。）

情感劝说要讲道德。任何的感情都可能被恶意利用。恐惧和憎恶如果是针对传染病就是可取的，但如果是针对少数族群就不对了。不幸的是，一些政客的作为却表明，激发和利用仇恨、恐惧能够赢得选票。但是有道德的演讲者不会贪图眼前利益而使出这样的招数。假如你要说服听众拯救濒危鸟类，你不会把那些在鸟儿的自然栖息地上建房的人妖魔化，不会把他们描绘成残忍的屠杀者来激起听众的仇恨，而可以用适当的方式来引导大家的情绪——可以描述鸟儿消失是多么令人痛心，而拯救这些濒危的生物又是多么令人快乐。

要确定你的做法是否道德，可以回答以下问题来考查你所激发的每种情感：

- 这种情感在这个话题中是否值得听众同情和信赖？（如果某些政客能够坦白回答这个问题，并凭良心来做事，就不会在竞选活动中找出那么多替罪羊来大加诽谤了。）
- 这种情感会使论据更坚实、逻辑更有力吗？还是需要取而代之？（如果是后者，会不会是因为你的论点无法证实、有悖逻辑呢？）
- 在唤起听众情感时，你对待问题和反方的态度公正吗？（站在对方的立场上，从对方的角度看看自己的态度是否合理。）

如果对这三个问题不能全部做出肯定回答，你的道德基石就不够坚固。你需要省去情感劝说或者修改演讲。

利用论据中固有的情感因素。通常不需要专门去找唤起情感的论据，只需充分利用已收集的论据来打动听众。假如你准备讲述谋杀率多么惊人，并找到这样的数据：去年美国发生了25 000起谋杀案。你可以先在演讲中摆出这个数字，再形成情感效果："这意味着每20分钟就有一个美国人被射死、捅死、打死或勒死。"通过这种富有感染力的讲述方式，可以帮助听众意识到这个问题的严重性。注意生动的语言（"捅""打"等）能增强情感效果。

说服类演讲示例

以下是阿林·齐克·卢戈的一篇演讲，文中使用了问题—解决模式。首先请看演讲提纲及评点。

提纲及评点

评点

为了引起听众的兴趣，演讲者引用了一句有趣的谚语，并使用了反问句。

这些数据非常有力，令人吃惊。要让听众认可它们的准确性，必须提供可靠的来源。

作为主体部分的预览，演讲者提出了演讲的重点。

演讲者在主体的第一部分中详细探讨问题。

引用权威可以提高演讲者和内容的可信度。

演讲中引用这样的真实故事非常有效，便于记忆。

举例说明为演讲者的观点提供了有力的支撑。

正文的第二部分重点讲过量用药的解决办法。

多多未必善

总体目标：说服。

具体目标：说服听众在使用有益的药物和补品时要谨慎。

中心思想：有益的药品和补品如果过量服用也会有害。

导入

I. 风头材料

A. 有句古话说“多多益善”。（出示图片）［图17.3］真是这样吗？（撤掉图片）

B. 有位女士曾在一个星期五的下午驾船出航。（《哈佛大学妇女保健观察》）

1. 她背部受了伤，非常疼痛。
2. 为了止痛，她服用了止痛药（最常见的一种止痛药——泰诺）。
3. 接下来的三天，她服用了两倍于规定剂量的该药品。
4. 周二（服药四天后），她因肝功能衰竭，在送往医院的路上去世。

II. 定位材料

A. 很明显她不知道止痛药不能过量服用。

1. 适量使用对乙酰氨基酚是安全的，但过量使用会导致肝功能衰竭，甚至导致死亡。
2. 在美国，每年有56 000人因止痛药服用过量被送往急诊室，458人因抢救无效死亡。（《哈佛大学妇女保健观察》）

B. 普遍的误解是，有用的东西当然是多多益善。

C. 有用的东西，多多未必善。

（过渡：我们来进一步了解这个问题。）

正文

I. 许多人不知道，过量使用药品或补品有危险。

A. 安必恩是常用的安眠药，会使人产生睡意，有助于入眠。那么，加大剂量就会让你更快地入睡吗？

1. 也许有用，但它还会导致呼吸减弱、昏迷，甚至导致死亡。
2. 这是加州大学圣迭戈分校的精神病学教授丹尼尔·F. 克里普克的发现。（《安眠药的反作用》）

B. 异丁苯丙酸（布洛芬）可以止痛，但过量服用三天就会导致消化道出血。（《全科医生》）

C. 伊利诺伊州皮奥里亚市儿童医院住院治疗部的主治医师比尔·爱德华医生讲述了一位儿童患者的故事。

1. 这个孩子呈现出脑部肿瘤的所有症状（包括头晕、头部有压迫感、剧烈头痛、视觉模糊）。
2. 检查显示没有脑瘤的迹象。
3. 进一步检查表明该患者过量使用了维生素A。

D. 过量使用维生素A和其他维生素可能中毒。（达特茅斯学院毒物学教授约书亚·汉密尔顿医生）

1. 过量服用维生素B_6可能导致胳膊和腿部神经受损。
2. 过量服用维生素C可能导致肾结石。
3. 过量服用维生素D也可能损害肾脏。

（过渡：我们已经清楚了这个问题，那么有什么解决办法呢？）

II. 小心谨慎，多掌握信息。

A. 向医生咨询你应该服用哪些药物，哪些补品或维生素。

指出可能出现的并发症，表明演讲者对这一话题有过透彻的研究，并急切希望帮助听众。

B. 仔细阅读说明书上的用量说明，千万不要过量服用。

C. 注意并发症。

1. 即使你按医生建议的剂量服用，但有可能同时服用的药物之间会相互作用而产生毒性。
2. 将你正在服用的所有维生素、补品和其他药物列出清单，包括服用剂量。
3. 咨询你的医生和药剂师，确保安全。

D. 自我教育。

1. 从图书馆借阅或从书店购买一些卫生保健类的书籍。
2. 订阅卫生保健类杂志或新闻通讯。

E. 注意互联网上的卫生保健信息。

演讲者将材料来源写在句末的括号内，实际演讲时再穿插到讲话中。

1. 可以信任声誉好的网站，例如美国广播公司（ABC.com）、美国全国广播公司（MSNBC.com）或哥伦比亚广播公司（CBS.com）等网站的健康栏目。
2. 但是用谷歌（Google）这样的搜索引擎搜索健康信息时要谨慎。（凯西·肯珀医生《全面儿科》）
3. 再看爱德华大夫提到的那个过量使用维生素A的孩子，你知道为什么这个孩子大剂量用药吗？
4. 孩子的父母在一些网站上看到维生素A可以治疗不能集中精力学习的孩子的多动症。
5. 网络搜索能够搜出几百个关于维生素A的作用的网站。
6. 这些网站都是为了卖补品，因此不能相信其客观性。

完整的句子提纲能有效帮助演讲者组织材料，然而在实际演讲中不应照读提纲，而应使用根据提纲列出的简短的提示卡片。

（过渡：我们来总结一下。）

结尾

演讲者总结了演讲的主要内容。

I. 总结

A. 有益的物质如果大量服用也可能有害处。

B. 咨询你的医生和药剂师。

C. 遵循规定用量。

D. 通过书籍、杂志、可靠的网络资源掌握相关信息。

结尾重提导入部分所说的古语，并用更合适的俗语来替换，非常恰当。

II. 定论

A. 我们不能全信古话，如“多多益善”。

B. 更值得参考的是另外一句古语“过犹不及”。（出示图片）［图17.4］

参考文献

参看第六章学习如何准备参考文献。

“Ambien.” Drug Information Online. 2006. Retrieved 14 Mar. 2006 <http://www.drugs.com>.

“Avoiding Acetaminophen–Related Liver Injury.” Harvard Women's Health Watch Mar. 2006: 1.

Hamilton, Joshua, Ph.D., professor of toxicology, Dartmouth College, e-mail interview. 7 Mar. 2006.

Hilyard, Scott. “Vitamin Overdose—Too Much of a Good Thing Can Lead to Trouble.” Peoria Journal Star 9 July 2003: 1.

Kemper, Kathi J., M.D. The Holistic Pediatrician 2nd ed. New York: Harper, 2002.

Khan, Ahsan Y., M.D., and Sheldon H. Preskorn, M.D. “Multiple Medication Use in General Practice and Psychiatry: So What?” Psychiatric Times 15 Oct. 2005. Retrieved 14 Mar. 2006 <http://psychiatrictimes.com>.

Kripke, Daniel F., M.D. The Dark Side of Sleeping Pills San Diego: University of California, San Diego, 2002.

Newman, Cathy. “Twelve Toxic Tales.” National Geographic May 2005: 3—9.

“Research Briefs: Ibuprofen Risk to Healthy People.” General Practitioner 4 Nov. 2005: 5—6.

直观辅助材料

关于两句谚语的图片

演讲原文

以下是阿林·齐克·卢戈的演讲原文，文中使用了问题—解决模式。注意演讲者只是用了提纲的大意，而没有沿用具体的措辞。脱稿演讲中，演讲者不是读稿或背稿，而是参照简短的演说提示。

多多未必善

有句古话说“多多益善”，我相信你们许多人都听过。［演讲者展示如图17.3所示图片］果真是这样吗？

《哈佛大学妇女保健观察》杂志刊登了一位年轻女士的故事。这位女士曾在一个星期五下午驾船出航，在航行过程中她背部受了伤，非常疼痛。在接下来的三天里，她开始服用一种叫作对乙酰氨基酚的止痛药。现在这种止痛药被称为泰诺，很常见。她不仅服用这种药物，而且服用剂量是医嘱剂量的两倍。四天以后，她因肝功能衰竭，在送往医院的路上去世了。显然，她不知道服用太多止痛药可能会导致肝功能衰竭，甚至导致死亡。

根据该杂志估计，每年有56 000人因止痛药服用过量被送往急诊室，458人因抢救无效死亡。有种普遍的错误看法是，有用的东西当然是多多益善。今天在这里我要告诉大家，多多未必善。

首先我们来进一步了解这个问题。许多人都认识不到过量使用药品或补品的危险，例如常用的安眠药安必恩。如果按照医生建议的剂量服用，它会使你产生睡意，有助于入眠。那么，多服用些就会让你更快地入睡，是吗？也许是的，但它还会导致呼吸减弱、昏迷，甚至导致死亡。这条信息源自《安眠药的反作用》一书，作者是加州大学圣迭戈分校的精神病学教授丹尼尔·F. 克里普克。

医学杂志《全科医生》上写道，连续三天过量服用异丁苯丙酸（这是另一种很常见的止痛药，俗称为布洛芬）就会导致消化道出血。

比尔·爱德华医生是伊利诺伊州皮奥里亚市儿童医院住院治疗部的主治医师，他说曾有个孩子出现脑部肿瘤的症状：包括头晕、头部有压迫感、头痛、视觉模糊。但是检验报告却没有发现脑部肿瘤。经过进一步的检验，他们发现这个孩子服用了过量的维生素A。吃维生素还会中毒吗？是的，如果你大量服用的话。达特茅斯学院毒物学教授约书亚·汉密尔顿医生说，过量服用维生素B_6可能导致胳膊和腿部神经受损。过量服用维生素C可能导致肾结石。而过量服用维生素D也可能损害肾脏。

既然我们已经清楚了这个问题，那么有什么解决办法呢？关键是小心谨慎，多掌握信息。向医生咨询你应该服用哪些药物，哪些补品或维生素。剂量要谨遵医嘱，千万不要过量。要注意并发症，因为即使你按医生建议的剂量服用，但有可能同时服用的药物之间会相互作用而产生毒性。将你正在服用的所有维生素和补品列出清单，给你的医生或药剂师看看，以确保不会产生任何毒副作用。看一些卫生保健方面的书籍、杂志或新闻通讯，加强自我教育。还有个好的学习资源就是互联网，但你必须非常谨慎。只可利用声誉较好的网络资源，诸如美国广播公司（ABC.com）、美国全国广播公司（MSNBC.com）或哥伦比亚广播公司（CBS.com）等网站。

《全面儿科》的作者凯西·肯珀医生警告大家不要信赖谷歌（Google）那样的普通搜索引擎。还记得那个过量服用维生素A的孩子吗？其实，他的父母就是受到一个网站的影响。该网站声称维生素A能够治疗小儿多动症，使孩子上课集中精力。由此可见，错误的信息来源对你和孩子可能非常不利。通过这些网络搜索引擎可以查到数百个有关维生素A或关于你要找的其他药物、补品的网站，但这些网站都是为了销售产品。因此不能相信它们是客观的。

那么，我们总结一下今天谈论的内容。止痛药和维生素对身体有好处，但如果过量服用，它们可能有害。所以应当咨询你的医生和药剂师，了解哪些补品和药物应该服用，哪些不能服用；剂量要谨遵医嘱——不要过量；同时多看相关的书籍、杂志，浏览可靠的网站，掌握有关信息。由此可见，“多多益善”的古话也不能全信，另外一句古语也许更值得参考：那就是“过犹不及”。［演讲者展示如图17.4所示图片］

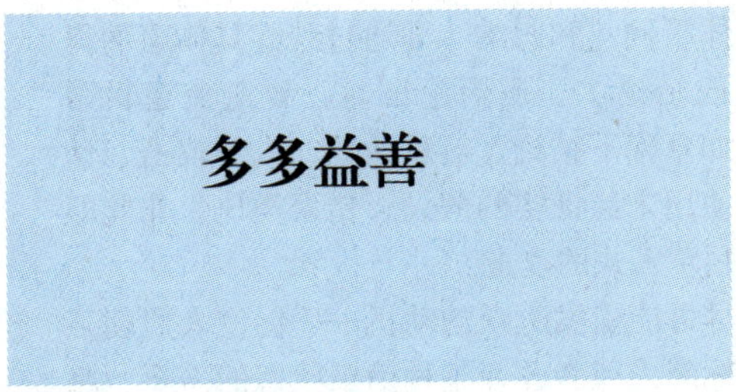

图17.3 这句谚语适用于药品吗?

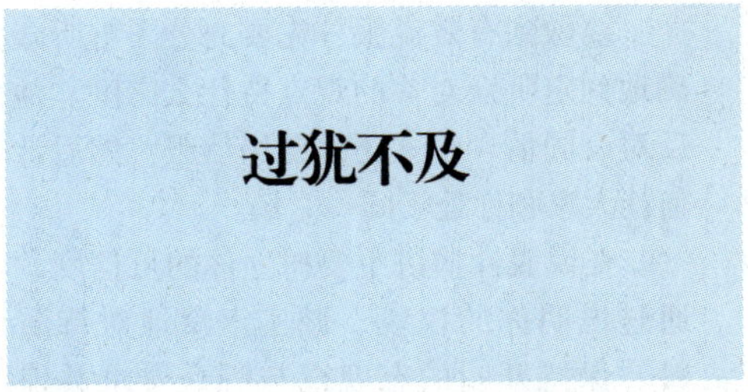

图17.4 谈到药品，结尾这句谚语比开头那句更恰当。

复习与提高

www.mhhe.com/gregory8

本书的网上学习中心网站备有方便大家学习与复习的资源与工具，如练习测试、重要词语记忆卡和演讲示例录像等。

小结

要做到有效说服首先要充分了解听众。准确地判定听众对你的观点持什么态度。他们是反对、同情、中立还是已经信服？然后计划如何让大家和你处于同一立场。

在说服性演讲中要树立你的可信度，可以通过说明你的权威、诚实审慎地对待演讲材料、保持开明的态度或与听众寻求共识等方式。

论证中要使用强有力的论据（例如数据、例子和证词）。论据应该准确、时新、典型。选用多种权威可靠的材料来源。

使用严密的推理增强说服力度。两种常见的推理方式是演绎（即将概论或一般原则应用于具体事例）和归纳（即通过观察具体事例得出一般结论）。逻辑论证时，要避免逻辑谬误，如草率下结论、转移话题、人身攻击、伪因、使用未经证实的假设、错误类比、非此即彼或稻草人式的攻击。

尽可能引发听众的动机——促使人们朝某个目标努力或者改变某种消极状态的需要、愿望或动力。关注听众的需求，而非你自己的需求。尽可能给出多种动机，并预见相互矛盾的需求。

最后，试着激起听众的激情。要动之以情、晓之以理，并遵循道德规范。

复习题

1. 为什么不能对那些敌视自己观点的人冷嘲热讽？
2. 多数情况下最好向大家说明你在某一问题上是有权威发言的，为什么？
3. 如果你在举证事实或观点时粗心大意，听众会作何反应？
4. 通常来说，是生动的亲身经历还是一系列的统计数据更有说服力？
5. 演绎与归纳有何区别？
6. 为什么演讲者不能使用“人身攻击”这种逻辑谬误？
7. 什么是“稻草人”谬误？
8. 什么是“熏青鱼”式论证？
9. 列出至少五种所有听众都会有的动机。
10. 为什么动之以情的同时还要晓之以理？

批判性思维技巧

1. 1962年出版的《寂静的春天》是美国最有影响的图书之一，它警告人们杀虫剂为人类健康带来的灾难。该书作者雷切尔·卡尔逊遭到一些科学家的批判，他们说卡尔逊没有结婚，没有孩子，所以质疑她对人类未来的担忧。这些科学家使用了哪种逻辑谬误？为什么这种批评是无法成立的？

2. 夏洛克·福尔摩斯是著名的侦探人物，他用这样的推理来破案：

· 看门狗看到陌生人会叫。

· 当詹金斯被杀时，狗没有叫。

· 詹金斯不是被陌生人杀的。

福尔摩斯使用了哪种推理方法？一个典型的现代侦探常用什么推理方式来侦破谋杀案？

团队协作技巧

1. 《健康》杂志的一项调查表明，89%的成年人都知道他们应该每周锻炼三次以保持健康，但事实上只有27%的人去做了。小组讨论，列出人们可能为不去锻炼找出的种种借口。然后讨论演讲者如何对每个借口进行辩驳。

2. 小组讨论，列出一般的高中生可能有的各种动机。然后讨论征兵者如何在演讲中激发这些动机，说服学生参军。

互联网使用技巧

1. 围绕一个有争议的话题，找出并打印两篇有争议的文章——正反双方各一篇。

参考方法：登录Yahoo Directory（dir.yahoo.com），点击“News and Media”（新闻媒体），选择一个分类。找出一个你感兴趣的话题，查看相关新闻。

2. 在搜索引擎中查找含有关键词“credibility”（可信度）和“speaker”（演讲者）的文章。阅读其中几篇，写下一个句子，至少说明一种能够增加或降低可信度的做法。

参考方法：打开Google（www.google.com）或AltaVista（www.altavista.com），在搜索框中输入搜索项“+credibility+speaker”。

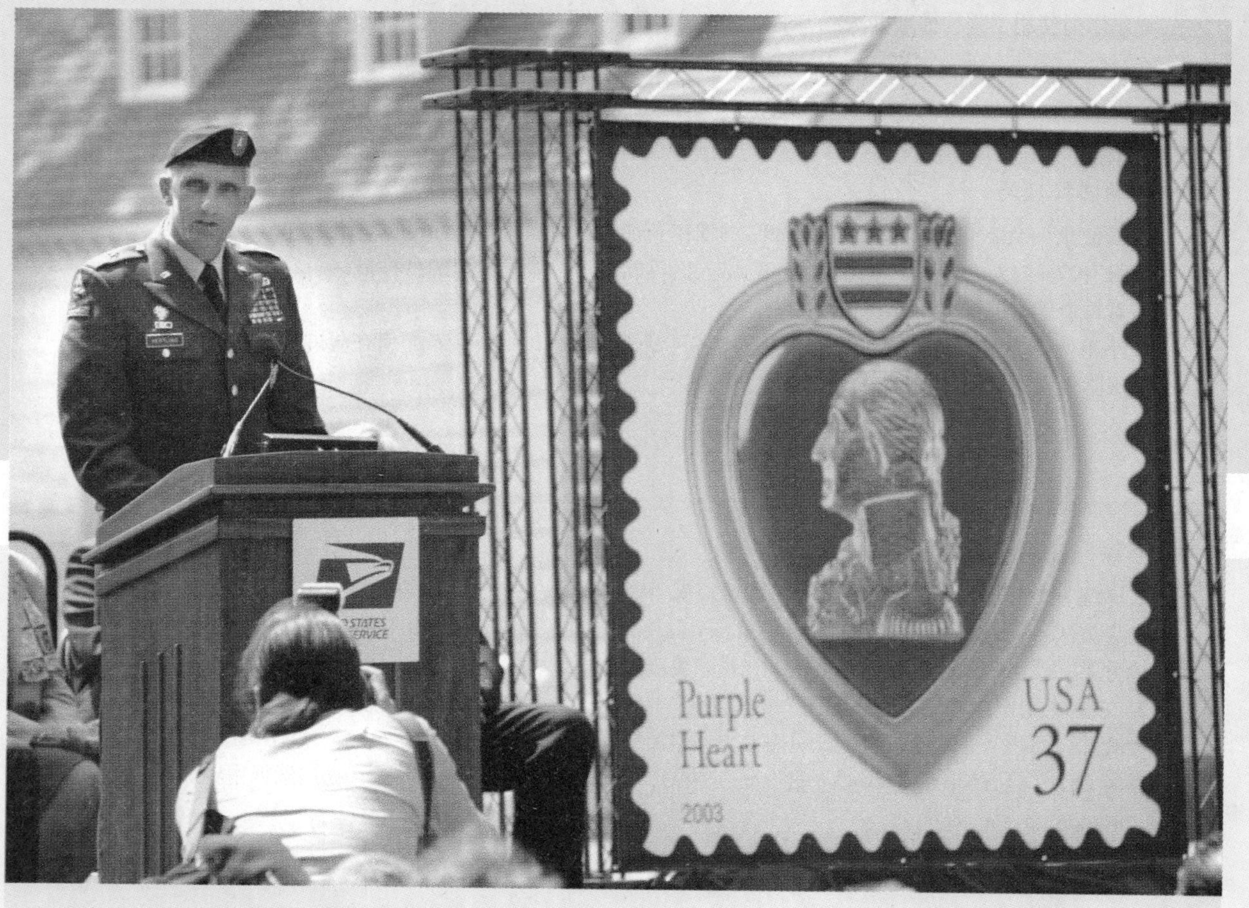

马克·何特灵准将向曾经获得“紫心勋章”的150万美国人致意。“紫心勋章”是世界上最古老的勋章，授予在军事行动中牺牲或受伤的军人。上图是在弗吉尼亚州的弗农山举办一次纪念活动中美国邮政部发行的“紫心勋章”的纪念邮票。马克·何特灵将军正在发表致意演讲，这是本章将谈到的六种特别演讲之一。

18

特别演讲

本章纲要

娱乐（或宴后）演讲
逗乐技巧
娱乐演讲示例

介绍性演讲

颁奖词

领奖词

致意演讲
致意演讲示例
悼词

激励性演讲

本章学习目标

学完本章之后，你应该能够：

1. 准备娱乐演讲。
2. 准备介绍性演讲。
3. 准备颁奖词。
4. 准备领奖词。
5. 准备悼词。
6. 准备激励性演讲。
7. 识别演讲中使用幽默的潜在弊端。

北卡罗来纳州坎德勒的玛丽·塞兹维克是一名妇产科医生，但是她参加工作还没几年就完全失明了。她不得不放弃接生工作，离开手术台。

起初，她被这场突如其来的身心灾难打垮了。但是后来，她说："在内心深处，我找到了一盏灯。我找到了摆脱悲剧、重新回到这个世界的力量。"

如今的塞兹维克医生在学校、公司会议以及各种大会上发表激励性演说。她告诉听众，"人生征途不应该在第一个路障处就停下来"，她鼓励大家战胜恐惧，"发现内心深处的英雄"。她的演讲中还穿插了关于她自己和心爱的导盲犬兰格勒的幽默故事。

泰德·布里吉斯是一位商业主管，他听完塞兹维克的一场演讲后说："离开演讲厅的时候，我感到如果塞兹维克医生在丧失视力和医治能力后仍能这样勇敢、智慧、幽默地面对生活，那么我应该也能够战胜自己的这点困难。"

塞兹维克医生的演讲综合了娱乐性演讲和激励性演讲——本章将谈到的两种特别演说。尽管你一生中的大部分演讲都是信息类或说服类的，但有时也需要做其他类型的演讲——宴会上的娱乐性演讲、大会上对主要发言人的简短介绍词、颁奖仪式上的颁奖词、好友葬礼上的悼词、向评选方致谢的领奖词，或者为下属、同事鼓舞士气的激励性演讲等。

尽管双目失明，不能再从事医疗工作，但玛丽·塞兹维克医生拒绝被打败。她在学校、公司会议以及各种大会上发表激励性演说。她心爱的导盲犬兰格勒总是陪在她身边。

娱乐（或宴后）演讲

娱乐演讲用来为听众提供消遣娱乐，应当是轻松、欢快、明白易懂的。这类演讲可以在任何时间、任何场合进行——会议室、学校、教堂、宾馆宴会厅、大会会场等均可。这种演说通常也称为“宴后演说”，因为它一般发表在有组织的会议、大会、宴请的午宴或晚宴之后。刚进完一顿大餐后，人们希望听个演讲，休息放松一下。他们不想太费脑子，也不想听任何负面的、沉重的话题。

娱乐演讲
用来为听众提供消遣娱乐的演说

娱乐性演讲类似于信息类和说服类演讲，但它们之间有一个重要的区别：娱乐性演讲的首要目标不是传达信息或说服大家，而是要为听众提供一种有趣的消遣——一段愉快的经历。换句话说，如果你要涉及劝说类或信息类内容，最好不动声色地把它们巧妙地穿插到娱乐中来。

逗乐技巧

娱乐听众就非得逗得大家哄堂大笑、前仰后合、人人捧腹不可吗？不一定。讲笑话只是众多选择中的一种而已（参看本章所讲的特别技巧“如何使用幽默”）。以下是一些逗乐的技巧。

逸事、例子和引语

有的演讲者能用一个话题把逸事、例子和引语像串珠子一样串起来——一颗明珠接一颗。莎拉·考德威尔·伊万斯讲到几个世纪以来那些所谓的专家所做的荒谬的预言，她为听众接连引用了几段惊人的话语。下面就是一例：

> 20世纪初妇女开始涉足一些男性垄断行业时，许多知名人士都警告说这些工作会毁了妇女。柏林大学教授汉斯·弗莱顿索尔在1904年曾说：“脑力劳动会导致‘新女性’秃顶，不断增加的男性品质与对女性美的鄙视会使她们脸上长出毛发。所以将来的女人都是秃着脑袋、留着长鬚，向老头一样须发飘飘。”

讲述经历

一次有趣的旅行、激动人心的历险或一系列喜剧性的事件都能让演讲趣味横生。例如：

- 一位演讲者讲述她在洛矶山徒步旅行时与灰熊的一次狭路相逢。
- 一位警官巨细无遗地详述某位总统候选人暂住某市进行竞选活动时特工部门采取的严密安保措施。
- 一位演讲者讲述她结婚那天怎样出门不利、差错不断、误了婚礼还搞得筋疲力尽的经历。

具体描绘

演讲者可以对迷人的地方、有趣的人物或者好玩的事情向听众做生动的描绘。例如：

- 一位演讲者为了让听众欣赏到亚马孙雨林中色彩斑斓、品种奇异的鸟儿，放映了她在巴西动物园摄制的彩色幻灯片。

· 一位演讲者回想起他曾访问的一位在深山小屋中住了50年的隐者，他描述了这位隐士和他简陋的居所。

· 在一次烹饪俱乐部的聚会上，一家美食饭店的大厨做了一个饭后演说，描绘了各种各样的法国酥皮甜饼。他每讲到一种法国甜饼，就端出样品请每个听众品尝。

娱乐性演说不需要像信息类或说服类演讲那样有明显精心安排的结构，但也应有一个统一的主题。换句话说，即你准备的所有材料都是和主题紧密联系在一起的。此外，它应该包括标准的演讲三部分：（1）导入，引起听众的注意和兴趣；（2）正文，用详尽的细节阐述主题；（3）结尾，给出一个漂亮的结尾。

选择一个你认为有趣的话题，演说时把你的欢乐传递给听众。要使演说欢快愉悦，与听众一起享受快乐。

特别技巧

如何使用幽默

独角喜剧演员朱迪·泰努塔说："我母亲曾一再告诫我：'你这样拖来拖去什么都干不成！'

我说：'那就等一等呗。'"

有效地使用幽默是引起听众兴趣的好办法。幽默可以使你和听众之间建立起一种友好关系，还可以使听众更信任、更乐于接受你。以下是一些建议：

1. 幽默要分场合。探讨安乐死这样的严肃话题就不适于使用幽默。

2. 讲笑话要自担风险。常见的幽默就是笑话——一个有趣的故事加一个点睛妙语。如果你是一个幽默大师，可能会讲很多精彩的笑话。但我不建议新手来讲，原因如下：（1）笑话通常不易和演讲的其他内容衔接起来；（2）很少有演讲者（无论老手还是新手）能把笑话讲得精彩；（3）适于对朋友讲的笑话在大庭广众之下却不一定有效；（4）听众可能已经听过这个笑话了；（5）大家不接受你的笑话。

我见过一些演讲者笑话讲完之后没人笑——一个人也没有。也许听众已经听过这个笑话，也许早上还太早或者晚上已经太晚了。不管什么原因，笑话讲砸了对讲话人是个很大的打击。有的学生可能会说："可是电视上看起来很轻松啊。"看起来轻松，也确实轻松，因为电视节目中逗笑的人有很多常人所不具备的优势：演播室里的观众已经事先准备好要大笑了，无论他们讲什么笑话（而你的听众可能没有这样的准备）；他们有专门的脚本写手，所有的笑话在讲前都试验过了；最重要的是，他们在上全国性电视节目之前已经有多年的逗笑经验了。

3. 使用低调幽默。除了笑话，还可以使用其他形式的幽默。一个比较好笑的故事、引语或点评都可以收到和滑稽笑话一样的效果。低调幽默的最大好处是没有风险。成功的笑话要靠妙语之后听众的爆笑，而小故事或者俏皮话则不需要笑声——甚至微笑都不用。有时听众的反应只是在心中一乐。有些学生考试时常挖空心思作弊，在一次关于此类作弊的演讲中，学生亨利·曼德尔这样说道：

有一种作弊方法保证你不会被抓到。考试前一晚，将作弊内容写在纸上，背下来，然后撕碎消灭证据。第二天上午，你将会考出好成绩。

曼德尔使用的是一种冷幽默，目的不在于让听众捧腹大笑。冷幽默不是笑话。如果有笑容或笑声，当然很好；如果没笑，也没什么。总之这是令人愉快的。

4. 幽默通常要和话题相关。不要随随便便就讲农夫的趣事，除非你的话题是关于种田或者故事本身和演讲内容相关。

5. 不要讲冒犯听众的笑话。不要讲下流的笑话或取笑任何的社会群体（某一种族、民族、宗教、政党或性别）。即使听众中没有该群体的成员，也最好不要取笑这一群体，这样可能会疏远那些不喜欢这种幽默的人们。

6. 不要面露对笑声的期待。假如你的开场非常风趣幽默，幽默之后不要站在那里咧嘴笑着等听众笑。如果没有回应的笑容或笑声，你会显得非常难堪。而且没有笑容、笑声并不一定表示大家不欣赏你的幽默。正像前面所说的，有的幽默只是让人内心乐一乐。

7. 如果听众很分散，让大家坐到一起来。如果大厅里散坐着15个人，开始时要让大家坐到前面中间来，这样会更易于交流。夜总会的喜剧演员非常注重座位的安排，他们要确保桌子都摆在一起，因为他们知道看客们热热闹闹地挤在一起时更容易逗笑。有的喜剧演员从来不对大厅里散坐着的听众讲笑话，因为这样人们会感到孤零零的，担心笑出来会太惹眼。（你是否注意到，比起空荡荡的剧场，在观众爆满的剧院里看搞笑电影更有气氛。）

8. 有时可以用自嘲的方式。本杰明·富兰克林在讲话时就喜欢自嘲。比如，他很乐于给听众讲述他在巴黎参加一次公开集会时的一件事。当时很多人发表演讲，尽管富兰克林也讲法语，可他不太能听懂法国演讲者们那些一板一眼的正式演说。出于礼貌，他决定观察一位尊贵的德·布弗勒斯夫人，每当这位夫人露出满意之色时，他就鼓掌。会后，他的孙子对他说："爷爷，你总是鼓掌，而且别人夸奖你的时候，你的掌声最响亮。"

许多优秀的演讲者都讲一些趣事，拿自己开涮，因为这样能使自己和听众之间建立一种更加融洽的关系。富兰克林的听众一定很开心听到这位伟人居然也和常人一样有马失前蹄的时候。

自嘲式幽默可以即刻使你享受到回报。当听众露出笑容，发出笑声时，会大大缓解你的紧张情绪。面对他们，你会更加轻松自如。你扔掉了包袱，不再需要做一个完美无瑕的演讲者。你可以放松自己：和所有人一样，也有毛病，也会犯错。

自嘲可以嘲笑自己的任何方面，但不能笑自己的紧张（第二章我们讲了为什么不能让人注意到你的紧张），而且幽默一定要和讲话的内容、场合相关。在一场关于注意力缺陷多动症（ADHD）的演讲中，亨利·鲍泰尔不希望在听众面前表现得无所不知、高人一等，他讲了这样一个故事："我只错过一次演讲。当时我完全忘了这回事。直到第二天组织方怒气冲冲打来电话，我才想起。最糟糕的是，那次的演讲——不开玩笑——本来是关于'如何提高你的记忆力'。"

听众一阵大笑，他们可能会因为这个演讲者敢于去指出自己的错误而更喜欢他。

但是如果你的专长或权威还没有确立，不要使用自嘲。假如你作为一名新员工向公司的理事会作报告，自贬自嘲会降低你的可信性。相反，如果你作为一名大家公认的有自信、有能力的经理向下属讲话，自嘲反而会使气氛更融洽。

娱乐演讲示例

以下是学生泰里·特里普利特发表的一篇娱乐性演讲。

名如其人

这可不是开玩笑。得克萨斯州理工大学水资源中心主任是一名叫肯·雷恩瓦特（Ken Rainwater意即“雨水”）的博士。

像这样姓氏与职业相符的例子很多，我再和大家分享一些其他例子。

据美国《高等教育纪事报》最近的一篇文章报道，有很多教授的名字都很贴切：迈克尔·格林伍德（Michael Greenwood意即“绿树”）是缅因大学的生态系统科学教授，大卫·姆西克（David Music意即“音乐”）是贝勒大学的教堂音乐教授，斯蒂芬·蒲柏（Stephen Pope意即“教皇”）是波士顿学院的神学助理教授，兰德尔·图塞克（Randall Toothaker发音为“toothacher”，意即“牙疼”）任教于内布拉斯加州大学的牙科学院，欧内斯特·费什（Ernest Fish意即“鱼”）是得克萨斯州的野生动物和渔业科技管理研究所所长。

《纽约时报》还列出了在大学校园以外的一些很贴切的姓名——在华盛顿贝尔维尤的一位律师，名为戴维·J. 劳叶（David J. Lawyer 意即“律师”），底特律老虎队的著名一垒手叫塞西尔·菲尔德（Cecil Fielder 意即“外场手”），一位诗人叫威廉·华兹华斯（William Wordsworth 意即“言语价值”），一位小说家叫弗朗辛·普罗斯（Francine Prose 意即“散文”），一位电视天气预报播报员叫斯托姆·菲尔德（Storm Field 意即“风暴”）。

我今天给大家列出的所有的名字都是真实姓名，并非艺名或虚构的名字。我曾听说全国扑克锦标赛的冠军叫克里斯·莫尼梅克（Chris Moneymaker 意即“赚大钱的人”），我很怀疑，但他发誓说Moneymaker是他的真名。他解释说，他的祖先来自德国，那里有的人就以自己的职业为名。莫尼梅克的家族过去制造金银币。他们移民到美国后，名字就被译成英文的Moneymaker，意即“赚大钱的人”。

这些名字和职业都只是巧合吗？有些人是这样认为的，但还有人认为一个人的名字对职业选择有影响。保罗·豪恩（Paul Horn 意即“号角”）成为职业音乐家，罗伯特·巴格（Robert Bugg，bug意即“虫子”）在加州大学进行昆虫研究，难道是名字促使他们选择了这些职业吗？

《美国医学协会杂志》报道说，美国有一位皮肤科医生名叫拉什（Rash意即“疹子”），一位整形外科医生叫鲍恩（Bone 意即“骨”）。另外还有10位和22位医生分别叫尼都和布拉德（Needle意即“针”，Blood意即“血”）。难道是他们的名字促使他们进入了医药界？

不管是巧合还是命运，这些联系都很有趣。这儿还有一些例子，是由咨询专栏作家“亲爱的艾比”列出的一份名单：阿肯色州琼斯伯勒睡眠障碍诊所经理乔·杨（Joe Yawn 意即“哈欠”）、得克萨斯州精神科医生保罗·鲁尼（Paul Looney 意即“疯子”）、密苏里州殡仪员理查德·戴（Richard Dye 音同“die”，意即“死亡”）。

我还遇到了所有名字中我最喜欢的一个——乔·布泽尔（Joe Boozer 意即“痛饮者”），他是得克萨斯州赫里福德的一位酒店老板。

介绍性演讲

介绍性演讲用来向听众介绍另一位发言者。例如：

介绍性演讲
向听众简短介绍另一位演讲者

- 在市民俱乐部，保拉·莫雷诺简要说明了她为何支持某位议会会员，然后将演讲台让给这位议员。
- 在图书管理员年度大会上，某大学的管理员西奥多·蓝辛在15 000名代表前站起来介绍了主要发言人——一位知名的科幻作家。

当你为两个朋友作介绍时，你希望他们对彼此感兴趣、喜欢对方；当你把一位演讲者介绍给听众时也是同样的目标，你希望讲话人和听众对彼此感兴趣，而且感到温馨、友好。

介绍词中应多次提到演讲者的名字（以确保每个人都听到），还应介绍一些背景情况，以提高听众对演讲者的信任。你的语调和面部表情应当传达出对接下来的演讲的期待之情。

以下是对介绍性演说的一些建议：

事先询问演讲者希望怎样的介绍。有的演讲者会自己写出介绍事先交给你。但不应照本宣科（听众会感到腻烦），而只是把这作为你讲话的依据。如果发言者的简历较长，或列出的成就很多，要选择与具体听众和场合相适应的条目。发言者可能还希望你讲明提问的方式，例如："布朗市长希望大家在演讲的结尾再进行提问。"

确保正确拼读演讲者的姓名。如果对演讲者姓名的读音有疑惑，要事先加以确认。如果姓名比较难读，要事先反复练习，以免介绍时卡壳。

选用演讲者喜欢的称呼。如果你要介绍伊丽莎白·威尔逊博士，要事先问清楚她喜欢哪个称呼。不要想当然地以为她喜欢被称为"威尔逊博士"。也许面对这些观众时，她更喜欢非正式的"伊丽莎白"，甚至是她的昵称"丽斯"。

奠定正确的基调。介绍发言人时就要为接下来的演讲奠定基调。注意一定要奠定正确的基调——幽默的演讲就要有幽默的基调，严肃的演讲就要有严肃的基调。事先要询问发言者以确保明白他/她希望你奠定怎样的基调。

介绍词不宜过长。一般来说，介绍词不宜超过3分钟。毕竟，大家是来听演讲，而不是听介绍。

不要夸大其词。如果夸大演讲者的能力和水平，就会使听众抱有不切实际的希望。试想这样的介绍："今晚这位演讲者非常风趣，如果不抓住扶手你就会笑趴下。"或者："这位演讲者将为我们带来充满睿智、精妙绝伦的见解。"这样的话会使演讲者很难达到如此高的期望值。如果听众在期待世界上最幽默或最睿智的一位演说家，他们很可能要失望了。而且这样的谬奖会使演讲者过于紧张，因为担心名不副实会带来很大压力。

确定演讲者是否希望你论及演讲话题。有的演讲者希望你介绍一下演讲话题的意义（帮助听众做好准备），但有的演讲者则希望把话题的所有内容留到他们自己上台后再开讲。

不要盗用演讲者的材料。设想这样的情形：你将要对1 000名听众发表演说，但你突然发现为你做介绍的人讲的正是你精心准备的开场故事。这下演讲可如何开头是好？一些职业演讲家说，这样的噩梦真的会发生。介绍人可能会用到演讲者要讲到的笑话、逸事、关键数据或引语，或者介绍人以与演讲完全相同或相反的方式对话题做了总结。如果你是介绍人，尽量不要涉及演讲者的材料，除非你们已经商量好你要说的内容。你的工作是"搭台"，而不是“唱戏”。

以下是在一场宗谱学团体会上对约瑟夫·孔特所做的介绍。介绍人事先咨询了孔特，以确保自己没有窃取演讲内容：

今晚的演讲者约瑟夫·孔特将为我们介绍如何用电脑建立世系记录。在这方面，孔特先生有着丰富的个人经验。作为一位意大利移民的曾孙，他把他的家族追根溯源到佛罗伦萨。他还用盐湖城一个摩门团体创造的一种程序将自己的所有世系记录存入电脑。孔特先生有侦探方面的专业学术背景：在过去十年中，他一直担任设在华盛顿特区的国家档案馆的研究员，专门研究19世纪和20世纪的移民。孔特先生，欢迎您来到我们社团，感谢您抽出时间来和我们一起分享您的学识。

颁奖词

奖品和荣誉是用来授予那些为某公司、团体、教堂或俱乐部作出贡献的个人。通常在颁奖之前会有一个简短的**颁奖词**。

颁奖词
用于正式颁发某种奖项或荣誉的演讲词

颁奖词应包括以下几点：（1）有助于观众理解这个奖项的目的和概况的背景信息；（2）评选原则；（3）获奖人成就。为了制造悬念，通常在演讲的最后才公布获奖人姓名。

如果要使用幽默的颁奖词，需要非常小心。与获奖人开玩笑可能被误认为是一种轻视。在某公司的一次宴会上，一位部门领导为一个效力了10年的下属颁奖，他借这个机会开玩笑地说：“我们没把他从发薪名册上删掉的唯一原因就是他的父亲在此工作了40年。”这种“幽默”就像日常工作中老板和下属开玩笑一样。但是在一个颁奖宴会上，当着这位员工家人的面说这样的话令员工很尴尬。

以下是梅雷迪斯·布罗迪在一个社区剧院年会上所做的典型的颁奖词：

每年的约翰·克里斯奖都颁发给我院最优秀的演员。大家都知道，这个奖项是为了向以《巨蟒》和《弗尔蒂旅馆》等作品而驰名于世的英国演员约翰·克里斯表示敬意而设立的。获奖者由所有成员无记名投票产生。本年度的获奖者是一位舞台经验丰富的资深演员，他的表演一向灵活、大胆、充满热忱。下面我荣幸地宣布第三届约翰·克里斯年度奖的获得者是——詹姆斯·科尔顿！

领奖词

当你获得奖励、提升或某种公众认可时，大家通常会请你“讲几句”。发表**领奖词**可不是件容易的事，你要表达出感激之情，但不能太腻人；要表现出这是你应得的，但又不能太自傲。可以参考下面一些建议：

领奖词
获奖者接受奖励或荣誉时的致词

感谢那些帮助你获得这项荣誉的人。如果有几位对你的成功至关重要，要逐一指名感谢他们；如果很多人都帮过忙，可以着重感谢关键的一些人，然后说：“还有许许多多的其他人，我无法一一列举。但是无论如何，谢谢你们所有的人。”

感谢为你颁奖的组织方，认可他们的工作。例如，假如你被联合之路劝募协会评为年度最佳筹资者，要花几分钟时间对联合之路劝募协会为帮助穷苦人所做的大量工作表示赞扬。

不要夸大你的感激之情。如果你被评为俱乐部会议最佳出勤者，不要说："这是我一生中得到的最大荣誉，也是我渴望得到的最大荣耀。"当然，除非你确实这么认为。夸大其词会显得你不够真诚。

简短。我曾见过有的获奖人把领奖致词当作详细宣讲自己观点的机会，结果破坏了整个颁奖仪式。如果你发表长篇大论，授予你荣誉的人们可能要后悔他们的选择了。真诚地讲几句——然后坐下。

狮子俱乐部的一个支部为丽塔·戈德堡颁奖，表彰她为残疾人所做的工作，以下是戈德堡的领奖词：

感谢大家授予我"杰出贡献奖"。如果没有亨利和朱迪丝·弗莱彻过去一年中的帮助，我连现在一半的成绩都做不到。我非常感谢他们的大力支持。我还要感谢俱乐部为有视觉障碍的人们设立这些项目。你们的激情和你们所做的工作使得像我这样的志愿者能更方便地帮助那些残疾人。再次感谢大家给我的荣誉。

致意演讲

致意演讲是为了向个人、团体、机构或某事件表示赞扬或庆贺，用来传达一种感激、尊敬或仰慕之情。例如，退伍军人组织的领导者在阵亡战士纪念日为战场上牺牲的同志致词。在退休欢送宴会上你可能发表简短演说，对一位在公司效力25年的同事表示赞扬。

致意演讲
称赞某人或某事的讲话

致意演讲应该是完全正面的，不宜再指出错误或翻出以前的口角。所有言辞都要集中表现赞美和颂扬。

致意演讲示例

在一次课堂演讲中，学生阿里森·罗斯发表了如下致辞：

向埃伦·奥乔亚致敬

埃伦·奥乔亚生于加利福尼亚州拉梅萨，是美国宇航局宇航员。她先后四次进入太空。在一次任务中，她曾单独飞行了600多万公里！

1993年4月奥乔亚搭乘"发现"号航天飞机首次飞行，有幸成为第一个进入太空的西班牙裔美国妇女。在那次任务中，她发射并回收了一个用于太阳研究的科研卫星。在另一次任务中，她帮助航天飞机停靠在国际空间站。在距地面322公里的高空，她操控着一个机器人手臂将四吨重的服装、电脑和医疗设备从一个飞船转移到另一个飞船。

当在太空中透过航天飞机的窗户欣赏宇宙美景时，那是最令她激动的时刻。她告诉《拉丁人》杂志："无论白天、夜晚，每当飞船经过地球时，我都会不厌其烦地望着它。尽管我们拍的一些照片美得不可思议，但那和在太空中看的感觉是不能比的。"

奥乔亚曾获得斯坦福大学电机工程专业博士学位，她还与人合作发明了三项光学工程系统专利。业余时间她喜欢吹长笛、开飞机。

奥乔亚曾在学校做过多次演讲。她说："我并不是想让每个孩子都变成宇航员，但我希望孩子们能够考虑他们将要从事什么职业，需要做什么准备。"她自己已为人母，他们夫妇有两个孩子。她希望年轻人懂得教育的价值。"我告诉学生，我的机会归功于良好的教育背

诀窍小贴士 18.1　祝酒词要真诚热情

也许有一天你被邀请致祝酒词，特别是在婚礼宴请上。好的祝酒词关键是要真诚、热情。不需要长篇的演说，其实最好的祝酒词都很简短，例如在婚礼上说："祝麦吉和扎克未来美满幸福！"（注意：传统礼仪要求只能对新郎说"恭喜"，不能对新娘这样说。）

有人在祝酒时表达对祝酒对象的敬仰之情或者讲到一些私人趣事。只要讲话真诚，场合适宜，这也是可以的。但应避免讥讽的、不雅的话语以及任何形式的取笑。

尽量表达出在场每个人的感受。纽约市的一位编辑玛丽·法莱尔讲道："最近的一次婚礼上，伴郎的祝词只提到他和新郎的个人关系——甚至连新娘都没提到！相反，伴娘在给这对夫妇的祝词中努力表达在场的每个人的感受。我感到好像是自己在祝酒——与宴会上的所有人一起祝酒。"

景。好的教育能使你成为杰出的人才。"

在当今社会，埃伦·奥乔娅是一个好榜样，这不仅是因为她作为一名宇航员颇有成就，而且还因为她对美国年轻人进行了宣传教育。

悼词

悼词
赞颂已故的人的讲话

悼词也是致意演讲的一种，用来表示对死去的亲友、同事的赞扬。悼词要庄严肃穆，不宜有夸张的感伤。（尽管通常来说幽默不宜用在悼词中，但有时也是合适的：一个学生在描述他的一位叔叔的葬礼时说，他的叔叔曾是个非常风趣的人，故事讲得很好。一位演讲者在致悼词时讲了一些关于叔叔的幽默往事，勾起了大家对这位故事大王叔叔的那些温暖的回忆，许多人都会心地笑了。）

悼词应该集中体现一个人的生命和所作所为的意义，而不仅是复述他的生平事迹。换句话说，他/她如何丰富了我们的生活？我们能从这个人的生命中得到怎样的激励或启迪？

激励性演讲

激励性演讲
激励听众情绪高涨并行动起来的演讲

激励性演讲的目标是激起正面的情感——使人们感到激动、振奋、鼓舞。生活中可能有不同的场合需要激励性演讲。假如你是某办公室或某部门的经理，要给员工做一个振奋士气的演讲，告诉他们"你一定行"，激励大家全力以赴地工作；或者你是一个儿童垒球队的教练，在赛前要对男孩女孩们进行动员，鼓励大家打出水平来。

激励性演讲类似于说服类演讲，两者的目标经常有重叠之处。它们的主要区别是：激励性演讲中，你几乎全力以赴要唤起大家的激情；而说服类演讲中，唤起激情只是多种方法中的一种。

发表过程对于激励性演讲非常重要。要激励别人，你自己先要有激情。你的面部表情、姿势和语调——你从头到脚都要表现出兴奋和热情。

激励性演说需要充分利用生动的语言来表达情感力量。请看丹·克伦肖在发表演说支持智障儿童的父母时是如何有效使用语言的：

我们必须学会充分地、快乐地过好此时此地的生活，把过去的一切伤痛和对未来的一切忧虑都放在一旁。富尔顿·奥斯勒说：“我们夹在两个蟊贼之间对自己施虐——对过去的悔恨和对未来的恐惧。”

如果我们一味沉浸在过去或将来，我们就会错过今天给我们的馈赠。

我们会错过波光粼粼的水塘。

我们会错过温婉动人的情歌。

我们会错过孩子眼中闪烁的好奇。

我们会错过肉桂粉卷缭绕的香气。

我们会错过云彩织出的图案是多么美丽。

我们会错过抚摩小狗的毛皮是多么欢愉。

过去的已经成为过去。把它当成一颗子弹吧，发射了，就完了。未来尚未到来，也许永远也不会到来。今天是我们拥有的全部。让我们珍惜今天，赞美今天，活在今天。

克伦肖充分利用了重复和排比的技巧，形成了很好的表达效果。（见第十三章）

弗吉尼亚州蒙特克莱尔的布赖特尼·克雷·帕克被评为美国海岸警卫队学院（位于康涅狄格州新伦敦）的2005届毕业班最优学员，图为她在进行毕业致辞。毕业致辞是一种激励性演讲。

复习与提高

www.mhhe.com/gregory8

本书的网上学习中心网站备有方便大家学习与复习的资源与工具，如练习测试、重要词语记忆卡和演讲示例录像等。

小结

信息类演讲和说服类演讲是常见的演讲形式，但演讲有时也用于其他目的。假如你需要做一个娱乐性的宴后发言，任何的信息性或劝说性因素都需要巧妙地穿插在娱乐当中。娱乐性演讲的一个技巧是把逸事、例子、引语用同一个主题贯穿起来。详尽的叙述或描述也可以作为娱乐。

在演讲中使用幽默也是营造温馨、友好氛围的一种有效方式。在演讲中讲笑话要格外小心，因为要讲成功并不容易，而且大家可能已经听过这些笑话。比较保险的办法是采用低调幽默，讲一个比较有趣的故事、引语或评论。任何幽默都应该与演讲主题相关，并且不要冒犯任何听者。

为演讲者作介绍时，要表现出对讲话人和话题的热情，并提供必要的背景信息提高演讲者的可信度。

致颁奖词时主要说明奖项和获奖人。如果在领奖和获得升职时要求你“讲几句”，要感谢颁奖人，感谢对你成功有所帮助的人。

发表致意演讲时，应夸赞接受荣誉的个人、团体、机构或事件，而避免任何的负面评论。

发表激励性的演讲时，要努力调动起听众的情绪，充分表达出你的激情。

重要词语

娱乐演讲，341　介绍性演讲，345　颁奖词，346
领奖词，346　致意演讲，347　悼词，348
激励性演讲，348

复习题

1. 为什么较难的、技术性较高的话题不适于宴后演讲？
2. 什么情形下不适于使用自嘲的幽默？
3. 列出发表领奖词的四条原则。
4. 致意演讲有哪些功用？
5. 演讲时讲笑话需要注意哪些问题？
6. 如果由你介绍发言人，为什么要事先与发言人沟通？
7. 介绍发言人时，有人用姓，有人用名。对这一问题，文中有何建议？
8. 在哪种特殊场合的演讲中通常把领奖人的名字留到最后宣布？
9. 悼词的关键是什么？
10. 激励性演讲和说服类演讲的主要区别是什么？

批判性思维技巧

1. 一位演讲者告诉听众："我来这里演讲之前，妻子告诫我'别想表现得多么迷人、机智、聪慧，自然点就行了'。"这位演讲者使用了哪种幽默？

2. 一位主持人说："今晚的演讲者将讲解如何拯救溺水者的五个步骤，我们先来简单看一下这五个步骤。"这位主持人犯了哪种错误？

团队协作技巧

1. 小组合作，选择一个话题，准备并发表一篇娱乐性演说，每位组员轮流进行。可以选择以下话题：

（1）令人尴尬的一刻

（2）度假胜地

（3）宠物的古怪行为

2. 小组合作，选出一位你们尊敬的人（在世的或去世的），并向此人发表致意演讲。

互联网使用技巧

1. 如果发表演讲向名人致敬，可以去互联网上找很多传记。找出并打印一篇你崇拜的人物的生平事迹。

参考方法：登录Yahoo Directory（dir.yahoo.com），点击"Society & Culture"（社会和文化），再点击"People"（人物）。访问下面列出的某个传记网站。

2. 找一篇美国著名演讲家（例如马丁·路德·金、弗里德里克·道格拉斯、亚伯拉罕·林肯、简·亚当斯或奇弗·约瑟夫）的演讲，至少摘录一句表现激动人心的、有感染力的话。

参考方法：打开一个演讲资源网站，阅读或听一些过去的伟大演说。如道格拉斯：美国公开演讲文件（douglassarchives.org），美国修辞（www.americanrhetoric.com/speechbank.htm），历史频道（www.historychannel.com/speeches/index.html）。

教师反馈表

McGraw-Hill Education, 麦格劳-希尔教育公司，美国著名教育图书出版与教育服务机构，以出版经典、高质量的理工科、经济管理、计算机、生命科学以及人文社科类高校教材享誉全球，更以网络化、数字化的丰富的教学辅助资源深受高校教师的欢迎。

为了更好地服务中国教育界，提升教学质量，2003年麦格劳-希尔教师服务中心在京成立。在您确认将本书作为指定教材后，请您填好以下表格并经系主任签字盖章后寄回，麦格劳-希尔教师服务中心将免费向您提供相应教学课件，或网络化课程管理资源。如果您需要订购或参阅本书的英文原版，我们也会竭诚为您服务。

书名：			
所需要的教学资料：			
您的姓名：			
系：			
院/校：			
您所讲授的课程名称：			
每学期学生人数：	______人 _____年级	学时：	
您目前采用的教材：	作者： 出版社： 书名：		
您准备何时用此书授课：			
您的联系地址：			
邮政编码：		联系电话	
E-mail:（必填）			
您对本书的建议：		系主任签字 盖章	

McGraw Hill Education

麦格劳-希尔教育出版公司教师服务中心
北京-清华科技园科技大厦A座906室
北京100084
电话：010-62790299-108
传真：010 62790292
教师服务热线：800-810-1936
教师服务信箱：instructorchina@mcgraw-hill.com
网址: http://www.mcgraw-hill.com.cn

Hamilton Gregory
Public Speaking for College & Career, 8e
ISBN 978-0-07-353423-7

山西省版权局著作权合同登记号：04-2009-009

图书在版编目（CIP）数据

脱口秀：公众演讲必备 /（美）格雷戈里 编著；白爱宏 译. -- 太原：山西教育出版社，2012.3
ISBN 978-7-5440-5331-0

Ⅰ. ①脱… Ⅱ. ①格… ②白… Ⅲ. ①演讲—基本知识 Ⅳ. ①H019

中国版本图书馆CIP数据核字（2012）第022289号

脱口秀·公众演讲必备

TUOKOUXIU GONGZHONG YANJIANG BIBEI

丛书策划 张卓玉 荆作栋
策划编辑 潘 峰
责任编辑 郭志强
助理编辑 王 晶
复 审 潘 峰
终 审 张沛泓
装帧设计 王耀斌
印装监制 贾永胜
出版发行 山西出版传媒集团·山西教育出版社
（地址：太原市水西门街馒头巷7号
电话：0351-4035711 邮编：030002）
印 装 山西新华印业有限公司
开 本 890×1240 1/16
印 张 23.25
字 数 609千字
版 次 2012年3月第1版 2012年3月第1次印刷
印 数 1—4000册
书 号 ISBN 978-7-5440-5331-0
定 价 59.80元